Renli Ziyuan Guanli

"十三五"职业教育国家规划教材
"十四五"职业教育山西省规划教材
21世纪高等职业教育精品教材 · 工商管理类

人力资源管理

（第六版）

姚月娟 主编

东北财经大学出版社
Dongbei University of Finance & Economics Press
大连

图书在版编目（CIP）数据

人力资源管理 / 姚月娟主编．—6版．—大连：东北财经大学出版社，2023.6（2025.6重印）
（21世纪高等职业教育精品教材·工商管理类）
ISBN 978-7-5654-4851-5

Ⅰ．人…　Ⅱ．姚…　Ⅲ．人力资源管理-高等职业教育-教材　Ⅳ．F241

中国国家版本馆CIP数据核字（2023）第096283号

东北财经大学出版社出版
（大连市黑石礁尖山街217号　邮政编码　116025）
网　　址：http://www.dufep.cn
读者信箱：dufep@dufe.edu.cn
大连图腾彩色印刷有限公司印刷　　东北财经大学出版社发行

幅面尺寸：185mm×260mm　　字数：411千字　　印张：19
2023年6月第6版　　2025年6月第4次印刷
责任编辑：郭海雷　　责任校对：何　群
封面设计：原　皓　　版式设计：原　皓

定价：45.00元

教学支持　售后服务　　联系电话：（0411）84710309

如有印装质量问题，请联系营销部：（0411）84710711

富媒体智能型教材出版说明

“财经高等职业教育富媒体智能型教材开发系统工程”入选国家新闻出版广电总局新闻出版改革发展项目库，并获得文化产业专项资金支持，是“国家文化产业资金支持媒体融合重大项目”。项目以“融通”“融合”“共建”“共享”为特色，是东北财经大学出版社积极落实国家推动传统媒体与新媒体融合发展的重要举措之一。

“财济书院”智能教学互动平台是该工程项目建设成果之一。该平台（www.idufep.com）通过系统、合理的架构设计，将教学资源与教学应用集成于一体，具有教学内容多元呈现、课堂教学实时交互、测试考评个性设置、用户学情高效分析等核心功能，是高校开展信息化教学的有力支撑和应用保障。

富媒体智能型教材是该工程项目建设成果之二。该类教材是我社供给侧结构性改革探索性策划的创新型产品，是一种新形态立体化教材。富媒体智能型教材秉持严谨的教学设计思想和先进的教材设计理念，为财经职业教育教与学、课程与教材的融通奠定了基础，较好地避免了传统教学模式和单一纸质教材容易出现的“两张皮”现象，有助于教学质量的提高和教学效果的提升。

从教材资源的呈现形式来说，富媒体智能型教材实现了传统纸质教材与数字技术的融合，通过二维码建立链接，将VR、微课、视频、动画、音频、图文和试题库等富媒体资源丰富多彩地呈现给用户；从教材内容的选取整合来说，其实现了职业教育与产业发展的融合，不仅注重专业教学内容与职业能力培养的有效对接，而且很好地解决了部分专业课程学与训、训与评的难题；从教材的教学使用过程来说，其实现了线下自主与线上互动的融合，学生可以在有网络支持的任何地方自主完成预习、巩固、复习等，教师可以在教学中灵活使用随堂点名、作业布置及批改、自测及组卷考试、成绩统计分析等平台辅助教学工具。

“重塑教学空间，回归教学本源！”“财济书院”平台不仅仅是出版社提供教学资源和服务的平台，更是出版社为作者和广大院校创设的一个自主选择和自主探究的教与学的空间，作者和广大院校师生既是这个空间的使用者和消费者，也是这个空间的创造者和建设者，在这里，出版社、作者、院校共建资源，共享回报，共创未来。

最后，感谢各位作者为支持项目建设所付出的辛劳和智慧，也欢迎广大院校在教学中积极使用富媒体智能型教材和“财济书院”平台，东北财经大学出版社愿意也必将陪伴广大职业教育工作者走向更加光明而美好的职教发展新阶段。

东北财经大学出版社

第六版前言

本教材首版自2006年3月由东北财经大学出版社出版发行以来，得到了国内众多兄弟院校师生的认可。据不完全统计，目前全国已有50余所高等职业院校的教师在教学中选用本教材。教材出版至今屡次重印、再版，并获得了诸多荣誉：2007年12月，本教材入选山西省第五次社会科学研究优秀成果（三等奖）；2008年，以本教材为主要教学用书的“人力资源管理”课程被评为山西省省级精品课程。2010年12月，本教材荣获山西省2010年度“百部（篇）工程”一等奖；2015年，本教材被教育部评为“十二五”职业教育国家规划教材；2020年12月，本教材被教育部评为“十三五”职业教育国家规划教材。2021年，以本教材为主要教学用书的“人力资源管理”课程被评为山西省职业教育在线精品课程。

为了将《教育部关于进一步推进职业教育信息化发展的指导意见》（教职成〔2017〕4号）中提出的“推动优质数字教育资源共建共享”和《高等学校课程思政建设指导纲要》中提出的“全面推进高校课程思政建设，发挥好每门课程的育人作用，提高高校人才培养质量”要求落到实处，有必要对本教材进行一次与时俱进的修订。

党的二十大报告指出，“我们要办好人民满意的教育，全面贯彻党的教育方针，落实立德树人根本任务，培养德智体美劳全面发展的社会主义建设者和接班人”。本次修订坚决贯彻落实党的二十大精神，丰富并完善了教材信息化、技能性、实践性、职业性特点，体现在以下几个方面：

1.满足线上、线下混合式教学的需要，实现从平面教材向富媒体智能型教材转型。其一，丰富教材的展现形式，重要知识点配有微课视频，学生可通过扫描书中的二维码便捷地访问相关数字化资源，有利于强化其学习效果。其二，与本教材配套的省级在线精品课程教学资源丰富（平台网址：https://www.xueyinonline.com/detail/227070711），任课教师与学生通过课程平台可以方便地获取配套的教学资源，实现即时互动（例如签到、随堂测试、选人、投票、主题讨论、抢答、在线测试等），有利于实现碎片化学习、泛在学习、混合学习。

2.根据兄弟院校一线教师的反馈，补充部分企业实践中常用的招聘测试方法以及不同培训项目的培训实施步骤等，更换了陈旧案例。书后增加“附录一 岗课赛证融合测试题”，参考答案通过二维码形式呈现，便于学习者考取1+X证书前自测。既便于一线教师的教学使用，也便于学生拓展学习与企业培训使用。

3.继续推进课程思政建设，让思政元素入脑入心。重新梳理了各章学习目标，提炼并归纳了与本章知识内容相契合的思政元素与素养目标；增加了思政微课和“素质提升”栏目，更加符合高职院校培养具有良好职业精神和职业素养、具有可持续发展能力的高素质技术技能人才的需要。

本教材不仅可作为高等职业院校教学使用，也可作为企业人员培训和自学的参考资料。

本教材由山西经贸职业学院姚月娟副教授担任主编并负责修订。在本教材修订过程中，编者参考和借鉴了国内外众多教材及相关资料，在此谨向各位作者深表谢意！同时，感谢山西经贸职业学院人力资源管理在线精品课程团队老师们提供的部分微课资源支持，感谢东北财经大学出版社郭海雷编辑提出的宝贵意见。

由于编者水平有限，本教材还可能存在诸多缺点和不足，敬请各位专家学者和广大读者朋友批评指正。

编 者

2023年3月

Contents

目录

第1章　人力资源管理概述/1
学习目标/1
内容架构/1
引例　从海尔人力资源管理的“人单合一”看人力资源管理转型如何破局/1
1.1　人力资源管理的基本概念/3
1.2　人力资源管理的发展/10
本章小结/15
基础训练/15
综合应用/16
课外拓展/17

第2章　人力资源规划/19
学习目标/19
内容架构/19
引例　人才短缺的4种原因分析及对策/20
2.1　人力资源规划概述/21
2.2　人力资源规划的供需分析方法/25
2.3　人力资源规划的编制与实施/38
本章小结/53
基础训练/53
综合应用/54
课外拓展/54

第3章　工作分析/57
学习目标/57
内容架构/57
引例　如何做好工作分析工作/58
3.1　工作分析概述/59
3.2　工作分析方法/68
3.3　岗位说明书的编写/79
本章小结/91
基础训练/91
综合应用/92
课外拓展/92

第4章　员工招聘与录用/95
学习目标/95
内容架构/95
引例　招聘创新人才的14个面试问题/96
4.1　招聘的基本程序和主要形式/97
4.2　招聘中的测试/108
4.3　招聘中的录用/138
4.4　招聘中的评估/142
本章小结/149
基础训练/149
综合应用/150
课外拓展/150

第5章　培训与发展/153
学习目标/153
内容架构/153
引例　如何有效提升学员的培训效果？/154
5.1　员工培训概述/155
5.2　培训计划的实施与管理/162
5.3　某公司销售谈判课程设计案例/181
5.4　培训方法/186
5.5　员工发展培训/190
本章小结/197
基础训练/197
综合应用/198
课外拓展/198

第6章　绩效考核/201
学习目标/201
内容架构/201
引例　阿里30 000人，仅1人管理绩效/202
6.1　绩效管理概述/203
6.2　实施绩效考核/212
6.3　绩效考核的方法/221
6.4　360度绩效考核法/229
本章小结/234
基础训练/234
综合应用/235
课外拓展/237

第7章　薪酬管理/239
学习目标/239
内容架构/239
引例　年终奖如何缴税更合算/240
7.1　薪酬与福利概述/241
7.2　薪酬管理的内容和形式/248
7.3　薪酬调整/269
本章小结/286
基础训练/286
综合应用/287
课外拓展/288
主要参考文献/289
附录一　岗课赛证融合测试题/290
附录二　数字资源索引/293

第1章 人力资源管理概述

【学习目标】

通过本章学习，你应该达到以下目标：

知识目标：掌握人力资源及人力资源管理的含义、人力资源管理的功能及职能，理解进入21世纪员工及人力资源部门的变化。

能力目标：具有协助中小企业制定人力资源管理制度的能力。

素养目标：在学思践悟的基础上，能够更好地理解企业HR不仅需要掌握人力资源管理专业知识和专业技能，还需要遵守人力资源管理行业的职业道德和职业规范要求。深刻理解“人尽其才，才尽其用”的理念，树立成为一名企业HR的自豪感和责任感。

【内容架构】

- 第1章　人力资源管理概述
  - 1.1　人力资源管理的基本概念
    - 1.1.1　人力资源和人力资源管理的含义
    - 1.1.2　人力资源管理与传统人事管理的区别
    - 1.1.3　人力资源管理的目标
    - 1.1.4　人力资源管理的功能
    - 1.1.5　人力资源管理的职能
  - 1.2　人力资源管理的发展
    - 1.2.1　人力资源管理的演进
    - 1.2.2　21世纪员工及人力资源部门的变化
    - 1.2.3　人力资源管理面临的挑战

引例

从海尔人力资源管理的“人单合一”看人力资源管理转型如何破局

近年来，与企业业务工作脱离的现象使得人力资源管理工作屡受诟病，关于人力资源管理转型的呼声日益高涨。许多专家、学者和人力资源服务企业从不同的角度（如组织变革、流程优化、IT建设、人员素质提升等方面）提出了自己关于人力资源管理如何转型的见解。但如果细想一下，你就会发现这些方案都忽视或回避了一个问题，那就是如何建立人力资源管理人员主动变革的驱动机制，让管理人员积极主动地投身到人力资源管理变革和创新性人力资源管理、服务工作当中。

在传统企业管理架构中，人力资源管理属于企业“职能管理”的范畴，有别于研发、采购、生产、销售和客户服务等这些可以直接为企业获取利润的“业务部门”，人力资源管理部门多数情况下被定性为“二线部门”、“辅助部门”和“支持部门”，其绝大部分工作分布于按既定程序完成数据统计、薪酬计发、人员招募等基础性事务或响应式服务当中。在这种定位下，人力资源管理等职能管理人员在企业中的价值定位、专业化程度、工作负荷、工作压力乃至薪酬水平通常低于销售、生产和研发等业务部门。整日埋头于数据、报表和日常事务的工作模式也很难让人力资源管理人员有足够的时间和理由真正面向业务，走向市场，主动地给各个业务部门提供帮助；而各个业务部门在人力资源管理领域的一些需求也难以获得人力资源部门的重视和响应。如果没有一种内部驱动力量，把人力资源管理人员“赶出”办公室主动贴近业务并提供个性化和差异化服务，无论引进多少管理理论、方法和工具都很难将其工作积极性充分调动起来，难以实现人力资源管理与企业经营业务的紧密结合。

在这里，我们不妨来看看海尔集团是如何推进人力资源管理转型的。

海尔集团是我国最具创新性和成长性的优秀企业集团，回顾其成长历程不难发现，“人单合一”双赢模式在企业发展壮大和经营管理水平提升方面起到了至关重要的作用。“人”即员工；“单”即市场目标，并不仅是狭义的订单，而是广义的用户需求。“人单合一”即让员工与用户融为一体，而“双赢”则体现为员工在为用户创造价值的同时体现出自身的价值。“人单合一”双赢的本质就是“我的用户我创造，我的增值我分享”。也就是说，员工有权根据市场的变化自主决策，有权根据为用户创造的价值自己决定收入。“人单合一”双赢模式使每个人都是自己的管理者，并组成直面市场的自组织即自主经营体。

特别是自2012年以来，海尔集团率先启动了“网络化战略”，在前期“人单合一”的模式基础上，通过对互联网时代企业经营变革的深刻理解，推出了“人单合一”2.0版。海尔集团认为，在互联网时代，企业不再是一个管控型组织，而是平台化的生态系统，在海尔当前的平台型组织下，只有创业的三类人：平台主、小微主和创客。

海尔的这种“人单合一”的管理模式不仅成功地运用在研发、销售和生产领域，也逐步推广到人力资源管理领域当中，通过“人单合一”在人力资源管理领域内的实践，成功地推动了海尔人力资源管理的转型。

资料来源　佚名. 从海尔人力资源管理的“人单合一”看人力资源管理转型如何破局［EB/OL］.［2022-12-19］. http：//www.hroot.com/hcm/244/323808.html. 引文经过节选、压缩和改编。

1.1　人力资源管理的基本概念

1.1.1　人力资源和人力资源管理的含义

1）什么是人力资源

（1）人力资源的含义。对于人力资源，不同的人会有不同的理解。有人认为，劳动者就是人力资源；有人认为，人口就是人力资源；还有人认为，人的劳动能力才是人力资源。我们认为，人力资源是指推动社会发展和经济运转的人的劳动能力。

微课：人力资源管理概述

作为一种资源，人力资源同样具有量的规定性和质的规定性。由于人力资源是依附于人身上的劳动能力，与劳动者密不可分，因此可以用劳动者的数量和质量来反映人力资源的数量和质量。从量的角度划分，人力资源包括现实的劳动能力和潜在的劳动能力。从质的角度划分，人力资源包括智力劳动能力和体力劳动能力。

互动课堂1-1

问题：进入全面建设社会主义现代化国家、实现第二个百年奋斗目标的新征程，我们比历史上任何时期都更接近、更有信心和能力实现中华民族伟大复兴的目标，也比历史上任何时期都更加渴求人才。那么，你知道什么是人力资本吗？

分析提示：人力资本是指体现在劳动者身上的、以劳动者的数量和质量表示的非物质资本，表现为劳动者在一定的时间内所具有的一定的健康体魄、操作技能和劳动熟练程度，一般理解为通过不断投入而培养形成的、体现在劳动者身上的并能够为使用者带来持久性收入来源的劳动能力。

（2）人力资源的特点。人力资源的特点集中表现在主动性、时效性和可再生性方面。

①人力资源的主动性。人力资源是诸多生产要素中唯一具有主动性的生产要素。人通过主观愿望、意念和思想来支配其他要素，并通过人的劳动过程来创造财富。因此，人的创新精神、创造能力始终是人力资源的精髓。人力资源的主动性主宰了生产力的整体效应和发展过程。

②人力资源的时效性。人力资源的时效性是指人力资源的形成与作用效率要受其生命周期的限制。人的生命周期一般可以分为发育成长期、成年期、老年期三个阶段。在人的发育成长期（我国规定为16周岁之前），体力和脑力还处在一个不断增强和积累的过程中，这时人的脑力和体力还不足以用来进行价值创造，因此还不能称为人力资源。当人进入成年期，脑力和体力的发展都达到了可以从事劳动的程度，可以对财富的创造做出贡献，因而形成了现实的人力资源。到了老年时期，人力资源的产出量又因为人的体力与精力的下降而在总体上有所下降，甚至丧失劳动能力，进而退出人力资源范围。可见，考察人力资源的时效性，必须在人的成年时期对其进行开发和利用，最大限度地保证人力资源的产出，延长人力资源发挥作用的时间。

③人力资源的可再生性。人力资源是“活”的资源。从人力资源的数量来看，通

过人口的繁衍，人力资源不断地再生产出来，并世世代代延续下去；从人力资源的质量来看，人的体能在一个生产过程中消耗之后，又可以通过休息和补充能量而得到恢复。人的知识技能陈旧了、过时了，可以通过培训和学习等手段得到更新。因此，人本身以及人的体能与知识技能都是可以再生的。保证这种再生过程的顺利进行，将有利于人力资源的开发与利用。

2）人力资源与其他相关概念

（1）人口。人口是一个国家或者地区在一定时期内所有人的总和。在人口范围内，包括具备劳动能力者、暂时不具备劳动能力而将来会具备劳动能力者以及丧失劳动能力者。

（2）劳动力。劳动力是指人口中达到法定的劳动年龄、具有现实的劳动能力并且参加社会就业的那一部分人。劳动力是劳动力市场的主体，代表着劳动力的总体供给数量，其中不包括尚未进入就业领域的学生、失业者以及丧失劳动能力者。

（3）人才资源。人才资源指一个国家或地区中具有较多科学知识、较强劳动技能并在价值创造过程中起关键作用或重要作用的那一部分人。人才资源是人力资源的一部分，即优质的人力资源。衡量人才的标准是什么呢？在我国，不同地区有不同的认定方法。在内陆不发达地区，人才相对较少，中专学历以上者、初级技术职称以上者或四级技术工人等级以上者就可以被认定为人才；而在沿海发达地区，人才相对较多，大学学历以上者、中级技术职称以上者或者是六级技术工人等级以上者才可以被认定为人才。但是不管怎么说，人才都是当地人力资源中的高层次部分。人口、人力资源、劳动力与人才资源的关系如图 1-1 所示。

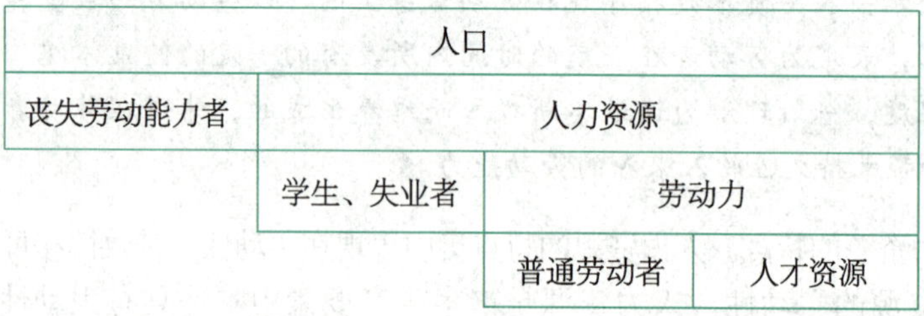

图1-1　人口、人力资源、劳动力与人才资源的关系

资料来源　黄维德，董临萍. 人力资源管理［M］. 北京：高等教育出版社，2000.

3）人力资源管理的含义

人力资源管理的概念是在20世纪中叶逐渐由人事管理转化而来的。人力资源管理分为宏观人力资源管理和微观人力资源管理两个层次。

宏观人力资源管理是指对一个国家或地区的人力资源的管理，即全社会的人力资源管理，主要侧重于从整体上对人力资源的形成、开发和利用的管理。

微观人力资源管理是指一个组织对其所拥有的人力资源进行开发、利用的管理。这里的组织大多数情况下是指企业或事业单位。本书所涉及的人力资源管理是微观层次的企业人力资源管理。

人力资源管理（Human Resource Management，HRM），是指组织为了实现既定目标（如取得经济效益、资产增值等），对人力资源的取得、开发、保持和利用等方面所进行的计划、组织、指挥、控制、监督、激励等一系列活动的总称。

它是研究人与人关系的调整，人与事的配合，以充分开发人力资源，挖掘人的潜力，调动人的积极性，提高工作效率，实现组织目标的理论、方法和技术。

互动课堂 1-2

下面我们来看一则寓言故事：猎人与猎狗。

情景一

一条猎狗将兔子赶出了窝，一直追赶它，追了很久仍没有捉到。看到此种情景，猎人对猎狗说："你们两个之间，为什么小的反而跑得快得多？"

猎狗回答说："你不知道我们两个之间跑是完全不同的！我仅仅是为了一顿饭而跑，而它却是为了性命而跑呀！"

如果你是猎人，怎样做才能激励猎狗呢？

情景二

猎人想：猎狗说得对啊，那我要想得到更多的猎物，得想个好法子。于是，猎人又买来几条猎狗，宣布：凡是能够在捕猎中捉到兔子的，就可以得到几根骨头；捉不到的就没有饭吃。这一招果然有用，猎狗们纷纷去努力捉兔子，因为谁都不愿意看到别人有骨头吃，而自己没吃的。

这种情形过了一段时间，问题出现了。大兔子非常难捉，小兔子好捉，但捉到大兔子得到的奖赏和捉到小兔子得到的骨头差不多。善于观察的猎狗们发现了这个纰漏，于是专门去捉小兔子。过了不久，大家都发现了这个纰漏。

猎人对猎狗们说："最近你们捉的兔子越来越小了，这是为什么？"猎狗们回答说："反正没有什么大小的区别，为什么费那么大的劲儿去捉那些难捉的大兔子呢？"

猎人这时应该怎么办？

情景三

猎人经过思考后，决定不再将骨头的数量与是否捉到兔子挂钩，而是每过一段时间就统计一次猎狗捉到兔子的总重量，按照重量来评价猎狗，决定其一段时间内的待遇。于是猎狗们捉到兔子的数量和重量都增加了，猎人很开心。

过了一段时间，猎人发现猎狗们捉到兔子的数量又少了，而且越有经验的猎狗，捉到兔子的数量下降得就越厉害。于是猎人又去问猎狗们，猎狗们说："我们把最好的青春都奉献给了主人，但是我们随着时间的推移会老去，当我们捉不到兔子的时候，您还会给我们骨头吃吗？"

这时的猎人又会想出什么办法呢？

情景四

经过仔细分析以后……

猎人汇总了所有猎狗捉到兔子的数量与重量，做出了论功行赏的决定。他规定：如果捉到的兔子超过了一定的数量后，即使以后捉不到兔子，每顿也可以得到一定数量的骨头。猎狗们都很高兴，努力去达到猎人规定的数量。一段时间过后，终于有一些猎狗达到了猎人规定的数量。

这时新问题又出现了。有一条猎狗说："我们这么努力，只得到几根骨头，而我们捉到的猎物远远超过了这几根骨头。我们为什么不能为自己捉兔子呢？"

于是，有些猎狗离开了猎人，自己捉兔子去了……

问题：通过这则寓言故事，我们能够领悟到什么？

分析提示：其一，激励目标的确定应符合员工的需要；其二，绩效管理、薪酬管理是人力资源管理很重要的激励手段。

1.1.2 人力资源管理与传统人事管理的区别

为了能够正确地区分人力资源管理和传统人事管理，我们必须破除两种错误的观念：一种是将人力资源管理等同于传统的人事管理，认为两者是完全相同的，只不过更换了一下名称；另一种是将人力资源管理与传统的人事管理彻底割裂开来，认为两者是毫无关系的。其实，人力资源管理与传统的人事管理是一种继承和发展的关系。一方面，人力资源管理是对传统人事管理的继承，人力资源管理的发展历史告诉我们，它是从传统人事管理演变过来的，人力资源管理依然要履行人事管理的很多职能；另一方面，人力资源管理又是对传统人事管理的发展，它的立场和角度完全不同于传统人事管理，可以说是一种全新视角下的人事管理。两者之间的比较见表1-1。

表1-1 人力资源管理与传统人事管理的比较

项　目	人力资源管理	传统人事管理
对员工的态度	1.员工是主动的 2.员工是企业发展的宝贵资源 3.企业与员工互相匹配，共同发展	1.员工是被动的 2.员工仅仅是企业的生产要素 3.企业管理员工
管理目标	提高员工的整体素质，培养员工中的核心人才，直接形成企业的核心竞争力，提高企业的整体优势	服务于员工，支持员工，提高员工的工作效率和对企业的忠诚度
管理战略	1.将企业文化与企业战略融入员工的自觉行为 2.让员工帮助企业实现经营战略	1.将企业文化灌输给员工 2.使员工理解并较好地执行企业任务、方针与政策

资料来源　黄维德，董临萍. 人力资源管理［M］. 北京：高等教育出版社，2000.

【职业道德测一测1-1】

职业道德，是指从事一定职业劳动的人们在特定的工作和劳动中以其内心信念和特殊社会手段来维系的，以善恶进行评价的心理意识、行为原则和行为规范的总和，它是人们在从事职业的过程中形成的一种内在的、非强制性的约束机制。

1.职业道德主要通过（　　）的关系，增强企业的凝聚力。

A.协调企业职工间　　　　B.调节领导与职工

C.协调职工与企业　　　　D.调节企业与市场

2.在现实生活中，一些人不断地从一家公司"跳槽"到另一家公司，虽然这种现象在一定意义上有利于人才的流动，但它同时也说明这些从业人员缺乏（　　）。

A.工作技能　　B.强烈的职业责任感

C.光明磊落的态度　　D.坚持真理的品质

1.1.3　人力资源管理的目标

1）充分调动员工的积极性

调查研究发现，在自然状态下，员工只会发挥20%～30%的能力，如果充分调动员工的积极性，其潜力可发挥出80%～90%。所以，为了充分、全面、有效地开发人力资源，调动员工的积极性就成了实现组织目标的有效手段。而员工积极性常常受到员工在组织中的发展空间、自我实现机会、福利状况和人际关系等因素的影响，组织应尽力调整这些因素，使之有利于充分调动员工的积极性，实现组织的目标。

2）扩展组织的人力资本

组织拥有三大资源，即人力资源、物质资源和财力资源。其中，物质资源和财力资源的利用归根结底是通过与人力资源的结合实现的，实现的程度受到组织人力资源中人力资本的数量、利用程度以及人力资源管理的优劣的影响。扩展组织的人力资本、增加人力资本的存量，成为人力资源管理的一大目标。美国通用电气公司堪称实现这一目标的典范，该公司有一套专门负责培训、增加企业的人力资本、形成初级班开发到高级班开发等一系列完善的扩展组织的人力资本的体系，为通用电气公司的技术开发、营销管理奠定了坚实的人才基础。因此，美国通用电气公司2022年名列全球500强第165位，2021年营业收入达到741.96亿美元，这些骄人的成绩与其把扩展人力资本放在重要的位置是分不开的。

3）实现组织的利润最大化

人力资源管理就是通过合理地配置组织内的人力资源，做到适人适岗，并将员工的发展目标与组织的发展目标相结合，从而提高人力资源的使用效率，达到人尽其才，最终实现组织利润最大化的目标。

1.1.4　人力资源管理的功能

微课：人力资源管理的功能

人力资源管理的功能是指它自身所具备或应该具备的作用，这种作用并不是相对其他事物而言的，而是具有一定的独立性，反映了人力资源管理自身的属性。

在国内学者早期的著作中，提及人力资源管理功能的并不多。例如，余凯成（1997）认为，人力资源管理的功能主要有五方面：获取、整合、保持和激励、控制和调整以及开发。而相当一部分人则将人力资源管理的功能和职能混为一谈。这里需要强调指出，尽管人力资源管理的功能和职能在形式上可能有些相似，但两者在本质上是不同的，人力资源管理的功能指它本身应该具备或者发挥的作用，人力资源管理的职能则是指它所要承担或履行的一系列活动，人力资源管理的功能是通过它的职能来实现的。

我们认为，人力资源管理的功能主要体现在吸纳、维持、开发和激励四个方面（如图1-2所示）。

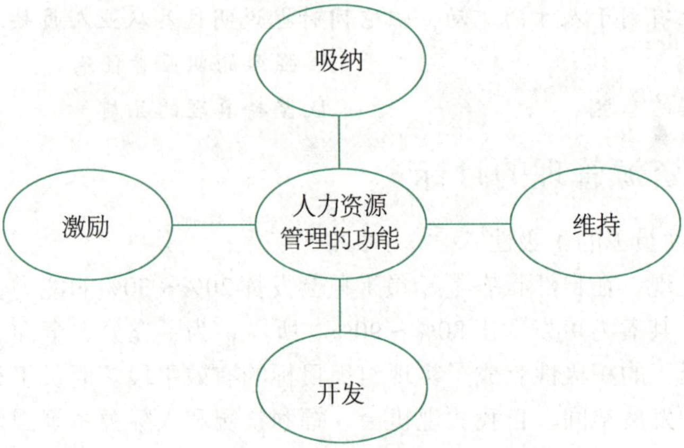

图1-2 人力资源管理的功能

吸纳功能主要是指吸引并让优秀的人才加入本企业。维持功能是指让已经加入的员工继续留在本企业。开发功能是指让员工保持能够满足当前及未来工作需要的知识与技能。激励功能是指让员工在现有的工作岗位上创造出优良的绩效。就四项功能之间的关系而言，吸纳功能是基础，为其他功能的实现提供了条件，如果不能将人员吸引到企业中来，其他功能就失去了发挥作用的对象。激励功能是核心，是其他功能发挥作用的最终目的，如果不能激励员工创造出优良的绩效，其他功能的实现就失去了意义。开发功能是手段，只有让员工掌握了相应的技能，激励功能的实现才会具备客观条件，否则就会导致员工“心有余而力不足”。维持功能是保障，只有将吸纳的人员保留在企业中，开发和激励功能才会有稳定的对象，其作用才可能持久。

在企业的实践过程中，人力资源管理的四项功能通常被概括为“选、育、用、留”四个字。在这里，“选”就相当于吸纳功能，要为企业挑选出合格的人力资源；“育”就相当于开发功能，要不断地培育员工，使其工作能力不断提高；“用”就相当于激励功能，要最大限度地使用已有的人力资源，为企业的价值创造做出贡献；“留”相当于维持功能，要采用各种办法将优秀的人力资源保留在企业中。

实用案例 1-1

海尔集团人力资源激励机制

海尔集团在人力资源开发过程中坚持观念创新、制度创新；坚持创造一种公平、公正、公开的氛围，建立一套充分发挥个人潜能的机制，在实现企业大目标的同时，给每个人提供充分实现自我价值的发展空间——“你能翻多大的跟头，就给你搭多大的舞台”。

1.“人人是人才，赛马不相马”——开展公平、公正、公开竞争。市场竞争说到底是人才的竞争。有什么样的人才，就有什么样的事业，谁拥有更多的高素质人才，谁就可以在竞争中取胜。海尔的人力资源开发自一开始就是“人人是人才”，“先造人才再造名牌”，率先转变大多数企业部门的职能。例如，人力资源开发中心不是去研究培养谁、提拔谁，而是去研究如何发挥人员潜能的政策和机制。海尔给员工做了三种职业生涯设计：第一种是对管理人员的；第二种是对专业人员的；第三种是对工人的。每一类员工都有一个升迁的方向。

2.“在位要受控，升迁靠竞争，届满要轮岗”——对已经在岗的管理人员进行控制。海尔的用人制度中有这样一条原则：在市场经济条件下所谓“用人不疑，疑人不用”就是对市场经济的反叛。市场经济中人的本质关系是利益驱动关系，是否信任一个干部是依据个人感情还是依据对干部工作能力的考查，直接关系到企业经营的成败。“在位要受控、升迁靠竞争、届满要轮岗”就是海尔集团依据这个原则制定的。

3.“海豚潜下去越深，跳得也就越高”——沉浮升迁机制。一个干部要负责更高层次的部门的工作时，我们不是让他马上到该岗位任职，而是先让他去该岗位的基层岗位去锻炼一个时期。有的干部已经升到很高的职位了，但如果缺乏这方面的经验，就要派他下去；有的干部各方面经验都有了，但处事综合协调的能力较弱，也要派他到这些部门来锻炼。这样做对一个干部来说压力可能较大，但也锻炼了干部，培养了其综合能力。

4.定额淘汰——定额淘汰就是在一定的时间和范围内，必须有百分之几的人员被淘汰。这在某种意义上说比较残酷，但对企业长远发展还是有好处的。海尔不存在“没有功劳也有苦劳”之说，“无功便是过”，在一定时期一定范围内，按一定的比例实行定额淘汰。

1.1.5　人力资源管理的职能

对于人力资源管理的职能存在着不同的看法，综合各种不同的划分方法，我们将人力资源管理的职能概括为以下六个方面：

微课：人力资源管理的职能

1）人力资源规划

这一职能包括的活动有：对组织在一定时期内的人力资源的需求和供给做出预测；根据预测的结果制订出平衡供需的计划等。

2）工作分析

工作分析包括两个部分的活动：一是对组织内各岗位所要从事的工作内容和承担的工作职责进行清晰的界定；二是确定各岗位所要求的任职资格，如学历、专业、年龄、技能、工作经验、工作能力以及工作态度等。工作分析的结果一般体现为岗位说明书。

3）员工招聘与录用

这一职能包括招聘和录用两部分。招聘是指通过各种途径发布招聘信息，将应聘者吸引过来；录用则是指从应聘者中挑选出符合要求的人员。

4）培训与开发

这一职能包括建立培训体系、确定培训需求、制订培训计划、组织实施培训，以及对培训效果进行评估等活动。

5）绩效管理

这一职能包括制订绩效计划、绩效实施、绩效考核、组织绩效反馈与改进等活动。

6）薪酬管理

这一职能包括的活动有确定薪酬结构、薪酬水平，实施岗位评价，制定福利和其他待遇的标准，以及进行薪酬的测算和发放。

人力资源管理职能之间的关系如图1–3所示。

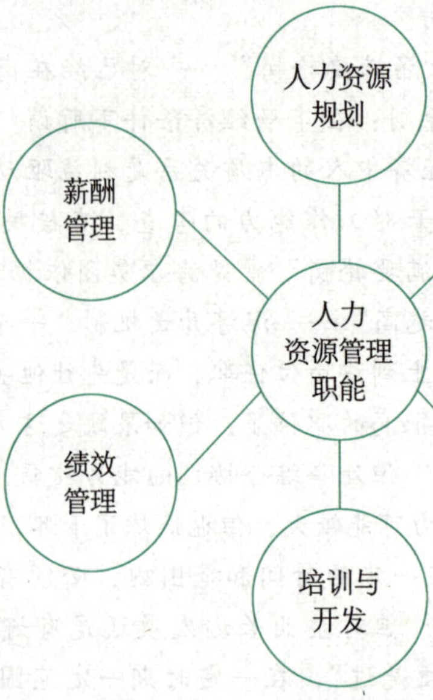

图1-3　人力资源管理职能之间的关系图

图1-3表明，企业进行人力资源管理，首先要制定企业的人力资源规划，然后在人力资源规划的指导下进行工作分析，编制岗位说明书。根据工作分析，招聘并配置员工。在配置员工、利用人力资源的过程中，企业必须注意规划员工的职业生涯发展，并且把员工的职业生涯发展与组织的发展相匹配，形成互为动力的综合发展途径。当企业的人力资源管理工作进行到一定的阶段，就必须对多层次员工的工作绩效进行评估考核，纠正他们工作中的失误，肯定他们工作中的成绩，并就员工下一阶段的工作达成上下级的共识，以便员工形成下一轮的工作计划。在绩效考核以后，要对员工进行激励，主要包括精神激励、薪酬激励、荣誉激励、工作激励、晋升激励等，对绩效考核中表现优秀的员工，尤其要加大激励的力度。对于绩效考核中表现出来的具有这样或那样缺陷但企业今后发展又需要的员工，企业要进行培训，帮助他们提高知识水平，提高技能，使他们在今后的企业经营活动中能适应企业发展的需要。最后，根据人力资源系统的整体运作情况，企业要修正或者重新制定自身的人力资源发展战略和人力资源计划，为下一阶段的人力资源管理活动奠定基础。

1.2　人力资源管理的发展

1.2.1　人力资源管理的演进

人力资源管理在企业经营活动中乃至长期发展中的地位和重要性呈逐步提升的趋势。人力资源管理的功能，也同样经历了一个不断深化的过程。

20世纪40年代，担任管理员工工作的也就是一般的员工，其管理的内容仅仅是一些基础的档案记载，例如人员进出、工资发放情况等。严格来说，在20世纪40年代，还谈不上对人的管理，充其量不过是对人的有关情况的记录。

20世纪50年代，较普遍地有了对员工制度上的管理，也就是企业制定了各项规章制度，由工头监督员工执行。这时，工头自然而然地成了员工的管理者，员工只是在工头的控制监督下被动地按制度干活而已。因此，在20世纪40—50年代，员工是被当成机器来管理的。

20世纪60年代，开始有了现代意义上的人事管理，包括员工档案管理、员工工资管理、员工制度管理、员工招聘与辞退管理等一系列的管理内容。而管理者也升格为最初的普通管理者，比如人事科长、人事专员等。

20世纪70年代，企业开始重视人的因素，意识到应当注意协调员工关系，避免内部冲突，加强企业内的人际沟通。因此，协调员工关系就成了人事管理中十分重要的一项内容。这时候，从事企业人事管理工作的已经是企业的中层经理，即企业人事部门的经理。

20世纪80年代，人力资源管理理论问世。从人事管理到人力资源管理，并不是名词上的简单变换，而是在员工管理上具有实质性意义的改变。人力资源管理，不仅形成了包括招聘、工作分析、人力资源计划、绩效评估、员工激励、员工培训等多个环节在内的一个较系统的人力资源管理系统，更为重要的是，在对人的认识上第一次变被动为主动。

在20世纪80年代之后的人力资源管理实践中，员工成了企业最为宝贵的资源，这种宝贵的资源具有巨大的潜力。开发和运用这一资源，对于企业来说具有特别重要的意义。员工主动性与积极性的发挥，又与企业的文化、企业的目标和企业最高层的理念等密切相关。因此，在这一时期，企业中管理人力资源的已经是企业的高层管理者，如人力资源总监等。由高层管理者担任人力资源管理者，目的就是突出企业领导层对人力资源管理的高度重视，不断开发企业的人力资源。

到了20世纪90年代，许多企业已经意识到，人力资源管理不仅关系到企业的经营与发展，往往还决定了企业的最终命运。

21世纪初，由于外部环境的变化，企业面临的竞争越发激烈，在这一阶段，企业越发重视人力资源管理部门职能的发挥，人力资源管理从事务性向战略性转变。

1.2.2 21世纪员工及人力资源部门的变化

1）员工的变化

（1）高文化素质。随着科技进步与社会经济的发展，员工会接受更多的教育和培训。在高科技领域和现代化企业体系中，员工的素质将会更高。一方面，他们掌握的不仅仅是单一的专业知识，还体现为其为了适应市场的需要所掌握的综合性技能。另一方面，他们又会根据市场需要不断更新自己的知识。

（2）接受丰富的信息。员工会利用现代化的信息技术学习并掌握自己所需要的信息，包括专业领域的信息、外部市场信息、职业信息、教育培训信息等。如此丰富的信息，一方面能够帮助员工充实自己，提高自身的价值；另一方面又能为员工提供职业、学习等方面的更多选择，员工进出劳动力市场的障碍将大大降低。

（3）多元化的工作动力。员工关心自己的工作报酬，但高报酬已不再是员工主要的工作动力。具备较高文化素质且占有丰富信息的员工，他们的工作动力更多地来自对企业的信念、价值判断和氛围需求等，而所有这些几乎都属于企业文化的范畴。

（4）独立性和差异化。在经济全球化背景下，员工间的差异加大，既有性别、种族、民族方面的差异，也有知识、技能等方面的差异。同时，员工的独立性增强，在他们的心目中，“自我”的意识强烈，较少受传统道德的约束。在他们的工作中，由于高科技手段的普及，许多工作不一定在办公室或工作场所中完成，因此他们也较少地受纪律的约束。传统的员工是“组织人”，较多地受约束并在企业中呈现团结合作的特点；现代的员工是“新个体”，他们不受约束，在工作中密切合作，更讲求实现团队的共同目的，并在团队中体现自身的价值。

【拓展阅读1-1】

新生代员工的特点

在工作中，新生代员工的特点主要表现如下：

1.对成功有独到的见解

新生代员工渴望有所成就，强烈期望得到社会的认可，更热衷于挑战性的工作，把攻克难关看作一种乐趣、一种体现自我价值的方式。他们期望得到更好的发展机会、更高的待遇、弹性化的工作岗位、持续的学习机会，重视企业是否公平地对待自己，而且希望自己对时间和精力的投入马上见到成效。也许新生代员工与年长员工在某些需求上是相似的，但不同的是，他们会更主动、更直接地向组织提出自己的要求。

2.通常不喜欢循规蹈矩的工作

新生代员工讨厌重复性的工作，喜欢从事有挑战、有趣味的工作。如果管理人员希望年轻员工严格按照工作说明书的要求履行职责，那通常是不太切合实际的，因为这些年轻员工希望过一段时间就改写自己的工作说明书。在很大程度上，他们是任务导向型的，但前提是他们认同企业分配的任务，并认为这些任务是重要的、有价值的。

3.多变的职业观念

传统的职业观念认为，员工应对企业忠诚，企业应为员工提供工作保障。而新生代员工具有多变的职业观念，渴望尝试不同的职业领域，同时认为企业的责任是为员工提供职业发展机会，更看重企业是否能培育员工具有“可转移”的竞争力。他们通常具有较高的计算机操作水平和专业技术能力，习惯在工作中利用高科技设施带来的便利，而且对自己的技能和表现比较自信，但是他们在工作中通常缺乏耐心，缺乏与不同背景员工打交道的能力，缺乏沟通、倾听、时间管理等方面的技巧。

4.兼有积极与消极的工作态度

调查研究表明，不同时代员工的工作态度有很大差异。与25岁以上的员工相比较，在18~24岁年龄段中，多数员工更乐意投身于创新活动，同时相信自己的领导能清晰地描绘出组织的发展前景。但是，与年长员工相比，新生代员工无论对工作的满意度，还是对企业的忠诚度都会显著降低。

资料来源　姚月娟．新生代员工的多元化激励［J］．生产力研究，2008（10）．

2）人力资源部门的变化

（1）人力资源部门的地位。在未来的发展中，企业的人力资源管理应当和企业的整体发展战略密切联系起来。人力资源管理的重点不在于每一项具体的管理工作，而在于整个组织，即从组织的角度系统地、整体地开发企业的人力资源。不同的企业战略将会要求不同的员工行为和组织行为，而引出并且加强这些行为的，正是不同的人力资源管理活动。因此，未来人力资源部门的地位不仅是企业的“战略伙伴”，而且将被提升到企业发展的“战略先导”地位。

（2）人力资源部门的工作。人力资源部门的工作重点，是帮助企业完善或重组组织结构，保持组织的动力和平衡，帮助企业创建组织文化，以引导和支持企业所需要的员工行为和组织行为。人力资源管理活动的许多具体工作，不是由人力资源部门的专家来执行，而是由各层经理来执行。人力资源部门的专家所担任的是顾问、老师、学者等多种角色。许多人力资源管理的具体工作将在企业各职能部门中完成。人力资源部门的工作重点：一是为企业发展战略的制定和实施出谋划策，制订方案；二是创建企业文化。因此，要使各职能部门经理承担起部门的人力资源管理责任，而不是由人力资源管理部门去代替他们。

1.2.3　人力资源管理面临的挑战

1）企业文化将成为人力资源管理的核心

管理追求的最高境界是文化管理。人力资源管理过程是企业文化建立与推广的过程，追求的最高境界也是文化管理。组织的规章制度和规范，最终要让每个员工感觉不到约束的存在，使这些规范成为自己的习惯，自觉自愿地遵守。同时，企业文化也是人力资源管理的核心内容，应使之融合在人力资源管理活动中，直至企业文化和精神深入到每一个员工心中。从人力资源管理的环节开始改变企业的旧文化，可以有自上而下型的改变、自下而上型的改变和过程再造型的改变三种做法。从人力资源管理的具体工作开始引进新文化，包括人员调动、员工培训、绩效评估与激励、沟通等。

2）经济全球化问题

随着经济全球化的推进，人才本土化、母公司与海外分公司的企业文化磨合、帮助海外分公司构建有效的人力资源管理系统、采取有效的方法调动海外分公司员工的工作积极性、提高员工的工作效率等，将是人力资源管理者所要解决的新问题。随着我国加入WTO和综合国力的增强，我国许多企业积极参与国际竞争，并提出为顾客提供“任何地方、任何时候、任何东西”的新的营销理念。所有这些变化，都会对人力资源管理的传统理念和方法提出挑战。同时，全球化也会在很大程度上变革组织的结构、调整组织的制度。组织的这些变化，也会对人力资源管理的传统架构和内容提出变革要求。因此，全球化过程将从观念上、文化上，一直到组织上、方法上促使人力资源管理产生全方位的变化。

3）组织的变化

世界处在一个快速变化的环境中，组织想在变化中保持竞争优势，就要不断地进行优化、组合、转型，让自身变得更加灵活。人力资源管理部门应帮助组织、组织的管理者和员工更快、更平稳地适应各种变化。据美国有关学者的调查，在人力资源管理者有效完成任务所必须具备的能力中，理解和管理组织变化的能力约占41.2%。此外，人力资源管理专业知识能力约占23%，行业知识能力约占18.8%。这是因为，随着组织的变化越来越普遍、越来越频繁，企业中的高层管理者很自然地会要求人力资源管理者提供相关的帮助和支持。例如，在现代化企业中，信息与科技贯穿企业整个经营活动，扁平化团队组织将逐步替代纵向控制组织而成为现代企业组织的主要形式。团队倾向于自我指导，团队成员互相依赖，共同完成某个富有挑战性的目标。在这样的组织变化过程中，人力资源管理者必须协助企业的中高层管理者组建高效团队，调整人力资源战略和计划，指导员工改变行为以适应组织的变化等。

互动课堂1-3

问题：以小米、万科、海尔为代表的越来越多的国内企业开始了向扁平化组织靠近的探索之路。你知道扁平化组织结构的特点吗？

分析提示：扁平化组织结构的特点是：管理层次减少，管理幅度加大。

管理层次是指组织机构内部分设的自上而下或自下而上的机构层次。

管理幅度是指一个领导能够直接有效地指挥下属人员的数目。

4）知识型员工短缺

任何企业都需要招聘和留住技术熟练的员工，对于高新技术企业而言更是如此。普通员工若不经过培训，就根本无法替代知识型员工。正如美国培训与开发机构的执行总裁所说："如今员工所需要的技能是如何创造性地工作的技能、如何与他人有效沟通的技能、如何操作计算机的技能、如何更快速和更灵活地思考的技能，以及如何在团队中工作的技能。"可见，知识型员工的实质是具备全面素质的员工，其内涵是传统的普通员工所无法比拟的。如何解决知识型员工短缺的问题呢？除了提高企业在劳动力市场上的人才竞争力之外，越来越多的企业在人力资源培训上加大投资力度，提高投资水平。对于员工培训，一方面需要比较稳定持续的人力资源投资资金，另一方面又有"时滞"的限制，即从投入资金培训员工到员工通过培训提高了知识技能，或者掌握了新的知识技能之间，总有一段或长或短的时间间隔。对于有些企业来说，这段"时滞"很可能造成员工的供给满足不了企业发展的需求。因此，面对知识型员工的短缺，人力资源管理者必须将企业的人才招聘、人才培训和人才挽留结合起来考虑，形成最佳组合，以便在劳动力市场上赢得主动，且使劳动力成本更趋合理化。

5）新技术的应用

高科技为员工的发展和组织的发展提供了强大的推动力量。以前无法想象的事情，现在已变成现实。在劳动力市场上，劳动力供求双方可以利用互联网求职、招聘；员工可以利用互联网从事远距离学习，随时汲取全球范围内的新知识；人力资源管理者也可以利用高科技从事自动化的绩效评估、薪酬管理等。此外，高科技使员工的时间安排也有了很明显的变化。越来越多的知识型员工将工作带回家完成，无形中延长了工作和学习时间。同时，组织的人力资源管理部门已经在工作中运用了人力资源管理软件——人力资源信息系统。由于人力资源信息系统随时提供有关人力资源管理的相关数据，使得制定人力资源战略、进行企业决策、编制人力资源报告、预测人力资源需求、进行职业生涯设计、制订晋升计划和对人力资源政策的评估等更为方便。但众所周知，新技术层出不穷，组织要根据实际情况，运用最新技术，最大限度地节约成本，以提高组织效率。

【素质提升】

让事业激励人才

习近平总书记强调："让事业激励人才，让人才成就事业。"事业因人才而兴，人才因事业而聚。无论是回溯历史还是观照现实，干事创业离不开人才，成就伟业更仰赖于大批人才涌现。与此同时，人才成长也离不开事业所提供的舞台。事业与人才，总是相辅相成、相互促进、相得益彰。

事业是磁场，吸引汇聚人才。志存高远的优秀人才，往往拥有澎湃的家国情怀、远大的理想抱负，自觉地将报效祖国与实现人生价值紧密联结在一起。伟大的事业具有强大吸引力、感召力，让天下英才同向汇聚。事业如沃土，孕育培养人才。人才如粒粒种子，事业似广袤沃野；种子离不开土壤，向上生长需要悉心栽培。厚植事业发展的土壤，遍洒阳光雨露，才能更好助力人才成长。事业似熔炉，考验锻造人才。人在事上练，刀在石上磨。干事创业往往意味着筚路蓝缕、以启山林，也是淬炼能力、增长才干的过程。

资料来源　马祖云. 让事业激励人才［N］. 人民日报，2022-02-09（4）. 节选。

［本章小结］

•本章介绍了人力资源与人力资源管理的含义、传统人事管理与人力资源管理的区别，以及人力资源管理的目标、人力资源管理的功能和人力资源管理的职能。

•本章介绍了人力资源管理的演进，以及在人力资源管理的全球化背景下，21世纪员工及人力资源部门的变化，并讲述了人力资源管理面临的挑战。

［基础训练］

1.选择题

（1）人力资源的特点包括（　　）、（　　）和（　　）。

A.主动性　　B.时效性　　C.前瞻性　　D.可再生性

（2）生产要素中唯一具有主动性的生产要素是（　　）。

A.土地　　B.资本　　C.劳动力　　D.管理技术

（3）人力资源管理的功能中，（　　）是基础，维持是（　　），（　　）是核心，（　　）是手段。

A.吸纳　　B.激励　　C.保障　　D.开发

（4）在人力资源管理的职能中，（　　）的结果一般体现为岗位说明书；绩效管理包括制订绩效计划、绩效实施、进行（　　）、组织绩效反馈与改进等活动。

A.人力资源规划　B.工作分析　C.培训与开发　D.绩效考核

（5）21世纪员工的变化，包括以下特点：高文化知识、（　）、接受丰富的信息、（　）和（　）。

A.独立性　B.相对稳定的工作

C.差异性　D.多元化的工作动力

（6）21世纪人力资源部门的变化主要体现在（　）。

A.人力资源部门的地位　B.人力资源部门的规划

C.人力资源部门的工作　D.人力资源部门的目标

2.简答题

（1）人力资源管理与传统人事管理的区别是什么？

（2）人力资源管理的目标是什么？

（3）人力资源管理的功能是什么？

（4）人力资源管理的职能是什么？

（5）人力资源管理面临的挑战是什么？

[综合应用]

□ 案例分析

如何进行人力资源管理

艾尔逊公司是一家中等规模的私人企业，拥有员工2 000余人。该公司主要从事电信行业产品的生产与销售，连续多年呈现出高增长的发展态势，未来发展趋势看好。在当今激烈的市场竞争中，公司提出了以人为动力的“人本原则”，构筑了“沟通、合作、团队、奋斗”的企业文化。

张华今年29岁，获得MBA学位后进入艾尔逊公司担任人力资源部经理。张华到任之后不久便发现了问题。比如，除人力资源部以外，公司各部门的工作很少有“规则”，每个员工的工作都没有明确的分工，一份工作可以由甲来干，也可以由乙来干，全凭个人的技能和兴趣完成。有不少个人能力强于本人职务要求的员工为此感到不快。当问及公司为何如此时，他得到的回答是：一开始就是这样的。

人力资源部仅有一半员工具备人力资源及相关专业的学历，仅有1/4的员工具备人力资源管理的实际经验。除此之外，很多员工都是由普通员工转岗或提升上来的。前任经理李宁之所以得到晋升，并非因为他的工作经验有多么丰富、业绩有多么出色，仅仅是因为他拿到了企业管理硕士学位。人力资源部的4名主管，一位原先是图书馆管理员，一位原先是办公室秘书，另两名主管虽然有人事工作经验，但又都没有专业学历。至于4名主管手下的员工，从业经历更是五花八门。

张华认为，公司的实际情况与他先前所想象的不大一样，但仔细想想，自己又不能对此提出太多的异议。公司的每项制度与管理方式都有自己的传统，张华还不敢说这种传统有多么不好，况且，目前公司的运转情况还是不错的。正当他犹豫不决时，他无意中听到财务部部长在训斥一名雇员：“你最近怎么搞的？连连出错！这样下去，对你没什么好处！你知道吗？像你这样，即使送你去人力资源部，怕人家也不要你！”

张华听后，心里很不是滋味。

问题：张华该怎样强化人力资源部的职能呢？

□ 实践训练

将学生分成不同小组，每个小组合理分工，共同完成一家中小企业的人力资源管理状况的调查。通过调查，了解该企业人力资源管理的现状。

要求：调查结束后，小组讨论并撰写调查心得体会。

[课外拓展]

关注新媒体平台，获取人力资源管理领域最新的观点、方法、技巧，了解人力资源管理的前沿资讯。

“人力资源和社会保障部”是人力资源和社会保障部的微信公众号，致力于发布消息、解读政策、服务民生，提供证书验证、查询服务，推出了“根治欠薪”“互联网+督查”“办事指南”“政策法规”等专题服务。在微信公众账号中搜索“rsbzwwx”即可关注。

第2章 人力资源规划

【学习目标】

通过本章学习，你应该达到以下目标：

知识目标：了解人力资源规划的含义与分类，掌握人力资源供需分析方法以及实现供需平衡的方法，熟悉人力资源规划编制的基本方法。

能力目标：具有协助一般中小型企业进行中短期人力资源规划的能力。

素养目标：在学思践悟的基础上，能够认同“人力资源规划应充分考虑企业内外环境的变化”观念。培养成为一名企业HR应该具备的系统观念和社会责任感。

【内容架构】

第2章　人力资源规划

- 2.1　人力资源规划概述
  - 2.1.1　人力资源规划的含义和主要内容
  - 2.1.2　人力资源规划的作用
  - 2.1.3　人力资源规划的原则
- 2.2　人力资源规划的供需分析方法
  - 2.2.1　人力资源的需求分析
  - 2.2.2　人力资源的供给分析
  - 2.2.3　企业人力资源供给与需求平衡
- 2.3　人力资源规划的编制与实施
  - 2.3.1　人力资源规划编制的基本条件
  - 2.3.2　人力资源规划编制的程序
  - 2.3.3　人力资源规划的应用
  - 2.3.4　人力资源管理制度与费用预算

引例

人才短缺的4种原因分析及对策

现在一些企业面临着人才短缺的烦恼，业务高速发展却缺乏相应的人才，员工频频辞职或跳槽使工作难以为继，员工工作效率低下让主管大为恼火。种种问题的出现固然有多种原因，但其中不可忽视的一条是人力资源规划没做好。人员短缺只是表面现象，其原因早已出现，从人力资源规划角度分析，主要有以下几点：

1.业务发展

业务高速发展的企业，常常会出现这样的情况：发现人才缺口，匆匆赶到人才市场招聘人员顶岗。出现这种情况，企业是否该反思一下：人员短期需求规划有没有，业务长期发展的人才梯队建设是否妥当；业务面临突破或转型时，人才储备有没有配合好。如果这些没做好，企业人才难免就捉襟见肘。

2.人才流动

当今，人才流动已成为趋势。人才流动通常包括人才的流入、流出、晋升、降职、退休、离职等情况。如果人力资源规划没有做好，员工的突然辞职就会让企业措手不及，更严重的是，骨干人才的跳槽会使业务大受影响甚至瘫痪。

3.培训开发

企业的某些岗位经常缺乏合适的人选，重要的原因就是没有预先规划，培训不足，造成员工的称职度不够。同样，由于晋升通道的狭窄和不确定性，很多人感觉在企业的职业生涯已经到顶，为寻求发展而离职。因此，针对现有岗位的特点，做好相应的人员培训和替补规划，是企业持续发展的重要保证。

4.绩效管理

现有人员绩效不高，使得人员相对缺乏，重要原因是缺乏科学的绩效评估。通过绩效评估，可以提前发现优秀人才和不合格人员，从而可以确定合理的人员安排，对优秀人才选拔晋升，对绩效欠佳者及早培训，对不合格员工进行调岗或辞退。没有绩效管理，选拔晋升、培训开发就缺乏科学的依据和安排。

通过分析发现，通过人力资源规划，对想跳槽的预先进行激励，对不称职的进行培训，可以提高员工的忠诚度和凝聚力，从而避免了临时抱佛脚、慌乱被动的局面。另外，产生人才短缺的原因不是单一的，而解决方案的制订也是一个系统性工程，不仅需要进行人力资源规划，还需要整个人力资源体系的支持。对许多人才短缺的企业来说，及早进行人力资源规划，建立人力资源体系，是企业可持续发展的长久保障。

资料来源　佚名. 人才短缺的4种原因分析及对策［EB/OL］.［2022-10-16］. http：//hrmc.pinnace.cn/article/strategy/98.shtml.引文经过节选、压缩和改编。

人力资源规划又称人力资源计划（human resource planning，HRP），它是从企业整体性、前瞻性和量化性角度分析、制定企业人力资源管理的一些具体经济计划指标。企业在发展过程中的每个阶段都需要拥有与企业工作相适应的员工，这种适应既包括量的要求，也包括质的要求，还有结构上的要求。例如，根据企业的发展战略和经营目标，企业在未来5年需要录用多少员工？在什么时间录用？在哪个部门或管理层有需要？录用的是哪一类的员工？拥有什么资历或技能？需要哪类性格、倾向或喜好？这些问题都是人力资源规划的工作内容。企业为了实现自己的目标，必须重视科学的人力资源规划工作，它是各项具体人力资源管理活动的起点和依据，直接影响着企业人力资源管理的效率以及企业经营和竞争能力。

2.1 人力资源规划概述

2.1.1 人力资源规划的含义和主要内容

人力资源规划是指组织根据自身战略目标、任务以及内外环境的变化，科学地分析和预测人力资源供需现状以及未来趋势，并制定相应的政策、措施和方案的过程。

微课：人力资源规划概述

人力资源规划的主要内容包括：

1）总体规划

总体规划是指根据企业发展战略来确定人力资源管理的总目标、总计划、总步骤和总政策。

2）配备计划

配备计划是指在企业发展的中长期时间内确定处于不同职务、部门或工作类型的人员的具体分布状况的计划。企业中各个部门、岗位所需要的人员都有一个合适的规模和结构，这个规模和结构是随着企业内外部环境和条件的变化而变化的。配备计划就是要确定这个合适的人员规模和结构，以适应企业发展的要求，这是决定企业人员需求的重要依据。

3）退休解聘计划

退休解聘计划是指在企业发展的过程中，对由于自然原因或特殊原因而与企业解除劳动关系的员工数量进行预测的计划活动。企业每年都会有一些人因为达到退休年龄或合同期满、企业不再续聘等而离开企业。在经济不景气、人员过剩时，有的企业还常常采取提前退休、买断工龄甚至解聘等特殊手段裁减冗员。企业应根据人员实际状况提前做好这些方面的计划。

4）补充计划

补充计划是指为了保证企业在出现岗位空缺时能及时地获得所需数量和质量的人员的计划。由于诸多原因，企业中经常会出现新的或空缺的岗位，如企业规模的扩大，原有人员的退休、离职等，这就需要企业制定必要的政策和措施，特别是制订补充计划，确保企业能够正常运转。

5）晋升与轮换计划

晋升计划是指根据企业的人员分布状况和层级结构，拟订人员提升政策的计划。轮换计划是指为实现工作内容的丰富化，保持和提高员工的创新热情和能力，培养员工多方面的素质，而制订的大范围地对员工的工作岗位进行定期变换的计划。晋升表现为员工岗位的垂直上升变动，轮换则主要表现为员工岗位的水平变动。

6）培训开发计划

培训开发计划是指企业为了使员工能够更好地适应正在从事的工作，也为企业未来发展所需要的一些岗位准备后备人才的计划。例如，某企业对逐级推荐的200名有发展前途的不同岗位人员分别制订了培训开发计划，根据可能产生的岗位空缺和出现的时间，分阶段、有目的地培养他们，当岗位空缺出现时，这些人员可以迅速顶上去。培训开发计划与晋升计划、配备计划以及个人发展计划有密切的联系，培训的相当一部分工作应在晋升之前完成，这样就可使企业做到有的放矢。

7）职业生涯发展计划

职业生涯发展计划是指企业为了不断地提高员工的满意度，并使员工个人发展与企业的发展和需要统一起来，而制订的有关员工个人的成长发展与企业的需求、发展相结合的计划。一般情况下，企业不可能也没必要为所有岗位的员工都制订职业生涯发展计划，职业生涯发展计划的主要对象应是企业重要岗位的骨干员工和核心员工。

8）劳动关系计划

劳动关系计划是指企业关于如何减少和预防劳动争议、改善劳动关系的计划。随着市场经济的发展，企业和员工的法律意识在不断增强，这项计划旨在稳定企业与员工的劳动关系，为企业创造一个稳步发展的人际环境。

9）绩效与薪酬福利计划

绩效与薪酬福利计划是指对员工的工作结果进行考核评价，并支付相应报酬的计划。这项计划的内容包括绩效标准及其衡量方法、薪酬结构、工资总额、工资关系、福利项目以及绩效与薪酬的对应关系等，它是关系企业与员工切身利益的计划。

10）人力资源费用预算

以上各个计划都与人力资源有关，都会不同程度地涉及费用问题，这就要在制定各个分项计划预算的基础上，制定人力资源的总预算。人力资源规划的主要内容及预算内容见表2-1。

表2-1　**人力资源规划的主要内容及预算内容**

序号	计划项目	主要内容	预算内容
1	总体规划	总目标、总计划、总步骤、总政策	预算总额
2	配备计划	中长期内不同职务、部门或工作类型的人员的分布状况	人员总体规模变化而引起的费用变化
3	退休解聘计划	因各种原因离职的人员情况及其所在岗位情况	安置费用
4	补充计划	需要补充人员的岗位、补充人员的数量、对人员的要求	招募、选拔、录用费用
5	晋升与轮换计划	人员晋升政策，晋升时间；轮换工作的岗位情况、人员情况、轮换时间	岗位变化引起的薪酬福利等支出的变化

续表

序号	计划项目	主要内容	预算内容
6	培训开发计划	培训对象、目的、内容、时间、地点、讲师等	培训总投入、脱产人员工资及脱产损失
7	职业生涯发展计划	骨干人员的使用和培养方案	（包含在上一项中）
8	劳动关系计划	减少和预防劳动争议，改进劳动关系的目标和措施	诉讼费用及可能的赔偿
9	绩效与薪酬福利计划	个人及部门的绩效标准、衡量方法；薪酬结构、工资总额、工资关系、福利项目以及绩效与薪酬的对应关系等	薪酬福利的变动额

2.1.2　人力资源规划的作用

进行人力资源规划的主要目的是建立稳定而有效的内在劳动力市场，使企业内部人力供给和运作维持相对稳定，同时也可以建立内在和外在劳动力市场的通道，有效地调节内部劳动力市场。人力资源规划既可以使企业内部成员个人与技术充分发挥，以求人尽其才，也可以协调不同人力资源管理的功能，提供评估人力资源管理作业的依据，为人力资源管理寻求发展的方向。

在市场经济条件下，人力资源是企业最具决定性、最活跃的要素资源。对于企业各项具体的人力资源管理活动而言，人力资源规划不仅具有先导性和全局性，还能不断地自觉调整人力资源政策和措施，指导人力资源管理活动有效地进行下去。因此，企业的生存和发展离不开企业人力资源规划。

在所有的管理职能中，人力资源规划最具战略性和主动性。科学技术瞬息万变，竞争也日益白热化，人力资源预测工作变得越来越困难，也变得更加紧迫。人力资源管理部门必须对组织未来的人力资源供给和需求做出科学预测，以保证在需要时就能及时获得所需要的各种人才，进而保证实现组织的战略目标。因此，人力资源规划在各项管理职能中起着桥梁和纽带的作用，并在企业规划中起着关键性的作用。

具体说来，人力资源规划的作用体现在以下几个方面：

一是通过对人力资源供给和需求进行科学分析，制定合理的人力资源规划，有助于企业组织战略目标、任务的实施；

二是人力资源规划的实施能够促进岗位技术和工作流程的进步及优化；

三是人力资源规划能够提升企业竞争优势，最大限度削减经费，降低成本，创造最佳效益等；

四是人力资源规划可以改善员工队伍结构，如数量、质量、年龄结构、知识结构等；

五是人力资源规划有利于其他人力资源政策的制定和实施；

六是人力资源规划方案的有效实施，可以为管理者进行科学有效的管理决策提供依据；

七是人力资源规划能够使企业适应并贯彻实施国家的有关法律和政策。

2.1.3 人力资源规划的原则

在制定人力资源规划时，必须注意以下三项原则：

1）充分考虑内外环境的变化

人力资源规划如果没有充分考虑到内外环境的变化，就不可能称之为科学合理，不可能符合企业发展目标的要求。在任何时候，人力资源规划都是面向未来的，而未来总是蕴含多种不可控的因素，包括源自内部和外部的许多不确定因素。内部变化会涉及企业销售的变化、产品的变化、发展战略的变化、企业员工的变化等；外部变化会涉及市场的变化、政府人力资源政策的变化、人才供需矛盾的变化以及竞争对手的变化等。为了能够更好地适应这些变化，在进行人力资源规划时必须对可能出现的情况做出科学合理的预测和分析，以确定应对各种风险的策略。

2）注意企业战略与人力资源规划的关系

人力资源规划涉及的范围很广，既可以运用于整个企业，也可以局限于某个部门或某个工作集体；既可以统一制定，也可以单独制定。但是，不管哪种规划，都必须与企业战略相衔接，必须按照企业战略进行人力资源规划的制定，这样才能保证企业目标与企业资源的协调，保证人力资源规划的准确性和有效性。

不同层次的企业计划对人力资源规划的影响程度是不同的，如图2-1所示。

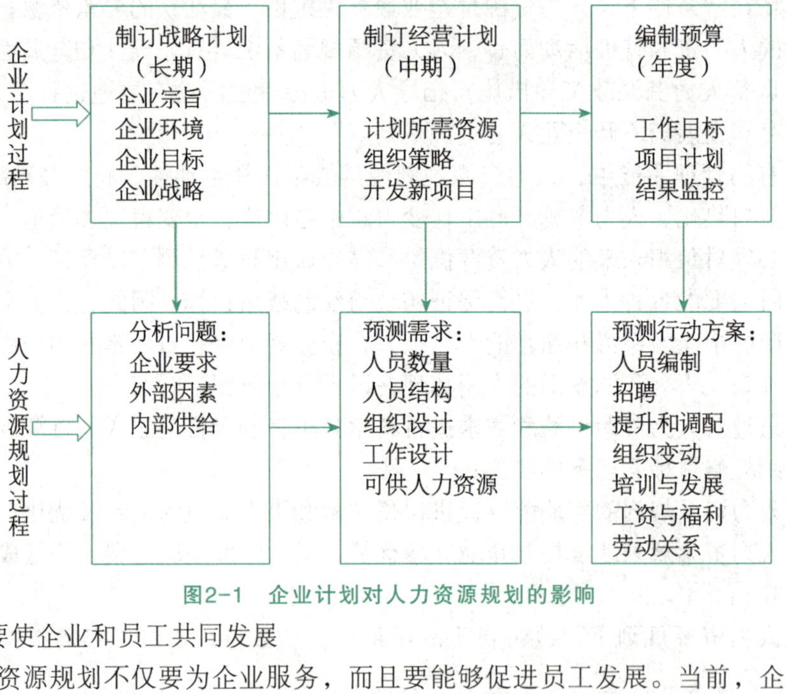

图2-1 企业计划对人力资源规划的影响

3）要使企业和员工共同发展

人力资源规划不仅要为企业服务，而且要能够促进员工发展。当前，企业员工越来越重视自身的职业前途，工作不仅是谋生手段，也是员工实现自我价值的方式。企业的发展离不开员工的发展，员工的发展同样离不开企业的发展，二者互相依托，互相促进。一个合理的人力资源规划，必须是能够使企业和员工都得到长期发展和获得利益的规划，应该能够使企业和员工共同得到发展。

互动课堂2-1

一个组织或企业要维持生存或发展，就必须拥有结构合理、执行更高效的人员配置，进行人力资源规划。首先，任何组织和企业都处在一定的外部环境之中，而外部环境中的各种因素均处于不断地变化和运动状态。这些环境中的政治因素、经济因素、技术因素等一系列因素的变化，势必要求组织和企业做出相应的调整。其次，组织和企业内部的各种因素同样是无时无刻不在运动着和变化着的，人力因素本身也会处于不断变化之中。最后，为了保证企业的效率，内部也必然要进行人员结构的调整和优化。所以，为了适应组织环境的变化和技术的不断更新，保证组织目标的实现，就必须加强人力资源规划，这对正在适应市场经济规则的中国企业来说尤为重要，否则必然是一方面不符合要求的人员大量过剩，另一方面则是某些具有特殊技能和知识的人才紧缺，企业的竞争能力和效益就难以提高，以致在激烈的竞争中落败。

请收集一个企业因没有做好人力资源规划而失败的案例。

2.2 人力资源规划的供需分析方法

2.2.1 人力资源的需求分析

人力资源的需求包括总量需求和个量需求。

总量需求，是指一个国家或地区在某一阶段或时限内对人力资源的需求总量，包括数量、质量、结构和分布等方面。

微课：人力资源需求预测

个量需求，则是指一个组织在某一阶段或时期内对人力资源的需求量，同样包括数量、质量、结构和分布等方面。

在这里，我们只侧重于对企业或组织的需求进行讨论，也就是只对个量需求进行分析。

对于一个企业来说，人力资源需求的确定与整个社会需求的确定是有所区别的，一般可以运用“边际生产率理论”来进行确定。边际生产率理论认为，企业对劳动力的需求不只是由企业生产产品的需要所决定的，还要根据对增加劳动力所花费的成本和其所能增加的收入进行比较后才能决定。边际生产率理论的核心就是要把某种生产要素的边际收入同它的边际成本进行比较，并且是以追求尽可能多的利润为基本前提和出发点的。

1）预测人力资源需求的影响因素

从我国的现实情况来看，单个企业的人力资源的需求是由多种因素决定的，必须根据企业的实际，综合考虑多方面的因素来确定。企业的人力资源需求受许多因素影响，对这些因素的把握状况直接影响到人力资源需求预测结果的精确程度。

概括起来，这些影响因素可以分为三大类，见表2-2。

表2-2　预测人力资源需求的主要影响因素

企业外部	企业内部	人力资源情况
经济、市场 社会、政治、法律 技术水平 竞争者	战略目标 预算总额 销售预测 企业扩张 岗位设计	退休 辞职 休假 死亡 劳动关系终止

在进行人力资源规划时，企业要考虑的相关因素往往是数量庞大而又复杂的，并且由于其不断变化，使得分析工作不得不用代替法或者放弃部分项目。所以，具体到企业实际工作的操作需要，能够初步确定的影响因素主要包括：

①企业的产品特性及相应的经营方式；

②企业预期的人员流动率；

③企业提高产品和劳务的质量或进入新行业的决策；

④企业生产技术水平或管理方式的变化；

⑤企业所拥有的财务资源对人力需求的约束。

2）人力资源需求的预测方法

人力资源需求预测的主要任务就是分析在未来特定时期内企业需要什么样的人以及需要多少人。人力资源需求的预测是以企业战略和目标为出发点的，它不仅取决于企业所提供商品或服务的数量，而且取决于劳动输入和产品产出之间的关系，即劳动生产率。假如输入与产出比及其他因素保持恒定，那么，商品或服务数量的增加将会导致人力资源需求的增加；相反，它们的减少则会引起人力资源需求的下降。

根据企业经营目标，人力资源需求预测可以分为三种类型：短期预测、中期预测和长期预测。短期预测主要涉及下一年度如何满足企业对人力资源配备的需求；中期预测集中考虑如何满足企业1～5年的目标和要求；长期预测致力于考虑企业5年以上的发展目标。它们实际上都反映了企业在发展方向上的基本原则和如何适应环境的变化。

人力资源需求的预测方法多种多样，并没有最佳或绝对正确的方法，个别因素的考虑和方法的选择具有同样的重要性。下面主要介绍经验推断法、总体预测法、德尔菲法和回归分析法四种方法。

（1）经验推断法。经验推断法比较适合于短期的供需预测。短期预测常与预算安排有密切关系，其年限通常在1年之内。经验推断法首先开始于企业产品的需求，并对政府法令规定、市场竞争一并加以考虑，进而预测未来产品的需求。有了整个需求数字，可再就每项产品的类别数值加以预测。按其特性、所需技术、行政支援，可就产品类别、技术类别或部分类别制定工作预算，这项预算就能够反映出每个类别的工作量。最后，通过数量比率换算人力资源需求。

这种方法也叫比率分析，即根据以往的经验对人力资源需求进行预测。例如，一个企业根据经验发现每个员工可以负责10台机器，那么，如果该企业在未来某个时间要扩大生产规模，就可以据此确定需增加的员工数量。

（2）总体预测法。总体预测法是以数学模型为基础进行预测的，这个模型综合考虑了企业的内在及外在因素，模型如下：

$$E_N=\frac{L+G}{Y}\times\frac{1}{X}$$

其中，E_N是未来预估劳动力的数值，L是目前企业经营活动的总值，G是经过N年后的成长数值，X是在N年后劳动生产力的增加比率，Y是目前企业经营活动的转换总值。

下面，我们举例说明。

例：一个生产保温瓶的企业，今年销售额为3 000万元，预计未来5年增长为4 000万元，即增加1 000万元，而预测年生产效率平均每年提高1%，5年即可提高5%。对于转换数值则按过去经验和当前工作设计，3 000万元的销售额需用60人，即每50万元的销售额需用1位员工，则5年后的员工数量将是76人。

$$5年后需用人数=\frac{3\,000+1\,000}{50}\times\frac{1}{1.05}\approx 76（人）$$

这个模型具有三个特点。

①未来的企业活动和成长与录用人数成正比。

②生产效率因素X可以改变录用人数，既可以增加，也可以减少。改变的方向要视生产效率的提高或降低而定。

③当前企业活动的转换数值代表企业一贯的用人政策和工作安排，所以一旦用人政策或工作安排更改，转换数值就可能发生变化。

（3）德尔菲法。德尔菲法又称专家意见法，是美国兰德公司于20世纪40年代末提出的，开始时主要用于市场需求预测，后来被广泛应用于各个领域。这种方法主要依赖于专家的知识、经验和分析判断能力，有利于对人力资源的未来需求做出长期预测。

在制定人力资源的长期规划时，必须明确企业的长期发展方向，以及企业在将来应该达到怎样的状态和规模。或者说，企业必须考虑是否继续生产或提供过去的商品或服务，是否应增加、减少或变更企业的经营战略。在做出这些决策时，要求专家综合分析技术、经济、法律和社会环境的变化并做出自己的判断。

在人力资源规划应用方面，德尔菲法可以利用专家各自独特的视角综合分析影响企业将来发展方向和人力资源需求的各种因素，通过调查问卷或面谈来获得各位专家关于某些特殊问题的独立判断意见。采用德尔菲法进行预测时，可按下列步骤进行：

①组成专家小组，人数不宜过多，一般以15～20人为宜，各专家只和人力资源规划人员发生联系。

②将所要预测的人力资源状况、要求、影响因素等相关材料交给各专家。

③各专家根据所掌握的资料提出自己的预测结果，且以书面形式返回到企业的人

力资源规划人员手中。

④人力资源规划人员将各专家的第一次预测值和说明汇总列表，并再次分发给各位专家，请其进行综合比较，修改自己的预测结果。

⑤如此反复，多次修改，最后综合各位专家的意见便可获得比较理想的预测值。

采用这种方法时，应注意：首先，专家相互之间不能见面，以利于独立做出判断；其次，所提供的信息和背景材料要尽可能完整、真实；最后，专家应说明其得出预测结果的依据。

从德尔菲法的应用情况来看，它具有以下一些优点：一是能够发挥各位专家的不同作用，集思广益，准确度高；二是采取单独联系，有利于避免相互之间的影响，预测结果更准确；三是有利于各位专家根据别人的意见修正自己的意见和判断，使预测结果更为理想。

应用德尔菲法较为理想的情况：其一，所预测问题已超越一般统计的预测能力范围；其二，外在环境复杂多变，相互关联，难以模型化；其三，依靠个人的判断或预测难以胜任；其四，问题的特性适合团体讨论，而且能够有一致倾向的特性。

（4）回归分析法。回归分析法是一种数学预测法，是定量化的方法，主要是通过数据变化趋势来预测未来变化趋势，需要掌握大量的相关因素及数据资料才能进行。利用一种因素进行预测，称为线性回归；利用多种因素进行预测，称为多元回归。

运用回归分析法进行人力资源需求预测的步骤如下：首先，找出企业中哪些因素与人力资源的需求量（包括数量、质量、结构和分布）的相关性最大，相关性越大，预测越准确；其次，再分析这些因素随着人员多少的变化趋势；最后，推测出未来的变化趋势与需求量。运用这种方法一般细分为以下三个步骤：

①确定与人数增减有关的合适的企业因素。一般来讲，选择的企业因素必须满足两个基本条件：一是确定的企业因素应与人力资源数量直接相关，以便于企业计划的制订；二是所选因素的变化必须与所需员工数量的变化成比例。所以，这一步所选择的企业因素非常关键，必须准确，符合实际，否则难以进行预测。对于没有规律可循的行业，要选择合适的企业因素就比较困难，预测也比较难。

②分析企业过去因素与人力资源数量变化之间的关系，找出其变化的规律。这一步的主要工作就是要把这一期间劳动产出量的一些指标数据与人力资源数量的有关数据掌握清楚，有了这些数据就可以分析并预测它们的变化趋势。

③分析与修正过去的变化趋势，预测以后的人力资源需求量。这一步要求在分析认识过去历史数据变化的原因时做到准确、实际、恰当，充分把握这些因素对以后的影响程度，并依据这种影响程度的大小对过去的变化趋势进行修正。因此，只要将这些因素的影响变化趋势搞清楚了，以后的预测就相对容易了。特别是对于生产经营性企业而言，可以根据产值、销售额、劳动生产率、净收入等与劳动力数量的相互关系，预测出未来的人力资源需求情况。

在应用回归分析法时，实际上就是寻找一条最适当的曲线，这条曲线（有时也是直线）代表实际数值与线性数值的最小差距。差距越小，这条线就越接近事实，越有助于预估未来。

上面介绍的几种方法都是以现存的或者过去的企业业务量和员工之间的关系为基础的，都适合于预测具有共同特征的员工需求。这些预测方法的精确性和可用性有赖于两者之间关系的相关度、提炼方法的精确性和这种关系在将来继续保持趋势的一致性。如果员工的变化数量取决于业务量一个因素，就可以用线性回归分析方法；如果员工的变化数量取决于多个因素变量，就需要采用多元回归分析方法。

进行人力资源规划需求预测的关键就是预测员工离职情况和新增岗位的情况。在预测员工离职规模时，应该区分不可避免的因素和可以控制的因素两种情况；在预测新增岗位的规模时，应该明确增岗的基本原因。另外，随着时间的推移，对企业各个不同的工作岗位上员工正常水平的流动率也要进行统计分析，这种预测的精确度越高，对于将来人力资源的供给的参考价值也就越大。

应当指出的是，不论使用什么样的预测方法，都是以关系模型不变作为前提的，这是一种理想化的状态，往往是不符合实际的，因此还需要用管理人员的主观判断进行修正，以适应企业的现实要求。

2.2.2　人力资源的供给分析

人力资源的供给主要有两个渠道：一是组织外部的人力资源供给来源；二是组织内部的人力资源供给来源。

从单个企业可以得到的人力资源供给来看，主要取决于企业的规模、经营分布、产品的多样性、工会的力量、员工的素质，以及厂区地理位置的差异等因素。从一个行业可得到的人力资源供给来看，主要取决于行业需要使用的岗位技术的应用程度，从而影响到员工的数量供给。从一个地区可以得到的人力资源供给来看，主要取决于人力资源流动速度的快慢，以及本地区人口可以被吸引就业的程度。同时，地区劳动力供给对人员层次的要求、对技能种类的要求也更多一些。

1）影响人力资源供给的因素

人力资源供给受到许多因素的影响，我们主要从薪酬因素和非薪酬因素两方面来加以分析。

微课：人力资源供给预测

（1）薪酬因素的影响。在市场经济条件下，无论是从整个社会来看，还是从单个企业来分析，薪酬的高低是影响人力资源供给最为基本的也是首要的因素，往往成为决定人力资源流动的第一要素。从整个社会来看，人力资源的供给总是能够被吸引和配置到薪酬比较高的行业和企业。若从单个企业来分析，薪酬的影响更大，员工都更愿意在满足基本技能的条件下，尽可能选择薪酬比较高的岗位。

（2）非薪酬因素的影响。非薪酬因素主要是指工作环境和劳动者自身因素两个方面。工作环境是指工作性质、工作条件、劳动保护等因素。对于每一个劳动者来说，总是选择那些有职业声望、备受社会关注、工作环境好的工作。工作条件的好坏、工作环境的优劣以及安全情况等，都是劳动者择业时考虑的主要因素。比如，个人及家庭生活条件好一些的人，一般不太愿意从事苦、脏、累的工作，除非受生活所迫。

劳动者的自身因素对职业岗位的选择也非常重要。在一般情况下，劳动者身体状况的好坏、技能水平和学识的高低、家庭成员的干预直接影响其对职业的选择。当然，一个人的内在品质、人格特质等对职业的选择也存在一定的选择倾向。比如，那些好表现自己、易冲动的人，就不宜从事过于危险的工作。

2）人力资源供给的分析方法

分析人力资源的供给需要从企业内部和企业外部两方面着手。在供给分析中，首先对企业人力资源进行盘点，查清楚现有的人力资源存量和结构，然后在设定人力资源管理政策不变的前提下，结合企业的内外部条件，对未来的人力资源供给数量进行预测。在预测过程中，应该优先考虑企业内部的人力资源变化趋势，特别是人力资源流动的情况，如晋升、降职、调配、辞职、下岗、退休、解聘等因素的影响。预测的结果不仅仅是员工的数量，还综合反映了员工的质量、结构和分布等方面。

（1）内部供给分析。人力资源内部供给分析的基本思路是：首先确定各个工作岗位上现有员工的数量，然后再预计下一个时期各个工作岗位可能留存的员工数量。这就需要预计有多少员工将会调离原来的岗位或离开企业，这样就给预测者增加了一定的难度，因为员工离开企业或岗位有可能是多种因素共同导致的，既有企业的因素，也有员工个人的因素。因此在进行预测时，通常需要依靠管理人员的主观判断加以修正。常用的内部供给分析方法有以下几种：

①技能清单法。技能清单是指用来反映员工工作技能、能力特征和岗位倾向的表单。这些特征包括培训背景、工作经历、持有的证书、通过的考试、主要的能力评价、部门和个人的岗位倾向等。技能清单是对员工在岗位技能和工作竞争力上的反映，它可以帮助人力资源规划工作者估计现有员工调换工作岗位的可能性，决定哪些员工可以补充企业未来的岗位空缺。也就是说，人力资源规划不仅要为企业中空缺的工作岗位提供相应数量和质量的员工，还要保证每个空缺都由最合适的人员填充。因此，企业就有必要建立员工的工作技能或能力的记录，其中包括基层操作员工的技能和管理人员的能力，以及这些技能和能力的种类及所达到的水平。

技能清单的设计应根据企业管理的需要，针对一般员工（即非管理人员）及岗位的特点，视员工情况的变化而不断更新，一旦出现岗位空缺，人力资源管理部门便可根据岗位要求提供的信息及时挑选合适人员，保证企业的正常运转。表2-3是一个技能清单的示例。

表2-3　**某企业员工技能清单**

<table>
<tr><td colspan="2">姓名</td><td></td><td>部门</td><td></td><td>工作地点</td><td></td><td>填表日期</td><td></td></tr>
<tr><td colspan="2">出生年月</td><td></td><td>婚姻状况</td><td></td><td>到职日期</td><td></td><td>工作职位</td><td></td></tr>
<tr><td rowspan="5">教育背景</td><td>类别</td><td>学位种类</td><td>毕业日期</td><td>学校</td><td colspan="4">主修科目</td></tr>
<tr><td>高中</td><td></td><td></td><td></td><td colspan="4"></td></tr>
<tr><td>大学</td><td></td><td></td><td></td><td colspan="4"></td></tr>
<tr><td>硕士</td><td></td><td></td><td></td><td colspan="4"></td></tr>
<tr><td>博士</td><td></td><td></td><td></td><td colspan="4"></td></tr>
</table>

续表

<table>
<tr><td rowspan="4">培训经历</td><td>培训主题</td><td>培训机构</td><td>培训时间</td></tr>
<tr><td></td><td></td><td></td></tr>
<tr><td></td><td></td><td></td></tr>
<tr><td></td><td></td><td></td></tr>
<tr><td rowspan="4">技能</td><td>技能种类</td><td colspan="2">证书</td></tr>
<tr><td></td><td colspan="2"></td></tr>
<tr><td></td><td colspan="2"></td></tr>
<tr><td></td><td colspan="2"></td></tr>
<tr><td rowspan="4">岗位倾向</td><td></td><td>岗位</td><td>技能提升或改善</td></tr>
<tr><td>个人意愿</td><td></td><td></td></tr>
<tr><td>部门意愿</td><td></td><td></td></tr>
<tr><td>企业意愿</td><td></td><td></td></tr>
<tr><td colspan="4">最近三年工作绩效评价等级：</td></tr>
</table>

技能清单既可以用于晋升人选的确定，也可以用于管理人员接替计划的制订，还可以用于对特殊项目的人员分配、调动、训练、工资奖励、职业生涯规划和企业结构分析等。就技能清单的使用对象来看，对于员工岗位频繁调动的企业或经常组建临时性团队或项目组的企业，其技能清单应包括所有骨干和技术类员工；而对于那些主要强调管理人员接替计划的企业，技能清单可以只包括管理人员。

②管理人员接替图，也称职位置换卡，它记录了各个管理人员的工作绩效、晋升的可能性和所需的训练等内容，由此决定有哪些人员可以补充企业的重要岗位空缺。

绘制这一接替图的过程如下：确定在人力资源规划中所涉及的工作职能范围；确定每个关键岗位上的接替人选；评价接替人选目前的工作情况和是否达到提升的要求；了解他本人的职业发展需要，并引导其将个人的职业目标与企业目标结合起来。绘制管理人员接替图的最终目标是确保企业在未来能有足够的合格管理人员供给。

技能清单描述的是个人的技能，管理人员接替图则是确认可以胜任企业中关键岗位的候补人选。图2-2是一个简单的高层管理人员接替图的示例。

③管理人员接替模型。对于管理人员供给的预测，简单且有效的方法就是设计管理人员接替模型（如图2-3所示）。

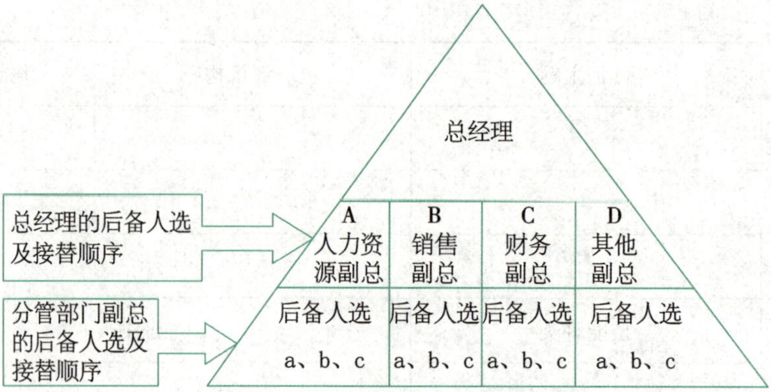

图2-2　高层管理人员接替图

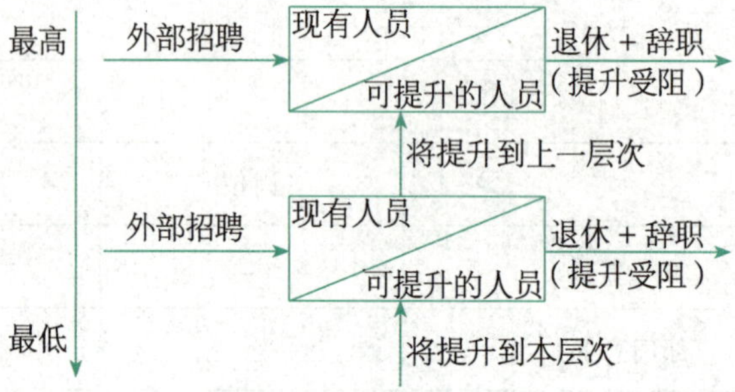

图2-3　管理人员接替模型

下面以一个具体事例对管理人员接替模型的应用进行分析。

例：某公司2022—2023年度管理人员接替模型如图2-4所示，2023年度各级管理人员的补充是通过外部招聘的方式来完成的，公司高层在总结本年度人力资源管理经验的基础上，做出了以下决策：首先，2024年度除一般管理人员通过外部各种招聘渠道补充之外，其他各层次管理人员一律从公司内部选拔；其次，各个层级的管理人员补充需要量严格按照公司制定的定员标准执行，不得突破额定人数；最后，要妥善安排好提升受阻的后备人才。

表2-4是根据管理人员接替模型所得到的2024年管理岗位人员的预测结果。

通过应用管理人员接替模型进行预测，能比较直观地反映各类管理人员的变动情况，便于企业进行分析，做好相应工作。例如，从表2-4可知，在2024年中层管理人员有3人提升受阻，直接主管有15人提升受阻，一般管理人员无人提升受阻。企业通过分析可做出决策，对提升受阻人员应做好以下工作：进行一次“一对一”的面谈，就有关升迁问题深入交换意见，鼓励他们继续努力工作和学习，全面提高自身素质；提供更加宽松的发展空间，提供更多的培训或深造的机会；给他们压“重担”，适当扩大他们的工作范围，让其承担更多、更重要的责任，在可能的情况下，即使不升职也可以提高他们的薪资等级等。

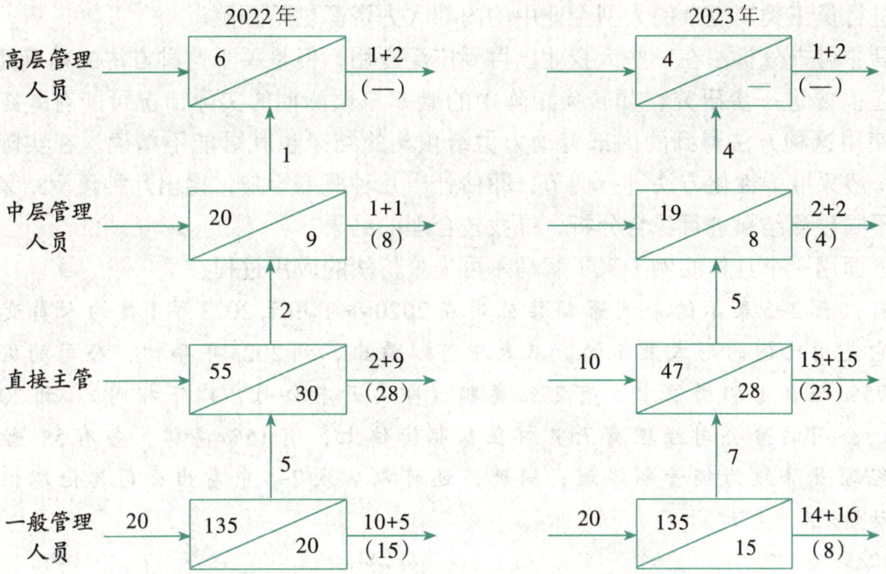

图2-4　某公司2022—2023年度管理人员接替模型

表2-4　**2024年某公司管理岗位人员接替统计表**　单位:人

序号	管理人员	2023年		2024年预测						接替方式	
		现有人数	年末人数	定员标准	流出人员	退休人员	增补计划	后备人才	提升受阻	外部招聘	内部升任
1	高层管理人员	4	5	6	0	0	+1	—	—	—	1
2	中层管理人员	19	16	20	-1	-2	+8	4	3	—	8
3	直接主管	47	29	35	-1	0	+15	23	15	7	8
4	一般管理人员	135	118	130	-2	-2	+24	8	0	24	—
	合计	205	168	191	-4	-4	48	35	18	31	17

注：第9列中后备人才指本层级待提升者人数。

④马尔可夫分析法。这是应用于内部人力资源供给预测的另一种常用方法。其基本思路是通过具体数据的收集，找出过去人事变动的规律，由此推测未来的人事变动趋势。该方法重点描述企业中员工流入、流出和内部流动的整体形势，可以作为预测内部劳动力供给的基础。

运用该方法时，首先，要设计一个企业人员变动矩阵，其中的每一个元素可表示从一个时期到另一个时期两个岗位之间变动的员工数量的历史平均百分比。这些数据实际上反映的是每一种岗位中人员变动的概率，以一定的时间长度为周期估计平均百分比，周期越长，这一百分比的准确性就越高。其次，将计划期初每种岗位的人员数量与每一种岗位的人员变动概率相乘。最后，纵向相加得出企业内部未来人员供给的净值。

马尔可夫分析法不仅可以处理员工类别简单的企业人力资源供给的预测问题，也可以进行员工类别复杂的大型企业中的内部人力资源供给预测。

马尔可夫分析法在一些大企业已得到广泛应用，但是关于这种方法的精确性与可行性还需要进一步研究，如转换矩阵中的概率与预测期的实际情况可能有差距，因此，使用这种方法得到的内部劳动力供给预测的结果也就可能不精确。在实际应用中，一般采取弹性化方法进行调节，即估计出几种概率矩阵，得出几种预测结果，然后对不同预测结果进行综合分析，寻找较合理的结果。

下面用一个具体的例子来了解马尔可夫分析法的应用过程。

例：表2-5表示的是某家销售公司在2020年1月至2023年1月的人员变动情况，它是用比例的形式表示的。从表中可以看出，到2023年年初，公司的区域经理有75%还在本职岗位上，有25%离职（即离开本公司，以下相同）；到2023年年初，公司的分公司经理有75%留在本职岗位上，有15%离职，各有5%晋升为区域经理或降级为经营部经理；同理，还可以从表2-5中看出公司其他职位的人员变动情况。

表2-5　　马尔可夫矩阵(A)

职位名称	2020年1月至2023年1月					
	区域经理	分公司经理	经营部经理	业务主管	业务员	离开公司
区域经理	0.750					0.250
分公司经理	0.050	0.750	0.050			0.150
经营部经理		0.042	0.900			0.058
业务主管			0.027	0.730		0.243
业务员				0.028	0.810	0.162

用这些历史数据来代表每一种人员变动率，就可以推测出未来的人员变动（供给量）情况。将计划初期每一种人员数量与每一种人员变动率相乘然后纵向相加，就可以得到公司内人员的净供给量，从而确定公司的人员内外部补充需要量计划。

表2-6显示的就是这种应用的结果。假如本公司2024年的规模、经营策略等方面与2023年相比没有太大的变化，根据表2-5中所列示的公司人员的变动率与表2-6中所列示的2023年年初人员的数量，就可以预测到2024年1月的人员供给量以及相应人员的需求量（一般需要利用外部招聘来满足）。在表2-6中，2023年年初公司的4个大区的区域经理中，到2024年年初将有3个在本职岗位上，有1个离职；而在公司的20个分公司经理中，到2024年年初，将有15人从事原来工作，有1人晋升为区域经理，有1人降职为经营部经理，剩余的3人离职；同理可以从表2-6中看出公司的其他人员变动情况。根据预测，各类人员的内部供给量就是倒数第二行中的数据，而最后一行中的数据表示公司必须从外部招聘的各类人员数量。

表2-6　　马尔可夫矩阵(B)

职位名称	2023年年初人数（人）	2024年1月（人）					
		区域经理	分公司经理	经营部经理	业务主管	业务员	离开公司
区域经理	4	3	—	—	—	—	1
分公司经理	20	1	15	1	—	—	3
经营部经理	96	—	4	86	—	—	6
业务主管	264	—	—	7	193	—	64
业务员	1 258	—	—	—	35	1 019	204
预计人员内部供给		4	19	94	228	1 019	—
外部供给（外部招聘）		0	1	2	36	239	—

此外，马尔可夫矩阵（A）还有助于企业为计划期内人力资源管理的重要决策提供依据。例如，公司的业务主管每年平均的离职率在24.3%左右，那么业务主管这一职位在将来会出现短缺的现象，据此公司应提出以下具体的对策：第一，查明公司业务主管离职率高的原因，采取必要的措施尽快地降低离职率；第二，加大对公司业务员的培训力度，使他们尽快地晋升为业务主管；第三，采用多种方式，广开人员补充的渠道，吸引更多的专业人才填补业务主管的岗位空缺。

（2）外部供给预测。当企业内部的人力资源供给无法满足需要时，就必然要求企业从外部不断补充人员，这时就需要分析企业外部的人力资源供给情况和形势。影响外部供给的主要因素有以下几方面：

①宏观经济形势。这主要是了解劳动力市场的供给情况，特别是那些企业自身关注的人员供给情况，判断其预期失业率。一般来说，失业率越低，劳动力供给越紧张，招聘员工就越困难。

②影响外部人力资源供给的职业市场状况。它包括该行业全国范围内的人才供需状况；国家关于该类职业在就业方面的法规和政策；全国范围内该职业从业人员的薪酬水平和差异；全国相关专业的大学生毕业人数及分布情况等。

③社会就业意识和择业心理偏好。受传统就业观念的影响，许多人在就业上相互攀比，“这山望着那山高”，形成了不正常的就业意识以及扭曲的择业心理。比如，一些城市失业人员宁愿失业也不愿从事一些苦、脏、累、险的工作。再如，当前大学毕业生普遍存在对职业期望值过高的现象，大多数人希望进入政府机关、事业单位、大企业或合资企业工作，希望从事工作条件舒适、劳动报酬较高的职业，而不愿意从事一般岗位的工作。

④外部人力资源供给的地域性因素。它包括企业所在地域的人力资源整体现状、有效的人力资源供求现状、对人才的吸引程度，以及企业本身对人力资源的吸引程

度，还要涉及薪酬、福利等因素。

外部供给是由企业在劳动力市场上采取的各种吸引活动引起的。所以，外部供给分析也需要研究企业可能吸引的潜在员工的数量、质量等因素。企业可以根据过去的招聘与录用经验，了解那些有可能进入企业的人员状况，以及这些潜在员工的工作能力、经验、性别和成本等方面的特征，从而把握他们能够承担企业中的哪些工作。

企业外部人力资源供给的主要渠道有大中专院校等应届毕业生、复员转业军人、失业人员、其他企业在职人员和流动人员。其中，大中专院校及职业技术学校应届毕业生的供给较为确定，主要集中于春秋两季，且其数量和专业层次、学历等均可通过各级教育部门获取，预测工作相对容易。复员转业军人由国家指令性计划安置就业，也较容易预测。比较困难的是对城镇失业人员和流动人员的预测，在预测过程中必须综合考虑城镇失业人员的就业心理、国家就业政策、政府对农村劳动力进城务工的控制程度，以及其他一些因素。

对于其他企业在职人员的预测则需考虑诸如社会心理、个人择业心理、企业本身的经济实力及同类企业相似职位人员的工资、保险、福利待遇等因素，企业应在本单位可能提供的待遇前提下，科学地预测外部人员的可供给量。

互动课堂2-2

A公司是一家中外合资企业，公司有两个主要的生产部门：一个是家具部，主要生产各类家庭及办公家具；另一个是纺织品部，分为两个分部，一个分部生产地毯，另一个分部以来料加工形式生产各类服装。2021年以前，A公司的经营状况良好，但是从2022年开始，企业的效益出现了大幅度滑坡，2022年的财务报表显示，公司已经出现了严重的亏损。导致公司亏损的原因是多方面的。公司的管理层深知目前的燃眉之急是拟订一份切实可行的改革方案。在总经理的带领下，经过两个多月的调研，管理层向董事会提交了一份改革方案。董事会在一个星期后批准了这个改革方案，并责成人力资源部经理制订了一份人力资源计划，其中必须包括改革后A公司各类员工的人数，以及满足各类人员需求的方案。

问题：作为人力资源部经理，在制订这份计划时，应该考虑哪些因素？可以采取哪些预测的方法？

2.2.3 企业人力资源供给与需求平衡

在对企业人力资源的供给与需求情况进行认真测试分析之后，需要根据两个方面的预测结果全面地进行综合平衡。企业人力资源供求大致平衡（包括数量和质量）是人力资源规划的目的。企业人力资源供求有三种情况：人力资源供求平衡；人力资源供大于求，结果是导致组织内部人浮于事，内耗严重，生产效率低下；人力资源供小于求，企业设备闲置，固定资产利用率低，也是一种浪费。人力资源规划就是要根据企业人力资源供求预测结果，制定相应的政策措施，使企业未来人力资源供求实现平衡。

1）企业人力资源供求平衡

企业人力资源供求完全平衡这种情况极为罕见，甚至不可能，即使是在供求总量上达到平衡，也会在层次、结构上发生不平衡。企业应根据具体情况制定供求平衡规划。

2）企业人力资源供不应求

当预测企业的人力资源在未来可能发生短缺时，要根据具体情况选择不同方案以避免短缺现象的发生。

（1）将符合条件，而又处于相对富余状态的人员调往空缺岗位。

（2）如果高技术人员出现短缺，应拟订培训和晋升计划，当企业内部无法满足要求时，应拟订外部招聘计划。

（3）如果短缺现象不严重，且本企业的员工又愿延长工作时间，则可以根据劳动法等有关法规，制订延长工时、适当增加报酬的计划，这只是一种短期应急措施。

（4）提高企业资本技术有机构成，提高员工的劳动生产率，形成机器替代人力资源的格局。

（5）制订聘用非全日制临时用工计划，如返聘已退休者或聘用小时工等。

（6）制订聘用全日制临时用工计划。

总之，以上这些措施虽是解决组织人力资源短缺的有效途径，但最为有效的方法是通过科学的激励机制或通过培训提高员工生产技能、改进工艺设计等方式，来调动员工的积极性，提高劳动生产率，降低对人力资源的需求。

3）企业人力资源供大于求

企业人力资源过剩是我国许多企业面临的主要问题，也是这些企业人力资源规划的难点问题。解决企业人力资源过剩的常用方法包括：

（1）永久性辞退某些劳动态度差、技术水平低、劳动纪律观念差的员工。

（2）合并和关闭某些臃肿机构。

（3）鼓励提前退休或内退，对一些接近而还未达到退休年龄者，应制定一些优惠措施，如提前退休者仍按正常退休年龄计算养老保险工龄，有条件的企业还可一次性发放部分奖金（或补助），鼓励提前退休。

（4）加强培训工作，提高员工整体素质，如制订全员轮训计划，使员工始终有一部分在接受培训，为企业扩大再生产准备人力资本。

（5）加强培训工作，使企业员工掌握多种技能，增强他们的竞争力。鼓励部分员工自谋职业，同时可拨出部分资金开办第三产业。

（6）减少员工的工作时间，随之降低工资水平，这是西方企业在经济萧条时经常采用的一种解决企业临时性人力资源过剩的有效方式。

（7）采用由多个员工分担以前只需一个或少数几个人就可完成的工作和任务，企业按工作和任务完成量来计发工资的方法。这与上一种方法在实质上是一样的，都是减少员工工作时间，降低工资水平。

在制定平衡人力资源供求的政策过程中不可能是单一的供大于求或供小于求，往往最可能出现的情况是某些部门人力资源供过于求，而另几个部门可能供不应求，或者是最高层次人员供不应求，而最低层次人员供给却远远超过需求。所以，应视具体情况具体分析，制定出相应的部门规划或者业务规划，使各部门人力资源在数量、质量、结构等方面达到协调均衡。

【职业道德测一测 2-1】

诚实守信是为人之本、从业之要。诚实守信的具体要求：忠诚于所属企业；维护企业信誉；保守企业秘密。

1. 以下关于诚实守信的认识和判断中，正确的选项是（　　）。

A. 诚实守信与经济发展相矛盾

B. 诚实守信是市场经济应有的法则

C. 是否诚实守信要根据具体对象而定

D. 诚实守信应以追求利益最大化为准则

2. 下列（　　）没有违反诚实守信的要求。

A. 保守企业秘密

B. 派人打进竞争对手内部，增强竞争优势

C. 根据服务对象来决定是否遵守承诺

D. 做任何有利于企业利益的行为

2.3　人力资源规划的编制与实施

2.3.1　人力资源规划编制的基本条件

1）岗位设置

企业在进行人力资源规划时，其岗位设置的数量准确与否直接决定人力资源规划的成败，体现了企业对人力资源规划的重视程度。企业的岗位设置除了要充分考虑每个岗位的具体情况，还要从部门和企业生产的全过程角度对岗位的设置进行总体评价，如对企业应该设置多少岗位、设置什么样的岗位等问题进行认真研究。

一般来说，某一企业中的岗位设置是由该企业的总任务、总目标决定的，也可以按照某一部门的目标任务来决定。企业中的岗位是客观存在的，是以“事”为中心设置的，“因事设岗”是设置岗位的基本原则。企业在正常的经营管理活动中，需要多少岗位就应该设置多少岗位，需要什么样的岗位就应该设置什么样的岗位。岗位设置过多，企业成本支出就大；岗位设置过少，企业经营就不能正常进行。所以，必须一切从实际情况出发，按照企业的实际需求来设置岗位。

在进行岗位设置时，应该遵循以下原则：

（1）企业岗位设置的数量是否符合最低数量原则。它要求企业以尽可能少的岗位设置承担尽可能多的工作任务，这里的工作任务既包括企业和部门的任务，也包括专项和应急任务。

（2）企业所有岗位是否实现了有效配合。它要求企业中各岗位之间的有效配合

能够保证企业的总目标、总任务的实现，能够体现企业的团队精神及整体合力的发挥。

（3）企业的每一个岗位是否发挥了应有的积极作用。它是指企业中的每一个岗位与上下左右岗位之间的相互关系是否协调，是否存在内耗，能否发挥各岗位应有的功能。

（4）企业所有岗位是否体现了经济性、科学性、合理性、系统性的原则。企业中岗位设置的不断改进和变动，是推进企业快速发展的基本要求，是保证企业经济效益持续、稳定提高的重要手段。因此，在进行岗位设置的过程中，应在企业内形成信息及时传送、反馈到各有关部门的机制，以便制定切实可行的人力资源规划，采取必要管理措施，改进工作岗位的重新设置，符合企业的实际需要。

2）岗位的设计与改进

（1）岗位设计。岗位设计是在岗位分析的基础上进行的。岗位分析的准确与否直接影响岗位设计，在进行岗位分析时，对于不同企业来说，由于所处行业、经营性质、生产特点不同，面临的问题以及亟待解决的问题也不同。

一般来说，岗位分析的结果主要包括以下两个方面：一是岗位规范。对岗位的名称、劳动活动的程序、职责、工作条件和环境等所进行的一般性说明。二是岗位说明书。它主要是说明担负某一岗位工作的员工所必须具备的任职资格条件，如对经验阅历、能力、技能、身体素质、兴趣等方面的要求。岗位规范是对有关岗位工作的一般性说明，很少考虑到岗位工作任务的动态性，所以，需要对岗位规范按照岗位的实际情况的变化不断地进行调整。

岗位设计一般要满足以下条件：企业劳动分工与协作的需要；企业不断提高生产效率，增加产出的需要；劳动者在安全、健康、舒适的条件下从事生产劳动过程中生理、心理上的需要。

（2）岗位改进。岗位改进是指企业根据经营状况的变化，对某些岗位重新进行工作职责、内容和范围的再设计，一般从以下三个方面来进行。

①扩大工作范围，丰富工作内容。在现代化大生产的条件下，企业劳动分工越来越细，严密的分工使岗位界限非常明确，有利于管理与考核，能够大幅度地提高劳动效率，促进企业生产的发展。但劳动分工也带来一些问题，如劳动简单化、工作单调乏味、劳动者的情绪低落等，既不利于企业培养复合型人才，也不利于企业进行员工的再配置。针对这些情况，可以采取以下措施：

一是工作扩大化，就是将工作范围和工作职责扩大。它包括横向扩大工作和纵向扩大工作。横向扩大工作是指将分工很细的作业环节合并。例如，由一人负责一道工序改为几个人共同负责几道工序；采用包干负责制，由一个人或一个小组负责一项完整的工作；降低流水线传输速度，延长加工周期，用多项操作代替单项操作等。纵向扩大工作就是将上等级岗位的部分职能转移到下等级岗位上，增加岗位的工作职责，工作范围沿企业组织结构的垂直方向进行扩大。例如，将经营管理人员的部分职能转由生产一线员工承担；生产一线员工参与企业计划的制订；部门可自行决定生产目标、作业程序、操作方法、检验衡量工作质量和数量，并进行经济核算等。工作扩大化可使岗位工作范围、责任增加，改变了员工对工作感到单调、乏味的状况，从而有利于提高劳动效率。

二是工作丰富化。在岗位现有工作任务的基础上，通过充实工作内容，使岗位工作多样化，消除因从事单调工作而产生的枯燥厌倦感，从心理上满足员工的需要。例如，为使工作多样化，尽量使员工进行不同工序、设备的操作，实现“一专多能”；使员工了解其所承担的任务与总任务、总目标、总过程的关系；使员工明确本岗位任务完成的意义、作用；在条件允许的情况下，使员工自行设定目标，提高工作责任感等。工作丰富化能够使员工有更多的实现个人成就、个人才能和得到表扬、奖励的机会，从而达到既提高工作效率，又增强心理上的满足感的目的。

工作扩大化和工作丰富化虽然都属于改进岗位设计的重要方法，但两者存在着明显的差异。工作扩大化是通过增加任务、扩大岗位任务结构，使完成任务的形式、手段发生变更；工作丰富化是为员工提供获得身心发展和成熟的机会，充实工作内容，促进岗位工作任务的完成。

②工作满负荷。对于企业来说，让每个岗位的工作量饱和，能够使有效劳动时间得到充分利用，提高劳动生产率，既是改进岗位设计的一项基本任务，也是企业的基本要求。每个生产工作岗位如果是低负荷，必然影响成本的降低，造成人力、物力和财力的浪费；如果是超负荷，虽然能带来高效率，但这种效率不会长久维持，这既影响员工的心理健康，又会给设备带来不必要的损害。所以，企业必须掌握好合理尺度，必须重视对岗位任务量的分析，设计出先进合理的劳动定额和岗位定员。

③劳动环境的优化。劳动环境是指劳动场所和工作地。劳动环境优化是指利用现代科学技术，改善劳动环境中影响员工的各种因素，使之适合于劳动者的生理和心理健康，建立起人-机-环境的最优系统。劳动环境的好坏直接影响员工的效率，影响员工的积极性。

劳动环境优化应考虑以下因素：

一是影响劳动环境的物质因素。这些因素包括：首先是企业的工作地。企业的工作地要根据生产工艺要求和人体活动规律使工作地上的劳动者、劳动工具和劳动对象做到最优结合，既能方便员工操作，提高工作效率，又能保证环境安全卫生，使员工心情舒畅。其次是照明、色彩、温度。适宜的照明、适度的色彩、舒适的温度，这样的工作环境能够给人以轻松感，有利于稳定员工心理状态，促进工作效率的提高。

二是影响劳动环境的自然因素。这些自然因素具体包括工作地的空气、湿度、噪声，以及厂区绿化等。这些都需要企业进行综合治理，为员工创造一个舒适的工作环境。

劳动环境优化涉及的范围很广、因素很多，企业只有综合利用多个学科（如生理学、心理学、人体工程学、工效学、环境学等）知识，不断加大投入，才能完成优化劳动环境的艰巨任务。

3）劳动定员与劳动定额

（1）劳动定员。劳动定员是指在一定时期内和一定的技术条件下，对企业配备各类人员所预先规定的限额，或者说是企业用人的数量与质量的界限。劳动定员是以企业劳动组织常年性生产为前提，以工作岗位为对象，即凡是企业进行正常生产经营所需要的各类人员，都应包括在定员的范围之内。定员对象和范围与用工形式无关，其人数是根据企业正常生产发展需要和实际可能来确定的。

劳动定员是企业管理的一项基础工作。搞好定员工作，具有重要意义：合理的劳动定员是企业用人的科学标准；合理的劳动定员是制订劳动工资计划的基础；合理的定员是企业内部劳动力调配的主要依据；合理的劳动定员有利于企业加强管理；合理的劳动定员有利于提高员工队伍的素质。

搞好劳动定员工作，核心是保持先进合理的定员水平。所谓定员水平，是指各类人员定员数量的高低宽紧程度。只有先进合理的定员，才能既保证生产的需要，又节约使用劳动力。先进就是要体现高效率、满负荷和充分利用工时的原则，与同行的生产条件大体相当的企业，或同本企业历史上的最好生产水平进行比较，生产任务完成得好，用人又相对地少。合理就是从实际出发，切实可行，即定员标准通过主观努力能够达到。为了实现劳动定员水平的先进合理，必须遵循以下原则：一是定员必须以保证实现企业生产经营目标为依据；二是定员必须以精简、高效、节约为目标；三是各类人员的比例关系要协调；四是要做到人尽其才，人事相宜；五是要创造一个贯彻执行定员标准的良好的内外环境。

（2）劳动定额。劳动定额是指在一定的生产技术和企业条件下，为劳动者所预先规定的生产一定量的合格品或完成一定量工作的活劳动消耗量的标准。劳动定额有两种基本的表现形式，即时间定额（或者工时定额）和产量定额。时间定额是指生产单位产品或完成一项工作必须要消耗的工作时间；产量定额就是某个单位时间内必须完成的产品数量或工作量。时间定额与产量定额互为倒数，即时间定额越低，产量定额越高。

劳动定额是科学组织生产劳动、合理分配劳动报酬的重要依据，是人力资源管理不可缺少的内容之一。劳动定额涉及许多生产技术问题，过去在计划经济条件下，我国有统一的适用于不同企业的国家标准劳动定额，而现在各个企业的劳动定额又各有自己的特点，是按照自己的实际情况制定的。

劳动定额的不同标准和形式适用于不同的生产条件，它是任何企业在不同条件下生产得以顺利进行的客观要求。劳动定额的作用主要体现在两个方面，即企业生产和企业分配。这两方面的作用归根到底又在于调动劳动者的积极性、充分利用机器设备、促进生产发展、提高劳动生产率等。劳动定额是企业提高劳动生产率的有力手段，是激励和动员广大员工努力工作的基本工具，是编制企业生产计划的重要依据，是正确组织劳动与合理定员的基础。

（3）劳动定额定员标准。劳动定额定员标准是对劳动定额定员的制定、实施、统计分析、考核和修订各个环节中重复性事物和概念所做出的统一规定。它以科学技术与生产经营管理实践经验的综合成果为基础，经过有关方面协商一致，由有关的主管机构批准，作为企业遵守的准则。

①劳动定额定员标准的分类。按其使用范围，可分为全国通用标准、行业通用标准和企业标准。全国通用标准，一般由人力资源和社会保障部或国务院业务主管部门提出，由国家标准化管理委员会发布。行业通用标准，一般是由行业主管部门提出，由人力资源和社会保障部发布，在全国同行业中推行。企业标准是由企业根据自身的

生产技术条件自行制定发布，它是前两种通用标准的补充、修改或具体化。按其综合程度，分为单项标准和综合标准。单项标准一般是以单台设备、单个岗位、单项工作群体为对象制定的标准。综合标准是用能够综合反映一个企业或部门劳动效率的综合指标而制定的定额定员总量的标准。

②劳动定额定员标准的内容。其大体包括：定额定员标准的适用范围和使用说明；各类人员的划分范围；岗位设置及工作量的规定；生产方法与程序；使用设备的名称与规格；各岗位、设备的定员人数及各主要岗位对人员素质的要求等内容和项目。

③劳动定额定员标准的形式。其一般分为企业用工标准和服务比例标准。企业用工标准是定员标准的主要形式，包括企业产量用工标准、单台设备用工标准、岗位用工标准等。服务比例标准是指服务人员与服务对象的比例标准，如食堂工作人员与就餐人员的比例标准、托幼保健人员与入托儿童的比例标准等。

④劳动定额定员标准的修订。定额定员标准应适时修订。在一定时期内，企业的生产技术和企业条件具有相对的稳定性，所以，企业的定员也应有相应的稳定性，但是随着生产任务的变动、技术的发展、企业制度的规范、劳动者技术水平的提高，定额定员标准就要做出相应的调整，以适应不断变化的企业内外部情况。

2.3.2 人力资源规划编制的程序

一般来说，企业的人力资源规划的编制要经过七个步骤，如图2-5所示。

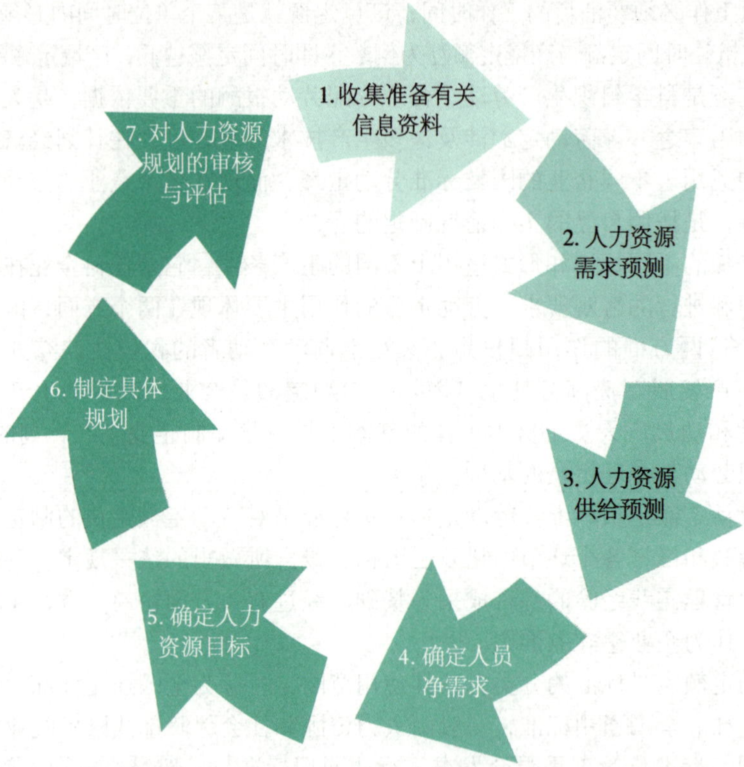

图2-5 人力资源规划程序

1）收集准备有关信息资料

信息资料是制定人力资源规划的基本依据。收集准备有关信息资料是编制人力资源规划非常重要的活动，信息资料的质量如何，对人力资源规划工作的质量影响很大。与人力资源规划有关的主要信息资料包括：

①企业经营战略和目标；

②岗位说明书；

③员工的数量、质量、结构和分布；

④员工的培训、教育情况等。

2）人力资源需求预测

人力资源需求预测的主要任务是分析并预测企业在未来某个时期内需要什么样的人以及需要多少人。为此，分析人员必须要了解哪些因素可能影响到企业的人力资源需求。一般来讲，这些因素包括企业生产技术的变化、设备条件的变化、经营规模的变化、经营方向的调整、原有人员流动率的大小，以及外部因素对企业的影响等。

3）人力资源供给预测

供给预测包括两个方面：一是内部人员拥有量预测，即根据现有人力资源及其未来变动情况，预测出规划期内各时间点上的人员拥有量；二是外部供给量预测，即确定在规划期内各时间点上可以从企业外部获得的各类人员的数量。

一般情况下，内部人员拥有量是比较透明的，预测的准确度相对较高，而外部人力资源的供给则具有较高的不确定性。企业在进行人力资源供给预测时应把重点放在内部人员拥有量的预测上，外部供给量的预测则应侧重于关键人员和核心人员，如高级管理人员、关键技术人员等。

4）确定人员净需求

人员需求和供给预测完成后，就可以将本企业在规划期内的人力资源需求的预测状况与在同期内企业自身可供给的人力资源状况进行对比分析。从比较分析中可测算出各类人员的净需求数。如果这个净需求数是正的，则表明企业需要在某些岗位招聘一定数量和质量的新员工，或对现有的员工进行有针对性的培训，以满足企业的要求；如果这个净需求数是负的，则表明企业某些岗位的人员是过剩的，应该精简或对员工进行调配。

需要指出的是，这里所说的“净需求”既包括人员数量，又包括人员结构、人员标准，也就是既要确定“需要多少人”，又要确定“需要什么人”，数量和标准必须对应起来。

人员净需求的测算结果不仅是企业调配、招聘人员的依据，也是企业制定其他人力资源政策的依据。企业根据某一具体岗位上员工余缺的情况，可以分析人员培训及激励的得失，从而及时采取相应的措施。

5）确定人力资源目标

人力资源规划的目标是随企业所处的竞争环境、企业战略与战术规划、企业目前工作结构与员工工作行为的变化而不断改变的。当企业的战略规划、年度规划已经确定，企业目前的人力资源需求与供给情况已经摸清，就可以据此制定企业的人力资源目标。人力资源目标可以用最终结果来阐述，例如，“到明年年底，每个员工的年培训时间达到40小时”，“到明年年底，将人员精简1/3”；人力资源目标也可以用工作行为的标准来表达，例如，“到培训的第三周，受训者应该会做……”。企业的人力资源目标通常都不是单一的，每个目标可能是定量的、具体的，也可能是定性的、比较抽象的。

6）制定具体规划

人力资源规划的具体规划包括制定补充规划、使用规划、培训与开发规划等，这些在前面已经讲过。这些具体的规划既要有指导性、原则性、可行性、适用性，又要有可操作的具体措施。供求预测的结果不同，决定了企业应采取的政策和措施也不同。

7）对人力资源规划的审核与评估

审核与评估是人力资源规划的最后阶段，这一阶段是非常重要的，也是必不可少的。它的目的在于检讨整个规划过程的实际执行情况，并将情况反馈给有关规划人员，以便进一步完善人力资源规划工作。人力资源规划的审核与评估是对该企业人力资源规划所涉及的各个方面及其所带来的效益进行的综合审查与评价，也是对人力资源规划所涉及的有关政策、措施以及招聘、培训发展和薪酬福利等方面进行审核与控制。

人力资源规划审核与评估之所以必要，主要基于以下原因：

①通过审核与评估，可以听取管理人员和员工对人力资源管理工作的意见，动员广大管理人员和员工参与人力资源的管理，以利于调整人力资源规划和改进人力资源管理工作。

②人力资源成本是企业运营成本的主要构成部分。对这样一个重要的成本项目，管理者必须加以严格的审核和控制。

③人力资源管理人员可以通过审核和评估，调整有关人力资源方面的项目及其预算。

一个完整的人力资源规划审查与评估体系通常应包括：一套可行性较强又有弹性的评估标准；一套比较标准的与实际成果进行对比的方法；一套纠正偏差及分析原因的沟通及矫正方式。一般来说，人力资源规划评估内容应包括以下几点：

①实际人力资源与预估的比较分析，检查有无调整原先预测规划的必要。

②注意企业审核与评估方法选用的正确性。

③工作规划预算与实际作业成本的比较。

④人力资源规划目标的验收。

⑤整体人力资源规划的成本效益分析。在这方面有许多数量化的指标可以应用，如人事成本、离职率、生产效率指数、岗位空缺率、空间递补时间，甚至企业氛围和态度调查也可作为分析的资料。

在发达国家的大企业中，一般都有人力资源管理委员会。该委员会由一位副总裁、人力资源部经理及若干专家和员工代表组成。该委员会的主要职责是定期地检查各项人力资源政策的执行情况，并对政策的修订提出意见，提交董事会审批。委员会的主席由委员们轮流担任，任期一年。除委员会外，人力资源部也定期检查人力资源政策的执行情况和具体项目的执行效果。

我国企业可以借鉴国外企业的先进经验，但也要注意符合我国的国情。例如，在大型国有企业中，党委、工会在人力资源委员会中应该有代表参加。

人力资源规划审核与评估能够引起企业高层领导对人力资源管理问题的高度重视，使有关的政策和措施得以及时改进并落实，有利于调动员工的积极性，提高人力资源管理工作的成效。

对人力资源规划程序的第五个步骤至第七个步骤，下面给出一个例子来加以说明。

例：某高科技企业的人力资源规划目标是在今后两年将企业管理人员的平均年龄降低至35岁以内。

企业政策：重视对青年员工的培养和使用，选聘和提拔符合条件的拥有才能的年轻人进入管理层。

实施方案：加强对现任管理人员的高级管理培训；选择优秀的青年员工接受管理培训及其他技能培训；在招聘工作中向有管理经验的年轻人倾斜；对现任管理人员进行规划，通过退休、聘为顾问等途径有计划地将大部分年龄高于50岁的人员退出现任管理岗位。

两年以后对方案进行审核与评估。

评价的主要问题：

①我们最初的规划目标（今后两年平均年龄降至35岁以内）定得是否过高？

②企业是否真正重视管理人员的年轻化，是否真正为年轻人提供了展示才能的舞台？

③有多大比例的现任管理人员参加了高级管理培训？参加这种培训的人员的平均年龄是多少？

④有多少优秀的青年员工接受了管理培训？

⑤新招聘了多少有管理经验的年轻后备人才？

⑥有多少50岁以上的管理人员已经退出了原管理岗位？他们是否已经得到了妥善安置？

⑦企业的管理思想、管理效果是否发生了变化？这种变化与人员年轻化有多大关系？

⑧企业是否应推迟或改变原来的目标？

通过以上问题的评估，可以全面地反映人力资源规划目标实施的效果，为下一阶段真正落实规划打下坚实的基础。

【拓展实训2-1】

人力资源规划的编写

一、实训目的

通过本次实训，初步掌握组织人力资源规划的制定原则、主要内容和步骤，能够编制组织人力资源规划。

二、实训所需条件

实训时间为2周，课堂讲授时间为4课时，其余时间调查访问、收集信息；实训地点为合作企业。教师提前给出目标公司的背景资料，学生根据所学的理论知识做好实训准备，收集目标公司的历年人力资源数据、职能结构、岗位说明书等相关资料。

三、实训内容与要求

（一）实训内容

编制企业年度人力资源规划。

（二）实训要求

1.选择一家人力资源工作开展较为成熟的企业作为实训基地。与企业进行良好沟通，取得编制人力资源规划所需的相关资料支持和人员支持。

2.学生熟练掌握编制人力资源规划的原则、内容和步骤等基本理论，做好实训前的知识准备。

3.学生深入目标企业，通过查找资料、与高管面谈、走访相关行业内企业等工作，结合所学知识，以组为单位编制企业年度人力资源规划。

4.教师在实训过程中做好组织工作，给予必要的、合理的指导，使学生加深对理论知识的理解，提高分析问题、解决问题的能力。

四、实训组织方法与步骤

第一步，教师与目标企业联系，获得企业的支持，确定学生到企业实践的时间。

第二步，教师向学生明确实践要求，规范学生行为，在实践过程中不得干扰企业正常的生产经营活动，不得泄露企业商业秘密。学生需要在教师和企业专业人员的指导下开展实践活动。

第三步，要求学生课前查阅相关理论与实战书籍，详细了解人力资源规划的编制原则、方法、内容与步骤等。

第四步，学生分组进入实践岗位，深入到企业基层，对企业人力资源部门进行访问。小组成员可分工配合，各负责一部分，收集所需要的信息，在方便的时候与相关人员面谈或进行问卷调查。

第五步，在充分调查和研究的基础上，参考该企业以前年度的人力资源规划，进行汇总、讨论。

第六步，总结并撰写实训报告。

五、实训考核方法

（一）成绩划分

实训成绩按优秀、良好、中等、及格和不及格五个等级评定。

（二）评定标准

1.是否掌握人力资源规划的编制原则、方法和内容。

2.是否掌握人力资源规划的编制程序和步骤。

3.能否结合企业的实际情况，编制出合理的年度人力资源规划。

4.是否记录了完整的实训内容，做到文字简练、准确，叙述通畅、清晰。

5.实践调查、讨论、分析占总成绩的75%，实训报告占总成绩的25%。

2.3.3　人力资源规划的应用

企业在编制了科学的、符合企业实际的人力资源规划之后，下一步工作重点就是人力资源规划方案的具体组织实施。

1）人力资源规划方案的目标

人力资源规划的目标是通过对整个企业人力资源需求及供给的了解，针对企业本身情况而制订出的一套具体可行的方案。其目的在于提供人力资源管理作业的依据，同时也间接提供日后评估人力资源规划系统的评价标准。一般来说，人力资源规划的目标非常具体，常使用的目标主要有生产效率的提高、内部人员的精简、外部人员的招聘、调配人员的培训等。可以说，每个目标都与原先人力资源规划的因素有密切关系。生产效率的提高和内部人员的精简与劳动力成本有关，其方向是降低产品的劳动力成本；外部人员的招聘和调配人员的培训是考虑现行人事政策和外在环境的配合，也是在追求劳动力间接成本的降低。所以这四项目标密切相关，如何安排其先后次序体现了企业不同的政策，是不同价值观、不同企业文化、不同企业哲学的反映，也是人力资源规划目标确立中的重要课题。这些都必须考虑整个企业的目标和策略，同时也要考虑人力供给及需求的预估分析结果，还要考虑企业目标在保证人力资源规划基础上与其他企业活动的一致性。

所以，企业必须按照自身的实际，使人力资源规划方案的目标具有可行性、操作性、实用性、发展性。

2）人力资源规划方案的策略

人力资源规划方案的策略就是要制定达成目标的不同途径和方法。在人力资源规划方案的策略中，既有理论观念的引导，也有经验的配合。不同的理论观念的引导，最终会导致目标实现的不同途径和方法，这一点是非常重要的。不同经验的配合，决定了实现规划的不同影响的变化因素，进而会选择不同的方案。例如，为了提升5%的生产效率，一个企业可以选择变更人力和资本的结合比例、工作的重组、员工的训练、激励的加强等。一旦选择的方案产生，审核与评估的工作随即展开。首先，评估工作主要考虑的是外在因素的限制，如国家法律法规、劳动合同等，其目的在于剔除那些显而易见的不良方案。其次，进行成本效益分析，了解方案执行的难易程度，确定技术上的可行性，以及不执行的结果。最后，综合这些方案，形成人力资源规划方案的策略。

3）人力资源具体规划的制定

随着人力资源规划的目标、策略、总规划的形成，具体规划或方案便应运而生。制定具体规划最需要的是实践经验。一般的具体规划包括目标、主要工作及活动、工作时限、负责人员、预算的分配等。其中，目标必须与整体规划工作连贯一致；主要工作及活动是将策略详细地体现在落实的具体步骤上；时限的安排是追踪考核的必要程序；负责人员的选定可以使得规划的实施工作能够切实按规定程序执行；预算的分配不但能够检验预计成本的准确程度，也可成为进行成本效益分析的重要参考。

4）人力资源规划的核心

人力资源是推动企业组织生存发展、持续旺盛的命脉，这对于任何企业来说都是非常重要的。企业各级管理者和人力资源部门最重要的职责就是打造优质的人力资源团队，以实现企业的战略目标，在市场竞争中立于不败之地。

企业要打造优质的人力资源团队，可主要从选才、留才和育才三个方面入手。

（1）选才。在甄选企业员工时，适才可能比英才要重要得多。所谓适才，就是员工不论智慧、经验、才能、性格或专业能力，都能胜任其所从事的岗位工作，更重要的是企业能满足他追求工作的动机，而且能在现有的企业文化中快乐地工作，能在团队运作中与人合作。如果甄选的员工工作水平远远高于岗位要求，就是人才的高消费，企业不仅留不住员工，而且会多支出不必要的成本。企业高层管理者应当清醒地认识到，员工适应企业的能力和员工本身的专业能力一样重要，因为人事相宜，才能够为企业确立人才优势。

（2）留才。一个企业如何使优秀的人才愉快地工作，并让他们能够全心全意为企业效力，这是企业非常重要的战略任务。优秀人才进入企业，仅仅是打造优质团队的第一步，真正的挑战应是如何使这些人不断提高技能，不受外界的诱惑，能够真心实意地为企业的目标去奉献，去努力。

一般来讲，应从以下四个方面做好工作：

①要有足够的财务保障。员工经过努力工作做出贡献后，企业必须要保障其合理的待遇，而且企业发展后员工收入也能水涨船高。

②要对员工的成绩及时肯定。肯定员工的成绩能够给员工带来心理满足，这既是现代人力资源管理的基本要求，也是以人为本进行人性化管理的实质。

③要为员工提供职业发展机会。员工随着企业的发展一同成长，在为企业做出贡献的过程中，如果能够获得公平合理的岗位升迁，或是企业给其创造新事业的机会，使他看到职业发展的未来，对于员工来说非常重要。换一个角度来说，这既是员工的追求，也是企业的希望。

④要为员工创造享受工作乐趣的环境。企业创造并提供一个相互尊重及和谐的工作环境，可以使企业的效益和效率不断提高，形成独特的企业文化，这也是企业建立优质团队的根本。

（3）育才。育才就是要对企业的各类人力资源进行持续不断的培训与开发。育才能够为企业源源不断地培养适合的人才和优秀的员工，是企业提高竞争力的重要手段。当然，对员工的培训与开发既要舍得加大投入，也要管理好、计划好，而不应是走过场。学习型企业的建设对于培育员工的创新能力具有重要意义，也有利于企业培养出更多卓越的管理者。

2.3.4 人力资源管理制度与费用预算

1）人力资源管理制度规范的类型

人力资源管理制度规范是企业管理过程中借以约束全体企业成员行为、确定办事方法，规定工作程序的各种章程、条例、守则、规程、程序、标准、办法等的总称。不同的企业有着不同的制度，不同的制度又有着不同的作用对象和范围。制度规范没有严格的界限，可以用多种标志进行分类。按照制度规范涉及层次和约束的不同内容，可分为以下五类：

（1）企业基本制度。它是企业的“宪法”，是企业制度规范中带有根本性质的、规定企业形成和组织方式、决定企业性质的基本制度。企业基本制度主要包括企业的财产所有形式、企业章程、高层管理组织等方面的制度和规范。它规定了企业所有者、经营管理人员、企业成员各自的权利、义务和相互关系，确定了财产的所有关系和分配方式，制约着企业整体活动的范围和性质。

（2）管理制度。它是对企业管理各基本方面规定活动框架、调节集体协作行为的制度。管理制度是比企业基本制度层次略低的制度规范，它用来约束集体性行为的成体系的活动和行为的规范，主要针对集体而非个人。如各部门、各层次的职权责任和相互间的配合协调关系；各项专业管理规定（人事、财务、业务）；信息沟通、命令服从关系等方面的制度。

（3）技术规范。它是涉及某些技术标准、技术规程的规定。它反映生产和流通过程中客观事物的内在技术要求，科学性和规律性强，是经济活动中必须予以尊重的规范。技术规范涉及内容很多，从各类技术标准到工艺生产流程，乃至包装、保管、运输使用、处理，都有内在的规律和要求。企业组织管理中经常碰到的主要有技术标准、操作规程、生产工艺流程、保管运输要求、使用保养维修规定等。

（4）业务规范。它是针对业务活动过程中那些大量存在、反复出现、又能摸索出科学处理办法的事务所制定的作业处理规定。业务规范所规定的对象均具有可重复性特点。业务规范的程序性强，是人们用来处理常规化、重复性问题的有力手段。业务规范大都有技术背景，以经验为基础，是概括和提高了的工作程序和处理办法，如安全规范、服务规范、业务规程、操作规范等。

（5）个人行为规范。在企业组织中，规范个人工作行为，对个人工作行为有特定要求，是每个企业必须进行的管理工作。当然，有些是专门针对个人行为制定的规范，如个人行为品德规范、劳动纪律、仪态仪表规范等。个人行为规范是所有对个人工作行为起制约作用的制度规范的统称，它是企业组织中层次最低、约束范围最宽但也是最具基础性的制度规范。

制度规范涉及从个人行为到企业组织所有层次和所有方面，所有这些制度规范结合起来，构成了一套完整的约束系统。

2）制定人力资源管理制度的基本要求

企业管理制度是对企业管理各基本方面规定活动框架，是调节集体协作行为的制度。它是将单独分散的个人行为整合为有目的的集体行为的必要环节，是管理赖以依托的基本手段。一般来讲，企业组织管理中人力资源管理制度的制定和形成，应该满足以下几个基本要求：

（1）从实际出发。制定制度规范，要从企业实际出发，根据本企业业务特点、技术类型、管理协调的需要，充分反映企业生产活动中的规律性；要体现企业特点，保证制度规范具有可行性、实用性，切忌不切合实际。

（2）依据需要制定。制度规范的制定还要从企业实际需要出发。需要是制度规范制定与否的唯一标准，制定不必要的制度规范，反而会扰乱企业的正常生产经营活动。如在有些非正式行为规范或习惯能很好发挥作用的前提下，就没有必要制定类似内容的行为规范，以免伤害企业员工的自尊心，打击企业员工的工作热情。

（3）应建立在国家法律和社会道德规范基础上。国家法律和社会道德规范是在全社会范围内约束个人和团体行为的标准，是企业正常生存发展的基本条件和保证。企业制定各种制度规范，不能违背国家法律和社会道德规范的规定，必须保持一定程度的一致性。否则，企业组织整体在环境中的生存发展，对组织内部各方面的约束，都会受到影响。

（4）系统和配套。企业制度规范要全面、系统和配套，基本章程、各种条例、规程、办法要构成一个内在一致、相互配套的体系，形成一个完善、封闭的系统。同时要保证制度的一贯性，不能前后矛盾，漏洞百出，避免发生相互重复、要求不一的现象。

（5）合情合理。制度规范要体现合理化原则，即一方面要讲究科学、理性、规律；另一方面要考虑人性的特点，避免不近情理、不合理等情况出现。在制度规范的制约方面，要充分发扬自我约束、激励机制的作用，避免过分使用强制手段。

（6）先进性。制度规范的制定要从调查研究入手，总结本企业经验，同时吸收其他企业的先进经验，引进现代管理技术和方法，保证制度规范的先进性。

3）人力资源管理费用预算的编制

（1）编制费用预算的基本依据。为了保证企业人力资源管理费用预算的正确性和准确性，人力资源管理人员必须关注国家有关部门发布的各种相关政策和法律法规信息。例如，地区与行业的工资指导线、消费者物价指数、最低工资标准、社会保险等方面规定、标准的变化情况，以及本企业对下一年度薪酬调整的指导思想和要求。

（2）编制费用预算的基本程序和要求。以下分别从薪酬项目的预算和社会保险费与其他项目的预算两方面进行分析。

①薪酬项目的预算。企业薪酬项目的预算，首先应当进行以下四个方面的分析检查：一是分析当地政府有关部门本年度发布的最低薪酬标准对薪酬预算的影响，最低薪酬标准的变化将影响到企业薪酬标准水平，需要进行必要的调整，以此为依据，测算出上一年度与本年度的最低薪酬标准的增长幅度。二是分析当年同比的物价指数，是否大于或等于最低薪酬标准增长幅度。一般情况下，物价指数只会大于或等于最低

薪酬标准的调整幅度，因为最低薪酬标准是根据物价指数进行调整的，如发生特殊情况，物价指数小于最低薪酬标准增长幅度，那么，应在确认最低薪酬标准增长幅度后，以此增长幅度作为调整薪酬的标准。总之，应取二者增长幅度最高者，作为调整薪酬的标准，以保证企业既合法经营，又不降低员工生活水平。三是分析当地政府有关部门发布的薪酬指导线，作为编制费用预算参考指标之一。四是要掌握并理解企业高层领导对下一年度薪酬调整的意向，这种调整的意向只要大于或等于最低薪酬标准调整幅度与物价指数两者增长幅度最高者即可。这是因为政府虽然对计划期内的薪酬指导线即基准线、预警线和下线提出了建议，但采取何种薪酬调整策略，完全取决于企业高层领导者的决策。在职能部门工作的人力资源管理人员虽然不是决策者，但可以根据自己的分析判断，针对上述四类指标，通过对比分析写出研究报告，提出薪酬调整的建议。

在上述分析研究的基础上，按照薪酬总额的项目逐一进行测算、汇总，就可以编写出薪酬年度预算表。

在编写下一年度薪酬预算表时，首先需要将本年度薪酬各子项目预算和上一年度薪酬各子项目预算，以及上一年度薪酬各子项目结算和当年已发生的薪酬各子项目结算情况进行统计；其次比较分析，研究预算与结算比较结果；最后，再结合由上述四点初步确定的薪酬调整的比例，以及上一年度和当年企业生产经营状况、下一年度预测的生产经营状况进行分析，将薪酬各子项目的变化在薪酬总额中进行调整。

②社会保险费与其他项目的预算。在薪酬项目预算的基础上，再对涉及员工权益的社会保险费与其他项目进行预算就比较容易了。其具体步骤如下：一是对照国家有关的规定，分析涉及员工权益的项目有无增加或减少，标准有无提高或降低；二是由于本类项目的提取比例一般是按照本地区上一年度员工月平均薪酬测算的，因此应当掌握本地区有关部门公布的各种有关员工薪酬水平的数据资料，如上一年度员工平均薪酬水平等；三是企业中上一年度薪酬及社会保险等方面的相关统计数据和资料。

此外，还应当注意的事项包括：首先，各种项目的预算要客观合理，防止人为加大不合理预算，以至于出现有预算没使用的情况。这也就是为什么多次强调“在核算时一定要对照上一年度预算与使用结算情况”的根本原因。其次，要密切注意某项目与其他项目费用预算之间的内在联系，防止顾此失彼，造成整体预算失衡。在进行费用预算时一定要提倡顾全大局，具有企业的整体意识。最后，要坚持严肃认真、实事求是的工作作风，缜密地进行分析测算。

总之，编制企业人力资源管理费用预算是一项复杂而且精确度要求很高的系统工程，是企业人力资源管理部门的基本职责之一。作为企业整体生产经营预算的重要组成部分，需要多个职能部门和业务部门相互协调、相互配合、相互支持才能按期完成。

4）人力资源管理费用预算的项目构成

人力资源管理费用预算是企业在一个生产经营周期（一般为一年）内，人力资源全部管理活动预期的费用支出的计划。人力资源管理费用预算作为企业整体预算的重要组成部分，关系到企业整体预算的准确性、完整性和严肃性。企业人力资源管理费用预算是计划期内人力资源及各种相关的管理活动得以正常运行的资金保证，其基本项目和内容一般包括：

（1）薪酬项目。按照国家统计局以及地方政府的规定："员工薪酬总额是指企业在一定时期内直接支付给本企业全部员工的劳动报酬总额，主要由计时薪酬、基础薪酬、职务薪酬、计件薪酬、奖金、津贴和补贴（包括洗理费、卫生费、上下班交通补贴）、加班薪酬等部分组成。"

（2）涉及员工权益的社会保险费以及其他相关的资金项目。这主要包括：基本养老保险费和补充养老保险费；医疗保险费；失业保险费；工伤保险费；生育保险费；员工福利费；员工教育经费；员工住房基金；其他费用（如根据国家工会法规定应提取的工会基金）。这部分费用与薪酬项目存在一定的比例关系，各个项目提取比例的大小与企业所在地区的经济发展水平、劳动力的结构状况、政府现行的法律法规和政策等有着直接的联系。

（3）其他项目。这些费用项目是在企业人力资源管理费用中除上述两项基本费用之外的其他一些费用预算，如"其他社会费用""非奖励基金的奖金""其他退休费用"等，是在发生之后才有的费用项目。

总之，人力资源规划是将企业目标和策略转化为人力资源的需求，通过人力资源管理体系和工作，达到量与质、长期与短期的人力供需平衡，以建立内在和外在劳动力市场的渠道，有效地调节内部劳动力市场。人力资源规划可以使企业员工的技能得到充分发挥，并不断地适应岗位的要求，达到人尽其才、人事相宜的目的。同时，人力资源规划也可以整合不同人力资源管理功能，为企业人力资源管理的发展指明方向，也为整个人力资源管理业绩的评估提供了依据。

【素质提升】

深入理解"坚持系统观念"

党的十九届五中全会审议通过的《中共中央关于制定国民经济和社会发展第十四个五年规划和二〇三五年远景目标的建议》，将"坚持系统观念"作为"十四五"时期我国经济社会发展必须遵循的五项原则之一，指明了提高社会主义现代化事业组织管理水平的方向。这是以习近平同志为核心的党中央总揽全局作出的战略部署、提出的明确要求，意义十分重大。

系统观念是马克思主义基本原理的重要内容，强调系统是由相互作用、相互依赖的若干组成部分结合而成的、具有特定功能的有机体；要从事物的总体与全局上、从要素的联系与结合上研究事物的运动与发展，找出规律、建立秩序，实现整个系统的优化；用开放的复杂系统的观点、用从定性到定量的综合集成方法研究经济社会问题。

"十四五"时期，我国进入新发展阶段，开启全面建设社会主义现代化国家新征程。习近平总书记指出："进入新发展阶段，贯彻新发展理念，构建新发展格局，需要解决的问题会越来越多样、越来越复杂。”随着科技快速发展和社会不断进步，我国现代化建设实践越来越丰富和复杂，具有越来越强的综合性、动态性和系统性，突出表现在空间范围越来越大、速度变化越来越快、层次结构越来越复杂、结果和影响越来越广泛和深远。

面对复杂形势和艰巨任务，我们需要更加自觉地运用系统科学的方法分析和解决问题，从多因素、多层次、多方面入手研究经济社会发展，从系统论出发优化经济社会治理方式，协调不同部门、各种政策在国家治理体系中的定位和功能，全面协调社会主义现代化各项建设，在多重目标中寻求动态平衡，做到统筹推进“五位一体”总体布局、协调推进“四个全面”战略布局，做到物质文明和精神文明全面发展、经济建设和国防建设紧密结合、区域良性互补、城乡融合发展。惟有如此，才能实现更高质量、更有效率、更加公平、更可持续、更为安全的发展。

资料来源　詹成付. 深入理解“坚持系统观念”[N]. 人民日报，2020-11-12（9）. 节选。

[本章小结]

•本章介绍了人力资源规划的基本内容、作用和制定规划应该遵循的原则，对基本理论的准确把握是进行人力资源规划的前提。

•本章介绍了人力资源规划供给分析、企业人员的需求分析的方法，其精确程度体现了企业人力资源管理的水平，这是保证人力资源规划具有实用性的条件。

•本章说明了编制人力资源规划的基本条件、程序，以及人力资源规划的应用，还介绍了企业人力资源管理制度的制定以及人力资源管理费用的编制与执行。

[基础训练]

1.选择题

（1）（　　）是企业为了保证在出现岗位空缺时能及时地获得所需数量和质量的人员计划。

A.配备计划　　　　B.补充计划

C.晋升与轮换计划　　　　D.培训开发计划

（2）（　　）是指企业为了使员工更好地适应正在从事的工作，也为企业未来发展所需要的一些岗位准备后备人才的计划。

A.职业生涯计划　　　　B.劳动关系计划

C.培训开发计划　　　　D.配备计划

（3）在制定人力资源规划时，必须（　　）。

A.充分考虑内外环境的变化

B.主要关注企业的发展

C.注意企业战略与人力资源规划的关系

D.要使企业和员工共同发展

(4) 人力资源需求预测就是对组织在未来某一特定时期所需的人力资源的(　　)等进行估计。

A.数量　　B.质量

C.结构　　D.时间

(5) 属于人力资源需求预测定性分析方法的是(　　)。

A.德尔菲法　　B.总体预测法

C.回归预测分析法　　D.技能清单法

(6)(　　)的基本思路是通过具体数据的收集，找出过去人事变动的规律，由此推测未来的人事变动趋势。

A.管理人员接替图法　　B.马尔可夫分析法

C.技能清单法　　D.德尔菲法

2.简答题

(1) 为什么说人力资源供求关系的预测是人力资源规划的前提?

(2) 岗位设置应满足什么要求?

(3) 人力资源管理制度制定的基本要求有哪些?

(4) 企业人力资源供大于求时，应采取哪些措施?

(5) 企业人力资源供不应求时，应采取哪些措施?

[综合应用]

☐ 案例分析

谁的过错?

张力与4个朋友合办了一家高科技公司。大家不分白天黑夜忘我地工作，相继接到并出色完成了几个大的项目，很快就打开了市场。随着业务的发展，各部门不断督促人力资源部招人，短短的3年间，公司的人员规模已从最初的十几个人增加到150多人。公司规模扩大了，张力也感到管理越来越难了，尤其让他困惑的是，虽然公司的规模在扩大，但效率反而降低了：合同额、利润等指标都在往上走，但一算人均数，就走下坡路了。张力还十分明显地感到：公司成立之初时那种不计回报、同舟共济的创业氛围好像也一去不复返了。

问题：从这个案例中，你有何感悟?

☐ 实践训练

在进行认识实习和课程实习中，调查实习单位在人力资源规划方面是如何做的?有无有事无人做或有人无事做的现象?

要求：调查结束，写出企业人力资源供需状况调查报告。

[课外拓展]

关注新媒体平台，获取人力资源管理领域最新的观点、方法、技巧，了解人力资源管理的前沿资讯。

"HRoot"是中国领先的人力资源媒体公司，旗下有诸多行业领先品牌与业务，包括：全球领先人力资源网站（HRoot.com）、卓越会（HRootinstitute）、大中华区年度人力资源评选、中国人力资本论坛、中国人力资源服务展等，更有及时、精准，极富互动性的人力资源行业新闻与资讯与您每日分享。在微信公众账号中搜索"HRootChina"即可关注。

第3章 工作分析

【学习目标】

通过本章学习，你应该达到以下目标：

知识目标：了解工作分析的含义及工作分析的相关术语，掌握工作分析的基本程序、方法及岗位说明书的编写步骤，理解工作分析的原则及其在人力资源管理中的重要性。

能力目标：具有运用不同工作分析方法编写岗位说明书的能力。

素养目标：在学思践悟的基础上，能够认识到“解决企业管理中职责不清问题的主要方法是进行工作分析”。培养成为一名企业HR应具备的较强的分析问题、解决问题能力和团队合作能力。

【内容架构】

- 第3章　工作分析
  - 3.1　工作分析概述
    - 3.1.1　工作分析的含义
    - 3.1.2　工作分析中的术语
    - 3.1.3　工作分析的目的
    - 3.1.4　工作分析在人力资源管理过程中的作用
    - 3.1.5　工作分析的原则
    - 3.1.6　工作分析的步骤
  - 3.2　工作分析方法
    - 3.2.1　问卷调查法
    - 3.2.2　观察法
    - 3.2.3　利用已有的资料
    - 3.2.4　工作日志法
    - 3.2.5　采访法
    - 3.2.6　关键事件法
  - 3.3　岗位说明书的编写
    - 3.3.1　工作分析表
    - 3.3.2　岗位说明书的编写步骤
    - 3.3.3　岗位说明书的编写格式
    - 3.3.4　岗位说明书的应用

引例

如何做好工作分析工作

工作分析是指对各种工作的性质、任务、责任、相互关系以及任职工作人员的知识、技能、工作条件进行系统调查和研究分析，科学系统地描述并做出规范化记录的过程。工作分析的对象是关于工作、岗位的相关信息，这些信息包括工作职责、任务内容的详细描述，以及做这些工作必须具备的知识、技能及其他信息内容。在项目中，一般通过岗位调查问卷的方式来对工作内容进行分析，获得需要的信息和内容。

工作分析是人力资源部门的重要工作内容之一，工作分析的作用可以通过以下三个方面表现出来：首先，工作分析在人力资源管理工作的人力资源规划、招聘录用、培训、考核、绩效、薪酬和员工劳动关系等几个方面发挥作用，如什么岗位需要具备什么能力的员工，采用何种培训提高其技能等。其次，工作分析对定岗定编和岗位评价起到很大的作用。岗位分析是对岗位的详细分析，不同的岗位存在相对应的岗位价值，不同的岗位工作可能需要的岗位人数不一样，所以定岗定编和岗位评价要以岗位分析为依据。最后，从员工的角度来看，通过岗位分析能够使员工明确岗位职责和工作任务，明确自己在组织中的具体位置和作用。

关于工作分析的内容，我们可以通过5W1H来概括，分别是What、When、Where、Why、How。What指的是做什么，明确在岗位上要完成什么样的工作；When指的是岗位工作要求在什么时候完成；Where指的是岗位工作在什么地方完成；Why指的是为什么要完成此项工作；How指的是如何完成此项工作。通过岗位分析，最终能够使根本不了解该岗位的人通过阅读岗位分析成果（岗位说明书），便可了解该岗位的职责、任务、特征及胜任条件等相关内容。

在岗位分析的过程中，我们要注意几个要点：首先，岗位分析针对的是岗位，而不是针对该岗位的人；其次，不能夸大或者弱化该岗位的工作重要性；最后，不能为了回避该岗位的责任而故意遗漏岗位的工作内容。

资料来源　佚名. 如何做好工作分析工作［EB/OL］.［2019-12-06］. https://wenku.baidu.com/view/4244c1a1d05abe23482fb4daa58da0116d171f6c.html.引文经过节选、压缩和改编。

人力资源管理的一项重要任务是全面了解企业内各类工作的特征及其对任职人员的要求，这也是工作分析的主要内容。国内外企业的人力资源管理实践表明，作为人力资源管理活动的起点，工作分析对于提高后续人力资源管理活动的效率（如人员招聘与配置、员工培训、绩效评估、职业生涯规划以及薪酬管理等），具有举足轻重的作用。

3.1 工作分析概述

互动课堂3-1

一个机床操作工不小心把大量的机油洒在机床周围的地板上，车间主任叫操作工把地板上的机油清扫（擦拭）干净，但操作工拒绝执行，理由是岗位说明书里面并没有包括清扫的条文。车间主任顾不上去查看岗位说明书上的原文，就找来一名服务工来做清扫工作，但服务工同样拒绝，他的理由是岗位说明书里没有包括这一类工作职责，清扫工作应该是勤杂工的事情。车间主任威胁说要把他解雇，因为这名服务工是分配到车间来做杂务的临时工，服务工勉强同意，但是干完之后即向公司投诉。有关人员看了投诉后，审阅了这三类人员的岗位说明书。机床操作工的岗位说明书规定：操作工有责任保持机床的清洁，使之处于可操作的状态，但并没有提及清扫地板。服务工的岗位说明书规定：服务工有责任以各种方式协助操作工，如领取原料和工具，随叫随到，即时服务，但也没有包括清扫工作。勤杂工的岗位说明书中确实包含了各种形式的清扫，但是他的工作时间是从工人下班之后开始的。

问题：责任在谁？如何防止类似意见分歧？

分析提示：企业应重视工作分析，工作分析能更好解决工作中职责不清、互相推诿的现象。

微课：工作分析概述

3.1.1 工作分析的含义

工作分析是指对某特定的工作做出明确的规定，并确定完成这一工作所需要的知识、技能、能力等资格条件的过程。工作分析由两大部分组成：工作描述和工作规范。通俗地讲，工作分析就是要通过一系列科学的方法，把岗位的工作内容和岗位对员工的素质要求弄明白。通过工作分析，要解决两个主要的问题：第一，某一岗位是做什么事情的；第二，什么样的人来做这些事情最适合。

1）工作描述

工作描述具体说明了某一工作的物质特点和环境特点，主要包括以下几个方面：

（1）工作名称的描述。工作名称的描述主要说明某项工作的专门名称或代号，目的是便于对各种工作进行识别、分类以及确定组织内外的各种工作关系。

（2）工作内容的描述。工作内容的描述主要是对所要完成的工作任务、工作责任、使用的原材料和机器设备、工作流程、与其他人的正式工作关系、接受监督以及进行监督的性质和内容等方面进行的描述。

（3）工作条件的描述。工作条件的描述包括对工作地点的温度、湿度、光线、噪声、安全条件、地理位置、室内或室外等工作条件和物理环境的说明。

（4）工作社会环境的描述。工作社会环境又被称为工作的人际因素，包括工作群体中的人数、完成工作所要求的人际交往的数量和程度、各部门之间的关系、工作地点内外的文化设施、社会风俗的影响程度等。

（5）聘用条件的描述。聘用条件的描述包括对工作时数、工资结构、支付工资的方法以及福利待遇等方面的描述。

2）工作规范

工作规范也称任职资格条件，是指员工履行岗位职责时，在知识、工作技能、工作经验、能力、生理及心理特征等方面应该具备的资格条件。它主要包括以下几个方面：

（1）知识。知识是指胜任岗位职责应该具备的知识水平和知识结构，包括学历要求、基础知识、专业知识以及相关法律法规知识等。

（2）工作技能。工作技能是指与工作相关的工具、技术和方法的运用。工作技能包括两类：一类是通用技能，如公文处理技能、计算机操作技能、外语技能等；另一类是专业技能，是指某一特定领域所需的、履行岗位工作职责时必备的技能，可以通过资质要求来鉴定，比如，医生要有相应级别的医师执照等。

（3）工作经验。工作经验可以将社会工作经验和组织内工作经历相结合来度量。社会工作经验是指任职者的所有工作经历，根据与岗位的相关性，分为一般工作经验、相关工作经验、专业工作经验和管理经验四类。组织内工作经历是用本组织内部的工作历程来表示岗位的工作经验要求，一般适合于从内部选拔中高层管理者时使用。

（4）能力。能力是员工顺利地完成某种活动所必须具备的心理特征。例如，语言表达能力、人际交往能力、团队合作能力、沟通能力、创新能力、分析问题与解决问题的能力等。

（5）生理及心理特征。生理特征是岗位的任职者在健康、身高、性别、体重、年龄等方面的状况。心理特征是指一个人心理过程进行时表现出来的稳定性，包括事业心、合作性、观察力等。

互动课堂3-2

问题：如何理解6W1H工作分析公式？

分析提示：国外的心理学家从人力资源管理的角度出发，提出了一个非常容易记忆的6W1H工作分析公式，从七个方面对工作（职务）进行分析。

（1）Who：谁来完成这项工作；

（2）What：这项工作具体做什么事情；

（3）When：工作时间的安排；

（4）Where：工作地点在哪里；

（5）Why：他为什么工作（工作的意义是什么）；

（6）for Whom：他在为谁工作；

（7）How：他是如何工作的。

【职业道德测一测3-1】

爱岗敬业作为最基本的职业道德规范，是对人们工作态度的一种普遍要求。爱岗就是热爱自己的工作岗位，热爱本职工作；敬业就是要用一种恭敬严肃的态度对待自己的工作。

1.爱岗敬业的具体要求是（　　）。

A.树立职业理想

B.强化职业责任

C.提高职业技能

D.抓住择业机遇

2.某冰箱厂总装车间清洁工在打扫卫生时发现了一颗螺丝钉。假如你是这位清洁工，你会采取的行动是（　　）。

A.将这颗螺丝钉放入垃圾桶内，以免伤人

B.将这颗螺丝钉捡起后，交给仓库保管员

C.将这颗螺丝钉交给车间主任，并请其检查是否是漏装的

D.当作可回收废品处理

3.1.2　工作分析中的术语

在工作分析中，常常会用到一些术语，但这些术语的含义经常被人们混淆。因此，理解并掌握这些术语的含义，对科学、有效地进行工作分析十分必要。

1）工作要素

工作要素是指职务中不能再继续分解的最小动作单位。例如，打开计算机、签字、打电话、发传真等。

2）任务

任务是一系列为达成一个特定目的的职务要素的集合，即完成一项具体的职务。例如，复印文件，为了达到最终的工作目的，复印人员必须从事一些具体行动：启动复印机；将复印纸放入复印机内；将要复印的文件放好；按动按钮进行复印。也就是说，复印文件这一任务，是上述行动直接组成的一个集合。

3）职责

职责（责任）是指个体担负的由一项或多项任务组成的活动，即个体操作任务的总和。例如，人事经理的职责之一是进行“工资调查”，这一职责是由以下任务组成的：设计调查问卷；把调查问卷分发给调查对象；统计分析并解释调查结果；将调查结果反馈给调查对象。

4）职位

职位也叫岗位，是指在一定的时间内，由一个特定的人及其所担负的一个或数个职责所组成。例如，招聘专员，这是一个职位。在企业中，有多少员工就有多少职位。应该注意的是，职位是以“事”为中心确定的，强调的是人所担任的岗位，而不是担任这个岗位的人。另外，新冠肺炎疫情暴发期间，实体商业、线下门店、餐饮等很多行业受到很大影响，大家更熟悉了一些职位（或岗位），例如社区网格员、核酸

采样员、生鲜配送员、直播带货主播等。

互动课堂3-3

问题：岗位与职位的区别是什么？

分析提示：人力资源管理工作经常讲到的岗位与职位在实际意义上相比较，没有太大的区别。

（1）“职位”适用于一些知识密集型企业或管理方面的岗位；“岗位”适用于劳动密集型企业或劳动密集型岗位。例如，工人通常不称职位，而称岗位。

（2）岗位的含义更广泛。无论高层还是低层人员，都可称为岗位；职位只适合用于高层人员。

5）工作

工作（职务）是由一组主要职责相似的职位所组成。例如，开发工程师是一种工作（职务），秘书也是一种工作（职务）。在企业中，一种工作（职务）可以有一个职位，也可以有多个职位，如企业中的法律顾问这种工作（职务），可能只有一个职位；软件开发工程师可能有两个或两个以上的职位。职务是人与工作结合的一种方式，侧重于人的工作，而非工作中的人。

6）工作族

工作族是由两个或两个以上的工作组成。这些工作或者要求工作者具有相似的特点，或者包括多个平行的任务。例如，生产工作和销售工作就是两个工作族。

7）职业

职业是由在一定的时间内不同组织中的相似工作所组成的，如会计、医生、工程师、律师、教师、警察等。“工作”和“职业”的区别主要在于其范围的不同。“工作”这个概念比较窄，一般是针对组织内部而言；“职业”则可以是跨组织的，是针对整个行业而言。另外，近些年出现了一些新的职业以及消费者熟悉的职业，例如互联网营销师、整理收纳师、卡路里规划师、企业人力资源管理师、理财规划师、网约配送员等。

8）职业生涯

职业生涯是指一个人在其工作生活中所经历的一系列职位、工作或职业。

3.1.3 工作分析的目的

进行工作分析的目的在于：

（1）促使工作的名称与含义在整个组织中表示特定且一致的意义，实现工作用语的标准化。

（2）确定工作要求，以建立适当的指导与培训内容。

（3）确定员工录用与上岗的最低条件。

（4）为确定组织的人力资源需求、制订人力资源计划提供依据。

（5）确定工作之间的相互关系，以利于合理的晋升、调动与指派。

（6）获得有关工作与环境的实际情况，利于发现导致员工不满、工作效率下降的原因。

（7）为制定考核程序及方法提供依据，以利于管理人员执行监督职能及员工进行自我控制。

（8）辨明影响安全的主要因素，以及时采取有效措施，将危险降至最低。

（9）为改进工作方法积累必要的资料，为组织的变革提供依据。

3.1.4 工作分析在人力资源管理过程中的作用

工作分析是人力资源管理的一项重要的基础性工作，只有做好工作分析，才能保证在人员招募与配置过程中的匹配，才能保证人员培训、绩效管理、薪酬管理、职业生涯规划等人力资源管理职能的规范化，从而最大限度地提高人力资源的利用效率，降低人力资源的使用成本。工作分析的作用具体表现在以下几个方面：

（1）有利于人力资源规划。每个组织对于本单位内部的人员配备和工作安排，都必须有一个合理的计划。当内部或外部环境发生改变时，组织也应当根据工作或生产的发展趋势相应地调整人力资源规划。工作分析信息可以帮助组织确定未来的工作需求，以及完成这些工作的人员需求。

（2）有利于人员招募与筛选。通过上述工作分析的含义我们知道，工作描述的主要内容是说明有关工作的静态和动态的特点；工作规范则提出了完成该项工作的有关人员的专业知识、技能、心理健康、生理健康等方面的要求。毫无疑问，在此基础上确定的用人标准，可以帮助招聘人员寻找并发现真正适应工作岗位、能为企业做贡献的候选人。

（3）有利于绩效考核。绩效考核的实质是将员工的实际产出与预定的标准进行考核比较，找出差距，改进下一阶段的绩效水平。绩效考核与对员工的晋升和奖惩等直接相关，如果缺乏科学、客观的依据，将直接影响员工的积极性。工作分析的结果则有助于制定各项工作的客观标准和考核依据，确保绩效考核的信度和效度。

（4）有利于员工培训与开发。通过工作分析，企业可以明确从事某项工作所应具备的知识、技能和其他各种素质条件。这些条件和要求，当前从事各项工作的员工并非人人都能满足，这就需要企业根据工作分析的结果，参照员工的实际工作绩效，制订和设计培训方案，有区别、有针对性地安排培训内容和方法，以提高员工的工作技能，进而提高工作效率。

（5）有利于建立先进、合理的工作定额和报酬制度。所谓先进、合理，就是在现有工作条件下，经过一定的努力，大多数人能够达到（其中一部分人可以超过，少数人能够接近）的定额水平。工作分析是动员和组织职工、提高工作效率的手段，是工作和生产计划的基础，也是制定企业部门定员标准和工资奖励制度的重要依据。工资奖励制度是与工资定额和技术等级标准密切相关的，把工资定额和技术等级标准的评定建立在工作分析的基础上，就能够制定出比较合理的报酬制度。

（6）有利于职业生涯规划。随着员工在组织内部和组织间的流动日益频繁，工作分析的结果无论对组织还是员工本人，在考虑进行这种流动时都是非常必要的。另外，无论组织还是个人，如果对工作要求和个人工作的联系没有充分了解，就不可能制定有效的职业生涯规划。

为了更加直观地了解工作分析这一活动，我们用一个系统模型加以表示，如图3-1所示。

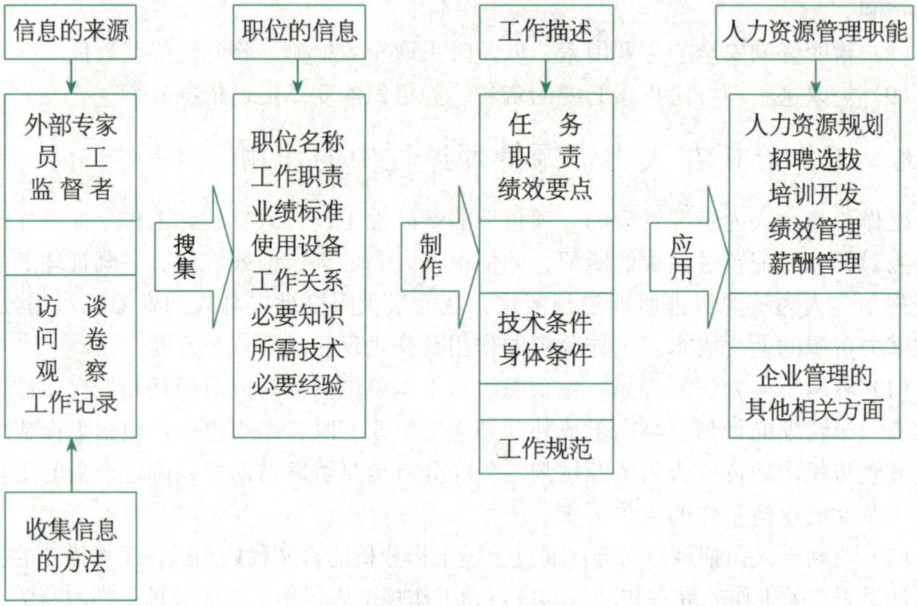

图3-1　工作分析的系统模型

资料来源　董克用，叶向峰. 人力资源管理概论［M］. 北京：中国人民大学出版社，2003.

3.1.5　工作分析的原则

为了提高工作分析的科学性、合理性，在组织实施中应注意遵循以下原则：

（1）系统原则。任何一个完善的组织、单位都是一个相互独立的系统。因此，在工作分析中，应从系统论出发，将每个岗位放在组织系统中，从总体上和相互联系上进行系统性分析研究。具体来讲，根据战略来进行组织结构设计，根据组织结构设计进行职能分解，根据职能分解来进行岗位设置，根据岗位设置来进行工作分析。

（2）动态原则。工作分析的结果不是一成不变的，要根据战略目标、环境变化、业务调整，经常性地对工作分析的结果进行调整。工作分析是一项常规性工作。

【拓展阅读3-1】

如何把握工作分析的最佳时机

工作分析是人力资源管理的一项常规性的工作。一家企业在某个时期进行的工作分析及其形成的岗位说明书与职位规范并非一成不变。所以，应根据企业内外部环境的变化，对工作做出适当的调整以适应新的发展需要。

一般来说，在下列几种情况下，企业要把握时机开展工作分析活动。

1.企业新建立时

企业建立之初，面临着很多的问题需要解决。例如，组织结构的设计、工作岗位的设置、人员的招聘、规章制度的制定等。这些都是企业生产经营活动正常运行的前提，此时进行工作分析，最迫切的用途主要表现在人员招聘方面。如果没有可参考的标准，企业招不到合适的人，那么企业的一切活动都无法开展。

新建的企业由于很多工作职位还处于空缺状态，所以有必要依据企业的组织结构来形成一个粗略的工作分析。在这个阶段，工作分析的初步结果能满足企业招聘所需的工作描述及任职资格要求即可，更为详细的工作分析可在企业稳定后再进行。可见，对新建的企业进行工作分析，可为后续的人力资源管理工作奠定基础。

2.工作发生变动时

由于企业战略的调整、业务的发展或新技术的应用，使工作内容和性质发生较大的变化时，就需要重新进行工作分析，及时更新说明变动的工作部分。工作的变动主要表现在工作职责变更及任职资格要求变更两方面。值得注意的是，工作分析不是一成不变的，在工作发生变动时，要及时进行新的工作分析，以确保所获工作信息及时、有效、真实、客观。

3.制度建立和修改时

招聘、薪酬、培训、绩效考核等制度建立和修改时，就需要进行相关的工作分析。

有了工作分析作为基础，其后的工作便能很好地展开。比如，通过工作分析，可以明确一项工作的具体内容，以及该工作与其他工作的关系，从而确定从事这项工作的人员所必须具备的任职资格，可以用来决定招聘人才的标准；工作分析可以为不同类型的工作确定合理的待遇，通过工作分析可以明确各个岗位在企业中的地位，其任职者所承担的责任、具备的能力和知识等，从而为制定合理的薪酬制度提供重要依据；当企业需要对员工进行培训时，可针对工作的具体要求来制订培训计划；当企业需要对员工的绩效进行考核时，可依据工作分析得出考核标准，为考核提供尺度，为晋升提供依据。

4.存在问题隐患时

对于工作分析，很多企业没有给予足够的重视，所以导致很多问题存在。例如，缺乏明确的工作说明，导致员工对工作职责要求认识不清；虽然有书面的工作说明，但与实际情况不符，很难遵照它去实施。另外，企业中经常有职责不清、推诿扯皮的现象。所以，工作分析不能停留在形式上，而要从实质上着手，这样更有利于问题的防范与解决。

（3）目的原则。在工作分析中，要明确工作分析的目的，根据工作分析的目的，注意工作分析的侧重点不一样。例如，如果工作分析是为了明确工作职责，那么分析的重点在于工作范围、工作职能、工作任务的划分；如果工作分析的目的在于选聘人才，那么工作分析的重点在于任职资格界定；如果工作分析目的在于决定薪酬的标准，那么工作分析的重点在于工作责任、工作量、工作环境、工作条件等因素的界定。

（4）参与原则。工作分析尽管是由人力资源部主持开展的工作，但它需要各级管理人员与员工的广泛参与，尤其需要高层管理者加以重视，以及业务部门的大力配合才能取得成效。

（5）经济原则。工作分析是一项非常费心、费力、费钱的事情，它涉及企业组织的各个方面。因此，本着经济性原则，选择工作分析的方法显得尤为重要。

（6）应用原则。应用原则指工作分析的结果、工作描述与工作规范一旦形成岗位说明书后，管理者就应该把它应用于企业管理的各个方面，无论人员招聘、选拔培训，还是考核、激励都需要严格按岗位说明书的要求来做。

3.1.6 工作分析的步骤

工作分析是一个细致和全面的评价过程。它包括一系列的活动，主要分为准备阶段、调查阶段、分析阶段和完成阶段。这四个阶段既互相联系又互相影响。

1）准备阶段

微课：工作分析前准备

准备阶段的任务是熟悉情况、建立联系和确定工作分析的样本。在这一阶段，主要完成以下工作：

（1）明确工作分析的意义、目的、方法、步骤。

（2）向有关人员宣传、解释。

（3）跟作为合作对象的员工建立良好的人际关系，并使他们做好心理准备。

（4）按精简、高效的原则组成工作小组。

（5）确定调查、分析对象的样本，同时考虑样本的代表性。

（6）制订工作计划，确定工作的基本难度。

【拓展阅读3-2】

如何消除工作分析中员工的恐惧心理

在工作分析过程中，工作分析人员经常会遇到以下问题：员工对工作分析小组的工作怀有抵触情绪，不配合其访谈等调查工作；员工故意夸大其所在岗位的实际工作责任、任职要求，变相地贬低其他岗位的工作，从而导致所提供的信息与实际存在明显的不符。这些都是员工存在恐惧心理的外在表现，员工的恐惧心理也是在工作分析实践中迫切需要解决的一个问题。

员工恐惧：指员工由于担心工作分析会改变现有的工作要求和工作环境，而给自身的利益带来损失，从而对工作分析人员及其调查工作采取不合作甚至敌视的态度。

那么，如何消除由于工作分析而引起的员工恐惧心理呢？可以考虑从以下几个方面入手：

1.分析原因

长期以来，工作分析经常被视为企业裁员或降薪的一种主要手段。企业由于外部环境变化或内部改革调整等原因，需要对工作岗位设置、工作活动内容进行调查，甚至要减少员工数量、降低员工工资。如果这些做法缺乏明确的依据，员工会认为这是辞退或降薪的借口，容易引起员工的不满，从而影响到员工的工作绩效，甚至造成员工与管理者之间更激烈的冲突。员工通常会认为工作分析对他们的工作活动、薪酬水平、就业等造成了威胁，从而对工作分析存在一种恐惧心理，但如果企业的这些裁员或降薪决定是在科学的工作分析基础之上做出的，它就有了明确的科学依据，也会受到法律的保护。

2.让员工了解工作分析

为了消除员工的恐惧心理，在开始实施工作分析之前，工作人员应向他们介绍此次工作分析的目的和意义，以及对后续的管理工作带来的好处等，以此来提高他们的兴趣，取得他们的认同。另外，还要着重澄清他们对工作分析的一些错误认识。比如，应该让他们认识到工作分析是针对工作，是为了分析工作的一些特殊要求，目的是改进工作方法，规范工作活动内容等，而不是针对具体的人，不是评估员工的工作表现；工作分析的结果也并不是要给员工增加工作量，而是通过工作职责的明确来提高效率，减轻负担等。总之，要通过有效的沟通，消除员工内心的顾虑和恐惧，争取得到他们的支持与配合。

3.鼓励员工参与到工作分析中

工作人员应把工作分析的实施步骤及大体的时间进度安排告知员工，这样更有利于安定员工的心态，使得他们能够积极参与配合。因为只有员工了解工作分析的实际情况，并且真正参与到整个活动过程中来，才会提供更加真实可靠的信息。

4.适当做出承诺，消除员工顾虑

工作人员应对员工所提供的信息不会给他们带来负面的影响做出适当的承诺，比如不会因为工作分析结果而裁员、降薪等，让员工有一定的安全感。必要时，还可以考虑给出书面承诺，消除员工不必要的担心。

5.给员工必要的信息反馈

在工作分析过程中，工作人员应定期或不定期地向员工反馈信息，避免由于信息不对称引起的矛盾；在工作分析结束后，应将最终结果反馈给员工，肯定并感谢他们的参与。

【拓展实训3-1】

判断下列工作人员的做法，哪些有利于消除工作分析中员工的恐惧心理，哪些不能。能消除的用“√”表示，不能消除的用“×”表示。

1.事先未向员工作任何解释说明。(　　)

2.向员工说明此次工作分析的目的、意义。(　　)

3.对员工的不满情绪视而不见。(　　)

4.限制员工参与到工作分析中来。(　　)

5.积极做好员工的思想工作。(　　)

6.做出书面承诺：不会因此次工作分析而减员或降薪。(　　)

7.很少向员工反馈工作分析的信息。(　　)

8.向员工隐瞒工作分析的进程安排。(　　)

9.宣传此次工作分析给员工带来的好处。(　　)

参考答案：

标记“√”的有：2、5、6、9；

标记“×”的有：1、3、4、7、8。

2）调查阶段

调查阶段的工作就是对整个工作过程和工作环境等主要方面所做的正式的研究和调查。这个阶段主要完成以下工作：

（1）编制调查提纲，确定调查内容和调查方法。

（2）广泛收集有关资料、数据。

（3）对重点内容进行重点、细致的调查。

（4）要求被调查员工对各种工作特征和工作人员特征的重要性和发生频率等做出等级评定。

3）分析阶段

分析阶段的主要任务是对有关工作特征和工作人员特征的调查结果进行深入全面的分析。这个阶段具体要完成以下工作：

（1）仔细审核收集到的信息。

（2）找出有关工作和工作人员的关键成分。

（3）归纳、总结出工作分析的必需材料和要素。

4）完成阶段

本阶段的任务则是根据规范和信息编制“工作描述”和“工作规范”。

3.2 工作分析方法

3.2.1 问卷调查法

问卷调查法是工作分析中最常用的一种方法，将精心编制的工作分析问卷发给被调查者，要求被调查者填写，从而获取有关的工作信息，并将问卷加以归纳分析，写出工作描述。注意形成的工作描述要再征求任职者的意见，并进行补充和修改。问卷法主要分为两种：一般工作分析问卷法和指定工作分析问卷法。

微课：运用不同方法收集岗位信息

1）一般工作分析问卷法

这种方法适合于各种工作，问卷内容具有普遍性。表3-1是一份一般工作分析问卷。

2）指定工作分析问卷法

这种方法适合于每一种指定的工作，问卷内容具有特殊性，一张问卷只适合于一种工作（见表3-2、表3-3）。

问卷法的优点为：费用低，速度快，节省时间，可以在工作之余填写调查表，不影响正常工作；调查范围广，可以进行多种方式、多种用途的工作分析；用问卷法调查所得的结果可以数量化，并由计算机处理；调查样本量很大，适用于需要对很多工作者进行调查的情况。问卷法的缺点为：设计调查表耗时多，人力、物力、费用成本高；在问卷使用前，应进行测试，以了解员工理解问卷中存在的问题的情况，为避免误解，还经常需要亲自解释和说明，降低了工作效率；填写调查表是由工作者单独进行，缺少交流和沟通，因此，被调查者可能不积极配合、不认真填写，从而影响调查的质量。

表3-1　　一般工作分析问卷(部分)

(1) 职位名称________

(2) 比较适合任此职的性别是________

A.男性　B.女性　C.男女均可

(3) 最适合任此职的年龄是________

A.20岁及以下　B.21~30岁　C.31~40岁　D.41~50岁　E.51岁及以上

(4) 能胜任此职的文化程度是________

A.初中及以下　B.高中、中专　C.大专　D.本科　E.研究生及以上

(5) 此职的工作地点在________

A.本地市区　B.本地郊区　C.外地市区　D.外地郊区　E.其他

(6) 此职的工作主要在________（指75%以上时间）

A.室内　B.室外　C.室内外各占一半

(7) 任此职者的一般智力最好在________

A.90分及以上　B.70~89分　C.30~69分　D.10~29分　E.9分及以下

(8) 此职的工作信息主要来源是________

A.书面材料（文件、报告、书报杂志、其他材料等）

B.数字材料（包含各种数据、图表、财务数据的材料）

C.图片材料（设计草图、照片、地图等）

D.模型装置（模型、模式、模板等）

E.视觉显示（数字显示、信号灯、仪器等）

F.测量装置（气压表、气温表等各种表具）

G.人员（消费者、客户、顾客等）

表3-2　　推销员工作分析问卷(部分)

说明以下职责在你工作中的重要性（最重要的打10分，最不重要的打0分，标在右侧的横线上）

(1) 和客户保持联系______

(2) 接待好每一位顾客______

(3) 详细介绍产品的性能______

(4) 正确记住各种产品的价格______

(5) 掌握必要的销售知识______

(6) 掌握微笑礼仪______

(7) 送产品上门______

(8) 参加在职培训______

(9) 把客户有关质量问题反馈给有关部门______

(10) 自己设计一些小型的促销活动______

(11) 准备好各种推销工具______

(12) 每天拜访预定的客户______

(13) 在各种场合推销本企业产品______

(14) 讲话口齿清楚______

(15) 向经理汇报工作______

(16) 每天总结自己的工作______

(17) 每天锻炼身体______

(18) 和同事保持良好的关系______

(19) 不怕吃苦______

表3-3 民警任务调查表

逐步核对，在符合本职任务的项目上打“√”，并说明它对工作的重要性						
代号	N	1	2	3	4	5
重要性	无关	很低	低	一般	高	很高

1.保护交通事故现场证据______
2.在经常发生事故的地段注意防止新事故______
3.使用闪光信号灯指挥交通______
4.使用交通灯指挥交通______
5.对违章驾驶行为进行处罚______
6.估计驾驶员的驾驶能力______
7.对违反交通规则的人解释交通规则和法律知识______
8.跟踪可疑车辆，观察违章情况______
9.签发违法停车告知单______
10.对违反交通规则的人发出警告______
11.监视交通情况，搜寻违章车辆和人员______
12.检查驾驶证或通行证______
13.护送老人、儿童、残疾人过马路______
14.参加在职培训______
15.参加射击训练______
16.操作对讲机______
17.擦洗和检查装备______
18.维修本部门的交通工具______

表3-4是一份开放式工作分析调查问卷范例。

表3-4 某公司开放式工作分析调查问卷

工作部门		职务名称	
一、职责内容：			
（一）概述：			
（二）所任工作：			
工作项目	处理方式及程序	所占每日工作时数	
二、职责程度：			
（一）工作复杂性：			
（二）所受监督：			
（三）遵循规章：			
（四）对工作结果的负责程度：			
（五）所需创造力与资格：			
（六）与人接触：			
（七）所受监督：			
工作部门		职务名称	
填表人	（签字盖章）		
以上所填内容均真实有效			
所属部门		所属部门	
上一级主管	（签字盖章）	直接主管	（签字盖章）

资料来源 郑晓明，吴志明. 工作分析实务手册［M］. 北京：机械工业出版社，2002.

互动课堂3-4

问题：调查问卷中的提问次序是怎样的？

分析提示：(1) 容易回答的问题放在前面，不容易回答的开放式问题放在后面。

(2) 按逻辑次序排列问题，如按时间先后顺序、从外部到内部、从上级到下级等顺序排列。

(3) 采用不同形式提问，有助于引起回答者的兴趣。

(4) 针对具体调查对象和调查内容，可先问范围广泛的、一般的，甚至是开放性的问题，后问职位相关性很强的问题。

【拓展阅读3-3】

在线调查问卷，就是通过网上在线问卷的方式对被调查者发放在线问卷进行调查。在线调查问卷，也可以理解为纸质版调查问卷的电子版形式，以及优化之后的形式。

为什么会有那么多人使用在线调查问卷呢？在此谈谈在线调查问卷的优点。

第一个优点：制作方便。目前，很多在线调查网站或者软件都提供免费的在线调查问卷设计模板。调查者只需要输入自己想要调查的问题，网站就会自动帮助调查者生成一份调查问卷。

第二个优点：成本低。相比纸质版的调查问卷来说，在线调查问卷不需要调查者必须自己发放和走访的过程，节约了很多人工成本。同时，网上发布调查问卷多数都是免费的。

第三个优点：统计方便。很多时候，网上的调查问卷，例如客观题的调查，网站或软件会帮你做出统计，甚至还能自动生成分析图表。相比纸质版调查问卷来说，不用自己花时间去统计，而且准确性相对也高了很多。

第四个优点：调查范围广。上网的人来自五湖四海，通过网上发布调查问卷，可以让很多人参与你的调查，而不会局限在你仅能走访的范围内。这样得出来的调查结果也相对客观一些。

目前，国内比较知名的在线调查网站包括一调网（http://www.1diaocha.com）、问卷网（https://www.wenjuan.com）、问卷星（http://www.wjx.cn）、调研宝（http://www.diaoyanbao.com）等，不少在线调查网站已经推出了相应的App，方便用户的使用。

3.2.2 观察法

观察法是指工作分析人员直接到工作现场，针对某些特定对象（一个或多个任职者）的作业活动进行观察、收集、记录有关工作内容的相互关系、人与工作的关系，以及工作环境、条件等信息，然后进行分析和归纳的方法。这种信息的获得通常是以标准格式记录的（见表3-5）。

表3-5 工作分析观察提纲（部分）

被观察者姓名：______	日期：______
观察者姓名：______	观察时间：______
工作类型：______	工作部门：______
观察内容：	
（1）什么时候开始正式工作______	（9）每次交谈约______
（2）上午工作多少小时______	（10）室内温度______
（3）上午休息几次______	（11）抽了几支香烟______
（4）第一次休息时间从______到______	（12）喝了几次水______
（5）第二次休息时间从______到______	（13）什么时候开始午休______
（6）上午完成产品多少件______	（14）出了多少次品______
（7）平均多少时间完成一件产品______	（15）搬了多少次原材料______
（8）与同事交谈几次______	（16）工作地噪声分贝是多少______

使用观察法收集信息时，除了必须有一份详细的观察提纲以外，还应掌握若干操作原则。

（1）工作应相对稳定，也就是说在一段时间内，工作内容、工作程序、对工作人员的要求不会发生明显的变化。

（2）在选择被观察的工作行为样本时，要注意样本的代表性。

（3）观察人员有足够的实际操作经验，尽可能不要引起被观察者的注意，至少不应干扰被观察者的工作。

（4）本方法适用于大量标准化的、周期短的、以体力活动为主的工作。

（5）观察法不适用于以脑力劳动为主的工作。

观察法的优点：通过对工作的直接观察，能使研究者更全面、更深刻地了解工作要求。该方法适用于主要通过体力劳动完成的工作，如对保安人员、装配工人的观察等。

观察法的缺点：不适用于脑力劳动为主的工作，以及处理紧急又偶然的工作，如教师、急救站的护士等；不宜用来收集有关任职者资格要求的信息。

【拓展实训3-2】

你认为下面哪些情况适合用观察法进行工作分析？哪些不适合？

（1）脑力劳动为主的工作（如律师、设计师、程序员、工程师）。

（2）处理紧急情况的间歇性工作（如从事急救工作的护士）。

（3）要用体力活动来完成的工作（如保洁员、保安人员、装配工人）。

（4）当进行工作分析是为了得到有关任职资格方面要求的信息时。

（5）标准化且周期较短的工作。

（6）周期较长的工作。

（7）高层管理者或研究人员的工作。

参考答案：

适合的有：（3）（5）

不适合的有：（1）（2）（4）（6）（7）

3.2.3　利用已有的资料

从降低工作分析成本的角度出发，在收集信息的时候，我们首先应当尽量利用现有的资料，如岗位责任制、作业统计以及人事档案等。

岗位责任制是我国企业尤其是国有大中型企业十分重视的一项制度，有的企业在这方面建设比较完善，对于工作分析很有参考价值。

作业统计是对每个员工出勤、产量、质量、消耗的统计，这为了解员工的工作内容、负荷以及建立工作标准提供了重要依据。在收集信息时，应对这些记录认真考虑，仔细分析。

人事档案是每个组织都具备的，从中可以反映任职者的基本资料，如性别、年龄、受教育程度以及受培训的经历等。

这些企业现有的材料收集起来比较方便，有利于降低工作分析的成本。但是在实际应用的时候，要确认其与实际情况之间是否存在差异。例如，有的企业对岗位责任制的执行并不严格，工作的实际履行情况与岗位责任制的规定相差甚远，或者是对作业统计的记录并不真实，可能存在水分。因此，有必要运用其他的方法进行调查。

3.2.4　工作日志法

工作日志法又称工作写实法，指任职者按时间顺序详细记录自己的工作内容与工作过程，然后经过归纳、分析，达到工作分析目的的一种方法。在现实中，多采用“工作日志”的形式，它包括做什么、如何做与为什么做三个方面。具体实例参见表3-6、表3-7、表3-8。

表3-6　**工作日志表**

工作日志
姓　　名：
职　　位：
所属部门：
直接上级：
从事本业务工龄：
填写期限：自　　年　　月　　日至　　年　　月　　日
说明：

1.每天工作前将工作日志放在手边，按工作活动发生的顺序及时填写，切勿在一天结束后一并填写；
2.要严格按照表格要求进行填写，不要遗漏任何琐碎的工作活动；
3.请您提供真实的信息，以免损害您的利益；
4.请您注意保管，防止遗失

日期		工作开始时间		工作结束时间	
序号	工作活动名称	工作活动内容	工作活动结果	时间消耗	备注

表3-7 **工作日志填写范例**

日期	6月3日	工作开始时间	8：30	工作结束时间	17：30
序号	工作活动名称	工作活动内容	工作活动结果	时间消耗	备注
1	复印	文件	35页	4分钟	存档
2	起草公文	代理委托书	1 100字	1小时	报上级
3	参加会议	上级布置任务	1次	30分钟	参与
4	请示	贷款数额	1次	30分钟	报批
⋮	⋮	⋮	⋮	⋮	⋮
16	录入数据	经营数据	180条	30分钟	承办

表3-8 **工作日志**

日期：____年____月____日　　星期______　　部门______　　姓名______

事务序号	事务来源			事务内容及处理	处理时间	是否完成		
	计划	上级	例外			是	否	

工作日志法适用于分析工作循环周期短、工作状态稳定的岗位，适用于收集并分析工作职责、工作关系以及劳动强度等方面的信息。它的优点在于收集的信息比较全面，一般不容易遗漏；缺点是使用范围较小，信息整理量大，归纳工作烦琐。

互动课堂3-5

北京的一家网络服务公司人力资源部专门对售后服务工程师（技术支持工程师）一天的工作进行跟踪记录调查。调查人员事先做了充分的准备，准备好记录纸、表格和计时器。这家公司售后服务工程师每天就是用电话回答客户提出的问题。在调查中，调查人员准确记录第一个电话接了几分钟，第二个电话接了几分钟，保证调查的准确性。调查结果是，在一天时间里售后服务工程师一共接听70个电话，其中最长的电话14分钟，最短的电话3分钟。分析结果是，8个小时中大概有6个小时都在接电话，加上中间去吃饭的时间和去洗手间的时间，时间安排得很满。

问题：根据上述资料，你认为售后服务工程师工作存在什么问题？应如何改进？

分析提示：运用工作日志法分析售后服务工程师的工作职责、工作内容及劳动强度等。

3.2.5 采访法

采访法又称为面谈法，是指分析者请工作者讲述他们自己所做的工作内容，为什么做和怎样做，以此来获得所需的信息。

分析者与工作者面对面交谈，主要围绕以下内容：

（1）工作目标。组织为什么设立这一工作岗位，如何确定此岗位的薪酬。

（2）工作内容。工作者在组织中有多大作用，其行动对组织产生的影响有多大。

（3）工作的性质和范围。这是采访的核心，分析者主要了解该职务在组织中的关系，其上下级的职能关系，所需的一般技术知识、管理知识、人际关系知识、需要解决问题的性质及自主权。

（4）工作责任。涉及组织战略、执行等方面的情况。

采访法的典型提问方式见表3–9。

表3–9　采访法的典型提问方式

（1）你所从事的是一种什么样的工作？

（2）你所在职位的主要工作是什么？你又是如何做的呢？

（3）你的工作环境与别人有什么不同？

（4）做这项工作需要具备什么样的教育水平、工作经历和技能？它要求你必须具有什么样的文凭或工作经验？

（5）你所从事的工作的基本职责是什么？工作标准是什么？

（6）你真正参与的活动都包括哪些？

（7）你的工作内容是什么？你的工作环境和工作条件如何？

（8）工作对身体的要求是怎样的？工作对情绪和脑力的要求又是怎样的？

（9）工作对安全和健康的影响如何？在工作中你的身体可能会受到伤害吗？你在工作时会处于非正常的工作条件之下吗？

采访法还可以被用来核实调查问卷的内容，讨论填写不清之处；了解工作人员的相互评价；详细讨论问卷中建议部分的内容，使之更加具体；调查企业内岗位责任制的执行情况及修改原因；了解组织中各级人事考核方法等。

采访法的优点：一是既可以获得标准化工作的信息，也可以获得非标准化工作的信息；二是既可以获得体力工作的信息，也可以获得脑力工作的信息；三是由于工作者本身也是自己行为的观察者，因此，他可以提供外人不易观察到的信息。

但是，这种方法同样也存在不足之处：一方面，分析者要接受专门的有关面谈技巧方面的训练，这种方法耗时也很多，因此成本较高；另一方面，由于工作者不肯合作或分析者问一些含糊不清的问题，往往导致收集到的信息失真。

【拓展实训3–3】

如果您是一名工作分析人员，请问在工作分析的访谈中，您认为如何做才能控制整个局面？

____

____

____

参考答案：

在工作分析的访谈中，工作分析人员应具备一定的控制能力，使访谈指向一定的目标。可以考虑以下做法：

1. 帮助访谈对象根据问题的逻辑顺序去思考和交谈。

2. 给对方足够的时间回答问题。

3. 从一个问题转向另一个问题前，要使对方注意具体而又全面的信息。如果离题了，就要及时回归主题。

4. 提供已经完成的阶段性总结，这样的总结有利于保持谈话主题的持续性。

3.2.6 关键事件法

关键事件法是由美国学者福莱·诺格和伯恩斯在1954年共同提出的，其主要思想是认定员工与职位有关的行为，并选择其中最重要、最关键的部分来评定其结果。它首先从领导、员工或其他熟悉职位的人那里收集一系列职位行为的事件，然后描述“特别好”或“特别坏”的职位绩效。这种方法考虑了职位的动态特点和静态特点。对于每一事件所描述的内容，应包括：

（1）导致事件发生的原因和背景。

（2）员工的特别有效或多余的行为。

（3）关键行为的后果。

（4）员工自己能否支配或控制上述后果。

在大量收集这些关键事件信息以后，做出分类，并总结出职位的关键特征和行为要求。

实用案例 3-1

图书馆参考工具书部门员工的关键事件

某单位要对图书馆参考工具书部门员工的工作进行分析，要求员工具体描述一下他们的工作。该部门员工描述如下：就资料查询等回答读者的提问，并引导他们查找资料；指导某些读者使用参考资料或图书馆的特别工具；陪同读者参观图书馆；另外，工作需要使用计算机。

在此基础上，分析人员找出了其中的关键事件。例如，其中的一个关键事件是倾听读者声音，并就寻找图书馆资料等回答读者提问。

关键事件法的主要特点是研究的焦点集中在职位行为上，因为行为是可观察的、可测量的。同时，通过这种职位分析可以确定行为的任何可能的利益和作用。这个方法也有两个主要的缺点：一是费时，需要花大量的时间去收集那些关键事件信息，并加以概括和分类；二是关键事件通常是对工作绩效有效或无效的事件，但是，这就遗漏了平均绩效水平。而对于工作分析来说，最重要的一点就是要描述“平均”的职位绩效。利用关键事件法对中等绩效的员工就难以涉及，因而全面的工作分析就不能完成。

可见，收集工作分析信息的方法有很多。需要注意的是，没有一种方法是万能的，只有根据实际情况，将各种方法结合起来使用，才能对工作及对工作者在体力、脑力、社会和环境等方面的要求有一个全面的了解。

【拓展实训3-4】

工作分析的方法选择

一、实训目的

通过本次实训，理解并掌握工作分析的基本方法，对几种常用的工作分析方法进行横向比较，总结各自的优缺点，熟练运用问卷调查法和访谈法，学会对工作分析过程中收集的信息进行整理和归纳。

二、实训所需条件

（一）实训时间

实训时间为1周，课下到岗位进行调研约需2课时，课上时间为4课时。其中，课上设计和编写职位分析调查问卷和编制访谈提纲约需2课时，课上问卷发放和回收、职位信息整理、实施访谈约1课时，教师总结点评约需1课时。

（二）实训地点

多媒体教室，所在高校的各系办公室和人力资源等部门。

（三）实训所需材料

本实训需要收集大学教师、高校辅导员这两类职位的信息。

本实训的背景设计如下：

假设学校要重新对全校教职员工绩效考核制度进行一次修订，重点修订对象为专职教师和高校辅导员这两类职位。学校希望通过此次工作分析，准确界定这两类职位的具体工作职责以及责任细分，提炼出操作简单、有效、实用的衡量工作完成效果的指标，并为考核提供依据。

三、实训内容和要求

（一）实训内容

1.设计和编写职位分析调查问卷并开展问卷发放、回收及整理职位信息等工作。

职位分析调查问卷是一种常用的获取工作（职务）信息的方法。一份完整的职位分析问卷一般包括：任职者资料、工作的主要内容、工作职责与绩效标准、工作权限、工作的付酬依据、工作联系、工作时间要求、工作所需知识和技能、工作所需的教育程度和工作经历、工作环境和工作条件、工作对身体的要求等。

2.设计和编写访谈提纲并实施访谈和整理职位信息。

大学教师是典型的知识工作者，其工作行为不易直接观察，且工作任务周期长；高校辅导员是典型的职能型岗位，具备工作结果难以衡量、绩效考核指标难以制定等特点。我们可以采用访谈法了解两者的工作态度、工作动机等较深层次的内容，掌握这两种职务的一些关键信息。

（二）实训要求

1.设计和编写大学教师、高校辅导员的职位分析调查问卷。

2.开展问卷发放、回收及整理职位信息等工作。

3.设计和编写大学教师、高校辅导员的访谈提纲。

4.开展大学教师、高校辅导员职位访谈及整理职位信息等工作。

四、实训组织方法与步骤

（一）问卷调查法

建立问卷调查实施小组（每组5～7人），以小组为单位开展以下各项活动：

第一步，实训前做好准备，复习有关调查问卷的知识，熟练掌握问卷调查法的程序及实施注意事项。

第二步，挑选大学教师、高校辅导员的典型人员为调查对象，和其直接上级面谈，进行职位分析问卷调查的前期调研，面谈内容涉及任职者资料、工作的主要内容、工作职责和绩效标准、工作的付酬依据、工作权限、工作联系、工作时间要求、工作需要的知识和技能、工作所需的教育程度和工作经历、工作环境和工作条件、工作对身体的要求等。

第三步，以小组为单位，就收集的职位信息展开讨论，充分发表个人观点，确定大学教师、高校辅导员的关键职位信息。

第四步，以小组为单位，确定调查内容，设计调查问卷。

第五步，实施调查问卷的发放、填写及回收工作，进行职位信息整理。

问卷发放：以大学教师、高校辅导员全体任职者为调查对象；调查样本包括这两类职务的直接上级，以及有代表性的其他相关人员。

问卷填写：跟踪相关人员填写状况，解答调查过程中出现的疑难问题，统一填写要求。

问卷回收：按照职位分析计划按时回收问卷。

第六步，教师就各小组设计的职位分析问卷及实施过程适时讲评。

（二）访谈法

建立访谈实施小组（每组5～7人），以小组为单位开展以下各项活动：

第一步，实训前做好准备，复习有关访谈法的知识，熟练掌握访谈法的程序以及实施注意事项。

第二步，以小组为单位，开展讨论，充分发表个人观点，制订访谈计划，编制访谈提纲。

访谈计划包括的内容有：明确的访谈目标；确定访谈对象；选定合适的职位分析访谈方法。例如，访谈的结构化程度以及访谈的形式，访谈的时间、地点；准备访谈所需的材料和设备。

访谈提纲包括的内容有：任职者资料、工作的主要内容、工作职责和绩效标准、工作的付酬依据、工作权限、工作联系、工作时间要求、工作所需的知识和技能、工作所需的教育程度和工作经历、工作环境和工作条件、工作对身体的要求等。

第三步，运用访谈法，挑选大学教师、高校辅导员中的典型人员作为调查对象，与其直接上级进行访谈，注意访谈技巧的使用。

第四步，收集典型岗位的职位信息，整理访谈记录，整理职位信息。

第五步，教师就各小组编制的访谈提纲及实施过程适时讲评。

五、实训考核方法

（一）成绩划分

实训成绩可分为优秀、良好、中等、及格、不及格五个档次。

（二）评定标准

1.问卷调查法实训的评定标准

（1）实训前对编制和实施职位分析调查问卷的操作流程和注意事项是否熟练掌握。

（2）小组成员分工合作是否合理，合作过程是否和谐顺畅。

（3）各小组在调研访谈和课堂讨论过程中是否认真、积极地投入，体现出良好的团队精神。

（4）是否依据大学教师和高校辅导员的关键职位信息编制职位分析调查问卷。

（5）编制的职位分析调查问卷是否包括任职者资料、工作主要内容、工作职责、工作绩效标准、付酬依据、工作权限、工作环境、工作联系、任职资格要求等内容。

（6）是否按照问卷法的程序进行操作，调查问卷内容能否做到主题明确、结构合理、通俗易懂、长度适宜、便于统计，问卷结构安排是否规范、合理，文字是否简练、清楚，问卷的发放、跟踪和回收过程是否按时无误。

（7）课堂讨论、职位分析、问卷调查操作过程占总成绩的60%，实训作业占40%。

2.访谈法实训的评定标准

（1）实训前对访谈法的操作流程和注意事项是否熟练掌握。

（2）小组成员分工是否合理，合作过程是否和谐顺畅。

（3）各小组在课堂讨论过程中是否认真、积极地投入，体现出良好的团队协作精神。

（4）是否依据大学教师和高校辅导员的关键职位信息编制访谈提纲和进行访谈。

（5）编制的访谈提纲内容是否规范，是否包括职位主要职责、主要工作任务、工作绩效标准、付酬依据、工作权限、工作环境和条件、工作联系、工作对身体和健康的要求、任职资格要求等内容。

（6）是否按照访谈法程序进行操作，访谈问题安排是否合理、完整，语言是否简练、清楚，所收集的职位信息是否完整、重点突出。

（7）课堂讨论、调研和访谈过程占总成绩的60%，实训作业占40%。

3.3　岗位说明书的编写

3.3.1　工作分析表

企业实施工作分析的最终目的是获得两份至关重要的文件——工作描述和工作规范，以便于招人、用人、留人等一系列人力资源管理工作的顺利开展。经过充分的准备、深入的调查、细致的分析等一系列步骤以后，如何利用已收集到的工作信息编撰真正具有实用性的工作描述和工作规范，就需要掌握一定的技巧。

在正式编写工作描述和工作规范之前，面对运用各种方法收集到的工作分析信息，我们首先要仔细考虑以下问题：

（1）工作内容。我们需要重点考虑的问题是工作的构成因素有哪些，完成每个任务的时间、地点和方式是什么。具体来说，包括以下几个方面：

①做什么工作？该工作的构成部分有哪些？

②什么时候做？完成每一部分工作需要多少时间？

③为什么做？

④在哪里做？

⑤怎么做？

（2）职责范围。职责范围主要是指从事该项工作的员工具体分管或负责的人、钱、物有哪些。其具体包括：

①负责的下属是谁？

②负责管理的机械、设备及原材料有哪些？

③可以控制的预算范围是多少？

④其他的职责。

（3）工作关系。工作关系是指由于工作需要，该员工必须与组织内外的个人或部门沟通、协调的事务。其具体包括：

①与上级的直接关系。

②与同事的直接关系。

③与组织内其他部门的关系。

④与社会公众的关系。

（4）工作要求条件。这里既包括工作完成的质量标准和数量标准，也包括对完成该项工作的员工的生理、心理和技能方面的要求。其具体包括：

①工作数量标准和质量标准。

②工作要求的技能和经验。

③工作要求的教育程度和培训。

④工作要求的身体条件和健康条件。

⑤工作要求的上进心和人际沟通能力。

（5）工作环境。这里既指工作的物理环境，也指工作的人际环境和社会环境。其具体包括：

①工作本身环境和周围环境。

②社会环境及工作小组内的人际环境。

③工资、福利、待遇、劳动保护措施等。

④提升机会。

我们可以将上述问题的答案归纳在工作分析表内（见表3-10）。它是编写工作描述和工作规范的基础，因为这两份文件所需的信息基本上已包括在这张表格内。

3.3.2 岗位说明书的编写步骤

1）由人力资源部统一岗位说明书的格式和内容

岗位说明书格式和内容的统一是相对而言的，岗位说明书没有统一固定的内容和格式，而且有些内容的名称叫法也不尽相同。目前，岗位说明书的样式非常多，企业

表3-10　　**工作分析表**

填表人姓名：　　　　部门领导人签字：　　　　日期：

岗位名称：			直接上司职务：	
岗位代码：			直接下属职务：	
工作内容	时间	质量标准	数量标准	与工作相关的岗位
1.				
2.				
3.				
4.				
工作职务范围				
1.下属				
2.设备				
3.预算范围				
4.其他				
工作环境			工作使用设备	
1.物理环境			1.	
2.社会环境			2.	
3.人际环境			3.	
4.各种待遇			4.	
工作涉及的企业内外部联系图			本岗位在企业的位置图	
岗位对工作的要求				
1.一般要求				
2.技能要求				
3.生理要求				
4.心理要求				

应根据自身需要来选择使用。就内容而言，绝大多数企业的岗位说明书包括工作描述和工作规范（或任职资格）两大部分。

一个企业内部可以使用一种格式的岗位说明书，然后根据岗位的不同有针对性地选择有关内容，某个岗位没有涉及其中的内容可以不填。岗位说明书模板预设的备填栏目应尽可能全面，最好在不同栏目里预留补充或备注的空间，这种大一统的做法在企业的岗位说明书里比较普遍。当然，在同一个企业内，还可以在基本格式统一的前提下，将企业的岗位说明书分成几大类，如高层管理人员岗位说明书、基层管理者岗位说明书、技术人员岗位说明书、普通员工岗位说明书等。这几类岗位说明书可以根据岗位的不同特点，在格式和内容上有所差异。

2）由各部门选用岗位说明书所需资料

在工作分析过程中，各部门会收集大量与岗位相关的信息，但并不是所有的岗位信息都对岗位说明书的编写有用，这要求各部门编写岗位说明书的负责人必须会鉴别和选用岗位说明书所需的资料。各部门在选用资料的过程中，如有问题要及时向人力资源部的专业人员或咨询机构的专家咨询。

3）由各部门编写岗位说明书过程的注意事项

在编写岗位说明书时描述应该具体、清楚、确定、中肯、易懂、适用，并且用词要准确、无遗漏、不含糊、不模棱两可、无夸张、无不当。

4）由各部门对相关岗位说明书进行讨论、修改

各部门按要求编写岗位说明书后，由本部门经理组织相关人员进行讨论、修改和审核，人力资源部最好派相关人员参与讨论、修改和审核。

5）由人力资源部或工作分析小组对部门岗位说明书进行复核

各部门编写好岗位说明书后，应交人力资源部或工作分析小组进行复核，主要复核各部门岗位说明书之间的关联部分、衔接部分、重叠部分。

6）总经理或工作分析小组对部门岗位说明书进行批准和颁布

一般来说，人力资源部经理负责各部门中高层岗位说明书的复核、基层岗位说明书的批准，总经理或工作分析小组组长负责中高层岗位说明书的批准和公司所有岗位说明书的颁布。

3.3.3 岗位说明书的编写格式

微课：编写岗位说明书（上）

微课：编写岗位说明书（下）

在编写岗位说明书时，一般都要按照一定的格式来进行，这里我们首先来看几种岗位说明书的格式（见表3-11、表3-12、表3-13和表3-14）。

表3-11 岗位说明书范例一

职位名称		部门	
工作内容			
1.			
2.			
3.			
任职资格			
1.学历要求：			
2.工作经验要求：			
3.必要的知识和能力：			
4.综合素质要求：			
5.其他要求：			
职位名称		部门	
工作环境			
1.工作地点：			
2.工作条件：			

表3-12　　　　**岗位说明书范例二**

职位名称：	所在部门：	
职位编码：	编制日期：	
职位概要：		
职位职责		
1（职责一）		
1.1		
1.2		
2（职责二）		
2.1		
2.2		
关键绩效指标（KPI）		
任职资格		
学历及专业要求		
所需资格证书		
工作经验		
知识要求		
技能要求		
能力要求		
个性要求		
主要关系		
关系性质		
直接上级		
直接下级		
内部沟通		
外部沟通		
职位环境和条件		
工作场所		
工作设备		
工作条件		
工作时间		
备注		

表3-13 **岗位说明书范例三**

<table>
<tr><td>职位编号</td><td></td><td>职位名称</td><td></td><td>所属部门</td><td></td></tr>
<tr><td>职位类型</td><td></td><td>上级职位</td><td></td><td>编写日期</td><td></td></tr>
<tr><td>职位概要</td><td colspan="5"></td></tr>
<tr><td colspan="6">履行职责及考核要点</td></tr>
<tr><td colspan="4">履行责任</td><td>占用时间</td><td>绩效标准</td></tr>
<tr><td colspan="4"></td><td></td><td></td></tr>
<tr><td colspan="4"></td><td></td><td></td></tr>
<tr><td rowspan="3">工作关系</td><td>直接下属人数</td><td></td><td colspan="2">间接下属人数</td><td></td></tr>
<tr><td>内部主要关系</td><td colspan="4"></td></tr>
<tr><td>外部主要关系</td><td colspan="4"></td></tr>
<tr><td rowspan="3">工作条件</td><td>工作场所</td><td colspan="4"></td></tr>
<tr><td>工作时间</td><td colspan="4"></td></tr>
<tr><td>使用设备</td><td colspan="4"></td></tr>
<tr><td rowspan="5">职位关系</td><td rowspan="2">可转换的职位</td><td colspan="3">部门：</td><td>职位：</td></tr>
<tr><td colspan="3">部门：</td><td>职位：</td></tr>
<tr><td rowspan="2">可晋升的职位</td><td colspan="3">部门：</td><td>职位：</td></tr>
<tr><td colspan="3">部门：</td><td>职位：</td></tr>
<tr><td>职位关系图</td><td colspan="4"></td></tr>
<tr><td colspan="6">任职资格要求</td></tr>
<tr><td rowspan="4">一般条件</td><td>最佳学历</td><td></td><td>最低学历</td><td colspan="2"></td></tr>
<tr><td>专业要求</td><td colspan="4"></td></tr>
<tr><td>资格证书</td><td colspan="4"></td></tr>
<tr><td>年龄要求</td><td></td><td>性别要求</td><td colspan="2"></td></tr>
<tr><td rowspan="4">必要知识和
工作经验</td><td>必要知识</td><td colspan="4"></td></tr>
<tr><td>外语水平</td><td colspan="4"></td></tr>
<tr><td>计算机水平</td><td colspan="4"></td></tr>
<tr><td>工作经验</td><td colspan="4"></td></tr>
<tr><td>必要的
业务培训</td><td colspan="5"></td></tr>
<tr><td rowspan="2">必要的
能力和态度</td><td>能力</td><td colspan="4"></td></tr>
<tr><td>态度</td><td colspan="4"></td></tr>
<tr><td>其他事项</td><td colspan="5"></td></tr>
</table>

表3-14　　岗位说明书范例四

岗位名称				岗位编号	
所在部门		下属员工数		直接上级	
定 员		工资等级		分析日期	
分析人		批准人			
职位目的					
工作职责与具体内容					
任职资格要求工作条件与环境					
建议考核标准					
备注					

一般来说，一个内容比较完整的岗位说明书都要包括以下几个具体的项目：岗位标志；岗位概要；履行职责；业绩标准；工作关系；使用设备；工作的环境和工作条件；任职资格；其他信息。这些信息中前七项都属于工作描述，第八项任职资格属于工作规范，下面将结合这些项目来具体解释一下应该如何编写岗位说明书。

（1）岗位标志。岗位标志如同岗位的一个标签，让人们能够对岗位有一个直观的印象，一般要包括以下几项内容：岗位编号、岗位名称、所属部门、直接上级和岗位薪点。

岗位编号主要是为了方便岗位的管理，企业可以根据自己的实际情况来决定应包含的信息。例如，在某企业中，有一个岗位的编号为HR-03-06，其中HR表示人力资源部，03表示主管级，06表示人力资源部全体员工的顺序编号；再如MS-04-TS-08，其中MS表示市场销售部（market和sales的首字母缩写），04表示普通员工，TS表示职位属于技术支持类，08表示市场销售部全体员工的顺序编号。

岗位名称确定时应当简洁明确，尽可能地反映岗位的主要职责内容；岗位名称中还要反映出这一职位的职务，如销售副总经理、人力资源经理、招聘主管、培训专员等。在确定岗位名称时，最好要按照社会上通行的做法，这样既便于人们的理解，也便于在薪资调查时进行比较。

岗位薪点是工作评价所得到的结果，反映了这一职位在企业内部的相对重要性，是确定这一职位基本工资标准的基础。

（2）岗位概要。岗位概要就是要用一句或几句比较简练的话来说明这一职位的主要工作职责，如人力资源部经理的职位概要可以这样描述："制定、实施公司的人力资源战略和年度规划，主持制定完善的人力资源管理制度及相关政策，指导解决公司人力资源管理中存在的问题，努力提高员工的绩效水平和工作满意度，塑造一支敬业、团结协作的员工队伍，为实现公司的经营目标和战略意图提供人力资源支持。"

(3) 履行职责。履行职责就是职位概要的具体细化，要描述这一职位承担的职责以及每项职责的主要任务和活动。在实践过程中，这一部分是相对较难的，要经过反复的实践才能准确把握。首先，要将职位所有的工作活动划分为几项职责，然后，将每项职责进一步地细分，分解为不同的任务，这一过程可以用图3-2来表示。

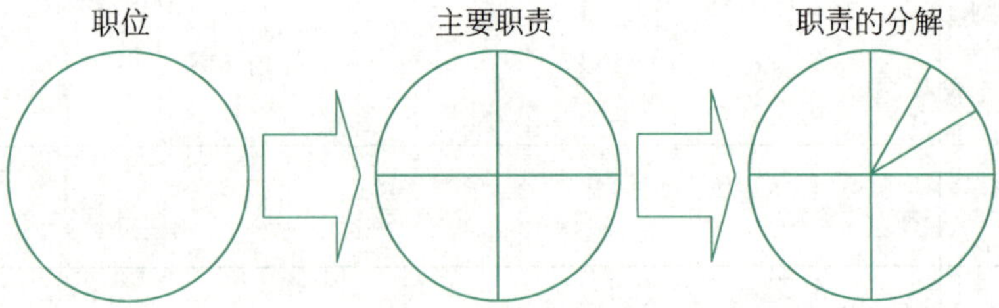

图3-2　职位履行职责的分解示意图

我们可以将教师看成一个职位，现在来看一下这个职位的职责是如何分解的。首先，要将教师所从事的活动划分成几项职责，可以划分为教学、研究、学生指导和学校服务等几项。然后，继续对每项职责进行细分，如教学这项职责可以细分为课前备课、课堂讲授、课后批改作业和期末进行考试这四项任务；研究这项职责可以细分为在刊物上发表论文、编写著作书籍和参加学术研讨会三项任务。

将职位的活动分解完成后，就要针对每项任务来进行描述。描述时一般要注意下面几个问题：

①要按照动宾短语的格式来描述，即按照"动词+宾语+目的状语"的格式来进行描述。例如，"监督和控制部门年度预算，以保证开支符合业务计划要求"，其中，"监督和控制"是动词，"部门年度预算"是宾语，"以保证开支符合业务计划要求"是目的状语；再如，"指导下属制订招聘计划，以保证各部门的人员需求"，在这里，"指导"是动词，"下属"和"制订招聘计划"就是一个双宾语，"以保证各部门的人员需求"是目的状语。

②要准确地使用动词。使用动宾短语进行描述时，动词的使用是最为关键的部分，一定要能够准确地表示出员工是如何进行该项任务的，以及在这项任务上的权限，而不能过于笼统。

举个例子，"负责公司的预算工作……""负责公司的培训工作……""负责公司的保卫工作……"这是国内大多数企业在编写岗位说明书时常用的语句，虽然也使用了动宾短语的格式，但是由于动词的使用不准确，因此并没有清楚地揭示出任务应当如何来完成。"负责"这个动词表面上看起来比较清楚，但是深究起来问题很多，就"负责公司的培训工作"来说，什么是负责，是指导别人来完成培训叫负责，还是自已亲自完成培训叫负责，根本没有说清楚，因此要尽量避免使用“负责”这类模糊不清的动词，要根据实际情况来准确地选择和使用动词。还拿这个例子来说，如果是人力资源经理，可以这样描述，“制订公司的培训II期计划……”；如果是培训主管，则可以这样描述，“具体实施培训计划……”。通过使用“制订”和“实施”这样的动词，就清楚地表明了经理和主管分别是如何来完成培训这项任务的。

在工作分析中，针对不同的任务和主体，应当选择使用不同的动词，下面就列举出一些例子供大家参考（见表3-15）。

表3-15　工作分析中常用的动词举例

对象或主体	常用的动词
针对计划、制度	编制、制订、拟订、起草、审定、审查、转呈、转交、提交、呈报、存档、提出意见
针对信息、资料	调查、收集、整理、分析、归纳、总结、提供、汇报、通知、发布、维护管理
思考行为	研究、分析、评估、发展、建议、参与、推荐、计划
直接行动	组织、实行、执行、指导、控制、采用、生产、参加、提供、协助
上级行为	主持、组织、指导、协调、指示、监督、控制、牵头、审批、审定、批准
下级行为	核对、收集、获得、提交、制作
其他	维持、保持、建立、开发、准备、处理、翻译、操作、保证、预防、解决

在选择使用动词时还应注意，如果有专业术语，就要使用这些术语。例如，“雕刻木制品”和“制作木制品”这两个描述，虽然“制作”是一个比较具体的动词，但是远没有“雕刻”这个专业术语表达的意思清楚。

为了让大家能更直观地理解上面所讲的内容，我们来看一个具体的例子（见表3-16）。

表3-16　履行职责描述

职责	任务
设备保养	1.根据保养时间要求更换零部件以及添加润滑剂 2.保存对机器设备所作保养的所有记录 3.定期检查机器设备上的量器和负荷指示器，以发现可能表明设备出现问题的不正常现象 4.根据要求完成非常规性保养任务 5.承担对执行维护任务的操作工进行有限监督和培训的任务

续表

职责	任务
设备修理	1.对设备进行检查并提出报废或修理某一零部件的建议 2.如果设备需要修理，则需要采取必要的措施来使该零部件恢复正常工作，其中包括使用各种工具和设备来对该零部件进行部分或者全部的重组，最主要的是内燃机和水压机的全面大修以及故障排除
测试与批准	1.确保所有要求完成的保养和维修工作均已完成，并且必须是按照设备生产商所提供的说明书来进行保养和维修 2.批准或否决某设备已经达到在某工作中被使用的条件
库存储备	1.储备设备保养和维修所需要的零部件 2.以最低的成本采购令人满意的零部件
其他职责	上级分配的其他临时性任务

资料来源　诺伊，等. 人力资源管理：赢得竞争优势［M］. 刘昕，译. 3版. 北京：中国人民大学出版社，2001.

在履行职责部分，还有一个问题需要注意，如果某一职位是由多项职责组成的，就要将这些职责按照一定的顺序进行排列，而不能是胡乱地堆砌。在排列职责时有以下两个原则：

一是要按照这些职责的内在逻辑顺序进行排列，也就是说如果某一职位的职责具有逻辑上的先后顺序，就要按照这一顺序进行排列。例如，人力资源部培训主管，这一职位由拟订培训计划、实施培训计划、评估培训效果和总结培训经验等几项职责组成，这些职责在时间上有一个先后的顺序，因此在排列时就要依次进行。

二是要按照各项职责所占用时间的多少进行排列。有些职位的职责并没有逻辑的顺序，就要按照完成各项职责所用的时间多少来进行排列，当然这一时间比例并不需要非常准确，只是一个大概的估计，一般以5%作为最小单位。

在实践中，对各项职责所占用的时间进行估计，还有助于衡量职位的工作量是否饱满。如果某一职位的大量时间都分配给了非常简单的职责，就说明其工作量是不饱满的；相反，一些本来应该占用很多时间的职责在某一职位那里只被分配了很少的时间，则说明这一职位的工作量有些超负荷。例如，对于人力资源部的招聘主管，“拟订招聘计划”这项职责占到了全部工作时间的40%，则说明这一职位的工作量是不饱满的，因为按照正常的情况，“拟订招聘计划”根本就用不了那么多时间。再如，对于财务部的会计，“编制会计报表”这项职责只占了全部工作时间的10%，在其他职责的时间分配比较合理的情况下，就说明这一职位的工作量超负荷了，因为按照正常的情况，“编制会计报表”这一职责不应该只用那么少的时间，这说明分配给这一职位的其他职责太多了。通过职责占用的时间进行工作量的衡量，必须要对这些职责非常了解才可以。逻辑顺序和时间顺序相比较，排列职责时应当优先考虑逻辑顺序，其次再考虑时间顺序。

（4）业绩标准。业绩标准就是职位上每项职责的工作业绩衡量要素和衡量标准。衡量要素是指对于每项职责，应当从哪些方面来衡量它是完成得好还是完成得不好；衡量标准则是指这些要素必须达到的最低要求，这一标准可以是具体的数字，也可以是百分比。

例如，对于销售经理这一职位，工作完成得好坏主要表现在销售收入、销售成本方面，因此它的业绩衡量要素就是销售收入和销售成本；至于收入要达到多少、成本要控制在多少就属于衡量标准的范畴了，可以规定销售收入每月100万元，销售成本每月30万元。再如，对于人力资源部的薪酬主管，衡量其工作完成的好坏主要看薪酬发放是否准确、及时，因此其业绩衡量要素就是薪酬发放的准确率和及时性；至于准确率要达到多少、及时性如何表示就是衡量标准的范畴了，可以规定准确率要达到98%，薪酬迟发的时间最多不能超过2天。

（5）工作关系。工作关系是指某一职位在正常工作的情况下，主要与企业内部哪些部门和哪些职位发生工作关系，以及需要与企业外部哪些部门和人员发生工作关系。这个问题比较简单，需要注意的问题是，偶尔发生联系的部门和职位一般不列入工作关系的范围之内。

（6）使用设备。使用设备就是工作过程中需要使用的各种仪器、工具和设备等。

（7）工作环境和工作条件。它包括工作的时间要求、工作的地点要求以及工作的物理环境条件等。

以上内容属于工作描述的范畴。工作描述是否清楚明了，可以用一个简单的方法来测试。编写工作描述的分析人员可以问自己，“一个从来没有接触过这一职位的人看了工作描述之后，如果让他来从事这一职位，是否知道自己要做什么以及如何去做？”如果不能得到肯定的回答，则说明这份工作描述还需要继续修改。

（8）任职资格。它属于工作规范的范畴。对于任职资格的具体内容，学者们的看法是不一致的。综合各方面的研究成果，一般来说，任职资格应包括以下几项内容：所学的专业、学历水平、资格证书、工作经验、必要的知识和能力以及身体状况。需要强调的是，不管任职资格包括什么内容，其要求都是最基本的，也就是说是承担这一职位工作的最低要求。

任职资格要求的确定，有些内容是硬性的，必须遵守国家和行业的有关规定。例如电焊工，必须要持有劳动部门颁发的焊工证书；再如司机，不能是色盲，同时还必须持有相应车型的驾驶证。其他内容的要求，则可以根据工作的内容和工作的绩效通过两种方法来确定：一是经验判断法，就是根据实际的情况或者主管人员的经验判断来确定任职资格要求；二是统计法，就是首先设定影响工作绩效的要素，然后利用统计分析的方法验证这些要素与绩效之间的关系，依此来确定任职资格要求。一般来说，与工作内容有关的要求，如专业、学历水平和身体状况等，应当通过第一种方法来确定；与工作绩效有关的内容，如能力、知识和素质等，应当通过第二种方法来确定。但是由于第二种方法比较复杂，因此在目前的实践中，与工作绩效有关的内容的要求大多也是用第一种方法确定的，随着人力资源管理技术在我国的深入发展，使用第二种方法来确定任职资格的要求会越来越普遍。

（9）其他信息。它属于备注的性质，如果还有其他需要说明，但又不属于工作描述和工作规范范围的，可以在其他信息中加以说明。

【拓展实训 3-5】

假设你是某家食品加工企业的人力资源部招聘主管，你的直接主管领导是人力资源部经理，你还有1名下属是招聘专员。这家企业规模不大，员工有260多名，其中生产工人占到近80%，由于普通工人流动率较高，因而每年招聘生产工人的工作量较大，经常需要去外地招聘。

请根据上述材料为自己拟写一份岗位说明书。

提示：岗位说明书应该明确岗位的工作职责和任务、工作环境和条件、上下级及外界联络关系、任职资格要求等内容；你可以通过调查一家企业或者查找资料来完善这份岗位说明书。

3.3.4 岗位说明书的应用

微课：岗位说明书的应用

1）岗位说明书为企业员工招聘、员工录用提供依据

岗位说明书确定了岗位的任职资格/条件，任职资格/条件是企业员工招聘的基础，是企业开展招聘工作的依据，招聘工作需要根据任职资格/条件进行测试、筛选应聘者。另外，岗位说明书可以作为签订劳动合同的附件。企业决定录用某员工后，这名员工应该承担什么样的岗位职责，已经事先在岗位说明书里约定好了，企业不需要对员工重复说明。员工被录用以后，岗位说明书还可作为员工入职培训的材料。

2）岗位说明书为企业员工培训提供依据

对员工进行知识、技能和工作态度等方面的培训，可以使员工更快适应工作岗位，不断提高工作绩效。岗位说明书为企业提供了培训对象及培训内容方面的参考。

3）岗位说明书为企业员工绩效考核提供基本依据

岗位说明书确定了岗位职责以及职责范围，这些内容是员工绩效指标和绩效考核标准制定的基本依据。

4）岗位说明书为企业制定薪酬政策提供依据

岗位评价是企业薪酬政策的基本依据，而岗位评价的基础就是工作分析和岗位说明书。因此，从根本上说，岗位说明书为企业制定薪酬政策提供了重要的依据。

综上所述，岗位说明书是企业非常重要的基础性文件，企业应该做好岗位说明书的编制工作，并将岗位说明书科学地应用到人力资源管理工作中。

【素质提升】

不断提出真正解决问题的新理念新思路新办法

问题是创新的起点，也是创新的动力源。今天我们所面临问题的复杂程度、解决

问题的艰巨程度明显加大，给理论创新提出了全新要求。实践没有止境，理论创新也没有止境。习近平总书记在党的二十大报告中强调："我们要增强问题意识，聚焦实践遇到的新问题、改革发展稳定存在的深层次问题、人民群众急难愁盼问题、国际变局中的重大问题、党的建设面临的突出问题，不断提出真正解决问题的新理念新思路新办法。"全面建设社会主义现代化国家，是一项伟大而艰巨的事业，前途光明，任重道远。新时代新征程，我们必须坚持解放思想、实事求是、与时俱进、求真务实，一切从实际出发，着眼解决新时代改革开放和社会主义现代化建设的实际问题，不断回答中国之问、世界之问、人民之问、时代之问，作出符合中国实际和时代要求的正确回答，得出符合客观规律的科学认识，形成与时俱进的理论成果，更好指导中国实践。

资料来源　人民日报评论部. 不断提出真正解决问题的新理念新思路新办法［N］. 人民日报，2022-11-18（7）. 节选。

[本章小结]

•本章介绍了工作分析的含义及工作分析的相关术语，工作分析的原则及在人力资源管理中的重要性，论述了工作分析是企业人力资源管理的基础。

•本章介绍了工作分析的基本程序，重点讲述工作分析的方法，如问卷调查法、观察法、利用已有的资料、工作日志法、采访法和关键事件法。

•本章重点讲述了岗位说明书的编写，并增加了一些岗位说明书的范例，同时还讲述了岗位说明书的应用。

[基础训练]

1.选择题

（1）（　　）是指一人担负的由一项或多项任务组成的活动。

A.职责　　B.工作

C.任务　　D.工作要素

（2）工作分析的原则包括（　　）。

A.动态原则　　B.经济原则

C.稳定原则　　D.应用原则

（3）工作规范主要说明的是从事某项工作的人员必须具备的一般要求、（　　）及心理要求。

A.生理要求　　B.事业心

C.合作性　　D.沟通能力

（4）（　　）不适用于脑力劳动为主的工作，以及处理紧急又偶然的工作。

A.观察法　　B.问卷调查法

C.工作日志法　　D.关键事件法

（5）（　　）的优点在于搜索的信息比较全面，一般不容易遗漏。

A.工作日志法　　　　　　　　　　　B.问卷调查法

C.观察法　　　　　　　　　　　　　D.关键事件法

（6）（　　）是职位概要的具体细化，要描述这一职位承担的职责以及每项职责的主要任务和活动，在实践过程中，这一部分是相对较难的，要经过反复的实践才能准确把握。

A.岗位概要　　　　　　　　　　　B.工作关系

C.履行职责　　　　　　　　　　　D.岗位标志

2.简答题

（1）工作分析的内容有哪些？

（2）问卷调查法的优缺点各是什么？

（3）观察法的优缺点各是什么？

（4）怎样编写岗位说明书？

［综合应用］

□ 案例分析

李明如何进行工作分析

李明是夏普公司的新任人力资源部经理，他希望能够立即在公司中开展工作分析。在其接任后的第六个星期，他就将工作分析调查问卷发给员工，但是，填写的结果却令人迷惑不解。从操作员工（机器操作工、技术员、抄写员等）那里得到的关于其工作的反馈，与从他们的直接上级那里得到的大不相同。管理者所列出的都是比较简单例行的工作职责，而一般员工却认为自己的工作非常复杂，而且经常会有偶然事件发生，自己必须具备各种技能才能处理好工作。

管理者与员工对工作的不同理解更加坚定了李明进行工作分析的信心，他想通过这次工作分析活动，使管理者和一般员工对工作的认识达成一致，出现的争论和错误达到最少。

问题：

1.你认为夏普公司是否应该进行工作分析？

2.针对夏普公司的具体情况，你认为应采取何种方法才能使工作分析的结果更加有效？

□ 实践训练

学生分组，利用课余时间调查学校周边一个中小企业中的某个岗位。运用不同的工作分析方法收集信息，经小组讨论，最后编写一份岗位说明书。

要求：1.调查结束后，小组成员共同完成一个岗位说明书的编写。

2.制作成PPT，在全班汇报。

3.小组互评，教师点评。

［课外拓展］

关注新媒体平台，获取人力资源管理领域最新的观点、方法、技巧，了解人力资源管理的前沿资讯。

微信公众号"欣闻人力资源"是《人力资源报》的微信公众平台，以传播经典智慧，搭建沟通平台，整合人力资源为宗旨，以企业人力资源战略、管理、配置和培训为主要内容。其读者定位为：以企事业单位的经营管理者、HR经理、职场白领、政府领导以及各类教育培训工作者为主体。在微信公众账号中搜索"rlzybs"即可关注。

第4章 员工招聘与录用

【学习目标】

通过本章学习，你应该达到以下目标：

知识目标：掌握招聘中的测试方法、招聘中的录用以及招聘中的评估，理解招聘的基本程序和主要形式。

能力目标：具有履历筛选、面试、评价中心技术、招聘录用、招聘效果评估等能力。

素养目标：在学思践悟的基础上，深刻理解“企业招聘员工的标准是适人适岗”。培养成为一名企业HR应具备诚实、热情、公正、客观的职业素养和较强的沟通协调能力。

【内容架构】

第4章　员工招聘与录用

- 4.1　招聘的基本程序和主要形式
  - 4.1.1　招聘的基本程序
  - 4.1.2　招聘的主要形式
- 4.2　招聘中的测试
  - 4.2.1　履历分析
  - 4.2.2　心理测验
  - 4.2.3　知识考试
  - 4.2.4　面试
  - 4.2.5　评价中心技术
- 4.3　招聘中的录用
  - 4.3.1　通知录用者
  - 4.3.2　签订合同
  - 4.3.3　新员工的培训
- 4.4　招聘中的评估
  - 4.4.1　招聘工作的评估
  - 4.4.2　录用质量评估
  - 4.4.3　撰写招聘小结

引例

招聘创新人才的14个面试问题

“创新”这个词看似很虚，但它和“团队协作精神”其实是差不多的。在面试时，我们可以通过一些特定的问题来评估候选人是否具备“团队协作精神”，同理，我们也可以通过这种方法来评估一个人是否是创新人才。致力于创新人才研究的管理咨询机构Future Think的创始人兼CEO丽莎·博黛尔就给了我们很好的建议。

一、战略想象力

现在的世界越来越瞬息万变、错综复杂和难以预测，创新人才需要具备足够的洞察力，能够看清楚究竟是什么力量正在带来改变；他还需要足够的想象力，可以将所观察的事物转化为商机。这就是战略想象力，是创新的第一步。博黛尔列举了三个例子，主要征询候选人对产业及企业未来的看法，这其中是否具备闪光点，很容易就能甄别出来。

1.如果你有一个月的时间和5万美元的预算，可以用于任何项目，你会开展什么样的项目？

2.你觉得哪些外在变化或预料外的变数，可能对我们的产业造成重大影响？

3.你觉得未来5年内还会出现什么新的消费群体？如何让这些消费者注意到我们的产品？

二、提出颠覆性问题的能力

除了拥有洞察力和想象力，创新者还需要进行更深入地思考，走出思维定式。提出颠覆性问题的能力，实际上代表一个人能质疑常态，因此也能带来新的发展。为此，博黛尔提了两个问题：

1.对于消费者想要什么，业界有什么根深蒂固的想法？如果事实恰好相反，会怎样？

2.如果你有可以和CEO共处5分钟的机会，你会提什么问题，让他重新思考我们的事业？

三、创造性地解决问题的能力

问题通常都有多种解决方案，有创见的思想多是远离要处理问题的范围，利用其他领域的原则和经验来实现。一旦创新者想到了与众不同的解决方案，就会带来颠覆性的创新。针对这一能力，博黛尔设计了三个问题：

1.如果你需要在没掌握多少资料的情况下进行决策，你会采取哪些行动？

2.你所任职的前一家公司，有因为你的提议而在方法、规范或体系上有所改变吗？这些改变又为公司带来了什么影响？

3.在什么情况下，你在做决策时会寻求他人的帮助？

四、适应性

考查一个人是否具备适应性，可关注以下三个方面：

1.如果手边工作的优先顺序不断改变，你会怎么做？请举例说明。

2.你有在极大压力下做决策的经历吗？描述一下那段经历。

3.你是否经历过做了决策以后，才得知一个会对该决策造成影响的新资讯？请举例。你后来又是怎么做的呢？

五、韧性

没有哪一个创意，一经提出就能大放异彩。如果不能坚持下来，就没有可能熬出头。所以创新者也需要具备韧性，有了韧性才能让人在遭遇逆境时坚韧不拔。

1.说说你过去失败的经验。当时你是什么反应？

2.如果你向管理层提了一个很好的点子，但是他们不买账，你会怎么做？

3.如果你是我们某个产品研发团队的负责人，再过几个月就要推出新产品了，但是你的研发预算和市场推广预算被砍了一半，你会怎么办？

记住，创新这一特质不是虚的。通过询问这些问题，你就能发现候选人是否为真的创新人才。如果他回答得很具体，也确实是来自自己的经验，那么他就有可能是创新人才。如果他含糊其词，或举的都是别人的例子，那么他有可能是虚有其表。

创新人才不易招聘。尝试着运用这些小问题，去打造你的火眼金睛，挖掘属于你的创新人才吧！

资料来源　佚名. 招聘创新人才的14个面试问题［EB/OL］.［2022-11-07］. http://www.hr-bar.com/lib-7545249t.html.引文经过节选、压缩和改编。

4.1　招聘的基本程序和主要形式

员工招聘是指企业为了发展的需要，从外部吸收具有劳动能力个体的全过程。

4.1.1　招聘的基本程序

员工招聘的基本程序包括招聘决策、发布招聘信息、招聘测试和人事决策四个主要步骤。

1）招聘决策

（1）招聘决策的概念。招聘决策是指企业中的最高管理层关于重要工作岗位和大量工作岗位的招聘的决定过程。

对于个别不重要的工作岗位招聘，既不需要经过最高管理层的决定，也不需要完全遵照发布信息、招聘测试和人事决策流程。

（2）招聘决策的原则。招聘决策的主要原则如下：

①少而精原则。可招可不招时尽量不招；可少招可多招时尽量少招。招聘来的人一定要充分发挥其作用，企业是创造效益的集合体，不是福利单位。

②宁缺毋滥原则。一个岗位宁可暂时空缺，也不要让不合适的人占据。这要求招聘时要广开贤路。

③公平竞争原则。只有通过公平竞争才能使人才脱颖而出，才能吸引真正的人才，才能起到激励作用。

（3）招聘决策的运作。在招聘决策确定的过程中，高层管理者、部门经理和人力资源经理将发挥不同的作用。

①高层管理者。高层管理者是组织的主要负责人或人力资源部门的主管领导。他

应该从全局和整体上把握招聘规划的指导思想和总体原则。其具体任务包括审核工作分析、制定招聘的总体政策、批准招聘规划、确定招聘录用的标准等。

②部门经理。作为空缺岗位所在部门的经理，在制定招聘规划的过程中也肩负着重要的责任。他们应该掌握有关用人需求的信息，向人力资源管理部门提供本部门空缺岗位的数量、类型和要求，参加对本部门应聘者的面试、甄选工作。

③人力资源经理。人力资源经理负责执行招聘政策。首先，需要同相关部门负责人一起研究员工需求情况；其次，分析内外部因素对招聘的影响和制约；再次，制定具体的招聘策略和招聘程序；最后，进行具体的招聘初选工作，如审阅候选人的简历、进行初步面试、实施测评等，而在招聘后期将邀请部门经理参与面试和甄选、录用决策。此外，人力资源经理还需对缺乏专业面试经验的部门招聘人员进行面试培训。

（4）招聘决策的主要内容。企业员工的招聘决策应至少明确以下内容：

①什么岗位需要招聘？招聘多少人员？每个岗位的具体要求是什么？

②何时发布招聘信息？通过什么渠道发布招聘信息？

③委托哪个部门进行招聘测试？

④招聘预算是多少？

⑤何时结束招聘？

⑥新进员工何时到位？

表4-1为某企业招聘计划报批表。

表4-1　　年度招聘计划报批表

<table>
<tr><th rowspan="2">部门有关情况</th><th rowspan="2">录用部门</th><th colspan="4">录用职位概况</th><th colspan="3">考试方法和其他</th></tr>
<tr><th>职位名称</th><th>人数</th><th>专业</th><th>资格条件</th><th>考试方法</th><th>招考范围</th><th>招考对象</th></tr>
<tr><td rowspan="6">公司核定的编制数</td><td rowspan="6"></td><td></td><td></td><td></td><td></td><td></td><td></td><td></td></tr>
<tr><td></td><td></td><td></td><td></td><td></td><td></td><td></td></tr>
<tr><td></td><td></td><td></td><td></td><td></td><td></td><td></td></tr>
<tr><td></td><td></td><td></td><td></td><td></td><td></td><td></td></tr>
<tr><td></td><td></td><td></td><td></td><td></td><td></td><td></td></tr>
<tr><td></td><td></td><td></td><td></td><td></td><td></td><td></td></tr>
<tr><td rowspan="5">本年度缺编人数</td><td rowspan="5"></td><td></td><td></td><td></td><td></td><td></td><td></td><td></td></tr>
<tr><td></td><td></td><td></td><td></td><td></td><td></td><td></td></tr>
<tr><td></td><td></td><td></td><td></td><td></td><td></td><td></td></tr>
<tr><td></td><td></td><td></td><td></td><td></td><td></td><td></td></tr>
<tr><td></td><td></td><td></td><td></td><td></td><td></td><td></td></tr>
</table>

续表

部门有关情况	录用部门	录用职位概况				考试方法和其他		
		职位名称	人数	专业	资格条件	考试方法	招考范围	招考对象
本年度计划减员数								
本年度拟录用人数								
备注								

2）发布招聘信息

（1）发布招聘信息的概念。一旦招聘决策确定后，就应该迅速发布招聘信息。发布招聘信息就是向可能应聘的人群传递企业将要招聘的信息。

发布招聘信息是一项十分重要的工作，直接关系到招聘的质量，应引起有关方面充分重视。

（2）发布招聘信息的原则。发布招聘信息应遵循的基本原则如下：

①面广原则。发布招聘信息的范围越广，接收到该信息的人就越多，应聘的人也就越多，这样招聘到合适人选的概率就越大。

②及时原则。在条件允许的情况下，招聘信息应该尽量早地发布，这样不仅有利于缩短招聘进程，而且有利于让更多的人获取信息，使应聘人数增加。

③层次原则。招聘的人员都是处在社会的某一层次，要根据招聘岗位的特点，向特定层次的人员发布招聘信息。例如，招聘医药行业人员的企业可以在医药行业的报纸上刊登招聘广告。

（3）招聘信息的发布渠道。招聘信息发布的渠道有报纸、杂志、网络、电视、电台、人才市场和新闻发布会等。

除以上主要渠道外，还有随意传播的发布形式。这是一种有关部门或有关人员利用口头的、非正式的方式发布招聘信息的类型。随意传播的优点是费用低（几乎不用什么费用）、可以进行双向交流、速度较快，缺点是覆盖面窄。在招聘层次不是很高时可以选用随意传播这种招聘信息发布渠道。

表4-2是在发布招聘信息时，要求应聘人员填写的登记表。

表4-2　　**应聘人员登记表**

应聘岗位：

姓名		性别		年龄		身高	cm	照片
民族		籍贯		户口所在地		婚姻状况		
现住址				身份证号				
文化程度	□大专 □本科 □其他			联系电话				
政治面貌		入党/团时间			职称			
是否有疾病史：□是□否 如有，请写明					有何特长			
原单位月平均收入				期望月平均收入（必填）				
教育情况（由高至低填写）	时间	学校			专业		学历	是否全日制
工作情况（由近至远填写）	时间	单位名称					职位	
家庭成员情况	姓名	与本人的关系		工作单位及职务			联系方式	
应聘信息来源	□网络＿＿＿＿＿ □报刊 □学校双选 □现场招聘 □内部介绍 □其他							

本人承诺：

1.在本表内所填资料属实，谨此授权×××有限公司或其委托的合法机构对以上所有信息查询确认。如任何一项情况失实，贵公司有权随时与本人解除劳动合同或采取其他处理方式，无须向本人作任何补偿。

2.到贵公司报到前，已与原工作单位解除劳动合同，并不将原工作单位的任何商业秘密带到贵公司。如与原工作单位因原劳动合同或商业秘密问题出现法律纠纷，本人愿意自己承担一切责任。

公司声明：

1.我公司所录用员工均通过正规渠道招聘，期间不向求职者收取任何费用，如有求职者通过非正当渠道或专人介绍公司，所涉及一切经济利益往来均属个人行为，与我公司无关。

2.入职后若在规定时间内未按我公司要求将身份证、学历证明、离职证明等资料原件及相应复印件送交指定部门，我公司有权采取辞退措施与之解除劳动关系。

本人已对上述内容进行了认真填写和阅读，明白其意义，完全出于自愿并能负责，谨此声明！

应聘人签字：　　日期：　　年　　月　　日　　介绍人（他人介绍应聘者填写）：

3）招聘测试

在企业员工招聘过程中，招聘测试是重要的一环。

（1）招聘测试的概念。招聘测试是指在招聘过程中，运用各种科学方法和经验对应聘者加以客观鉴定的各种方法的总称。

个体差异是明显存在的，因此可以很好地通过测试进行区分，人的差异性与独特性为招聘测试提供了前提条件。

（2）招聘测试的意义。招聘测试，简称测试，可以看作企业在购进特殊的生产资源——人力资源时的质量检测过程，在员工招聘中有重要意义。

①挑选合格的员工。应聘者的条件不一定符合招聘岗位的各种要求，为确保组织目标的实现，必须有能够胜任各项工作的人员。一个合格的员工可为企业带来很多益处，只有通过测试才能挑选到合格的员工。

②使人员与工作岗位相适应。如果员工的条件过高、过低或者由于各种原因与工作岗位或组织不相适应，他们很可能会离开企业。过高的流动率使企业几乎不可能有好的业绩，如产品研究开发被延误、制造过程缺乏效率、市场营销渗透缓慢等。

③体现公平竞争原则。测试可以让最合适的人选脱颖而出，落选者也能了解自己的不足之处，比较平和地接受落选的事实。

（3）招聘测试的种类。企业员工招聘测试的方法很多，目前比较常用的有以下几种：

①履历分析。履历分析技术是根据“过去行为是预测未来行为的良好指标”的原理，对个体过去的背景、经历、成绩进行定性或定量分析，以预测其未来的表现。

②心理测验。心理测验是通过观察人的少数有代表性的行为，对人的全部行为中的心理特点做出推论和数量化分析的一种科学手段。

③知识考试。知识考试是指主要通过纸笔测验的形式，对被试者的知识广度、知识深度和知识结构进行了解的一种方法。

④面试。它是用谈话方式来引发应试者与相关职位有关的信息，并据此预测应试者在该职位上的表现的测评技术。

⑤评价中心技术。把被试者置于一个模拟的工作情境中，采用多种评价技术，观察和评价其在该模拟工作情境下的心理和能力。其目的是测评被试者是否适宜从事某项拟任的工作，预测被试者的能力、潜力与工作绩效的前景，同时察觉其欠缺之处，以确定培养、使用的方法和内容。

4）人事决策

（1）人事决策的概念。广义的人事决策是指有关人力资源开发与管理方面的决策。其主要包括岗位定员决策、岗位定额决策、工资报酬决策、职位分类决策、员工培训决策、劳动保护决策、人事任免决策等。狭义的人事决策就是指人事任免决策，也就是决定让什么人从事哪一项工作。

这里介绍的是狭义的人事决策。

人事决策是员工招聘中的最后一环，也是十分重要的一环。如果前几个步骤都正确无误，但是最终人事决策错了，企业依然招聘不到理想的员工。

（2）人事决策的步骤。人事决策的基本步骤如下：

①对照招聘决策。

②参考测试结果。

③确定初步人选。

④查阅档案资料。

⑤进行体检。

⑥确定最终人选。

实用案例 4-1

英特尔公司选拔人才的三部曲

“我们最大的成就就是发现了人才，他们比绝大多数首席执行官都要优秀。”英特尔领导如是说。基于这种理念，英特尔公司特别注重加强招聘工作。

英特尔公司在招聘工作之初会确定公司所要招聘的人员的标准，然后会在此基础上选择是招聘新人还是招聘有经验的人，是从内部招聘还是从外部招聘，接着就是如何进行选拔工作，保证所招聘的人员适合企业。英特尔公司的招聘选拔工作基本是按下面三个步骤进行的：

首先是初步面试。通常，初步面试由公司的人力资源部主管主持进行，通过双向沟通，使公司方面获得有关应聘者的学业成绩、相关培训、工作经历、兴趣爱好、对有关职业的期望等直观信息。同时，也使应聘者对公司目前情况及公司对应聘者的未来期望有个大致了解。面试结束后，人力资源部要对每位应聘者进行评估，以确定进入下一轮应试的人员。

接着是进行标准化的心理测试。通过测试，进一步了解应聘者的基本能力素质和个性特征，包括智力、思维方式、内在驱动力、管理意识和管理技巧等。

最后进行模拟测验。这是最终面试，也是决定应聘者是否入选的关键。具体做法是，应聘者以小组为单位，根据工作中经常碰到的问题，由小组成员轮流担任不同的角色，以测试其处理实际问题的能力。模拟测验最大的优点是，使应聘者的智商和情商都集中表现出来，能客观反映应聘者的综合能力，使公司避免在选择人才时感情用事。

资料来源　王贵军，丁雯，李明昱. 招聘与录用［M］. 2版. 大连：东北财经大学出版社，2012.

4.1.2　招聘的主要形式

微课：招聘渠道

企业的员工招聘可以有多种形式，最主要的当属内部招聘和外部招聘两种。

1）内部招聘

在企业中，内部招聘是经常发生的，当一个岗位需要招聘时，管理人员首先想到的是内部招聘是否能解决该问题。由于内部招聘具有费用低廉、手续简便、人员熟悉的特点，因此当招聘少数人员时常常采用此方法，而且效果也不错。当企业内部员工不够，或者没有合适人选时，就应该考虑采取外部招聘方式。内部招聘有以下两种途径：

（1）员工推荐。人力资源部将空缺的职位信息公布出来后，公司员工可以自我推荐，也可以互相推荐。人力资源部收集相关人员的信息后，采取公开竞争的方式，选拔该岗位的人才。

（2）内部储备人才库。人才库系统记录了每一位员工在教育、培训、经验、技能、绩效、职业生涯规划等方面的信息，并且这些信息随着员工的自身发展都得到不断更新，用人部门和人力资源部门可以在人才库里找到合适的人补充职位空缺。

内部招聘的主要优点：有利于激励员工奋发向上，较易形成企业文化。其主要缺点：不易吸引优秀人才，自我封闭，可能使企业缺少活力。

互动课堂4-1

英特尔的招聘渠道有很多，其中包括委托专门的猎头公司帮助物色合适的人选。另外，通过公司的网页，你可以随时浏览有哪些职位空缺，感兴趣则可通过网络直接发送简历。只要公司认为你的简历背景适合，你就有机会接到面试通知。还有一个特殊的招聘渠道，就是员工推荐。它的好处首先在于，现有的员工对英特尔很熟悉，而对自己的朋友也有一定了解，基于这两方面的了解，他会有一个基本把握，那个人是否适合英特尔，在英特尔会不会成功。这比仅两个小时的面试要有效得多，相互了解也要深得多。英特尔非常鼓励员工推荐优秀的人才给公司，如果推荐了非常优秀的人，这个员工还会拿到公司的奖金。当然，决策者是没有奖金的。如果因为人情关系录用了不适合的人，决策者会负一定责任，所以决策者会紧紧把握招聘标准，绝不会出现裙带关系。

问题：员工推荐的招聘方式有何优缺点？

分析提示：员工推荐的优点：①现有员工对自己推荐的朋友很了解，对被推荐人员是否适合本公司有基本把握；②员工推荐比面试更有效，相互了解也更深。

员工推荐的缺点：有可能因为人情关系录用了不合适的人。

2）外部招聘

（1）刊登广告。广告是企业招聘人才最常用的方式，可选择的广告媒体很多，如网络、报纸、杂志等。一方面，广告招聘可以很好地树立企业的形象；另一方面，信息传播范围广、速度快，获得的应聘人员的信息量大，层次丰富。广告设计得好坏，会直接影响到应聘者的素质。招聘广告的设计原则包括：准确、吸引人、内容详细、条件清楚。其包括的主要内容有：本企业的基本情况，是否经过有关方面批准，招聘人员的基本条件，报名方式，报名的时间、地点，报名需要带的证件、材料，其他注意事项等。

【拓展阅读4-1】

编写公司简介的步骤

公司在进行外部招聘时，需要介绍公司的情况，以便求职者了解公司。编写公司简介步骤如下：

首先，正确选择公司简介的形式。公司可以根据自己规模大小、资金多少、宣传目的来选择简介形式，如录像、光盘、广告、宣传册、活页纸、展板等。

其次，收集整理公司的相关资料。这些资料包括：备忘录、大事记、组织结构、生产经营范围及产品、部门或分公司相关资料、拟聘岗位的相关资料等。收集资料的方式，可以通过查找历史资料、访谈、摄像等。

再次，确定公司简介的基本内容。在先征求相关领导的意见基础上，结合要采取的形式编写内容大纲，再根据整理好的资料进行内容的编写。

最后，制作公司简介。可以选择公司内部独立制作，也可请专业设计公司制作。

资料来源　王贵军，丁雯，李明昱．招聘与录用［M］．2版．大连：东北财经大学出版社，2012.

（2）校园招聘。对于应届生和假期临时工的招聘可以在校园直接进行。其方式主要有招聘公告、招聘讲座和学校就业指导中心推荐三种。

实用案例 4-2

苏宁集团的招聘

2002年12月，苏宁电器集团抛出一个庞大的校园招聘计划，招聘应届大学毕业生500人，其中研究生近50人。同时，为了让大学生更加了解苏宁的发展和规划，苏宁的一些管理高层在南京、上海等高校进行巡回演讲，与大学生们面对面交流。“我们平均1个月开两家连锁店，1年开30家连锁店。”在这次校园招聘的背后，无疑是企业的快速发展产生对人才的巨大需求。但是，对于一直宣扬“不需要职业经理人”的苏宁而言，究竟需要的是怎样的大学生？快速发展的苏宁又是如何解决由于快速扩张而产生的管理人员断层的问题呢？

“在今年校园招聘的500人中，经过培养，本科生在2年之内成为各个分公司部门的负责人，3年之内成为分公司的副经理。”正在上海开展校园招聘计划的苏宁集团人力资源经理杨悦如是说。

选人标准：综合素质第一，专业技能第二

“我们在选人时，首先注重的是应聘者的综合素质，其次才是专业技能。这对我们今后的培养计划十分重要。”在苏宁的招聘程序中，应聘者都要通过面试和笔试。第一轮面试主要是对应聘者基本面和综合素质的了解，然后由人力资源部门与专业部门共同完成复试，对应聘者的专业性做进一步的了解。比如，苏宁在招聘营销人员时，首先由人力资源部对应聘者的人品、逻辑思维能力、职业意向和价值观取向进行全面了解，然后考查应聘者相关专业背景和技能，并与专业部门进行探讨，达成基本共识。

“人品优先，能力适度。”这是苏宁的人才理念之一，在苏宁的眼中，员工的事业心、对企业的忠诚度是首要的。但是，对人品的判断不是通过短暂的接触就能把握和衡量的，苏宁在针对大学生的面试过程中设计了各种各样的问题，以观察应聘者的人品。比如，在综合素质面试中，对应聘者要求“坦诚”这一项，苏宁希望应聘者面对问题，能够坦诚地说出自己的想法及最隐讳的东西，包括自己的优势、欠缺的地方，这就能很真实地反映出自己，而不是回避一些核心问题。同时，希望应聘者不要怕得罪领导，能主动地提出问题和建议，而不是迎合主考官的一些想法。作为一个年轻而快速发展的企业，其综合素质测试非常看重应聘者的激情，希望他们有永不言败的斗志，永不守成的活力。杨悦认为，假如一个人来应聘市场营销职位，也许他的行业背景很简单，但是如果他的逻辑思维能力非常强，有朝气，有斗志，也极有可能被录用。

顶岗见习：给予责任，在实践中成长

如何确保连锁推进速度的同时，又能保持企业发展后劲？人才梯队的储备无疑是必要的条件。“苏宁很多的企业骨干是在当地招聘的，要求在3个月内培养出来，完全领会并融入企业文化。但是对于一些总经理、财务经理等非常核心的岗位培养至少要1年的时间，公司发展快，从当地招聘是跟不上的，那么公司就要储备这样一些干部队伍。”

为了促进后备力量的成长，当一个新员工进入苏宁后，需要经过像流水线般的培训，度过他短短的见习期。

1.入职培训。新员工对企业进行全面的了解，包括企业文化、发展史、企业的经营管理体系、各个部门的工作职责和运作流程。同时，还进行职业素质培训和军训。

2. 1周以后，安排到四个终端部门——连锁店、物流、售后和客户服务部门，与消费者直接接触。新员工被告知：要成为一个好的店长，首先要做一个合格的营业员。

3.根据员工岗位意向，安排一对一的导师，帮他们完成职业角色的转变，同时让他们尽快了解相关岗位的职责要求。

4.通过加深了解，员工需要进一步思考自己适合做什么。进行评估和被评估后，对员工进行最后的岗位定位。

5.人力资源部门与新员工共同确立今后的目标和职业发展计划，并围绕这个目标再进行全面、系统的阶段性培训。

员工在总公司的初期培训结束后，将被外派到分公司这个舞台上施展才能，从中发现自己的不足和需要加强的地方，在实践中加强。新员工的见习一般都是顶岗见习。杨悦认为，顶岗见习给予员工责任，并告诉他们犯错不要紧，只要吸取教训，这样使他们更容易快速成长。员工在分公司工作1～2年，回到总部经过一段时间的培养，然后再到分公司担任干部。这样不断地循环，出去再回来，回来再出去，员工就能够不断往更高的职位去发展。

在职培训："放电"时"充电"，给予新员工更多的机会

苏宁的扩张是全方位的，不但是在全国范围横向地扩张，同时也在某个城市中纵向地深入。当苏宁进入一个地区，从一个店发展成更多的连锁店，达到规模效应，其时间间隔非常短，从而造成很多管理岗位出现空缺。

与其他快速发展型企业相比，苏宁喜欢从内部提拔人才。例如，在一个地区开了第一家连锁店之后，可能在1年之内相继开张第二家、第三家连锁店。这时，第二家店长的人选更多的是从第一家连锁店管理人员中考虑，例如，把第一家连锁店的店长助理提拔成第二家店的店长，这样一级对应一级的提拔，就无疑给员工一个明确的发展方向。一个大学生进入公司按培养计划是2年成为部长，但有可能只用1年就能够胜任这样的岗位，成为这个部门的负责人。"这是对年轻人最有吸引力的地方，给他一个机会和平台让他去驰骋。"

"我们不会过分担心员工因为新的管理岗位突然到来而没有做好准备。相反，他们在新的位置可能感觉到离岗位要求有段距离，从而会加倍努力完善自己。"另外，苏宁也在平时强化员工的职业规划和在职培训。杨悦认为，苏宁招聘时要求员工需要具备综合性的素质。因为，他现在可能是一个业务方面的领导或者骨干，但是今后可能要成为分公司的一个总经理，所以一定要具备管理和建设团队的能力。

苏宁这几年与一些培训公司、高校进行合作，邀请一些客座教授围绕不同的课程来对员工进行系统性的培训。当员工表现优秀时，就把他作为重点的培养对象，并进行全脱产或半脱产的培训，为他今后走上更高的管理岗位打下基础。虽然培训内容可能与员工现在的工作岗位没有多大的关联，但对其未来的发展却至关重要。

(3) 熟人推荐。通过企业的员工、客户、合作伙伴等熟人推荐人选，这种方式的好处在于对候选人比较了解，聘用后离职率较低，费用较低，但问题在于可能在企业内形成非正式群体，不利于管理。

（4）中介途径。目前，用人单位通过中介机构进行外部招聘的比例越来越高，主要可选择的中介途径包括人才交流中心、招聘洽谈会、招聘网站和猎头公司等。

①人才交流中心。通过人才交流中心人才资料库，用人单位可以很方便地在资料库中查询条件基本相符的人员资料，具有针对性强、费用低廉等优点，但对于热门人才或高级人才的招聘效果不太理想。

②招聘洽谈会。随着人才交流市场的日益完善，洽谈会呈现出向专业方向发展的趋势。企业招聘人员不仅可以了解当地人力资源素质和走向，还可以了解同行业其他企业的人事政策和人力资源需求情况。当然，要招聘到高级人才还是很难。

【拓展阅读 4-2】

企业参加招聘洽谈会的程序

通过参加招聘洽谈会，企业能够达到吸引大量合适求职者并进行初步筛选、展示企业良好形象的目的，所以，企业遵循科学的程序是十分必要的。

1.招聘洽谈会场次和类型的选择

企业在决定是否参加招聘洽谈会和选择参加什么样的招聘洽谈会时，应该好好思考以下几个问题：有没有比参加招聘洽谈会更加有效的方式吸引求职者？企业招聘需求与招聘洽谈会的举办时间、参与对象等是否一致？招聘洽谈会的组织者是否有能力吸引到大量合适的求职者参会，是否能为参会单位提供良好的宣传和后勤服务？招聘预算、招聘人员是否能满足参加招聘洽谈会的需要？

2.展位的准备

展位的空间大小、区域安排、设计与布置直接关系到能否有效地吸引和初选求职者，能否树立公司的良好形象。如果经费充足且与招聘洽谈会举办方关系良好的话，可以选择一个尽量好的位置，并且要留出富余的时间，以便对不满意的地方进行修改。在展台上可以利用投影仪等方式放映公司的宣传片。在展位的一角（或者离展位较近的地方）设置一个相对安静的区域，以便同有进一步交流意向的求职者深入交谈。

3.设备和资料的准备

在招聘洽谈会上，有时需要用到电脑、投影仪、电视机、摄像机、照相机等设备，这些都应该事先准备好。并且，要注意现场是否有合适的电源设备。另外，在招聘洽谈会上通常可以发放一些宣传品和招聘申请表，这些资料需要事先印刷好，且要备足数量。这些准备有利于宣传企业形象，同时也能够减少招聘人员解说的工作量。

4.招聘人员的准备

参加招聘洽谈会的现场人员中最好有人力资源部的人员，也要有用人部门的人员，所有现场人员都应该做好充分的准备。这些准备首先包括要对求职者可能问到的问题了如指掌，对答如流，并且所有人在回答提问时口径要一致。另外，招聘人员在招聘洽谈会上要穿着正装，服装服饰要整洁大方。

5.与有关协作方的沟通联系

在招聘洽谈会开始之前，一定要与有关协作方进行沟通。这些协作方包括招聘洽谈会的组织者、负责后勤事务的单位等。在沟通中一方面了解协作方对招聘洽谈会的要求，另一方面提出需要协作方提供帮助的事项，以便对方提早做好准备。

6.招聘洽谈会的宣传工作

除了在招聘洽谈会上要做好宣传工作，在会前和会后同样要做好宣传工作。如果是专场招聘洽谈会，会前可以考虑利用报纸、企业网站等媒体发布招聘信息；如果是校园招聘会，会前一定要在校园张贴海报。这样可保证足够的人员参加招聘会。如果企业为了树立良好社区或社会形象，还可在招聘交流会后通过内部刊物、企业网站和新闻媒体报道企业参会情况。

7.招聘洽谈会结束后的工作

招聘洽谈会结束后，一定要用最快的速度对应聘材料进行整理，通过电话、短信或电子邮件等方式与求职者进行必要的联系。若是参加外地的招聘洽谈会，企业可以在招聘洽谈会结束的次日就开始对求职者进行相关的筛选工作。因为很多求职者在招聘洽谈会上向多家企业递交简历，反应速度比较快的企业不但能给求职者留下公司管理效率较高的印象，而且可抢在竞争对手之前与优秀求职者进行接触，提高招聘效率与质量。

资料来源　王贵军，丁雯，李明昱．招聘与录用［M］．2版．大连：东北财经大学出版社，2012.

③招聘网站。目前，通过专门招聘网站进行人才招聘也很普遍，在数量上甚至直逼现场招聘会。各地也在不断提高人才市场服务的信息化水平。

近两年，作为一种新型的招聘方式，“直播带岗”发展迅速。从蓝领群体到高校毕业生，从普通求职者到高层次人才，越来越多的人选择在线上通过“直播带岗”找工作。“直播带岗”的出现，让招聘从线下走到了线上，打破了空间和地域的限制，打通了用人单位与求职者之间的信息壁垒，大家不用来回奔波就能进行“零距离”的沟通。

网上招聘会与现场招聘会相比，其优势在于招聘成本低，应聘人员范围广；劣势就是企业与求职者双方无法面对面进行交流，缺乏真实感。随着招聘市场的成熟，网络招聘管理将更加规范，网上招聘将更具实效性、真实性和可靠性。

④猎头公司。猎头公司是专门为企业招聘高级人才或特殊人才的公司，有专业的、广泛的资源，拥有自己的储备人才库。这种人才招聘方式的优点为：搜索人才的速度快、质量高，对于招聘高级人才，猎头公司是非常好的选择。其缺点为：招聘费用较高，不利于调动本企业员工的积极性，策划难度高。

（5）人才库。企业可以建立自己的外部人才库，并且可以利用各种机会向社会推广，吸引对企业有兴趣的各类人才加入企业人才库，以备不时之需。不过，由于人员的流动性太大，人才库的资料往往不能得到及时更新。因此，如何与人才库的人员保持联络，使他们的资料能及时更新是企业人力资源工作者必须要关注和研究的。

【拓展实训4-1】

家宜食品有限公司是大连一家海产品生产加工企业，公司最近正在推进组织结构调整工作，但是，公司人力资源部部长却提出辞职请求，并于昨天离开公司。公司领导层决定马上招聘1名新的人力资源部部长，但是，大家在招聘方式上存在不同意见。有人主张内部招聘，并提议由人力资源部现任副部长接任，因为现任副部长在公司工作了4年多，对公司各方面的情况比较熟悉；也有人主张外部招聘，因为组织结构调整牵涉内部员工的利益，人力资源部部长需要面临较大的工作压力，内部招聘产生的部长容易受制于复杂的人际关系。

请根据以上材料开展一场辩论赛，具体说明如下：

（1）辩论赛目的：提高学生对内部招聘与外部招聘优缺点的认识，同时提高学生的语言表达能力和分析问题能力。

（2）角色分配：将班级同学分为5个组，第1组4名同学代表支持内部招聘，第2组4名同学代表支持外部招聘，第3组6名同学负责组织整个活动，第4组7~10名同学担任评委，第5组为余下的同学，担任辩论赛的观众。

（3）对辩论双方的要求：分析人力资源部部长岗位特点和企业环境，做到观点鲜明、论据确凿、说服有力。

（4）对组织者的要求：联系好辩论赛地点、时间，确定辩论赛流程，准备奖品。

（5）对评价者的要求：拟定科学合理的评判标准并通知参辩双方，认真观察和记录辩论赛过程中双方表现，做出客观公正的评判。

4.2 招聘中的测试

在招聘中，可以用测试的手段对应聘人员进行全面的考核，以了解应聘者真正的潜力以及掌握的知识和技能，并全面了解应聘者的实际能力。这样企业可以通过测试招聘到符合要求的员工。测试的方法有很多，最常用的有以下几种：

微课：简历筛选

4.2.1 履历分析

根据“过去行为是预测未来行为的良好指标”的原理，我们对个体过去的背景、经历、成绩进行定性或定量分析，以预测其未来的表现，这样的一种技术叫履历分析技术。

1）履历项目筛选和申请表设计

（1）筛选履历项目。要考虑履历中应该设计哪些项目，人力资源管理部门在招聘人员时是通过申请人填写入职申请表（或称简历）来收集申请人的简历资料的。入职申请表由许多问题或项目构成，这些项目反映了各个组织要了解的有关申请人的基本情况，项目根据所填充的工作岗位的不同而变化。因此，人力资源管理部门在设计申请表之前，必须对要招聘人员的工作岗位进行细致认真的分析，以确定该工作岗位对人员的学历、技能、资历、品质等方面的基本要求，然后找出和这些素质有关的项目。

为了进行选员，履历应该包括两种类型的问题：一种是能够核实的问题；另一种是不能核实的自我报告的问题，即个人简历项目可分为“硬项目”和“软项目”两类。“硬项目”是指较容易得到验证的项目，如申请人大学毕业时的成绩在班内的排列位置、以前从事的工作等。与“硬项目”相对应的“软项目”是指较难验证的项目，往往是较抽象的价值判断而不是具体的现实行为，如“你在大学里有哪些爱好”等，这类项目的真假程度往往难以验证。

履历项目的设计数量是不固定的，但不管问题项目多少，总有些项目是主要的，它们集中反映申请人的真实情况和未来发展，对提高预测准确性有关键作用。

（2）设计申请表。简历项目确定后，就要在申请表中以某一方式表现出来。表格中的问题首先应简洁，应便于用数字来表达，要给人以合理的选择余地。同时，问题应给人以中性而愉快的信息，而不应带威胁性。

申请人的问题可按申请人行为的内容分为以下八种：

①可验证行为——不可验证行为。

②历史性行为——未来性行为。

③真实行为——虚假行为。

④记忆性——猜测性。

⑤真实性行为——解释性行为。

⑥ 具体——一般。

⑦ 真实回答——倾向回答。

⑧ 外部事件——内部事件。

总之，申请表格的形式多种多样，但不论其形式如何，表格中的问题都不能模棱两可、含糊不清，让人产生误解。只有问题明确，人力资源管理部门才能依据申请表收集到有关申请人比较真实的简历资料，对申请人有一个基本、确切的了解，也只有这样才能使下一步的预测工作更加准确。

表4-3为求职人员基本情况登记表范例。

表4-3　求职人员基本情况登记表　填表时间：　年　月　日

姓名		性别		出生日期		学历	
籍贯		家庭住址		身份证号码			
专业		毕业学校		联系方式			

性格（对自己的性格进行客观公正的评价，符合者请打“√”）

	谨慎		乐观		消极		自信		随和		诚实
	内向		神经质		敏锐		耿直		寡言		宽容
	自以为是		性情易变		机灵		热心		能言善辩		淡泊
	理智型		兴奋型		有个性		有支配欲		有条理性		有自制力
	行动型		细致		勤俭		喜欢自我决策		孤僻		温顺
	有责任心		易动感情		有进取心		独断		疑虑		气量小

续表

简述你的性格类型和特点	
简述你的性格弱点	
请回答下述问题	
你所不擅长的是什么？	
请你概述一下自己的人生观。	
学生时代你最喜欢哪门课程？	
请你概述一下自己的职业观。	
进入本企业你有什么希望与理想？	
在什么岗位上能最大限度地发挥你的才能？	
假如有更好的职业，你将怎么办？	
你对本企业的印象如何？	
到本企业前，你的工资收入是多少？	
你希望在本企业每月得到多少收入？	
简述你的工作态度。	
印象（本栏由企业方面填写）	

（3）记分方法。使用申请表进行人员预测最常见的方式是打分法。其步骤如下：首先，给申请表中的每一项都规定一个分数。分数是根据该项所能反映有关方面的工作表现情况（如工作年数、产品质量和数量）的程度而定。也就是说，和某一工作表现或要求相关性比较高的项目，分数高一些，而相关性比较低的项目，分数则低一些。然后，确定每一项的打分标准，这一标准要体现组织对申请人的要求。如果申请人的回答符合标准，则得分。反之，不得分或扣分。最后，把申请人各项得分相加，得到总分。根据总分确定选择决策。例如，某些岗位设淘汰分或最低分，只有高于此分数的人才能被聘用或进入下一阶段选拔，否则被淘汰。

2）核实履历的真实性

履历分析技术遇到的最大难题之一是候选人是否准确回答，其中检验候选人填写履历表的准确性就是一个关键问题。那么，如何了解真实情况呢？可以采用“信件核对”的办法进行检验。下面是一个通过信件调查表进行核对的例子。

我们正在考虑将王军安排到我们公司的一个销售职位上。在考虑聘用他的时候，我们希望能够得到您对他工作经历的评价。为了得到您的信息，我们已经将一份他本人签字的声明一并寄去，同意我们与您联系以获得一些有关他工作经历方面的信息。我们将非常感谢您提供给我们对他工作的客观评价，如果您有什么问题或要求，请随时与我们联系（信封上附有电话号码）。感谢您接受我们的请求。下面我们提出了一些想了解的信息，请您根据他在贵公司工作期间的表现来回答以下问题：

1.他是什么时候进入贵公司的？

从____年____月____日到____年____月____日。

2.请问他是否在您的直接领导下？（是/否）

3.如果不是，请问您和他是怎样的工作关系？

4.您观察他工作业绩的机会有多久？

5.在贵公司里，他最后的职务或职称是什么？

6.有没有其他员工受他领导？（有/没有）

7.如果有的话，请问是几位？

8.他的总收入为多少？（每年____元）

9.为什么他会离开贵公司？

【拓展阅读4-3】

如何判断个人简历、履历和推荐信的真实性

建议关注以下几个方面的问题：

1.学历、经验和技能水平。符合岗位要求为最好，对于内部招聘和外部招聘可以有一定的差别。

2.职业生涯发展趋势。这是值得关注的一个重要问题，主要是预测求职者任职的稳定性。可以关注求职者在一定时间内跳槽或转岗的频率。

3.履历的真实可信度。这也是应关注的重点，主要看求职者所填写资料是否实事求是。如当时面临的任务是什么？采取了什么行动？结果如何？

4.自我评价的适度性。适度的自我评价能够反映求职者的成熟度和自我认知的客观性。

5.推荐人的资格审定及评价内容的事实依据。推荐人是否可靠、客观，提供的事实是否有说服力。

6.书写格式的规范化。这能体现求职者的基本水平和素质，必要时可以要求其提供手写的简历或信件。

7.求职者联系方式的自由度。有关求职者联系方式应当尊重其本人的意愿。

互动课堂4-2

（分析提示）

应聘者在求职过程中，都会尽量展示自身优秀的一面，力求将简历“包装”得完美，这样就难免出现部分虚假的信息。B公司的小王负责2022年的校园宣讲工作。按照过去2年的招聘经验，每次宣讲会后，公司一般都会收到400份左右的简历。为抢占先机，吸引优秀毕业生加盟，公司要求招聘小组成员在1天内筛选出笔试的人员。

问题：如果你是小王，如何通过对简历的筛选，发现和辨别其中的虚假信息呢？

4.2.2 心理测验

1）心理测验的概念

心理测验是通过观察人的少数有代表性的行为，对人的全部行为活动中的心理特点做出推论和数量化分析的一种科学手段。

目前市面上出售的一些心理测验题册通常是不符合标准的。真正的心理测验必须严格按照标准化的编制过程，经过大量研究、分析，并经过大量反复实测统计检验才能正式使用，科学化的心理测验最起码要符合以下标准：测验的信度与效度较高，具有代表性较好的常模。

信度又叫可靠性，指的是测量的一致性程度。一个好的测量工具必须稳定可靠，即多次测量的结果要保持一致，否则便不可信，即信度低。一般来说，能力测验、知识性测验信度系数应达到0.90以上，有的可以达到0.95；而性格、兴趣等人格测验信度系数，通常为0.80～0.85或更高些。当信度系数低于0.70时，就不宜用测验对个体进行评价了。

效度指的是测量的正确性，即一个测验能够测量出所要测量东西的程度。效度所要回答的两个基本问题是：一个测验测量的是什么特性？它对所要测量的特性测得有多准？

信度与效度的关系是：一个测验的信度高，效度未必高，而信度低，效度也会低；相反，效度高，则信度一定较高。

常模是什么呢？我们在对能力测验、个性测验的分数进行解释时，通常把被试个体的分数与有关团体进行比较，根据一个人在所比较团体内的相对位置来报告他的成绩或特点。这里用来作比较的参考团体叫常模团体，常模团体的平均分数叫常模。

当我们选择测验时，首先要询问其测验的功能与目的；然后，要了解其常模团体是什么，是大学生还是企业经理人员，或是政府官员，常模团体有多大，代表性如何等；最后，检查其信度、效度是否达到标准。

2）主要的心理测验

（1）人格测验。人格反映了一个人的行为方式与思维特点，因此人格和人的某些方面的工作绩效有关。近年来，越来越多的研究表明：人格与管理者的领导风格和工作绩效有关。许多企业在人员招聘、管理者选拔时都采用人格测验。

在这里我们简要介绍两个测验，即卡特尔16种人格因素测验和DISC测验。

①卡特尔16种人格因素测验（简称16PF测验）。心理测验的早期研究者提出了人格的16种因素结构，并编制了权威的16PF测验，16PF测验包括乐群性（A）、聪慧性（B）、稳定性（C）、恃强性（E）、兴奋性（F）、有恒性（G）、敢为性（H）、敏感性（I）、怀疑性（L）、幻想性（M）、世故性（N）、忧虑性（O）、实验性（Q1）、独立性（Q2）、自律性（Q3）、紧张性（Q4）这16种基本因素的得分，通常还包含4项次级因素的得分。

卡特尔16种人格因素测验是由美国心理学家雷蒙德·卡特尔（R.B.Cattell）编制的。他认为人格是由许多特性构成的，由于各种特性在一个人身上的不同组合，构成了一个人不同于他人的独特人格。他把人格分为“表面特性”和“根源特质”。所谓表面特性是指一个人经常发生的、可以从外部观察到的行为；而根源特质则是制约着表面特性的潜在基础。卡特尔从许多表面的行为中抽取了16种“根源特质”，称为16种人格因素，然后他又据此编制了专门的量表进行测量。这就是卡特尔16种人格因素测验。

卡特尔16种人格因素测验具有较好的信度和效度，因而在全世界应用范围很广。我国是在20世纪80年代开始引进此种测验的。卡特尔16种人格因素测验适用于中学生、青年及成人，测验大约需要45分钟。

②DISC测验。DISC测验着重从以下四个与管理绩效有关的人格特质对人进行描绘，即支配性（D）、影响性（I）、稳定性（S）和妥协性（C），从而了解应试者的管理素质及情绪特点。

该测验包含24组描述人格特质的形容词，应试者要根据自己的第一感觉，从每组4个形容词中选出最适合自己和最不适合自己的形容词。研究表明，该测验为组织的人事甄选、录用、岗位安置提供了良好的测评手段。

（2）能力测验。能力是直接影响活动效率，使活动、任务得以顺利进行的心理特征。我们通常所说的一个人解决问题速度快、任务完成的质量高、活动效果好等，都是指这个人的能力强。能力总是在具体活动中体现出来。能力测验就是通过纸笔测验的方式鉴别出个体之间的这种差异。

我们通常将能力测验分为基本能力测验和特殊能力测验两类。

①基本能力测验。许多研究表明，智力测验和一般知觉测验可准确地预测管理者的成功。智力测验能够较好地预测基层管理者的绩效，但它不适合于预测较高层次的管理者绩效。智力测验必须测试那些与管理工作要求有密切联系的能力（如学习能力、分析问题的能力、决策能力等），才能成功地对管理者未来的工作绩效进行预测。智力测验对选择秘书一类的员工预测效度非常高，对小范围内的一线管理人员效度也比较高，如瑞文图形推理测验是了解公司基层员工基本能力的好工具，同时可以进行团体施测，常用的能力测验的信度都很高，在0.9左右。

②特殊能力测验。特殊能力测验是针对特定目的或者特定职业群体的能力测验，如行政职业能力测验、机械能力测验等。

（3）动机测验。动机测验主要从个体的需求、动机、兴趣等方面考查人与岗位之间的匹配关系。它对于选拔人员、激励方案的设计等方面很有参考价值。常见的动机测验有管理动机测验、职业兴趣测验等。

①管理动机测验是为评定个体管理工作中的动机水平而编制的。测验从权力动机、成就动机、亲和动机、风险动机4个方面描述应试者的动机模式和强弱程度。通过了解个体的动机水平和需求模式，有效地预测其未来的工作表现和绩效，以及个体自身的工作满意度。

②霍兰德职业兴趣测验采取艺术取向、事务取向、经营取向、研究取向、操作取向、社交取向6种职业偏好作为测量维度，了解职业和个体之间的匹配关系，从而为实现“恰当的人从事恰当的工作”提供可靠的科学依据。

（4）心理测验的文化差异问题。心理测验软件大多来自国外，用国外的测试软件对中国人才进行评估是否合适，此问题需要进一步思考。

心理测验肯定受文化地域的影响，特别是人格测验，所以许多跨国公司进入中国之后，可以照搬过来电子技术、通信技术、生物技术，但他们没有将本土总部的测试技术照搬过来，而是请中国当地的测评人员帮助他们开发测试技术，这是很明智的。国内有些人将国外测验直接翻译过来就匆匆编译成计算机软件，投放市场，有百害而无一利。心理测验软件是对心理测验的包装，测试软件是否科学，取决于心理测验本身是否科学，如前所述，真正的心理测验至少有三个标准：常模、信度及效度。我们不能因为测验有计算机软件就认为它是科学的。

当然，在国内测试技术比较落后的情况下，我们引进国外成熟的测验，采用科学化的测验编制方法，重新修订，具有较高的信度、效度，建立中国自己的常模，仍然是有很好的使用价值的，比如瑞文测验、16PF测验等。

3）心理测验的评定

所谓科学测试就是按某种规则对事物指定一个数字，以表示该事物某一些特征的数量，这些规则就是测量。但是心理活动是不能直接观测的，只能通过对行为的观察，根据人们对测验项目的反应，来推断他们的心理活动。因此我们的目的虽然是科学准确地了解、把握心理活动，但一般的心理测验实际上测量的却是反应行为，因此，心理测验会产生种种问题和困惑。但是心理测验在员工招聘中的优势是不容忽视的。

（1）心理测验的优点。心理测验在员工招聘中有许多优点，可归纳为以下四点：

①迅速。心理测验可以在较短的时间内迅速了解一个人的心理素质、潜在能力和其他各种指标。这样就为招聘工作带来许多方便。

②比较科学。世界上目前还没有一种完全科学的方法，可以在短期内全面了解一个人的心理素质和潜在能力，而心理测验能够比较科学地了解一个人的基本素质，这种优势已经被国内外许多企业的招聘工作所证实。

③比较公平。员工招聘中往往会出现不公平竞争的倾向，但心理测验在一定程度上可以避免这种不公平性。因为通过心理测验，心理素质比较高的员工可以脱颖而出，而心理素质较低的应聘者即使落选也会感到心平气和，因为他们知道自己心理测验成绩比较低。

④可以比较。员工智商高低通过智力测验的结果可以比较，因为用同一种心理测验得出的结果有可比性，而其他的方法往往在不同的场合、不同的地点，没有可比性。

（2）心理测验的缺点。心理测验并非完美无缺，它也有自身的缺点。

①可能被滥用。心理测验虽然是一种科学的测量手段，但是也可能被人滥用。比如，有些企业在员工招聘中滥用不合格的量表，得出的结论当然就不能令人满意。

②可能被曲解。心理测验的结果解释是一项严肃的工作，如果不能够准确地解释

心理测验的结果，会有很大的危害性。因为有的时候，曲解了测验的某一结果，对某人的心理活动和以后的行为都可能产生不良后果。比如，有些人认为智商高就一定能成功，那么看到智商低的人，他就会产生一种鄙视，其他人也会对智商低者的能力产生一种消极的影响，这样曲解心理测验的结果，就会产生一些不良的后果。

（3）运用心理测验的对策。我们要充分发挥心理测验在员工招聘中的作用，尽量克服与防止可能产生的不良影响，因此要采取一些措施。

①标准化。我们在员工招聘中进行心理测验，一定要尽量运用标准化的量表、标准化的指导语、标准化的环境、标准化的程序，这样才能够得出一个比较准确的测验结果。

②严格化。我们在进行心理测验时，应该聘请经过专门训练的心理学专家来指导。另外，测验量表尽量保密，不要让无关的人员接触到量表，尤其是量表的标准答案。另外，在进行心理测验时，评价一定要谨慎，这样才能够全面地、合乎逻辑地、科学地来评价一个人的心理素质和潜在能力。

4.2.3　知识考试

在企业员工招聘中，知识考试历来被广泛地使用。

1）知识考试的概念

（1）知识考试的定义。知识考试简称考试，是通过纸笔测验的形式对应试者的知识广度、知识深度和知识结构进行了解的一种方法。根据招聘的需要，有的时候需要对应试者的知识广度进行全面的了解，有的时候可能需要对知识的深度进行深入的了解，但有的时候也可能需要对应试者的知识结构进行必要的了解，以全面了解应试者掌握知识的水平。

（2）知识考试的种类。知识考试种类众多，但是归纳起来，主要有以下三种：

①百科知识考试，又称广度考试，或者叫综合考试。考试内容很广泛，可以包括天文地理、自然常识、社会常识、数理化、外语、体育、文艺等。百科知识考试的目的主要是了解应试者对基本知识的了解程度，以及掌握知识的水平。

②专业知识考试，又称深度考试。主要考试内容是指和应聘岗位有直接关系的专业知识。例如，招聘化学工程师，专业知识考试内容可以包括普通化学、有机化学、无机化学、分析化学、物理化学等，以了解该应聘者对化学知识掌握的广度和深度等。

③相关知识考试，又称结构考试。这主要是了解应聘者对应聘岗位有关知识掌握情况的考试。例如，应聘公关人员，相关知识考试内容可以有社会学知识、心理学知识、人文知识、历史知识、管理知识等。

2）知识考试操作

（1）试卷的设计。试卷的设计直接影响到知识考试的质量，因此每一个主试一定要对知识考试的试卷设计充分重视。在设计试卷时我们要注意以下一些原则：

①自始至终符合目标。知识考试的目标是什么，在设计试卷时要从头到尾贯彻执行，不能远离目标，这样才能得到应有的效果。

②各种知识考试类型可以结合起来运用。比如，在一张试卷上既可以有百科知识的内容，又可以有专业知识的内容，也可以有相关知识的内容。这样可以节省时间，在较短时间内尽可能地了解一个应试者各方面的水平。

③充分重视知识的实际运用能力。企业员工招聘中的知识考试和学校中的知识考试有所不同，因此知识考试中，不要过分强调背诵记忆，而主要考虑知识的运用能力。因此设计试卷时，要尽量多用案例及讨论等方式。

（2）考场的安排。

①事先要确定好考试的地点。

②在每一张桌子上贴上准考证号码。

③每位应聘者一张桌子，或者间隔一个人以上空位。

④在考场内禁止吸烟。

（3）监考老师。

①每个考场应该有2~4名监考老师。根据教室的大小、应聘人员的多少，至少应配备2名以上的教师进行监考。

②监考老师应当有一定的监考经验，遇到特殊情况，能够进行适当的处理。

③监考老师应该严格地执行考场纪律，如果有违纪者，应该严肃处理，这样才能够使知识考试顺利进行，并体现公平原则。

（4）阅卷的要求。

①要有标准答案。

②要防止先紧后松的现象。

③先试阅几张卷子，对应试者的水平有个初步的了解。

④如果有数位教师阅卷，可以由每位教师只阅其中的一题或几题，这样掌握标准比较准确。

3）知识考试的评价

虽然在企业员工招聘中经常运用知识考试，但是知识考试并不是只有长处毫无短处的首选测评手段。它有优点，也有缺点，因此我们要正确认识知识考试。

（1）知识考试的优点。知识考试具有公平、费用较低、迅速、简便等特点。

①公平。对于应聘者来说，知识考试是比较公平的一种测试手段。每个应聘者通过知识考试，可以了解自己掌握知识的多少。掌握知识较多的被录选，掌握知识较少的被筛选掉，使应聘者感觉到比较公平。

②费用较低。与其他各种测试手段相比，知识考试的费用是比较低的。测试单位往往只需请一些专业人员编制一套试卷，组织一些人员，再找几间房间，就可以对应聘者进行测试。

③迅速。知识考试出题、阅卷都比较迅速。

④简便。知识考试一般不需要特殊的仪器、特殊的专业人才，因此测试的过程比较简便，任何一个企业需要招聘员工时，都可以运用知识考试。

（2）知识考试的缺点。知识考试一般具有以下缺点：

①试题可能不科学。有可能知识考试的试题出的是怪题、难题，对于应聘者来说

是毫无意义的题目，这样虽然有些人考得比较好，但是并不说明他掌握了必要的知识，而有些人考得比较差，也并不代表他的知识水平比较低。

②过分强调记忆能力。有些试题往往是靠记忆、背诵来获取的，这样招聘的员工有可能是记忆能力比较强，而其他能力，如思维能力、动手能力等比较欠缺。

③阅卷标准不统一。有的时候因为没有标准的答案，或者是阅卷的人员素质比较低，所以阅卷时可能会出现偏差，这样测试的结果也就不准确了。

④没有可比性。因为知识考试试卷都是针对某一项招聘内容而设计的，所以两次考试的结果是不可以比较的。

（3）应用知识考试的对策。因为知识考试有其长处，也有其短处，因此我们在员工招聘中运用知识考试，要有适当的对策。

①有条件的企业应该自己建立题库。所谓的题库也就是有关的、大量的知识的积累，这样在每一次考试时，抽出有关的试题进行组合，测试时就比较科学了。但是入库的题目一定是要经过科学的测定，否则这个题库作用也不大。

②尽量请有关的专家出题。在请有关的专家出题时，一定要向他们详细地讲述这次招聘的目的，使专家们了解测试的目的，然后根据要求进行出题，这样才能更科学、更有针对性。

③一定要严格执行考试操作中的各项原则，尽量防止各种不科学、不公平、不严格的现象出现，这样可以使知识考试在员工招聘中发挥较大的作用。

4.2.4　面试

1）面试的含义

面试，是指经过精心设计，在特定场景下，以面对面的交谈与观察为手段，由表及里测评应试者有关素质的方式。面试包括结构化面试、半结构化面试和非结构化面试。

所谓结构化面试，就是指依照预先确定的内容、程序、分值结构进行的面试形式。或者说，是对同类应聘者，用同样的语气和措辞，按同样的顺序，问同样的问题，按同样的标准评分。结构化面试具有规范性、客观性、相对准确性、便于掌握评分尺度等优点。

微课：面试实施

所谓半结构化面试，就是指介于结构化和非结构化之间的一种面试。相对而言，半结构化面试的结果更有针对性，并且对主试的要求更高。半结构化面试主要测试应试者的沟通、分析、应对挑战和组织责任感等方面，适合于对管理人员或专业人员的测评。

所谓非结构化面试，就是指面试的内容、程序等都没有明确的规定，主试可以根据应试者的具体情况及面试的需要随机提出问题，并且可以根据应试者回答的某一方面进行深入、彻底、多层次的了解。非结构化面试一般具有面试问题的不确定性、面试答案的非标准性、面试过程的发散性、面试评分标准的模糊性等特点。

三种面试类型的比较见表4-4。

表4-4　　三种面试类型的比较

分类	特点	备注
非结构化面试	事先无特定准备的题目 无测评要素的设置 临场情境性高 高度依赖主试的经验与背景 资料整合难度高 评分者一致性较差 标准化程度低	多用于心理诊断，未经训练时使用效度低
半结构化面试	有面试提纲及备选问题 有明确的测评要素 操作可灵活变化 资料整合难度中等 评分者一致性中等 标准化程度中等	在招聘选拔中采用最多的面试方法
结构化面试	有准备完整的面试题目 严格按顺序依次提问 有明确的测评要素 临场情境性低 时间较长，略显枯燥 资料整合难度低 评分者一致性较好 标准化程度高	初学者比较容易掌握

面试按题目内容类型主要分为情境性、行为性、智能性、背景性面试。

2）面试设计的程序

面试只有经过科学的方法、严谨的设计程序、严格的操作顺序，才能提高信度和效度，才能充分发挥它在招聘中的重要作用。面试设计的基本程序如下：

（1）工作分析。首先应该对应聘岗位的工作进行认真分析，如该工作具体做什么事情，需要什么人员，人员需要什么素质才能够胜任这项工作等。

（2）确定目标。每一次面试，都应该有明确的目标，要明确通过这次面试应该了解到什么信息，应该达到什么目的。

（3）在工作分析的基础上，编制各种问题。这些问题可以包括有关工作环境的问题、有关工作态度的问题、有关工作经验的问题、有关工作技巧的问题、有关对工作的要求的问题等。

（4）决定如何去评价应试者的回答，也就是说要制定标准答案，应试者怎样回答算正确的或有效的，怎样回答是不正确的或无效的，要有一个明确的标准。

（5）要使用面试控制板，也就是说要把面试的目的、面试的问题写在一块板上，或者写在一张纸上，在面试时可以经常提醒主试始终围绕目标进行。

招聘面试提问通用题库见表4-5。

表4-5　　**招聘面试提问通用题库**

类型	序号	问题	测试要点
基本情况	1	请用最简洁的语言描述您从前的工作经历和工作成果	测试应聘者是否能够用几句话概括地介绍其主要的工作信息和重点业绩，而不是以“流水账”的形式重复履历表已经注明的内容。在介绍工作成果时，注意应聘者能否正确表述其在原单位所发挥的作用。尽管有关基本能力的提问大多可以通过简历或应聘表格反映出来，但通过回答可以考查应聘者的语言表达能力、仪表神态、注意力、肢体语言等方面
	2	您为什么重新求职	测试应聘者的求职动机是否合理。重新求职的原因可能因为应聘者原单位的问题，但通过回答可以考查应聘者是否能客观、委婉地说明原因
	3	什么样的单位是您求职的第一选择	测试在应聘者心目中是否对自己和单位的定位清晰明确，而不是盲目应聘
专业背景	4	您认为此工作岗位应当具备哪些素质	测试应聘者认为的岗位素质与招聘需要的岗位素质的吻合程度
	5	请谈谈您对您所从事专业的理解，在专业方面有哪些重要的成果	考查应聘者的专业功底
	6	您认为自己应聘的职位在公司里应当承担的主要职责是什么？您个人有哪些方面的优势能够胜任这一职位？还存在哪些缺陷和不足？准备如何来弥补	考查应聘者个人对工作的理解以及是如何考虑个人与工作之间匹配性的
	7	您认为自己在这个岗位上的竞争优势是什么	通过回答找到此应聘者与其他应聘人员的优势差异
工作模式	8	您平时习惯于单独工作还是团队工作	工作习惯与应聘者应征的工作岗位有关。通常需要经常与他人合作或接触的岗位（如秘书、公关等），建议养成团队工作习惯；而技术、设计类型的岗位则相对独立性较强
	9	在工作中您喜欢用哪种形式沟通？您认为什么是最有效的沟通形式	通常面对面直接沟通的方式最为有效，与书面沟通相比，面对面沟通发生误解的可能性较小
	10	在过去的工作中您学习到了什么	考查应聘者是否能够从专业成就、人际关系、组织、产品、服务等多个角度来回答问题。当谈及从前的经历时，可测试应聘者是否是个忠诚的、懂得尊重别人的员工
	11	您如何使自己了解业务上的最新动态	无论什么领域，都会有大量专业资料刊登在各类刊物上。对自己的专业研究得越深入，就越需要获得新的信息来源

续表

类型	序号	问题	测试要点
工作模式	12	请介绍您原来单位的几个主要竞争对手的情况	通过回答测试应聘者的市场竞争意识。对本单位津津乐道，但对市场状况及竞争行情不甚了解的人员不是一名全面的工作人员
	13	您在工作中通常怎样分配时间	测试应聘者对时间的分配和使用习惯
	14	您未来三年内的目标是什么？如何实现	考查应聘者是否对自己能够提出明确的目标，并有切实的行动计划；而不是“继续做好现在的工作”“加强学习”等模糊的概念
	15	您对我们公司以及您所应聘的岗位有什么了解	一名态度认真的求职者往往会在面试之前通过多种渠道去了解应聘单位。如果在应聘的开始已经向应聘者进行介绍，可测试应聘者倾听的关注程度。如果事先没有向应聘者进行有关本单位的情况介绍，应聘者可以借此机会提出了解单位的情况。主试人员在介绍完毕之后，仍可通过类似问题考查应聘者
价值取向	16	您对原来的单位和上司的看法如何	考查应聘者是否能够客观委婉地表达其看法，并结合自己放弃原来职位的意图
	17	业余时间您通常用来做什么	考查应聘者是否能够平衡工作与生活之间的关系
	18	描述您上一次在工作中挨批评的情景	测试应聘者在既属于个人隐私、又有很强的专业性的领域里的沟通能力如何，以及应聘者是否经得起批评，并了解他以前的工作环境和沟通状况
	19	您是否愿意接受心理测试	考查应聘者是否能够坦诚相告
	20	您觉得怎样才算是成功	考查应聘者是否能够把受到赏识与做出有意义的贡献联系在一起，而且可以正确地平衡事业与家庭之间的关系
	21	您认为做人的基本原则是什么	考查应聘者个人的行为准则和道德规范意识
资质特性	22	您如何描述自己的个性	测试应聘者的个性与招聘单位的文化、风气、行为准则、岗位特点等之间的匹配程度。例如，外向性格在公关、市场等工作岗位更具优势，内向性格在科研、档案管理等工作岗位更具优势
	23	请列举您的三大优点和三大缺点	应聘者是否能够坦诚相告自身的特性，并考虑其特质是否影响到此岗位的工作及团队工作
	24	您原来的同事通常是如何评价您的	考查应聘者是否了解自己在他人心中的看法，并正视面临的问题

续表

类型	序号	问题	测试要点
薪资待遇	25	是否方便告诉我您目前的薪酬是多少	
	26	您所期望的薪酬是多少	如果应聘者要求与更高层的主管商谈待遇问题，招聘者可巧妙地变换提问方式，“我们只是希望了解您能够接受的待遇范围，如税后月薪3 000~3 500元”
	27	您要求公司必须提供的福利有哪些？另外希望公司提供什么样的福利	涉及人力成本及相关法规的问题，同时通过应聘者谈到原单位的福利时，可以看出单位实力以及自身的承受能力
背景调查	28	您是否介意我们通过您原来的单位进行一些调查	重要的职位是必须进行调查的。通过应聘者回答问题时的态度及调查的材料可以测试其诚实程度

3）面试中的常见问题

（1）面试目的不明确。在进行面试前，面试考官应考虑：通过本次面试，要达到什么目的，面试的重点是什么，要不要先向应试者介绍工作岗位的真实情况，是否允许应试者提问，其他面试考官会问一些什么问题等。

（2）面试标准不具体。许多主持面试的人把重点放在问一些能使他们洞悉应试者是否能够成功的问题。可是在很多情况下，对于究竟是什么原因能使他们获得成功并不明确。对任何一个岗位来说，这些才能指的是工作成功所必需的相关知识、技能、能力和动力等范畴。

（3）面试缺乏系统性。面试的系统性要求设计出结构完整的面试流程，各个流程之间应密切联系起来。为了保证面试的系统性，面试考官应事先根据招聘岗位的要求拟定出完善的面试提纲。面试流程应该有怎样的顺序，每一个步骤要完成什么工作，获取什么信息，在拟定面试提纲时都应该考虑到。

（4）面试问题设计不合理。面试问题设计不合理的情形经常发生，如以下情形：

①直接让应聘者描述自己的能力、特点、个性的问题。这种类型题目的答案难以为面试考官提供有价值的信息，因为面试考官无法验证应聘者的回答是否真实。如果问了这种类型的题目，应该继续问一些行为性问题，让应聘者举出一些具体的实例来证明自己的答案。如果应聘者讲不出来，或含糊其词、前后矛盾，那么他所讲出的内容真实性就要大打折扣。举例如下：

面试考官：你认为你自己最主要的优点是什么？

应聘者：我善于分析问题。

面试考官：能不能列举一两个事件，证明你具有较强的分析能力。

应聘者：……

②多项选择式的问题。多项选择式的问题会让应聘者以为，正确的答案必然存在于几个选项之中，他会猜测面试考官的意图，然后作答。因此，提出这样的问题意义不大，应该将其改为开放性或行为性的问题（见表4-6）。

表4-6 **多项选择式的问题的修正**

修正前	修正后
1.你的管理风格是什么样的？X理论，还是Y理论	1.请描述你的管理风格，并举例说明你是怎样在工作中体现这些管理风格的
2.你觉得工作中最大的激励是金钱，还是从工作中获得快乐	2.你认为工作中最大的激励是什么？为什么
3.你的前一任主管是一个随和的人，还是一个严厉的人	3.你的前任主管是一个怎样的人？请你举一些具体的事实来说明
4.在你今后的职业生涯中，你是会继续在这个领域中工作，还是会做一些别的事情	4.你的中长期职业发展计划是怎样的
5.你是怎样分派任务的？是分派给有完成任务能力的人呢？还是分派给表现出对此任务有兴趣的人呢？或者随机分派	5.请描述你是怎样分派任务的，并举例说明

（5）面试考官的偏见。每一个面试考官个人的偏爱和过去的经历常常对面试有很大的影响，如个人喜好、信仰等与工作无关的因素，会在一定程度上影响他去正确地挑选应聘者。

①第一印象，也称为首因效应，即面试考官根据开始几分钟，甚至是面试前从资料（如笔试、个人简历等）中得到的印象对应聘者做出评价。

②对比效应，即面试考官相对于前一个接受面试的应聘者来评价目前正在接受面试的应聘者的倾向。例如，第一个应聘者的表现一般，而第二个应聘者表现出色，则第二个应聘者得到的评价可能会比他本应得到的评价更高。

③晕轮效应，就是“以点带面”，从某一优点或缺点出发去评价应聘者其他方面，如过分强调应聘者的不利因素，以致不能全面了解这个人。

④录用压力。当上级对招聘结果有定额要求时，面试考官对应聘者的评价就会偏高，或由于招聘时间紧迫，为完成招聘任务，不得不加快速度，急于求成。

4）面试的实施技巧

（1）充分准备。在明确面试目的的基础上做好充分的准备工作，包括但不限于针对面试的每一步设计合理的提问、制定科学的评价标准、对面试工作人员进行培训等。

（2）灵活提问。在面试过程中，应察言观色，细心观察应聘者的行为与反应。同时，还要对所提的问题、问题之间的变换、提问的时机，以及对方的答复等多加关注，尽可能采用灵活的提问方式，进行多样化的信息交流。所提问题可根据简历或应聘申请表中发现的疑点，先易后难逐一提出，尽量创造和谐自然的环境。

（3）多听少说。在面试过程中，面试考官应多听少说。一般而言，面试考官的提问时间不宜过长，重点是了解应聘者的工作经历和取得的业绩，澄清某些疑问，同时向应聘者提供关于企业和岗位的信息，回答应聘者提出的问题。在应聘者回答问题时，面试考官应该全神贯注认真倾听，不要发表任何结论性意见。

（4）善于提取要点。在面试实施过程中，面试考官应做好记录，但没有必要一字一句地记下来，而是要从应聘者的话中提取出与工作相关的信息。

（5）进行阶段性总结。面试本质上是一种口头交流的过程，存在一定的随意性，应聘者常常不能一次性地提供一个问题的全部答案，或者经常从一个问题跳到另一个问题，因此面试考官要想得到对一个问题的完整信息，就必须善于对应聘者的回答进行总结和确认。通常，面试考官可以用重复或总结的方式确认应聘者的回答。例如，“刚才你讲到你的主要工作职责有3项，一是管理公司的一些上传下达的文件，二是帮助总经理整理一些文字材料，请问剩下的一项是什么？”

（6）排除各种干扰。面试人员通常会选择安静的地点进行面试，尽量避免面试过程受到干扰，但在实施的过程中仍可能会遇到一些干扰，例如办公室外面有人讲话、电话铃突然响了等。无论发生什么样的情况，面试考官都应该控制自己，集中注意力，认真倾听应聘者的谈话。

（7）不要带有个人偏见。面试考官在面试的过程中或多或少会带有个人的偏见，如不喜欢应聘者的长相或穿着，或者觉得应聘者的声音比较怪等。这些偏见会影响面试的效果，应尽量克服。

（8）在倾听时注意思考。面试考官应该在倾听的同时注意思考。比如，可以分析一下应聘者所说的话，可以对比应聘者前后语言的一致性和逻辑性，可以思考下一个要问的问题，也可以观察应聘者的肢体语言，做一些记录等。这样有利于面试更有效地进行。

（9）注意肢体语言沟通。在面试过程中，不仅有语言信息的传递，也有肢体语言信息的传递。肢体语言是语言的有效补充，在不同的环境中，肢体语言有着不同的含义（见表4-7）。

表4-7　**肢体语言的典型含义**

肢体语言	典型含义
目光接触	友好、真诚、自信、果断
目光游离	冷淡、紧张、害怕、说谎、缺乏安全感
摇头	不赞同、不相信、震惊
打哈欠	厌倦
搔头	迷惑不解、不相信
微笑	满意、理解、鼓励

续表

肢体语言	典型含义
咬嘴唇	紧张、害怕、焦虑
跺脚	紧张、不耐烦、自负
双臂交叉在胸前	生气、不同意、防卫
眉毛上扬	怀疑、吃惊
眯眼睛	不同意、反感、生气
鼻孔张大	生气、受挫
手抖	紧张、焦虑、恐惧
身体前倾	感兴趣、注意
懒散地坐在椅子上	厌倦、放松
坐在椅子边缘上	焦虑、紧张、有理解力的
摇椅子	厌倦、自以为是、紧张
驼背坐着	缺乏安全感、消极
坐姿笔直	自信、果断

另外，心理学家研究发现，在人的面部表情上，厌恶主要表现在人的鼻子、下颌和嘴上，恐惧主要表现在眼睛上，悲伤主要表现在眉毛、嘴和眼睛上，生气主要表现在前额和眉毛上，而吃惊则可以表现在脸部的任何部位。

不过，肢体语言的情境性强，不同员工在同一情境下的同一肢体语言传递的信息不一定相同，同一员工在不同情境下的同一肢体语言传递的信息也不尽相同。因此，面试考官可以参考肢体语言传递出的信息，但不能单纯地根据肢体语言信息得出结论，正确的做法是在接下来的面试中收集更多的有用信息，进行综合验证和判断。

5）面试的评定

（1）面试的优点。面试能够在员工招聘中占有很重要的地位，就在于它有许多其他测试方法所不具备的优点。

①适应性强。面试可以在许多方面收集有用的信息，主试可以根据不同的要求，对被试提各种各样的问题，有时在某一个方面可以连续提多个问题，全面深入地了解被试。

②可以进行双向沟通。在面试时，主试可以向被试提问，被试也可以向主试提

问，主试在了解被试的同时，被试也在了解主试，这样对于招聘工作有比较积极的作用。

③有人情味。因为面试往往是面对面地进行沟通，所以比较容易产生一种良好的心理气氛，使被试感觉到主试对他的各种关心等。

④可以从多渠道获得被试的有关信息。面试不但可以通过提问了解有效的信息，还可以通过观察，包括看、听、问等各种渠道获取有关被试的信息，以便正确地了解被试的心理素质。

（2）面试的缺点。面试虽然有上述的优点，但是也存在一些不容忽视的缺点。

①时间较长。面试往往是一个被试要由一个主试来进行测试。一次面试时间短则十几分钟，长则半天，因此如果人数较多的人员招聘运用面试，效果不会很理想。如果面试时间太短，不容易了解到足够的信息，面试也就失去了意义。

②费用比较高。因为面试需要聘请专家，而且时间比较长，面试的费用自然也就比较高。

③可能存在各种偏见。不管面试的专家如何高明，但他毕竟是人，是人总会有一定的偏见，因此偏见在面试中是不可能完全排除的障碍。

④不容易数量化。面试数据往往可以定性，但不容易定量，因此在统计的时候比较困难。

表4-8是面试测评表的示例。

表4-8　**某知名中外合资企业面试测评表**

要素	观察内容	提问项目	评价要点
礼仪风度	1.仪容、衣着 2.行为、举止 3.敲门、走路、坐姿、站立等的仪态 4.口语		1.穿着整齐、得体、无明显失误 2.沉着、稳重、大方 3.走路、敲门、坐姿符合礼节 4.口语文雅、礼貌
求职动机与愿望		1.你选择本公司的原因 2.你选择本公司最重视什么 3.你对本公司的了解 4.你希望公司如何安排你的工作待遇	1.是否以企业发展为目标兼顾个人利益 2.回答完整、全面、适当 3.说服力
表现力、语言表达能力	1.将自己表达的内容有条理地、准确地传达给对方 2.引用实例、用词准确 3.语气、发言合乎要求 4.谈话时的姿态、表情合适	1.请谈谈你自己 2.谈谈你的优缺点 3.谈谈你的兴趣爱好 4.据你自我分析，最适合你的工作是什么	1.谈话前后连续性 2.主题、语言简洁明了 3.逻辑清楚 4.说服力 5.用词准确

续表

要素	观察内容	提问项目	评价要点
社交能力和人际关系		1.请你介绍你的家庭 2.你的朋友如何看待你 3.你希望在什么样的领导手下工作 4.你交朋友最注重什么	1.自我认识 2.交往能力
判断力、情绪稳定性	1.准确判断面临的情况 2.处理突发事件 3.迅速回答对方问题 4.处理难堪问题时的反应	1.假如A公司与B公司同时录用了你，你将如何选择 2.公司工作非常艰苦，你将如何对待 3.你怎么连这种问题都听不懂 4.你好像不太适合本公司的工作	1.理解问题的准确性、迅速性 2.自我判断能力 3.是逻辑判断还是感情判断 4.有自己的独到见解
行动与协调能力、工作经验	1.对自己认定的事能够坚持进行 2.工作节奏紧张、有序 3.集团工作的适应性 4.组织领导能力 5.能够更多地从他人的角度看待问题	1.你从事过何种勤工俭学工作 2.你参加过何种组织活动 3.你对某问题有过何种研究 4.谈谈你的论文写作过程	1.表现力 2.考虑对方处境和理解力 3.实践能力 4.交往能力
责任心、纪律性	1.负责到底的精神 2.对工作的坚持 3.令人信服地完成工作 4.考虑问题全面 5.对本职务的要求	1.你对分配的任务完成不了时如何处理 2.对学校的规章制度的看法是什么	1.自信 2.自律 3.意志力
个人性格、品质	1.有无不良的性格特征（过分狂妄和过分自卑） 2.有无偏激的观点 3.回答问题的认真度、诚实性 4.掩饰性	1.你认为现在社会中一个人最重要的是什么性格 2.你能否“受人之托，忠人之事”	1.诚实 2.人生观 3.信用
专业技能学识	1.对专业知识的了解程度 2.成绩 3.对所要从事的工作的认识	1.你为何选择你的专业 2.介绍一下自己成绩和擅长科目 3.你有何特长和具备何种资格 4.谈谈你从事这项工作的优势 5.你有什么重要工作经验	1.专业学识是否符合工作要求 2.有无特殊技能 3.有无工作经历
评价	面试结束后你的评价	经过上述面试，请你对你的面试结果做出初步的评价，说明为什么	1.综合、全面评定 2.尽量减少误差影响

4.2.5　评价中心技术

1）评价中心的概念

评价中心就是把被试置于一个模拟的工作情境中，采用多种评价技术，观察和评价被试在该模拟工作情境下的心理和能力。这项技术是通过创设一种逼真的模拟管理系统或工作场景，将被试纳入该系统中，让其完成各种工作，如集体决策、处理公文、处理各种突发事件、主持会议等。在这一过程中，主试采用多种测评技术和方法，观察分析被试在模拟情境中的心理及行为表现，以测试其管理能力和潜质等。

2）主要的评价中心技术

评价中心技术于第二次世界大战期间始创于德国，最初用于选拔军官。第二次世界大战后，这种方法进入工业界。评价中心技术有很多种，在这里具体介绍最主要的七种技术：无领导小组讨论、公文筐测验、角色扮演、事实搜寻、案例分析、演讲、管理游戏。

（1）无领导小组讨论。无领导小组讨论是评价中心技术的主要组成部分，是指由一定数量的一组被评人（6～9人），在规定时间内（约1小时）就给定的问题进行讨论，讨论中各个成员处于平等的地位，并不指定小组的领导者或主持人。通常，被评人通过讨论得到的一个全体成员一致认可的用于问题解决的决策方案，评价者通过被评人在讨论中的语言及行为的观察评价被评人的领导能力、人际沟通能力、主动性、口头表达能力、说服力、自信心等。一般情况下，无领导小组讨论都要进行录像，然后评价人员根据录像内容进行评分。

无领导小组讨论法运用松散群体讨论的形式，快速诱发人们的特定行为，并通过对这些行为的定性描述、定量分析以及人际比较来判断被评者个性特征，在员工选拔中效果明显。国外的研究机构表明，无领导小组讨论在评价中心的使用频率为59%，而国内的一项研究表明其在评价中心的使用频率为85%。国家公务员考试也将无领导小组讨论列入测验中，该方法在企事业单位的人才选拔实践中广为使用。

①无领导小组讨论的类型。无领导小组讨论可以从两个角度进行分类。

微课：无领导小组讨论

根据讨论的主题有无情境性，可以分为无情境性讨论和情境性讨论。无情境性讨论一般针对某一个开放性的问题来进行，如“好的管理者应具备哪些素质?”或是一个两难问题，如“在企业，管理者应该更重公平还是更重效率?”情境性讨论一般是把应聘者放在某个假设的情境中来进行，如假定各个应聘者均是某公司的高级管理者，让他们通过讨论去解决公司的裁员问题，或是解决公司的资金调配问题等。

根据是否给应聘者分配角色，可以分为不定角色的讨论和指定角色的讨论。

不定角色的讨论是指小组中的应聘者在讨论过程中不扮演任何角色，可以自由地就所讨论的问题发表自己的见解，既可以以局中人的身份进行主观分析，也可置身其外进行客观的评价，具有一定的灵活性；指定角色的讨论中，应聘者分别被赋予一个固定的角色，如让他们分别担任财务经理、销售经理、人事经理、生产经理等职务，以不同的身份进行讨论，在各自角色的基本利益不完全一致，甚至是有矛盾的前提下，进行自由讨论，并达成小组的一致意见。

在实际运用无领导小组讨论时，可以根据具体的需要和实际的可行性选择适当的讨论类型。

②无领导小组讨论的优缺点。目前，世界许多企业在高级人才招聘、职务晋升中都选择使用无领导小组讨论法，该方法被视为企业招聘、选拔中高层管理人才的最佳方法，被越来越多的企业人力资源部门所关注。它具有以下优点：

A.具有生动的人际互动效应。针对小组要讨论的题目，各被评者需要从与他人的沟通中得到信息并表现自己，这种交叉讨论、频繁互动的过程有利于评价者从整个讨论过程中捕捉被评者的语言表达能力、人际影响力、领导风格等。基于这一特点，无领导小组讨论适用于那些经常需要人际沟通的岗位员工的选拔，如人力资源部门主管、销售部经理等，而对于较少与人打交道的岗位，如财务管理人员和研发管理人员的选拔，无领导小组讨论一般不适合。

B.能在被评价者之间产生互动。评价者不参与讨论，被评价者面对的不再是应聘企业的工作人员，心理状态有所改变，能够表现出比较正常的行为状况，一些笔试和面试不能考查或难以考查的能力或素质可以通过这种方法得到评价。被评价者通过互动，各自的特点在与他人沟通中得以表现，大致可展现出他在团队工作中的特点。

C.讨论过程真实，易于客观评价。被评价者就一个问题或在设置的情境中进行讨论，使他们能表现出更多的真实行为。特别是设置一些与工作相关的典型情境，与实际工作相关性高，因而被评价者容易接受这种方法，并能表现出真实的能力水平，易于评价者对其做出客观、准确的评价。

D.被评价者难以掩饰自己的特点。被评价者在讨论的过程中或多或少倾向于尽量表现自己的优点、掩饰自己的缺点。在笔试和一般面试中，被评价者更容易掩饰自己，而在无领导小组讨论中，被评价者之间的表现是无法提前准备的，同一时间要展示自己多方面的素质，在临场发挥的情况下难以掩饰自己。

E.测评效率高。无领导小组讨论同时对多名被评价者进行考查，比起其他评价方法要节省时间，减少重复工作量，并在一定程度上减少题目泄露的可能性。

尽管无领导小组讨论在企事业单位的中高级管理者选拔中已经得到了广泛应用，但仍存在一些缺点。

A.题目的质量影响测评的质量。无领导小组讨论要求题目有很高的质量，要能反映岗位能力要求，与实际工作相关联，还要能激发被评价者具有个体差异的行为表现等。设计一个兼顾各个方面的题目不是一件容易的事，如果题目设计得不好，会直接影响测评的质量，对被评价者而言就有失公平。

B.对评价者和测评标准的要求较高。无领导小组讨论的评价者应该是受过专门培训并具有一定实际操作经验的专业人员。他们必须能对被评价者的行为进行观察，做出准确客观的评价。但实际操作中有时主观因素影响较大，有的单位的评价者凭印象给被测评者打分，结果导致不同的测评人给出的评分结果差距较大。甚至评价者在小组讨论过程中还相互交流看法，完全失去了评分的独立性和操作的规范性。另外，如果没有统一而合适的测评标准也会导致测评结果失去价值。

C.应聘者表现易受同组其他成员影响。如果将一个思维清晰但不善言谈的人与几个语言表达能力很强的人分在一组，他就会显得迟钝木讷；若分到一群同样不善言谈的人中，他凭借敏捷的思维就会脱颖而出。因此，在无领导小组讨论中，被评价者的评价结果对同组其他成员具有依赖性。但是分组情况没有标准，所以一个人表现的优劣有时是取决于同组成员的，这自然会影响到评价结果。

D.被评价者的行为仍然有伪装的可能性。尽管无领导小组讨论的方法能够引发被评价者较为自然的行为表现，但由于被评价者努力猜测评价的意图，他们仍有可能伪装出故意迎合测评目的的行为表现。

互动课堂4-3

某集团公司随着业务的发展，规模持续扩张，多个分公司的业绩一直保持上升趋势，但是人才支持日渐乏力，特别是中层管理人员出现了短缺。公司高层管理人员决定通过外部招聘引进人才。其中一个招聘岗位是分公司的人力资源部经理，通过面试、笔试等初选、中选过程后，最后12人进入该岗位的终选阶段。经研究决定用无领导小组讨论的办法进行最终选拔，公司人力资源部接受这一任务并开始工作。

（一）准备工作

1.组织员工编制本次讨论的题目并设计评分表，这是保证无领导小组讨论有效性的关键。参考题目如下：

主题目：

你们是某集团公司下属的6个分公司的人力资源部经理，同时也是集团公司报酬委员会的代表，现在集团公司决定将一笔特殊的奖金授予6个分公司中的3名工作出色的员工。你们6个分公司各自推荐了一名候选人，你代表的是其中一个分公司。这笔奖金的总额是5万元。虽然你希望所有的候选人都能得到这笔奖金，因为他们都很优秀，但是公司的利益不允许你这样做，这笔奖金只能授予一等奖1人、奖金3万元，二等奖2人、奖金各1万元。

你会得到你所代表分公司的候选人的相关资料，并且分公司经理同意这个候选人争取这笔奖金。在委员会的讨论中你的任务是代表你的候选人争取更多的奖金，同时帮助薪酬委员会做出最合理的奖金分配决定。

委员会中的其他人也同时代表他们所在的分公司，会努力为他们所在的分公司的候选人争取尽可能多的奖金，在讨论开始之前，有10分钟的熟悉材料和准备时间，然后50分钟的时间用于讨论，可以先分别表明自己的建议，再集体协商。在讨论结束的时候，必须要拿出一个一致性的建议，否则任何人都无法得到这笔奖金。最后结果由一个人向考官汇报，并陈述理由，其他人可以补充。如果到规定时间，你们还没有得到一致的结论，那么你们每个人的成绩都会扣除一定分数。

候选人资料（1）

姓名：赵逸飞　　岗位：高级销售经理　　单位：设备公司

赵逸飞是一个年轻的销售经理，进入我们公司工作的时间并不长，但为公司做出的贡献是有目共睹的，他非常善于和客户建立关系，他与公司两个重要客户的密切关系是任何人不能比的。去年，他所完成的销售额是最高的。他给我们公司带来了很大的利益，但最近另一家与我们竞争的公司会给他提供20 000元的月薪，为了经济利益，他很可能会离开我们公司，这样不但会造成我们公司在经济利益上的损失，而且我们的竞争对手还会如虎添翼。

当与他谈话时，他说假如我们给予他实质性的增加薪水，他会留下来。他确实是一个难得的人才，我们应尽量保留这样的员工。

赵逸飞在上一次提薪时是很不幸运的，因为公司只给去年3月31日之前来公司的员工提薪，而他恰好是4月1日来的。我认为在这次特别奖金授予中应对其进行相应的弥补。

候选人薪金情况：

目前月薪：8 000元，与同类工作的员工的工资相比是中等水平。

最后一次奖金数目：2 000元。

在本公司服务时间：1年零5个月。

起始薪金：8 000元。

学历：本科。

相关工作经验：3年。

下次正常奖金时间：半年之后。

其余5名候选人资料类似。（略）

2.确定评分标准和评分范围，设计评分表（见表4-9）。共7个指标，优为10分，良为7分，中为4分，差为1分。

表4-9　无领导小组讨论评分表

测评指标	分析问题能力	组织协调能力	影响能力	决策能力	团队合作能力	语言表达能力	灵活性
权重	19	17	12	15	10	17	10
评分							
加权得分							
评分标准：优为10分，良为7分，中为4分，差为1分						总分	

3.组织评分者。本次无领导小组讨论的评分者共有6名，其中3名为总公司人力资源部有此类经验的员工、1名为总公司分管领导、1名为分公司经理、1名为专家。测试前组织评分组开会，就评分指标和评分标准等进行讨论，掌握本次评分的规则、各测评指标及评分标准。

4.选取会议室作为讨论场地，讨论时有闭路电视进行录像，桌子为环形，座位上有1~6号座签。评分者即考官列席，与被评价者距离适当。

5.将12人分为两组，每组6人。通过个人资料按照前述原则进行分组。

（二）具体实施阶段

1.进行无领导小组讨论前，由第一小组6人进行抽签，决定座次，然后进入场地并对号入座。

2.由一名考官主持，宣读完指导语后，将6份与题目相关的资料按号发给小组成员。然后宣读主题目，完毕后指令本次无领导小组讨论开始，同时计时。该考官回到考官席。

3.讨论过程中，考官可以边观察边对每个被评价者的行为表现进行记录，并不对讨论作任何干涉，60分钟后讨论结束，主持人宣布讨论停止，由一名代表阐述讨论结果，其他人可以进行补充。完毕后，本场讨论结束。（注意：由于本次两场无领导小组讨论所用的讨论题目相同，所以在第一组应试者离开后，第二组应试者进入讨论场地前，应避免两组应试者进行沟通，以防泄题）

（三）评分阶段

两场无领导小组讨论结束后，考官开会讨论评分结果。根据小组讨论时的录像重放，各考官进一步检验、修改、完善自己对每个被评者的评分情况。此次得分为各评价者的独立评分，根据各项指标的权重加权得到各被评价者的总分，这样就得到了6组数据。每组数据代表1个评分者对12名被评价者的评分情况，对这6组数据进行统计分析，用方差分析检验其一致性。

1.若一致性好，说明各评分者所做出的评价结果趋同，意见相差不大，然后求出各个被评价者的平均总得分，评价者再对每位被评价者的表现进行讨论，进行细微调整得出最后排名。

2.若统计分析结果相差较大，评价者要说明各自的评分依据，并进行交流，然后根据录像对每位被评价者重新打分。此次得分为集体统一评分，经过加权求出每位被评价者的总得分并进行排名，但这次排名并非最终结果，还要结合之前各被评价者的独立评分结果进行讨论才能得到最终排名。这次讨论比较关键，因为是评分者主观和客观意见趋同的过程。

评分结束后，要求写出本次无领导小组讨论的评价报告，包括实施过程、出现问题等。重点写明初定终选结果，并说明原因，交由上级领导决议。

另外，选拔结束后，应总结本次无领导小组讨论组织与实施各方面的经验与不足，以后再用同种方法进行选拔时注意改进。

资料来源　吴志明.员工招聘与选拔实务手册［M］.北京：机械工业出版社，2002.

分析提示：熟悉“无领导小组讨论”的实施程序。

【拓展实训4-2】

管理能力自测

1.测试说明

以下试题表示肯定的计1分；表示否定的计0分，做完后进行测试结果分析。

2.测试题目

（1）习惯于在行动之前制订计划。（是/否）

（2）经常出于效率上的考虑而更改计划。（是/否）

（3）经常收集他人的各种反馈意见。（是/否）

（4）认为实现目标是解决问题的继续。（是/否）

（5）临睡前思考筹划明天要做的事情。（是/否）

（6）事物上的联系、指令常常是一丝不苟。（是/否）

（7）有记录自己行动的习惯。（是/否）

（8）能够控制自己的行为。（是/否）

（9）无论何时何地，都能有目的地行动。（是/否）

（10）经常思考对策，排除实现目标过程的障碍。（是/否）

（11）能每天检查自己当天的行动效率。（是/否）

（12）经常严格查对预定目标和实际成绩。（是/否）

（13）对工作的成果非常敏感。（是/否）

（14）今天预计完成的工作不拖到明天。（是/否）

（15）习惯于在掌握有关信息的基础上制定目标和计划。（是/否）

3.测试结果分析

0~5分：管理能力很差。但你具有较高的艺术创造力，适合从事与艺术有关的具体工作。

6~9分：管理能力较差。这可能与你言行自由、不服约束有关。

10~12分：管理能力一般。你经常受到情绪的影响。

13~14分：管理能力较强。能稳重、扎实地做好工作，工作中很少出现意外或有损组织发展的失误。

15分：管理能力很强。擅长有计划地开展工作和学习，尤其适合管理大型组织。

【职业道德测一测4-1】

团结互助不仅便于企业营造和谐的人际氛围，而且能够增强凝聚力。团结互助的基本要求：平等尊重；顾全大局；互相学习；加强协作。

1.你与他人合作愉快吗？（　　）

A.从不　　B.较少　　C.较多　　D.总是

2.你发现一个同事在工作中遇到了困难，而你又具有解决这个困难的能力。在这种情况下，你通常会采取哪一种做法？（　　）

A.不主动去帮助，等他来找自己以后再提供帮助

B.在完成自己的工作以后，主动去帮助他

C.放下自己正在做的工作，主动去帮助他

D.让他在一旁看着，自己替他去解决问题

（2）公文筐测验。公文处理练习也称为“文件筐”，这是评价中心技术中最重要的测评方法之一，是对管理人员的潜在能力进行测定的有效方法。在这种测评方法中，被评价者将扮演某一领导者的角色，他将面对一堆信件或文稿，包括通知、报

告、客户的来信、下级反映情况的信件、电话记录、关于人事或财务等方面的一些信息、办公室的备忘录等。这些信件有来自上级或下级的，有组织内部各种典型问题和指示，有日常琐事，也有重要大事。所有的这一切都要求被评价者采取措施或做出决定，要在规定的时间内将这些公文处理完毕，在处理的过程中一般没有其他人的协助。公文筐测验是一种情境模拟测验，不是一种纸笔测验。测验在假定情境下实施，该情境模拟一个公司所发生的实际业务、管理环境，提供给应试者的信息涉及财务、人事备忘录、市场信息、政府的法令公文、客户关系等十几份甚至更多的材料。这些材料通常是放在公文筐中的，公文筐测验因此而得名。测验要求应试者以管理者的身份，模拟真实生活中的办法，在规定条件下（通常是时间较紧迫的条件），对各类公文材料进行处理，形成公文处理报告，以此考查应试者在规定条件下处理问题的行为表现和书面作答能力，这种测评方法可以较好地反映被评价者在管理方面的计划能力、组织协调能力、判断能力、沟通能力、决策能力、领导能力等，此外还反映了对信息的收集和利用的能力、处理问题的条理性和灵活性，以及对他人的敏感性等。

公文筐测验是测试管理人员尤其是高层管理人员的潜能的最主要的方法。在国外，这种方法在选拔高层管理人员时比较常用，有着相当高的预测效度和实证效度。

【拓展实训4–3】

华达公司是一家民营上市公司，业务范围涉及水利工程、环保科技和电力自动化等多个领域，其人力资源部下设五个主管岗位，分别是招聘主管、薪酬主管、绩效主管、培训主管和劳动关系与安全主管，每个主管有2～3位下属。今天是2023年7月9日，你（李明翔）有机会在以后的1个小时里担任该公司人力资源部总监的职务，全面主持公司人力资源管理工作。

现在是上午8点，你提前来到办公室，秘书已经将你需要处理的邮件和电话录音整理完毕，放在了文件夹内。9点还有一个重要的会议需要你主持，在这1小时里，你的秘书会为你推掉所有的杂事，没有任何人来打扰。

【文件一】

类别：电话录音

来电人：刘增　国际事业部总监

接受人：李明翔　人力资源部总监

日期：7月8日

李总：您好，我是国际事业部的刘增，去年10月中旬，人力资源部曾要求各部门上报2023年的大学生招聘计划。由于我部业务的特殊性，不仅要求较高的英语水平，而且要懂一定的专业知识，这类人员在校内招聘的难度很大。此外，由于我们公司薪酬水平较低，即使招聘来也很容易流失，过去几年的流失率高达74%。为此我们国际事业部多次召开会议，并初步达成共识：公司需要制定中长期的人才规划以吸引并留住优秀人才。

但是，到底该如何操作，尚无具体方案。我刚和总裁通过电话，他建议我直接与您沟通，不知您有何意见，请尽快告知。

【文件二】

类别：电子邮件

来件人：张玲　绩效主管

收件人：李明翔　人力资源部总监

日期：7月7日

李总：您好！公司今年结束年中的绩效考核后，准备实施基于目标考核的新的绩效考核系统。从上周起要求各部门经理和员工一起制定员工下半年的工作目标，按原定计划，该项工作应在下周三前完成，绩效监督小组对工作进程进行了检查，发现全公司32名部门经理仅有4名完成了工作。大部分经理尚未开始进行目标设定，当我们希望他们加快进度时，很多部门经理抱怨根本没有时间，觉得和员工共同制定工作目标是表面文章。还有部分部门经理认为这是部门内部的事，监督小组是在干涉他们的工作。目前工作进展很不顺利，请您给我们一些支持。

（3）角色扮演。模拟面谈是角色扮演的一种形式。一般是由评价者的一名助手扮演与被评价者谈话的人，这个人是经过培训的，他的行为将遵循一种标准化的模式。这个与被评价者谈话的人可以充当各种与被评价者有关的角色，如充当被评价者拟任职位的下属、客户或其他可能与被评价者在工作当中发生关系的角色，甚至可以充当对被评价者进行采访的电视台的记者。按照具体情境的要求，这个人可以向被评价者提出问题、建议或反驳被评价者的意见、拒绝被评价者的要求等。被评价者必须与这个人进行交谈以解决他所要解决的问题，由评价者对面谈的过程进行观察和评价。这种测评方法主要考查被评价者的说服能力、表达能力和处理冲突的能力，以及其思维的灵活性和敏捷性等。

（4）事实搜寻。这种测评方法并不像其他的方法那样要求被评价者解决一个问题，而让他去发掘一些与某个问题有关的信息。首先给予被评价者一个他所要解决的问题的少量的信息，然后他可以向一个能够提供信息的人询问额外的一些情况。被评价者需要用创造性的、有洞察力的方式进行提问，这样才能够获得更多的信息。在事实搜寻的任务当中，主要考查被评价者的分析问题能力、理解和判断能力以及社会知觉能力，同时也可考查他的决策能力和对压力的承受能力。

（5）案例分析。在案例分析这种测评方法中，通常是让一个被评价者阅读一些关于组织中的问题的材料，然后让他准备出一系列的建议，以提交给更高级的管理部门。这种测评方法可以考查被评价者的综合分析能力和做出判断决策的能力。它既可以考查一些一般性的技能，也可以考查一些特殊性的技能。

（6）演讲。在该测评方法中，被评价者按照给定的材料组织自己的观点，并向评价者阐述自己的观点和理由。有时，在被评价者演讲之后，评价者要向被评价者提问。这种测评方法可以考查被评价者的分析推理能力、语言表达能力以及在压力下的反应能力。

（7）管理游戏。管理游戏是一种比较复杂的测评方法。它要求被评价者扮演一定的角色，模拟实际工作情境中的一些活动。其优点在于它能够更好地再现组织中的真实的情况。这种方法较为复杂，但它也更为真实。它的缺点就在于对被评价者的观察和评价是比较困难的，而且这种方法费时较长。

上面只是介绍了七种不同的评价中心技术，事实上，还有许多类似的测评方法。测评情境不同，方法可以有多种多样，但它们的目的是相同的，都是用于揭示出特定职位上的特定技能和能力倾向，从而对被评价者进行测评。可以认为，上述所列的测评方法都是依据胜任特征，生成与不同的实际需要尽可能相似的管理情境，从而根据被评价者的表现来对其未来的发展潜力进行测评。不同的测评情境只是一种手段，一种为引出被评价者的管理行为的手段。测验人员在设计时可考虑不同的情况，选用不同的测评情境和方法。

【拓展阅读4-4】

沙盘推演测评法

早期的沙盘游戏主要用于儿童心理疾病的治疗。如今，沙盘被广泛应用于培训，也被赋予了新的内容与功能。沙盘游戏（也称为沙盘模拟培训）是一种全新的具有竞争性的体验式学习方法，它在企业培训，特别是针对高层管理人员的培训中具有独特的魅力。沙盘模拟培训是通过引领学员进入一个模拟的竞争性行业，由学员分组建立若干模拟公司，围绕形象直观的沙盘教具，实战演练模拟企业的经营管理与市场竞争，在经历模拟企业经营3~4年的荣辱成败过程中提高战略管理能力，感悟经营决策的真谛。每个年度经营结束后，学员们通过对当年业绩的盘点与总结，反思决策成败，解析战略得失，梳理管理思路，暴露自身弱点，并通过多次调整与改进练习，切实提高综合管理素质。沙盘游戏课程是欧美工商管理硕士的核心课程之一。欧、美、日等发达国家和地区的众多大中型企业将其作为中高层管理人员的常设必修课程。目前，沙盘游戏作为一种培训方法已风靡全球，成为世界500强企业中高层管理人员经营管理能力培训的首选课程。在国内，北大、清华、浙大、人大、上海交大等多所高等院校相继将系列沙盘模拟培训课程纳入其MBA、EMBA及中高层经理在职培训的教学之中。

实际上，沙盘游戏也可作为人事测评的重要手段之一，将该方法推广应用到人力资源管理开发的领域，于是沙盘推演测评法应运而生，该方法适用于针对企业高级管理人员的测评和选拔。通过沙盘推演，可以考查被试的决策能力、计划能力、统筹能力、预测能力、分析能力、沟通能力、解决问题能力、团队合作能力等。

3）评价中心技术的评价

（1）评价中心技术的优点。评价中心技术在企业员工招聘中的应用前景十分广阔，具有很明显的优点。

①信度高。评价中心技术的信度比其他测试的方法更高，一般能达到0.74～0.95。

②效度高。评价中心技术有较高的效度，这也是它明显优于其他测评方法的一个长处，它的效度一般能达到0.45～0.65。

③预测性强。有关企业运用评价中心技术之后，发现半年以后置信性的预测性R=0.69，1年以后置信性的预测性R=0.64，这说明评价中心技术的预测能力是很强的。

④使被试进行了一次系统的模拟练习，提高了管理水平。

（2）评价中心技术的缺点。评价中心技术虽然有其明显的优点，但是它也有一定的缺点。

①时间较长。评价中心技术的设计工作一般在1个月以上，主试培训一般是3～5

天，有时达到两个星期左右。评价中心技术的实施一般是1～3天，因此它的一个明显的缺点就是测试时间比较长。

②费用比较高。评价中心技术的工作量比较大，准备工作比较多，需要的道具比较多，因此它的总费用和其他测评相比要明显地高出许多。

③要有专家指导。企业自己运用评价中心技术，由于它的不规范，缺乏科学性，因此信度和效度都会降低，只有在专家的指导下运用评价中心技术才能得到比较好的效果，而有关的专家有的时候并不容易请到，因此给评价中心技术的推广造成一定的困难。

由于以上的缺点，评价中心技术不可能大规模地推广，或者说不能大面积地使用，在员工招聘中它一般都局限于高层次的管理人员或特殊的专门人员，如果要大规模地使用评价中心技术，它的信度、效度都会明显下降，更会由于费用的提高而得不偿失。

（3）评价中心技术的对策。评价中心技术的优点是显而易见的，因此我们还是应该尽量发挥它的优点，克服它的缺点，在员工招聘时积极地运用。

①在员工招聘中先用其他的方法筛选掉大部分不合格的应聘者，在最后阶段才使用评价中心技术测评，这样既可以节省时间，又可以降低费用。

②请专业公司或专业机构来实施评价中心技术。鉴于评价中心技术费用高、效果不易把握的特点，除非有足够的人力、物力来支持，否则企业最好不要轻易使用评价中心技术。

【拓展阅读4-5】

脑功能测试

现在常用的各种测试方法都是通过对被试的答题结果或言语表达、行为表现的分析来评价其相关素质的，很难排除主试和被试的主观意图的干扰。用来揭示大脑高级思维功能的脑像图技术则能实时地获取大脑的生物信号，不受被试的素质和文化背景的干扰，更为直接客观、准确地反映被试的实际能力状况。“脑像图技术”又称为“生物活动参量的处理方法”，1993年6月13日被国家专利局以“生物活动参量测量的方法和设备”授予中国专利，专利号为ZL 89 104 320.9。该项技术是在临床脑电图研究与应用的基础上，根据混沌动力学的原理建立的数学模型，利用电子计算机数码成像技术，接收人脑电波并将其绘制成直观的几何图形，以显示人类大脑的智能特征、智力特征、情绪特征、个性特征、思维品质特征，以及能力潜在的优势，是一项我国首创、国际领先的高科技。该项专利由享受国务院政府特殊津贴的著名脑电图专家、北京体育大学博士生导师、山西省中医研究院教授王德堃女士通过多年研究，进行了数万人的临床测试验证而发明。该项技术发明后，以“五连冠”时代的中国女排作为样本进行了国家希望队的组建，连续8年为北京八中超常班招收超常儿童进行测评，并已得到美国教育专家的认可。为此，1997年3月7日，中央电视台《东方之子》栏目专门以“脑像图技术的奠基人”为题，对这项技术成果和王德堃教授的发明过程进行了专题报道，目前该技术在山西经济管理干部学院人才测评室和国内一些人才评价机构得到一定的应用，信度、效度达80%左右。

脑像图技术并非在于回答智力或智商水平的高低，因为“尺有所短、寸有所长”，该技术所追求的目标，乃是认识个体智慧优势与群体优势是什么，找出优势所在，“扬长避短、事半功倍”。脑像图技术的重要价值在于从分析的角度出发认识物质的脑，从整合的角度出发认识精神的脑。这样，关于人的智能类型，如知识智能、创造智能、经验智能、感觉智能等，关于人的基本能力，如思维能力、组织能力、表达能力、创造能力、计划能力、示范能力、社交能力、协调能力等，这些大脑高级功能的物理学表述就成为可能。

脑像图技术的重要价值在于从分析的角度出发认识物质的脑，从整合的角度出发认识精神的脑。

4.2.6　背景调查

背景调查是指对候选人以往的经历（包括工作时间、岗位名称、工作职责、教育经历、薪资水平）、违规行为记录、诚信状况、他人的评价等进行调查。

1）背景调查适用范围

（1）在面试过程中对难以识别的应聘者的品质、价值观等方面，可以通过背景调查来了解。

（2）背景调查适用于对应聘者诚信度要求较高的岗位（如财务人员、采购人员等）。

（3）在面试过程中对所怀疑的问题，需要寻求有效证据时，可做背景调查，例如文凭真伪、离职原因等。

（4）对重要岗位的应聘者也需要做背景调查，例如对主管级以上岗位的应聘者，以及对掌握公司各种机密文件、客户资料和生产、工艺、技术岗位的应聘者。

2）背景调查的咨询对象以及相关调查内容

开展背景调查时需根据不同的工作经历和目标岗位，确认背景调查的主要内容。例如，企业在招聘技术型人才时，需提醒员工主动披露在原单位离职后，是否存在竞业限制情况，确保其入职目标岗位之后的合法性，避免被动地卷入法律纠纷。开展背景调查之前，企业须告知员工开展背景调查的意图，在员工同意后方可开展背景调查。通常，背景调查的咨询对象以及调查内容如下：

（1）人力资源部：了解离职原因、工作时间、是否有违规行为记录、薪酬福利等。

（2）部门主管：了解工作表现、胜任程度、团队合作、工作潜力等。

（3）部门同事（本部门或协同部门）：了解工作表现、服务意识、团队合作等。

3）背景调查的方式

背景调查可以选择电话调查、发函调查、网络调查、面谈调查等调查方式。通常，检验简历的真伪，根据候选人个人的回答判断简历各项内容的真实性；身份证的真伪核查，可登录全国公民身份证号码查询服务中心网站核查；毕业证书、学位证书是否造假，可通过中国高等教育学生信息网查询；职称、职业任职资格等证书是否造假，通过相关考试培训认证机构或网络查询；工作经历是否属实，需向候选人的原单位电话调查或者发函调查；是否与原用人单位解除劳动关系，可以要求候选人提供离职证明；职业道德如何，是否有职务违规行为记录，可向候选人原单位查询；离职的真实原因，根据候选人的回答向其原单位查询，判断两者的一致性。

4.3 招聘中的录用

人员录用是人员招聘的一个环节，主要涉及一系列有关录用的事宜，如决定录用人员、通知录用人员、试用合同的签订，以及员工的初始安排、试用、正式录用等。

4.3.1 通知录用者

1）公布录用名单

此阶段的任务是根据人员录用的原则，避免主观武断和不正之风的干扰，把选择阶段多种考核和测试结果结合起来进行综合评价，从中择优确定录用名单。录用名单确定后，张榜公布，公开录用，以提高透明度。这样做的好处是，一方面接受社会监督，切实落实招聘政策；另一方面可防止招聘中的不正之风，强化企业在社会公众面前的正面形象。

微课：员工录用管理

2）办理录用手续

单位招用员工，应向当地劳动行政部门办理录用手续，证明录用职工具有合法性，受到国家有关部门的承认，并且使招聘工作接受劳动行政部门的业务监督。单位办理招聘录用手续应向劳动行政部门报送员工登记表，填写内容包括：职工姓名、年龄、性别、民族、籍贯、文化程度、政治面貌、个人简历、考核的结果、单位同意录用的意见等。报经劳动行政部门的审查同意，在登记表上加盖同意录用的印章，录用手续即办理完毕。

（1）通知应聘者。通知应聘者是录用工作的一项重要内容。通知有两种，一种是录用通知，另一种是辞谢通知。两种通知是完全不一样的，一个是给人带来心情愉悦的通知，另一个是给人带来不太愉悦的通知。写录用通知相对容易，因为无论如何措辞，这封信都是人们乐意读到的，而写辞谢通知则相对较难。

①通知录用者。在通知录用者方面，最重要的原则是及时。录用决策一旦做出，就应该马上通知录用者。

在录用通知书中，应该讲清楚什么时间报到，什么地点报到，附如何抵达报到地点的详细说明和其他应该说明的信息。当然，还不要忘记欢迎新员工加入单位。在通知中，让录用者知道他们的到来对组织提高生产效率有重要的意义。另外，企业应用同样的方式通知其他录用者。

②回绝应聘者。一般而言，人们会选择写一封拒绝信的方法通知应聘者。当选择过程允许花在一个人身上的时间较多时，单位代表可以与应聘者坐下来解释为何录用另一个人。但是，由于时间限制等因素，单位经常会采取写一封拒绝信的做法。这样做的好处是，针对个人的信件通常会减少被拒绝的尴尬及应聘者对单位产生负面情绪

的情况，大多数人在经过一段时间后，都会接受未被选中的事实。同样，企业应该采用同样的方式通知所有未被录用的应聘者。

（2）关注拒聘者。无论用人单位如何努力地吸引人才，都可能发生应聘者接到录用通知未能准时报到的情况，用人单位的人力资源部或者高层主管应该主动打电话询问，并表示积极争取的态度。如果是候选人提出更高的薪酬要求，用人单位应该与他进一步协商；如果招聘活动中用人单位被许多应聘者拒聘，那么用人单位应该问清楚应聘者为什么拒聘，了解这些拒聘原因后，可以为用人单位以后的招聘活动提供有价值的建议。

4.3.2　签订合同

1）员工安排与试用

员工进入单位后，单位要为其安排合适的职位。一般来说，员工的职位是按照招聘的要求和应聘者的意愿来安排的。安置工作的原则是用人所长，人适其职，使人与事的多种差异因素得到最佳配合。人员安排即人员试用的开始，试用是对员工的能力与潜力、个人品质与心理素质的进一步考核。新员工的试用期一般为3～6个月。表4-10为职员试用通知表。

员工还要与单位签订相应的试用合同，员工试用合同是对员工与单位双方的约束与保障，试用合同应包括以下主要内容：试用的职位、试用的期限、员工在试用期的报酬与福利、员工在试用期应接受的培训、员工在试用期的工作绩效目标与应承担的义务和责任、员工在试用期应享受的权利、员工转正的条件和义务、员工试用期被延长的条件等。

2）正式录用

员工的正式录用即我们通常所称的“转正”，是指试用期满且试用合格的员工正式成为该单位的成员的过程。员工能否被录用，关键在于试用部门对其考核的结果如何，单位对试用员工应坚持公平、择优的原则进行录用。

在正式录用过程中，用人部门与人力资源部门应完成以下主要工作：员工试用期的考核鉴定；根据考核情况进行正式录用决策；与员工签订正式的劳动合同；给员工提供相应的待遇；制订员工发展计划；为员工提供必要的帮助与咨询服务等。

用人单位应根据劳动法与员工签订正式的劳动合同，便于维护用人单位和被录用的员工双方的合法权益。合同是单位与员工的契约，也是建立劳动关系的依据，并成为当事人的行为准则。

4.3.3　新员工的培训

新员工培训就是对新员工的工作和组织环境的介绍，让新员工了解单位的历史、现状、未来发展计划、他们所在部门的情况、组织的规章制度、工作的岗位职责、工作的流程、组织文化、组织绩效评估制度和奖惩制度，以及让新员工熟悉他们的同事。关键是让新员工明确组织对他们的期望。此外，还应让新员工了解遇到困难和问题时应通过什么渠道来解决。

表4-10　　　　　　　　　　**职员试用通知表**

<table>
<tr><td>姓名</td><td colspan="2"></td><td>性别</td><td></td><td>年龄</td><td></td><td>籍贯</td><td></td><td>学历</td><td></td><td>联系方式</td><td></td></tr>
<tr><td rowspan="2">职工试用单位</td><td colspan="2">职别</td><td colspan="4"></td><td rowspan="2">薪酬</td><td rowspan="2" colspan="2">本薪：　等　级
元</td><td rowspan="2">人事室</td><td>人事专员</td><td></td></tr>
<tr><td colspan="2">试用期间</td><td colspan="4">自　年　月　日
至　年　月　日
计　天</td><td>部长</td><td></td></tr>
<tr><td rowspan="2">试用结果</td><td>考核意见</td><td colspan="9">1.试用满意请照原工资办理任用手续（　月　日起）
2.试用成绩优良请以　等　级　元工资给办理手续（　月　日起）
3.需再试用
4.试用不合适另行安排
5.附心得一份</td><td>试用</td><td>考核人</td><td></td></tr>
<tr><td>主管意见</td><td colspan="9">1.同意考核人意见，拟准以试用原薪酬（支付等级薪酬）
2.拟不予任用　日再另行签核
3.延长试用期</td><td>单位</td><td>部长</td><td></td></tr>
<tr><td rowspan="2">批示</td><td rowspan="2" colspan="5"></td><td rowspan="2">秘书室意见</td><td rowspan="2" colspan="4">1.拟照试用单位意见自　月　日起以　等　级工资　元正式任用
2.试用不合格除发给试用期间的工资外拟自　月　日起辞退</td><td>人事经理</td><td></td></tr>
<tr><td>主管</td><td></td></tr>
</table>

新员工培训分两部分进行：一部分是上岗前的集中训练；另一部分是上岗后的分散训练。

1）上岗前的集中训练

上岗前的集中训练的目的是要解决一些共同的问题，让新员工尽快地了解企业的基本情况，可以采用发行内部刊物以及观看企业的有关录像或实地参观的形式。培训内容包括：

第一，帮助员工了解企业，培养新员工的认同感。可考虑观看企业的有关录像的形式讲述企业发展史、主要负责人、有关产品的生产经营状况、经营方针与发展目标等。

第二，在上述活动的基础上，要求新员工明确自己的工作态度和人生目标，同时提供有关员工常识的宣传，使新员工尽快完成角色转换。

第三，请员工讲述对企业的认识，了解新员工的思想状况和新员工对企业的期望。

2）上岗后的分散训练

上岗后的分散训练是让新员工了解所在部门的基本状况以及具体工作实际操作方法，可考虑采用现场演练或录像观摩法等方式进行。培训内容包括：

第一，基础知识教育。基础知识教育的主要目标是吸引新员工，增强亲切感。其主要培训内容包括：企业的经营理念、经营方式、发展计划、战略目标；增进新老员工的了解，加强企业的团结合作、相互协调精神；说明本部门的具体要求，如着装、谈吐等方面的要求；通过联谊等活动增强集体意识。

第二，教育重点。帮助新员工树立社会人、企业人的观念。其内容包括：表达能力的训练，如即兴演讲、指定题目的小组讨论等；了解企业对新员工的期望以及员工对企业的期望，找出相同与不同的地方，进行分析与协调，使新员工成为一个企业人。

实用案例 4-3

中兴通讯的招聘

目前，世界各国的通信企业都处于快速发展阶段，一方面，企业的业务迅速扩张，市场份额不断扩大；另一方面，技术的更新换代持续加快。二者都需要快速补充合格的人才，因此经常出现人力资源短缺的问题，这也成为限制企业业务拓展的主要障碍之一。

中兴通讯是一家能够保持人力资源扩张与企业快速发展相匹配的企业。中兴通讯一直非常重视招聘，提出了“以一流的标准选聘和培训员工”的理念，将“一流员工”定位为“在某一个专业领域里的国内前5%”。人力资源中心负责人认为，员工招聘就是从应聘者中挑选最适合特定岗位要求的人的过程，而企业招聘工作对选择过程的质量影响很大，如果符合条件的应聘者很少，可能不得不录用条件不是十分理想的人，企业就不得不加强培训工作，这增加了隐性成本。因此中兴通讯招聘时有两个规则：一是在招聘工作中花费大量精力和时间，二是重点考虑人才的背景。中兴通讯在搜索了30多万份简历，面试了10多万人后，最终录用了其中的1万多人。中兴通讯的大部分岗位都要求员工具备较深厚的技术背景，对应聘者就读的院校和专业都有较明确的要求，例如要求应聘者在重点本科院校接受教育。此外，中兴通讯对应聘者的工作经验及身体健康状况的要求也较高。中兴通讯的面试非常严格，分别从技术能力和素质考核两个方面进行考查，被面试者须通过6至7关，把关极其严格，实行一票否决，并且面试考官都是经过专业培训的。

中兴通讯以其独到的招聘理念和招聘方法，吸引了大批的优秀人才，为自身在市场中的表现奠定了良好的基础。

4.4 招聘中的评估

互动课堂4-4

大连华新能源汽车公司的招聘主管江涛不仅收集了公司总部技术中心的人员需求，还采集了综合管理部、电子电器部、北京研发中心等用人部门的人员需求。在确定了人员需求之后，他通过比较知名的招聘网站和报纸等媒体发布人员需求信息，然后通过人才市场招聘会等渠道进行了选拔，完成了招聘工作。在新员工入职后不久，电子电器部的刘部长找到江涛说："你们设计的招聘广告没有突出企业的形象，北京选拔的人员与大连选拔的人员使用有差别啊！"就在这个时候，电话铃响了，是北京研发中心的莫主任打来的电话，询问为什么北京需要的人员还没有全部到位。江涛连忙解释说："这次招聘的应聘者人数较多，初审合格率也比较高，自然影响到人员的选拔周期，希望莫主任能够谅解。"在接待完刘部长、莫主任之后，江涛要求刚刚入职的招聘助理黄林尽快对招聘工作进行评估。

问题：黄林应该怎样进行招聘工作的评估呢？

分析提示：招聘工作就是吸引求职人员来企业应聘的过程。黄林对招聘工作的评估主要可以从以下七个方面展开：招聘数量的评估、招聘质量的评估、招聘成本的评估、招聘成本效用的评估、招聘时间的评估、招聘渠道的对比分析、招聘广告的分析。

4.4.1 招聘工作的评估

1）招聘数量的评估

一般而言，通过招聘工作吸引来企业应聘的人数越多，就越有可能从中挑选出更多的优秀人员，招聘工作也就可能越有成效。相反，如果来企业应聘的人数越少，企业挑选的余地就越小。所以，应聘人数是衡量招聘工作成效的一个重要的检测指标，我们一般用应聘比来描述：

应聘比=应聘人数÷计划招聘人数×100%

应聘比越高，说明企业的招聘信息发布的效果越好，企业可以在较大范围内挑选应聘者；反之，企业则需要在较小的范围内进行挑选。一般来说，应聘比至少应该在200%以上，越是重要的岗位，该比率越大，录用人员的质量才可能越有保证。

2）招聘质量的评估

企业招聘的最终目的是要录用到合适的人才。所以，招聘工作能否给企业提供适当的候选人员，也就成了检验招聘工作的一项重要指标。

招聘质量的评估一般可以通过不同阶段被挑选出的合格人数和最终被录用人数来表示，即用初审合格率、复审合格率、录用比三个比率来描述：

初审合格率=通过求职材料筛选的人数÷应聘人数×100%

复审合格率=通过复审测评的人数÷应聘人数×100%

录用比=录用人数÷应聘人数×100%

在这三个指标中，初审合格率最能体现招聘工作的质量，因为初审基本上是按照招聘计划的要求进行的。一般来说，如果初审合格率高、复审合格率高、录用比低，就说明招聘工作的质量比较高。另外，招聘完成比也能在一定程度上反映出招聘工作质量的高低。招聘完成比可用公式表示为：

招聘完成比=录用人数÷计划招聘人数×100%

3）招聘成本的评估

首先需要对招聘成本构成进行分析，然后才能对其进行有效的评估。

（1）招聘成本的构成。招聘成本是企业为了吸引所需的人才而发生的费用，它由三部分构成：一是发生在招聘工作人员方面的费用；二是发生在招聘中介方面的费用；三是发生在招聘对象方面的费用。

①发生在招聘工作人员方面的费用。这部分费用也称为招聘工作人员费用，主要由两大部分组成：一是招聘工作人员的劳动报酬，主要是招聘期间工作人员的工资和福利；二是招聘工作人员外出招聘时发生的差旅费。

②发生在招聘中介方面的费用。这部分费用也称为业务费用，主要由三大部分组成：一是中介机构方面的费用，主要有人力资源库查询使用费、代理招聘费、招聘场地费、长期招聘场地租赁费、宣传设备设施租赁费、宣传材料费等；二是媒体方面的费用，主要是广告费，即在各个媒体发布广告的费用；三是相关专家方面的费用，主要指为选择招聘渠道、设计招聘广告、获取高级人才信息而向有关专家支付的直接或者间接的推荐费用。

③发生在招聘对象方面的费用。这部分费用也称为预付费用，主要由两大部分组成：一是针对大学生的招聘费用；二是针对来自社会的专业技术人才和高级管理人才的招聘费用。招聘成本可以用公式表示为：

招聘成本=招聘工作人员费用+业务费用+预付费用

（2）招聘成本的评估。招聘成本的评估是指对招聘工作中所发生的一切费用进行调查、核实、统计，然后参照一定的标准进行分析评价的活动。

①招聘成本预算。招聘成本预算的内容包括招聘工作人员费用、招聘中介费用、招聘对象费用。由于实际招聘工作情况的不确定性，招聘成本预算一般做得稍微宽松。

②招聘成本核算。招聘成本核算是对整个招聘过程中所发生的费用进行统计、计算和核实。通过核算工作可以了解招聘经费的使用情况以及其与招聘成本预算的差别情况。

③招聘成本的评估。招聘成本的评估通常采用三种成本比较标准，分别为：预算编制或者目标标准、行业标准、企业历史标准。企业将现实中发生的招聘成本与这三种标准进行比较时，不能只顾数字的高低，还要考虑外部经济环境和招聘工作的质量。

另外，招聘成本评估既要评估招聘工作的总成本，还要评估招聘工作的单位成本。招聘成本评估既要重视控制招聘成本，还要注重招聘质量，要能够及时发现问题和解决问题。

4）招聘成本效用的评估

招聘成本效用是指招聘期间的费用支出对于吸引应聘者的效用，可以用应聘人数除以招聘期间的费用来表示。该比例越大，说明招聘期间费用开支的效用越高，用于不同招聘渠道的费用组合越理想，越能吸引到大量合适的应聘者；反之，则说明无效的花费较多，招聘费用支出不理想，效果不佳。招聘成本效用可用公式表示为：

招聘成本效用=应聘人数÷招聘期间费用

5）招聘时间的评估

企业能否在较短的时间内吸引到一定数量的合格应聘人员，体现的是招聘工作的效率问题。招聘时间是指招聘需求确定之后，从开始接受应聘到获取一定数量的合格应聘者的时间。一般来说，企业在实际操作中对招聘时间的确定方法是：从企业发布招聘信息或者开始寻找应聘者的时刻起，到至少收到两倍于计划录用人数的合格应聘人员材料数为止的天数。

企业招聘时间评估就是看招聘工作者能否在规定时间内完成工作。

6）招聘渠道的对比分析

招聘渠道有内部招聘和外部招聘两种形式。一般来说，内部招聘比外部招聘在招聘成本、招聘时间、甄选的准确度方面都有自己的优势，但也存在诸如招聘数量方面存在局限、有时难以确保招聘质量等不足。因此，企业往往需要通过大量的外部招聘来解决人员需求问题，对招聘渠道的招聘效果进行比较分析也就显得尤为重要。

针对不同的招聘渠道，在招聘数量、质量、成本、时间和效度等几个方面进行比较分析，能够找出那些为企业招聘工作带来低成本、高效率、高效益的招聘渠道，并可以在以后招聘工作中加以改进和利用。

7）招聘广告的分析

招聘广告是企业快速发布招聘需求信息的重要宣传工具。招聘广告的成效如何，主要取决于广告媒体的选择和广告内容的设计。

招聘广告媒体的选择是解决如何有效地将信息传递到有需求的求职者当中去的问题。如果企业能够有针对性地选择适当的宣传媒体发布信息，就能够以合理的广告费用在较短的时间内吸引到足够数量的合格应聘者。招聘广告内容的设计主要是解决如何吸引更多的应聘人员的问题，人们普遍认为，招聘广告中岗位的需求、应聘的方式、待遇和发展信息是招聘广告设计的必备要素。

【拓展实训4-4】

黄林应该怎样进行招聘工作的评估

接着分析互动课堂4-4，黄林对招聘工作的评估主要从以下七个方面展开：

第一，招聘数量的评估。这次公司计划招聘的人数是42人，实际应聘人数是218人。对招聘数量的评估采取应聘比指标，具体计算如下：

应聘比=应聘人数÷计划招聘人数×100%=218÷42×100%≈519%

这个比率还是比较理想的，说明企业的招聘信息发布的效果较好。

第二，招聘质量的评估。本次招聘活动中通过求职材料筛选的人数为320人，通过复审测评的人数为289人。人员招聘工作质量的评估可以用初审合格率、复审合格率、录用比三个比率来描述：

初审合格率=通过求职材料筛选的人数÷应聘人数×100%=320÷218×100%≈147%

复审合格率=通过复审测评的人数÷应聘人数×100%=289÷218×100%≈133%

录用比=录用人数÷应聘人数×100%=42÷218×100%≈19%

第三，招聘成本的评估。黄林从招聘工作人员发生的费用、招聘中介发生的费用及招聘对象所发生的费用三个方面统计招聘成本，总计约7 800元。本次招聘发生的费用水平与其他企业基本一致，符合公司8 000元的招聘预算。

第四，招聘成本效用的评估。就公司支出的7 800元招聘成本来说，如果能够吸引更多的求职者来应聘，那么招聘成本效用就比较理想；反之，如果应聘人员比较少，则说明无效的招聘花费比较多，招聘费用支出不理想，效果欠佳。

招聘成本效用=应聘人数÷招聘期间费用=218÷7 800≈0.028

第五，招聘时间的评估。黄林对招聘时间的评估的具体做法是：4月1日企业在各大媒体发布了招聘信息，根据以往的经验，整个招聘周期为从发布信息开始到至少收到2倍于计划录用人数的合格应聘人员材料数那天为止的天数，具体时间大致为2个月，黄林就把这个时间段作为评估的对象。

第六，招聘渠道的对比分析。这次招聘采用的是外部招聘方式，没有必要对招聘渠道进行对比分析。

第七，招聘广告的分析。招聘广告是企业快速有效发布招聘需求信息的重要宣传工具。这次招聘广告吸引了较多的应聘人员，说明招聘广告的宣传是有成效的。

4.4.2　录用质量评估

一般情况下，企业录用质量评估主要可以用四个指标来衡量：

1）新员工的满意度

新员工的满意度能够反映新招聘员工对企业的满意程度。对新入职的员工来说，如果企业对他们的工作生活安排科学合理、对他们的培训合理到位，新员工的满意度就会得到提高。

新员工的满意度=对录用工作满意的新员工数÷新员工总数×100%

2）新员工的离职率

对于新员工的离职率，可以用前面提到的新员工3个月内的离职率和6个月内的离职率来反映。

3）新员工业绩优秀率

可以用一定时期内的新员工业绩优秀率来进行录用工作质量评估。

4）新员工人均事故率

新员工人均事故率是用来说明新员工在一定时期内（一般是1~3个月）的违纪和事故发生情况的指标。新员工人均事故率可以考查新员工对企业规章制度的了解程度和对安全技术规章的掌握程度。

新员工人均事故率=新员工违纪和事故发生数÷新员工总数×100%

互动课堂4-5

天洪公司创立了15年，拥有10多家连锁店。在过去的几年，公司从外部招聘来的中高层管理人员中大约有50%的人员不符合岗位的要求，工作绩效明显低于公司内部提拔起来的人员。在过去的两年中，公司外聘的中高层管理人员中有9人不是自动离职就是被解雇。

从外部招聘来的商业二部经理因年度考评不合格而被免职之后，终于促使董事长召开了一个由行政副总裁、人力资源部经理出席的专题会议，以分析这些外聘的管理人员频繁被更换的原因，并试图得出一个全面的解决方案。首先，人力资源部经理就招聘和录用的过程作了一个回顾，公司是通过职业介绍所或者在报纸上刊登招聘广告来获得职位候选人的。人员挑选的工具包括一份申请表、三份测试（一份智力测试和两份性格测试）、有限的个人资历检查以及必要的面试。

行政副总裁认为，他们在录用某些职员时犯了判断上的错误，应聘者的履历表看上去挺不错，他们说起话来也头头是道，但是工作了几个星期之后他们的不足就明显地暴露出来了。董事长则认为，根本的问题在于没有根据工作岗位的要求来选择合适的人才。“从表面上看，几乎所有我们录用的人都能够完成领导交办的工作，但他们很少在工作上有所作为，有所创新。”人力资源部经理提出了自己的观点，他认为公司在招聘时过分强调了人员的性格特征，而并不重视应聘者过去在零售业方面的经历，例如在7名被录用的部门经理中，有4人来自与其任职无关的行业。

行政副总裁指出，大部分被录用的职员都有某些共同的特征，例如他们大都在30多岁，经常跳槽，多次变换自己的工作；他们都雄心勃勃，并不十分安于现状；在加入公司后，他们中的大部分人与同事关系不是很融洽，与直属下级的关系尤为不佳。

会议结束的时候，董事长向人力资源部经理提出：“彻底解决公司目前在人员招聘上存在的问题，采取有效措施从根本上提高公司人才招聘的质量！”

问题：

（1）天洪公司管理人员的招聘有什么问题？造成这些问题的原因是什么？

（2）你对该公司管理人员的招聘有哪些更好、更具体的建议？

（3）企业是否应该重视招聘评估？如何进行招聘评估？

分析提示：

（1）存在的主要问题：①中高层管理人员的招募渠道不适合；②甄选环节忽视应聘者与应聘岗位的适合度；③录用环节犯了判断性错误。

主要原因是该企业缺乏系统而且规范的招聘计划，并且忽视企业招聘评估。

（2）建议中高层管理人员的招募通过猎头公司推荐，并强化甄选环节的测试，保证录用后实现人岗相匹配。

（3）应该重视招聘评估，建议从招聘数量、招聘成本效用等多方面进行评估。

4.4.3　撰写招聘小结

1）撰写招聘小结的原则

（1）真实地反映招聘的全过程。

（2）由招聘主要负责人撰写。

（3）明确指出成功之处和失败之处。

2）招聘小结的主要内容

（1）招聘计划。

（2）招聘进程。

（3）招聘结果。

（4）招聘经费。

（5）招聘评定。

3）招聘小结范例

公司春季招聘小结

（一）招聘计划

根据2020年1月3日第二次董事会的决议，向社会公开招聘负责国际贸易的副总经理1名、生产部经理1名、销售部经理1名。

本次招聘由人力资源开发管理部黎明经理在分管副总经理李伟的直接领导下具体负责。

招聘测试工作全权委托光明管理咨询公司人力资源服务部实施。

（二）招聘进程

2月1日，在《齐鲁晚报》刊登招聘广告。

2月15日至2月20日，报名登记。

2月20日至2月29日，初步筛选，去掉一些明显不符合要求的应聘者。

3月1日至3月31日，招聘测试。

4月1日至4月10日，最终人事决策。

（三）招聘结果

1.副总经理应聘者38人，参加招聘测试25人，送企业候选人3名，录用0人。

2.生产部经理应聘者19人，参加招聘测试14人，送企业候选人3名，录用1人。

3.销售部经理应聘者35人，参加招聘测试29人，送企业候选人3名，录用1人。

（四）招聘经费

1.招聘预算共50 000元。

2.招聘广告费20 000元。

3.招聘测试费15 000元。

4.身体检查费2 000元。

5.应聘者纪念品费1 000元。

6. 招待费3 000元。

7. 杂费3 500元。

8. 合计支出44 500元。

（五）招聘评定

1. 主要成绩。这次委托专业机构进行科学测试，录用的2位经理素质令人十分满意。同时测试结果指出了副总经理应聘者中无合适人选，导致没有合适人选录用。

另外由于公平竞争，许多落选者都声称得到了一次锻炼，对树立良好的企业形象起到了促进作用。

2. 不足之处。由于招聘的广告设计还有些问题，所以没有吸引足够多的高层次应聘者来竞争副总经理岗位，致使副总经理最终没有合适人选录用。

人力资源开发管理部经理　黎明

【素质提升】

释放诚实守信的正能量

改革开放40多年来，随着中国现代化进程的不断拓展，社会关系和人际交往也随之发生了深刻变化，从以往的“熟人社会”演变为一个“流动社会”。不确定性和流动性的增加，一方面促进了人际交往范围的扩大，另一方面也带来了一些风险。如何化解风险、应对挑战，是社会治理要解答的重要课题。越来越多的人认识到，良好的社会信任是现代社会秩序和社会治理的重要基础，借助信任机制，增强人们对未来的可预见性和确定性，可以促进更大范围的合作和交往。

社会信任建设是一个不断强化的过程，用信任带动信任、用信任激发信任，才能在全社会营造出诚信友善的良好生态。《新时代公民道德建设实施纲要》明确指出，“持续推进诚信建设”。诚信是社会主义核心价值观所倡导的重要内容，而且与中华民族重信守诺的传统美德一脉相承。弘扬与社会主义市场经济相适应的诚信理念、诚信文化、契约精神，就要加快个人诚信、政务诚信、商务诚信、社会诚信和司法公信建设，推动各行业各领域制定诚信公约，构建覆盖全社会的征信体系，健全守信联合激励和失信联合惩戒机制。多方合作、各方努力，方能织密社会诚信网络，让守信者真正受益。

人无信不立，业无信不兴，国无信不强。守信于己、诺信于人、践信于行，从个人、社会到国家，从法律、制度到文化，加强诚信建设，让诚信落地生根、枝繁叶茂，诚实守信一定能释放出助推个人成长、社会进步、国家强盛的巨大能量。

资料来源　徐尚昆. 释放诚实守信的正能量［N］. 人民日报，2019-11-07（9）. 节选。

[本章小结]

•本章介绍了招聘的基本知识（如招聘程序）；内外招聘的方法；如何选择和设计招聘广告媒体等。

•本章介绍了人员录用的一系列事宜（包括通知录用者）；签订合同和新员工培训等。

•本章介绍了招聘中常用的测试方法：履历分析、心理测试、知识考试、面试、无领导小组讨论等。

•本章介绍了招聘评估工作，包括招聘数量评估、招聘质量评估、招聘成本评估、录用人员评估等，招聘评估结束后撰写招聘小结。

[基础训练]

1.选择题

（1）招聘决策的原则不包括（　　）。

A.少而精原则　　B.宁缺毋滥原则

C.公平竞争原则　　D.最优原则

（2）员工招聘可以有多种形式，其主要形式有（　　）和外部招聘。

A.内部招聘　　B.网络招聘

C.校园招聘　　D.员工推荐

（3）以下招聘形式不属于外部招聘的是（　　）。

A.校园招聘　　B.中介机构

C.员工推荐　　D.刊登广告

（4）履历分析技术遇到的最大难题是（　　）。

A.候选人是否准确回答　　B.履历表的筛选

C.履历表的设计　　D.履历表的记分

（5）面试是人员选拔中最为传统也是最为常用的一种方法，下列有关面试描述正确的有（　　）。

A.面试考官应该为应聘者创造轻松友好的气氛，使其心情放松

B.面试考官应该营造严肃紧张的面试气氛，使应聘者严肃对待面试问题

C.面试考官提问应该由易到难、循循善诱、由浅入深、由表及里、由简到繁、逐步深入

D.面试考官应该根据面试题目以及相关要求与应聘者进行双向交流，获取应聘者与应聘岗位核心竞争力的匹配信息

（6）影响无领导小组实施效果的因素有（　　）。

A.测试题目准确性

B.分组情况

C.考官评分技术高低

D.应聘者是否具有相关经验

2.简答题

(1) 招聘的基本程序有哪些?

(2) 招聘的录用有哪些步骤?

(3) 如何进行招聘成本评估?

(4) 面试中常见的问题有哪些?

(5) 无领导小组讨论的优缺点有哪些?

[综合应用]

□ 案例分析

A集团公司员工招聘形式

A集团公司在刚刚起步时，曾在报纸上刊登向社会招聘高级技术管理人才的广告，在一周内就有200余名专业技术人员前来报名，自荐担任A集团经理、部门主管、总工程师等。

公司专门从某大学聘请人力资源管理方面的专家组成招聘团，并由总裁亲自主持。随后，招聘团对应聘者进行了笔试、面试等选拔测试，挑选出一批优秀的人才。这次向社会公开招聘人才的尝试给A集团带来了新的生机和活力，使其迅速发展成为当地的知名公司。

随着知名度的迅速提高，该公司也开始从组织内部寻找人才。公司决策层认为：寻找人才是非常困难的，但是组织内部机构健全，管理步入正轨，大家懂得做事，单位主管有了知人之明，成为伯乐，人才自然会被挖掘出来。基于这个思路，每当人才缺少的时候，该公司并不会立即开展对外招聘，而是先看本公司内部其他部门有没有合适的人选，如果有，可优先在内部解决。各个部门之间可以互通有无，进行人才交流。只要是本部门需要的人才，双方部门领导同意就可以向人力资源部提出调动申请。

(分析提示)

问题：

1.在起步阶段，A集团公司为什么采用外部招聘的方式?

2.随着企业的知名度越来越高，A集团公司为什么优先从组织内部寻找人才?

□ 实践训练

山西省某高科技公司为满足企业发展需要，拟进行校园招聘，招聘岗位为营销类10人、技术类15人、财务类3人。该公司到本省高校进行现场宣传、资料发放，并积极宣传公司网站，尽量要求在网上报名。如果你是该公司人力资源部招聘主管，你认为应该如何进行应聘人员的测试选拔?

要求：请列出这次招聘所需要的测试方法，并拟定测试题目，设计测试所用表格。

[课外拓展]

关注新媒体平台，获取人力资源管理领域最新的观点、方法、技巧，了解人力资源管理的前沿资讯。

第5章 培训与发展

【学习目标】

通过本章学习，你应该达到以下目标：

知识目标：掌握培训的基本概念及培训需求调查、培训计划的制订与实施、培训效果评估的基本方法，理解培训课程设计方案的内容，培训的类型、意义、原则等基本知识。

能力目标：具备培训计划制订、培训过程管理、培训效果评估、培训结果转化的能力。

素养目标：在学思践悟的基础上，认识到“培训的成本很贵，但不培训的成本更贵”。培养成为一名企业HR应树立员工培训是企业人力资源开发手段的观念，具备职业规划的意识与能力。

【内容架构】

第5章　培训与发展

- 5.1　员工培训概述
  - 5.1.1　员工培训的含义
  - 5.1.2　员工培训的种类
  - 5.1.3　培训开发的意义
  - 5.1.4　培训开发的原则
  - 5.1.5　员工培训与人力资源管理其他职能的关系
- 5.2　培训计划的实施与管理
  - 5.2.1　确定培训需求
  - 5.2.2　制订培训计划的步骤
  - 5.2.3　培训的实施
  - 5.2.4　培训成果的转化
  - 5.2.5　培训效果评估
- 5.3　某公司销售谈判课程设计案例
  - 5.3.1　了解培训背景
  - 5.3.2　分析培训需求
  - 5.3.3　设计培训课程
  - 5.3.4　评估培训课程
- 5.4　培训方法
  - 5.4.1　直接传授型培训方法
  - 5.4.2　实践型培训方法
  - 5.4.3　参与型培训方法
- 5.5　员工发展培训
  - 5.5.1　如何培训决策者
  - 5.5.2　如何培训管理人员
  - 5.5.3　如何培训骨干员工
  - 5.5.4　如何培训专业技术人员

引例

如何有效提升学员的培训效果?

一个常见的案例

○地点：某培训训练营

○学员：来自同一行业、不同团队的管理者

○课题：团队合作与冲突管理

方案A：学员以自己所在团队中出现的实际案例为对象展开讨论。

结果：回应度和参与度明显下降，在讨论和分享环节经常会出现冷场。

方案B：培训师以收集的其他案例为对象组织研讨，并不断地告知学员这只是现场互动，不进行记录。

结果：学员参与度逐步提高，在规定时间内完成了相关内容的训练。

学员没有改变，培训师没有改变，只是培训的内容有了改变，前后却出现了较大的差异。访谈后我们发现，造成这种差异的主要原因是学员出于心理保护，影响了自身的情绪，从而导致退缩行为。

认知心理学模型对主体情绪的影响非常重要，认知主义除了运用在学习信息处理和记忆培养的训练中，还可用于培训实践过程。

学员的情绪是如何产生的?

培训是一个改变学员知识、技能、态度的系列学习过程，涉及态度方面改变的课程难度相对较大，其中有一个不可忽视的原因——该类课程和学员的认知结构受情绪、情感、动机等因素影响。

认知主义心理学理论的核心要点：

1.认知的定义：一个人对某一事件的认识和看法，包括对过去事件的评价，对当前事件的解释以及对未来事件的预期。它是与情绪、情感、动机和行为相联系的一种功能，此功能有较强的调控作用，是人类心理活动的重要组成部分。

2.人的认知活动流程：由紧密衔接的若干阶段组成，首先是刺激物经感官成为感官材料，再经过以往的经验和人格结构的折射，赋予感觉材料具体的意义，构成一个知觉的过程。

3.情绪变为行为的过程：知觉过程会进一步激活情绪系统和运动系统，产生各种情绪和行为动机。这种系统不是纯粹、孤立的情绪与行为，而是由认知因素决定的一种特定情绪，从而导致行为的发生和呈现。

4.改变不合理行为：改善认知因素的结构、调整认知的逻辑、理顺各认知阶段的联系，能够改变人的不合理行为。通俗理解就是，通过矫正错误的认知过程和观念，找到不合理的情绪、情感、动机背后真实的想法和观念，从而促使人新认知的构建以及相匹配的新行为的形成。

如何掌握学员的情绪?

1.目标制定阶段

(1) 充分预测学员的情绪动机因素对培训的干扰。做好学员个人情况分析，包括年龄、学历、行业经验、以往参加培训的经历、学习喜好、目前状态等调查。

（2）举例准备要适度。理论与实践紧密结合，建议多用第三方举例。

（3）明智的培训日程安排。尽量不干扰学员的生活日程安排，尤其不能干扰学员重要工作任务的时间节点。

2.培训的实施阶段

当学员出现由某种情绪导致的行为时，培训师可以使用认知疏导技巧来强化培训的效果。掌握该技巧的要素如下：

（1）要分辨失控行为的呈现是由情绪系统导致，还是由生理运动系统导致。例如，学员对课程没有积极回应，需要分析是由于其情感的不接纳还是身体的疲劳所致。

（2）要通过探询技能发现学员的认知系统的逻辑和联系，保持敏锐度来找到学员的认知因素结构。比如，当学员不认同某种理论时，培训师可以通过探询技巧发现学员对类似事件的认知。

（3）培训师自我情绪的控制。培训师要维护学员自尊，增强其自信。培训的目的不是批评和否定，而是重建和更新。

（4）帮助学员梳理情绪系统。承认学员认知的合理性和客观性，让学员认知结构的重组过程不再进一步受到不良情绪的干扰。例如，针对学员对某种观点的解释，培训师应做出客观、公正的评价和反馈。

（5）避开鸡汤效应、说教效应、“上司头像”效应。学员的情绪总是存在的，具有爆发性和瞬间性。培训师掌握这一理论的核心要义，能够帮助学员找到不良情绪背后的原因，让学员的认知由非理性向理性过程逐步过渡。

资料来源　朱永坚，徐杰．如何有效推动培训效果？找准学员情绪的爆发点［EB/OL］.［2022-11-04］. https：//m.sanwen.net/mp/dalowif.html.引文经过节选、压缩和改编。

企业要发展，就离不开人才，而人才得不到培养，很快就会遭到淘汰。为了使企业在竞争中始终立于不败之地，企业必须进行员工培训，开发员工的潜力，将员工打造成优秀的人才。并且，在科技进步加快、国际竞争加剧和市场动荡的大背景下，员工培训应是一个持续不断的过程，不能一劳永逸。当然，培训需要投入时间和经费，但是，有效的员工培训会给企业带来更大的产出，甚至能重新塑造整个企业。培训是很“贵”的，但是不培训所付出的代价则可能更“贵”。

5.1　员工培训概述

5.1.1　员工培训的含义

员工培训是组织在将自身发展目标和员工个人发展目标相结合的基础上，有计划地组织员工从事学习和训练，提高员工的知识技能，改善员工的工作态度，激发员工的创新意识，使员工能胜任本职工作的人力资源管理活动。

对员工培训含义的准确理解，需要把握以下几个要点：

(1) 培训的对象是企业的全体员工，而不是一部分员工，当然这并不意味着每次培训的对象都必须是全体员工，而是应将全体员工都纳入培训体系中来，不能将有些员工排斥在体系之外。

(2) 培训的内容应与员工的工作有关，并且培训的内容还应当全面，如知识、技能、态度、企业的战略规划以及企业的规章制度等。这里所指的工作既包括员工现在从事的工作，也包括将来可能从事的工作。

(3) 培训的目的是提高员工的工作业绩并提升企业的整体绩效，这是企业进行培训的初衷和根本出发点，也是衡量培训工作成败的根本标准。

(4) 培训的主体是企业，也就是说培训由企业来组织实施。有些活动如员工自学，虽然同样会改善工作绩效，也不能算是培训，但如果这种自学是由企业来组织实施的，那么它就属于员工培训。

5.1.2 员工培训的种类

员工培训视企业的需要和员工的具体情况不同而存在不同的分类。根据培训的目的来划分，员工培训可以分为两大类，即员工职业生涯发展的培训和员工的专门项目培训。

1）员工职业生涯发展的培训

所谓员工职业生涯发展的培训，就是与员工职业生涯各个发展阶段相联系，提高员工自身素质的培训。这类培训主要包括：新员工入职培训/上岗前培训、员工上岗后的适应性培训、员工转岗培训、专业技术人员的培训、管理人员的培训、员工退休前的培训。

(1) 新员工入职培训/上岗前培训。新员工入职培训主要是向新员工介绍企业的基本情况、企业的规章制度、企业的工作条件和生活设施以及企业的发展前景等。新员工上岗前培训是向员工传授岗位操作的基本知识和技能，帮助他们了解岗位的性质、特点和要求，让新员工能够较顺利地正式上岗。

(2) 员工上岗后的适应性培训，是指在岗的员工不断适应工作的要求而进行的培训。它是企业组织所有成员进行的日常性培训，可以定期举行，也可以不定期举行。

(3) 员工转岗培训是对那部分需要转换工作岗位的人员所进行的专门培训。

(4) 专业技术人员的培训是在组织中对各类专业技术人员进行的定期培训。在专业技术人员的培训中，尤其要重视培养他们解决实际问题的能力和人际关系处理能力。

(5) 管理人员的培训包括高层管理人员的培训、中层管理人员的培训、后备管理人员的培训。

①高层管理人员的培训。高层管理人员的培训内容主要有提高能力的培训、创新精神的培训、高新技术的培训、决策管理的培训等。

②中层管理人员的培训。对中层管理人员的培训主要有三个方面：一是相对独立的专业部门的特定知识技能的培训；二是相关的新知识新技能的培训，让中层管理者

开阔视野，打破本部门的局限去思考并处理问题，树立全局观念；三是提高性培训，如参加高级短训班等，开发他们的潜力，提高他们的素质。

③后备管理人员的培训。后备管理人员的培训时间较长，通常为一年以上；培训内容广泛，包括专业技术知识培训、管理知识培训、思想道德素质培训等；培训方法比较灵活，有在职培训、离职培训、岗位轮换等。

（6）员工退休前的培训，是对即将退休的员工进行职业生涯结束期的专门培训。这类培训目前进行得比较少，一般包括工作交接培训、退休政策和制度培训、健康保健知识介绍和休闲活动介绍等。

2）员工的专门项目培训

员工的专门项目培训，是指为达到专门的目的而对员工进行的培训。这类培训主要包括：

（1）转变观念的培训。在外部形势发生变化或组织发生变化时，就需要对员工进行转变观念的专门培训，让员工了解外界的新动态，理解组织的新举措，为达到组织的新目标做好思想上及行动上的准备。

（2）专项技术培训。它是指组织为了完成某些新项目，需要员工掌握新的技术技能时，对员工进行的专门培训。

（3）专项管理培训。它是指组织为了推动某些新的管理方式或方法，需要员工掌握相关的理念与方法时，对员工进行的专门培训，如质量管理培训、团队工作培训等。

【职业道德测一测5-1】

美国经济学家熊彼特认为，创新是指企业实行对生产要素的新组合。没有创新的企业是没有希望的企业，优质高效服务需要开拓创新，事业发展依靠开拓创新。

1.创新对企事业单位和个人发展的作用表现在（　　）。

A.它对个人发展无关紧要

B.它是企事业单位持续、健康发展的巨大动力

C.它是企事业单位竞争取胜的重要手段

D.它是个人事业获得成功的关键因素

2.下列说法中，不符合从业人员开拓创新要求的是（　　）。

A.坚定的信心和顽强的意志　　B.先天生理因素

C.思维训练　　D.标新立异

实用案例5-1

某知名IT企业年度培训方案

T电子数码公司在2002年进入了快速发展的IT业，出色的营销使其很快进入了PC市场的前五名。随后，T公司逐步进入了笔记本电脑、MP3、闪盘存储等电子数码领域，巩固了业内第二阵营的领导地位。

T公司的高层一直非常重视培训，视之为提升员工胜任力、培养人才的重要方式。成立之初，T公司就开始搭建培训体系。许多重要岗位的员工陆续被派遣参加培

训机构组织的公开培训课程。从2004年开始，T公司开始聘请国内知名的培训师到公司授课。2006年，T公司开始实施“银杉工程”，采取读书会、研讨会、内部培训、外部培训等形式，力求使每一位员工都能够成为所在领域的专家。与此同时，实施“骨干员工训练营”项目，重点培养人才。2005年，公司还加强了对销售终端的培训。

应该说，与同行相比，T公司的培训做得比较出色，但在规划2006年培训工作时也面临了许多问题。第一个问题是如何让培训更系统。虽然公司在培训上采取了多种形式，开设了多门培训课程，但对于每个岗位应该培训什么、怎样组合培训课程并不清楚，培训带有很大的随机性，更多的是满足个人的需要，或者是完成当前工作任务的需要。第二个问题是如何加强培训效果。2005年实施的销售终端培训项目投入了很多的人力和物力，但是销售人员工作太忙，业绩压力太大，最终的培训效果没能体现出来。其他培训项目也都不同程度地存在类似问题。培训是做了，但是感觉不到培训有什么效果。第三个问题是如何增强培训对员工的吸引力。许多员工，特别是部门经理以上的老员工，参加过许多培训，甚至接受过知名培训师的培训，对培训的要求越来越高，对现在的培训课程越来越没有新鲜感。

培训计划年年做，但年年都是老一套，如何使2008年的培训体现亮点，全面超越过去，就成了摆在T公司培训经理及人力资源总监面前的难题。为了解决这一难题，T公司的培训经理找到了人力资源管理服务商。服务商在了解T公司的现状及需求后，提出以下年度培训计划及建议，希望帮助T公司的培训管理者开拓思路，使其培训工作在2008年能实现质的飞跃。

第一，从系统地分析培训需求入手，制订年度培训工作计划。

培训管理者都知道培训要从需求分析着手，但绝大多数培训管理者只是从员工个人着手进行培训需求的分析调查，认为根据员工培训需求的调查结果设计了第二年的培训课程开发计划就大功告成了。T公司也如此操作。实际上，员工的培训只是培训需求中的一小部分，甚至只是较少的一部分。培训需求来自三个方面：企业整体、企业中的特定群体（部分）和员工个体，而T公司通过培训需求调查所得到的结果，主要是员工个体的培训需求，与企业整体和部门的需求结合得并不密切，甚至完全是个人需求，与企业整体和部门毫不相关。在培训资源紧缺的情况下，T公司不可能一一满足员工个人的培训需求，这样，培训计划的实施在某种程度上导致了员工对企业的不满，对培训部门的需求调查也不再认真，而是敷衍了事。更为重要的是，通过这种自下而上的方式得到的培训需求是片面的、零碎的，与企业整体目标结合得不紧密。企业组织的培训应该首先满足企业整体的培训需求，即企业为实现战略目标，要求员工掌握哪些技能、转变哪些理念，这些技能与理念中需要培训支持的部分，就是培训工作的重点。企业整体的培训需求可以从五个方面进行分析：企业发展战略、年度工作计划、企业文化、行业特性、企业发展阶段等。部门培训需求主要是征求各部门主管的意见，由其根据部门的工作目标来提出本部门的需求。员工个体培训需求则可以通过发放培训需求调查问卷的形式来确定，并由部门主管来判断是否符合企业的需要。这样，培训计划不仅满足了企业的培训需求，还满足了部门及员工的培训需求；

不仅满足了当前工作任务的需求，还满足了企业发展战略的需求。系统、全面、到位的培训需求分析是制订年度培训计划首先要考虑的。

第二，确定培训课程目录，制订年度培训课程开发计划。

培训需求分析完成后，下一步就是为实现这些需求而安排培训课程。许多企业做的培训就像熊瞎子掰玉米——掰一个丢一个，完全没有积累培训课程，也没有规划企业到底需要哪些培训课程来满足培训需求。T公司虽然重视培训，但是也不重视积累，培训部门所掌握的培训课程资源并不丰富，每一次开课都是一个"重复发明轮子"的过程。这样一来，更增加了培训的随机性。

第三，推行培训案例征集制度，提高培训的有效性，增强培训的吸引力。

无论是企业内部培训师授课，还是外聘的职业培训师授课，T公司的员工普遍抱怨培训的针对性不强，培训师所传授的方法技巧不能直接用于本企业的内部管理，并由此推定培训师不了解行业，不了解企业，或者水平不高。实际上，作为一名培训师，他不太可能全面细致地了解T公司及学员所面临的问题。企业及学员通过培训所要达到的目标和所要解决的问题，应该由培训的组织者提供给培训师。实际工作中发生的案例是最好的材料。把工作案例提交给培训师，由培训师根据案例来组织课程，培训就不可能没有针对性。否则，就只能是培训师的水平和态度问题了。结合员工实际工作中的案例进行培训，培训对员工的吸引力自然就增强了。但是，案例需要在平时工作中积累。T公司应建立培训案例征集制度，由各部门管理者和员工收集整理工作中遇到的典型案例。T公司的培训管理者本身也要经常到各部门了解员工的工作情况，收集对培训有用的案例。当然，涉及敏感话题时，要注意处理的技巧，否则会遇到极大的阻力，甚至给培训工作带来毁灭性的打击。

第四，制定岗位技能表，系统分析员工的培训需求。

T公司从来没有系统地分析过每个岗位所应具备的知识与技能。在安排培训的时候常常凭感觉。这个课程是某个员工工作范围内的，所以就安排他参加。不是根据员工的工作需要来安排，而是有了培训课程再安排员工参加，这完全是本末倒置。要从根本上解决这个问题，实现培训的系统性，必须系统分析每个岗位应具备的知识与技能，制定岗位技能表，根据员工缺乏的技能再组织培训。这是一项复杂的系统工作，不是一个部门，也不是短时间内所能完成的工作，但T公司要真正地提高员工的素质，使培训真正地提升水平，使培训更系统，这是必不可少的一环。当这项工作完成后，许多问题就会迎刃而解，培训工作也会变得更有效、更系统。

第五，推行教练体系，全面增强培训效果。

培训效果是培训管理者最头痛的问题。美国的三名培训师奥里维罗、本和科普曼的一项研究结果显示，培训可以使工作效率提高22.4%，而"培训+教练"可以使工作效率提高88%。这表明，教练是增强培训效果的非常有效的手段。在T公司内部建立一支教练队伍，或者就把内部培训师队伍训练成一支教练队伍，针对一些重要的课程与技能，针对一些重点的员工，采取"培训+教练"的方式，能极大地强化培训效果。内部教练在提高专业技能上尤其有效，如销售技能的培训、各专业模块的培训等。T公司要把员工培养成专家，由内部教练来培养是最佳的方式，销售人员的培训采用教练的方法也是很好的方式。由于人际关系的原因，对于领导力方面的培训，推行内部教练会遇到较大的阻力，这样的课程采用外部教练来传授效果会更好。

培训体系的建设是一个细致而漫长的过程，一个年度培训计划在几个方面有所突破就已经很好了。所以，选择1~3个年度工作重点作为突破口是明智的选择。这也是T公司在制订2008年培训计划时应采取的策略。

资料来源　中国就业培训技术指导中心. 企业人力资源管理师（一级）[M]. 北京：中国劳动社会保障出版社，2010.

5.1.3　培训开发的意义

第一，培训开发有助于改善企业的绩效。企业绩效的实现是以员工个人绩效的实现为前提和基础的，有效的培训开发工作能够帮助员工提高他们的知识、技能，改变他们的态度，增进他们对企业战略、经营目标、规章制度以及工作标准等的理解，从而有助于改善他们的工作业绩，进而改善企业的绩效。

第二，培训开发有助于提高员工的满足感。员工的满足感是企业正常运转的必要条件之一。对员工进行培训，可以使员工感受到企业对自己的重视和关心；也可以提高他们的知识技能水平。随着知识技能水平的提高，员工的工作业绩就会提升，这有助于提高员工的成就感。

第三，培训开发有助于培育企业文化。良好的企业文化对员工具有强大的凝聚、规范、导向和激励作用，因此，很多企业在重视规章制度建设的同时也越来越重视企业文化的建设。作为企业成员共有的一种价值观念和道德准则，企业文化必须得到全体员工的认可，这就需要不断地对员工进行宣传教育，而培训开发就是其中非常有效的一种手段。

5.1.4　培训开发的原则

第一，与企业发展战略相一致的原则。培训开发的实施，应当从企业战略的高度出发，不仅要关注眼前的问题，更要立足于长远的发展，这样才能保证培训开发工作的积极主动，而不只是充当临时“救火员”的角色。

第二，差异化原则。差异化有两层含义：一是内容上的差异化，在培训时应当根据员工的实际水平和所处职位确定不同的培训内容，进行个性化的培训；二是人员上的差异化，按照“20/80”的原则，企业中80%的价值是由20%的人员创造的，加之企业资源的短缺，因此在培训中应当向关键职位倾斜，特别是企业的关键员工。

第三，激励原则。在培训开发中要坚持激励原则，更好地调动员工的积极性和主动性，使员工以更大的热情参与到培训中来，提高培训的效果。

第四，讲究实效的原则。培训的内容应当结合实际，要有助于绩效的改善；要注重培训成果的转化，学以致用。培训结束后企业应创造一切条件，帮助员工实践培训的内容。

第五，效益原则。企业进行培训开发要坚持效益原则，即在培训费用一定的情况下，使得培训效果最大化；或者在培训效果一定的情况下，使得培训费用最小化。

5.1.5　员工培训与人力资源管理其他职能的关系

在激烈的市场竞争中，培训已成为企业生存的必要手段和获胜的武器。培训不仅仅是人力资源部门的事情，也已成为组织各层次和各部门共同关心、共同参与的任务。员工培训与人力资源管理其他职能的关系如图5-1所示。

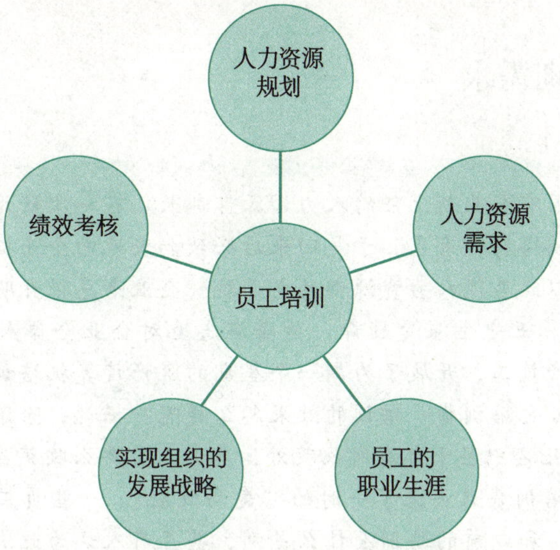

图5-1　员工培训与人力资源管理其他职能的关系

第一，员工培训与组织的人力资源需求直接相关。组织所需要的各种类型、各种层次的人力资源，可以直接通过员工培训得到部分的满足。

第二，员工培训是组织人力资源规划中的重要内容之一。人力资源规划必须为组织发展的长远规划做出人力资源供求预测，并提出实现人力资源供求平衡的方法和途径。为此，人力资源规划的子系统中，就必然包含员工培训计划。

第三，员工培训与员工绩效考核密切相关。当员工绩效考核的结果和反馈信息显示了某些人员需要参加特定内容的培训，或者在绩效考核中某些人员提出了参加培训的意愿时，就要分析并满足上述这些需要或意愿。通过员工培训，提高员工下一阶段的工作绩效。

第四，员工培训是员工职业生涯的接替。员工为了获得发展、实现抱负，最直接的方式就是通过参加培训来提高自己的综合素质。目前，员工单一的职业生涯已逐渐转变为复合型的职业生涯。因此，接受多方面的知识和技能培训，将自己培养成复合型的人才，已成为员工职业生涯的重要前提。

第五，员工培训是实现组织发展战略的重要步骤。通过培训来提高员工的劳动生产率，已被证明是企业最有效的发展手段。世界银行发布的《1995年发展报告：一体化世界中的劳动者》显示，员工每增加一年受教育的经历，其劳动生产率便会提高9%。培训出高素质的员工，对于提高企业产品的技术等级和技术含量，对于企业创新和企业文化的改善都具有极其重要的意义。

对于组织内不同层次的人力资源来说，他们所接受的培训应具有不同的侧重点。

基层员工以接受技术能力的培训为重点，高层管理者则以接受创新决策能力的培训为重点，中层管理者应两者兼而有之。

5.2 培训计划的实施与管理

5.2.1 确定培训需求

互动课堂5-1

王先生是某国有企业新上任的人力资源部部长。在一次研讨会上，他了解到一些企业的培训搞得有声有色，于是回来后兴致勃勃地向企业提交了一份全员培训计划书，希望以此展现人力资源部的新面貌。企业老总很开明，批准了王先生的全员培训计划。王先生深受鼓舞，踌躇满志地对企业全体人员——上至总经理，下至一线生产员工，开展了为期一个星期的脱产计算机培训。为此，企业还专门拨出了十几万元培训费。培训的效果怎么样呢？据说，除了办公室的几名人员和45岁以下的几名中层干部有所收获外，其他人员要么收获甚微，要么学而无用，十几万元的培训费只买来了一时的“轰动效应”。一些员工认为，新官上任所点的“这把火”和以前的培训没什么差别，甚至有人认为此次培训是王先生做给领导看的“政绩工程”。王先生对此番议论感到非常委屈：在一个有着传统观念的老国企，给员工灌输一些新知识怎么效果会不理想呢？在当今竞争激烈的环境下，每人学一点计算机知识应该很有用呀！

资料来源　谢伟宁，龙敏，姚月娟. 员工培训：知识与技能训练［M］. 3版. 大连：东北财经大学出版社，2017.

问题：王先生组织实施的培训为什么效果不佳呢？

微课：如何进行培训需求分析

培训需求分析，是根据组织内部的特定情况，通过调查研究，确定组织内部需要接受培训的人员和需要的培训项目或培训内容。培训需求分析一般从两个方面进行，即组织的培训需求分析和员工个人的培训需求分析。

1）组织的培训需求分析

组织的培训需求分析，一般包括以下四个步骤：

（1）调查现状，即通过历史资料分析、问卷调查、人员访谈等方法，调查了解本企业现有的人力资源状况，尤其是人力资源素质状况，分析评估上述人力资源状况，找出人力资源与组织发展需求之间的适应程度。

（2）预测组织未来的人力资源需求，包括不同层次、不同类别的人力资源需求。

（3）综合分析现有的人力资源供求情况，确定人力资源培训的项目和主要内容。

（4）做出培训费用预算和培训收益预测，确定参加培训的总人数、时间等。

2）员工个人的培训需求分析

员工个人的培训需求分析，一般包括以下两个步骤：

(1) 员工培训意向调查，即通过员工问卷调查、征询管理部门意见等方法，了解员工个人发展目标和意向、员工个人愿意参加的培训项目、员工个人愿意耗费的时间和期望获得的收益等。

(2) 评估分析员工的工作行为和培训意向，即将员工的工作实际绩效与工作绩效标准进行比较，找出员工实际工作绩效与绩效标准之间的差距并加以分析，结合员工个人的受训意愿，确定员工需要参加培训的种类以及相关的程度。表5-1是一个简单的员工培训需求单。

表5-1　**员工培训需求单**

部　门	员工姓名	培训科目	培训课程	培训方式	建议开始时间	培训机构

在上述两方面培训需求分析的基础上，平衡组织与员工的需求和意愿，尽可能地使之趋于一致，形成组织的员工培训需求总体分析报告。

3）培训需求分析的方法

培训需求分析的方法有很多，其中最为常用的方法有观察法、问卷调查法、资料查阅法和访谈法四种。观察法是指直接到工作现场，通过观察员工的工作过程来进行培训需求的分析。问卷调查法就是将有关问题编制成问卷，通过让员工填写问卷来收集信息进行培训需求分析。资料查阅法就是通过查阅有关的资料，比如专业期刊、技术手册、工作记录等来对培训需求进行分析。访谈法是通过访谈的方式来获取信息，进行培训需求分析的方法。访谈可以是面对面的，也可以借助其他媒介；可以是集体访谈，也可以是单独访谈。这几种方法各自都有优缺点，在实践中，企业要根据实际情况来选择合适的方法。表5-2是这几种方法优缺点的一个简单比较。

表5-2　**培训需求分析方法的优缺点比较**

方　法	优　点	缺　点
观察法	•可以得到有关工作环境的信息 •将分析活动对工作的干扰降至最低	•需要高水平的观察者 •员工的行为方式可能因为被观察而受到影响
问卷调查法	•费用低 •可以从大量人员中收集信息 •易于对信息进行归纳总结	•耗费时间 •回收率可能很低，有些信息可能不符合要求（虚假或隐瞒） •不够具体
资料查阅法	•有工作程序的理想信息来源 •目的性强 •有新的工作和在生产过程中新产生的工作所包含任务的理想信息来源	•材料可能过时 •需要具备专业知识
访谈法	•利于发现培训需求的具体问题及其产生的原因和解决办法	•耗费时间 •分析难度大 •需要高水平的专家

资料来源　孙海法. 现代企业人力资源管理［M］. 广州：中山大学出版社，2002.

表5-3是任务访谈清单。

表5-3　任务访谈清单

员工特别出色的知识、技能表现在哪些方面	访谈记录
员工特别需要学习的知识和技能包括哪些	
员工对现职的热忱、关注度如何	
员工有望取得的成就或可担任的职务	
对员工今后培训方面的意见	
其他需要说明的内容	

表5-4是培训需求观察调查表。

表5-4　培训需求观察调查表

观察对象：　　观察地点：　　观察时间：

观察内容	评价				
	差	一般	较好	好	优秀
工作纪律遵守					
工作态度					
工作熟练程度					
时间安排的合理性					
工作方法的合理性					
工作完成情况					
工作效率					
团队意识					
整体工作状态					

表5-5是××公司员工培训需求调查问卷样本。

表5-5　××公司员工培训需求调查问卷样本

为了更好地开展公司员工的职业生涯规划工作，计划近期对部分岗位开展培训，请您根据实际情况填写此项调查问卷，感谢您的配合！

一、基本情况

姓名		性别		年龄	
部门		职务		入职时间	
教育背景	时间	学校名称		专业	学历
培训经历	培训时间	培训机构		培训内容	所获证书

续表

二、对以往培训的感知（可复选）	
1.以往培训的形式	□课堂讲授式 □小组讨论式 □角色扮演式 □游戏训练 □案例分析
2.以往参加的培训	□自己要求 □领导指派 □企业要求 □自费学习
3.以往培训是否针对个人做过培训需求征询	□是 □否 □偶尔
4.培训后技能、绩效提升是否明显	□明显提升 □稍有提升 □基本无效 □不了解
5.以往的培训是否与个人的绩效考核相联系	□是 □否
6.目前工作中遇到的困难与挑战（与职务要求相比，您还欠缺哪方面的知识及技能，需要借助哪些培训来提高自己）	
7.职业生涯规划（目标可以是掌握某种技能、承担某种责任、担任某种职务、达到多少年收入等） 近期目标： 中期目标： 长期目标：	
三、您对哪种培训方式感兴趣	
内部培训	□课堂讲授 □小组讨论 □案例分析 □角色扮演 □会议 □其他
外部培训	□去同行单位交流 □院校合作 □全脱产 □其他
四、您对未来培训的建议和想法（请在方框内填写数字1~7以表示您的选择顺序）	
1.最喜欢、最有效、最理想的培训方式排序	□课堂讲授 □小组讨论式 □角色扮演式 □头脑风暴法 □户外拓展训练 □案例分析 □游戏训练
2.最能接受的培训时间排序是	□上班时间 □休息日 □下班后 □无所谓
3.最想要接受的培训课题排序	□专业技术知识 □沟通技巧 □销售技巧 □管理技能
4.合适的培训频率	□每月一次 □每两月一次 □每季度一次 □每半年一次
5.没有列出，但有必要写明的内容	
6.目前急需参加的其他培训（如学历教育、计算机技能、英语技能等，至少列出两项）	
7.迫切希望提高的技能和掌握的知识（至少列出两项）	

注：请填写以上信息，并在　　月　　日前以部门为单位交到人力资源部，以便安排　　年培训计划。

4）员工培训需求分析报告

在完成了员工培训需求分析后，就要将培训需求调查分析的结果用文字描述出来，形成正式的书面报告，以此作为开展培训和申请培训的正式文件。培训需求分析报告一般包括以下七个方面的内容：

（1）报告提要，即对报告要点的概括。

（2）需求分析实施的背景。

（3）开展需求分析的目的和性质。

（4）概述需求分析实施的方法和流程。

（5）培训需求分析的结果。

（6）对分析结果的简要评析并提出参考意见。

（7）附录。其中包括收集和分析信息时用的相关图表、原始资料等，其目的在于佐证收集和分析相关资料及信息所采用的方法是否科学、合理。

实用案例 5-2

中层管理人员技能培训需求分析报告

一、培训需求分析实施背景

某年某月，对企业中层管理人员进行年度培训需求调查，了解到企业现任中层管理人员大部分在岗时间较短，并且大多是从基层管理职位或各部门的业务骨干中提拔上来的。

通过需求调查分析，企业把管理技能的提升列为中层管理人员培训的重点内容之一。

二、调查对象

企业各职能部门主要负责人（共计40人）。

三、调查方式及主要内容

1.调查方式：访谈、问卷调查

（1）访谈。由人力资源部经理作为培训需求分析的主要负责人，同企业各职能部门负责人分别进行面谈，并与企业部分高层分别就这40人的工作表现进行沟通。

（2）问卷调查。问卷调查共发出40份，回收有效问卷35份。

2.调查主要内容及其分析

（1）岗位任职时间。从表5-6可以看出，50%的中层管理者到现任岗位的任职时间都在1年以内，说明其管理经验尚浅。

表5-6 岗位任职时间调查表

任职时间	6个月以内	6个月至1年（含1年）	1年至2年（含2年）	2年及以上
中层管理者人数	4	16	8	12
所占比例（总人数40人）	10%	40%	20%	30%

（2）管理幅度。从表5-7中可以看出，20%的中层管理者直接管理的人员在10人及以上，40%的中层管理者直接管理的人员为4~6人，目前有8个管理者没有直接管理下属，但这只是暂时的，企业对这部分业务正在进行调整或重组。因此，管理者角色认知是其必备的管理知识之一。

表5-7 管理幅度调查表

管理幅度	无	1~3人	4~6人	7~10人	10人及以上
中层管理者人数	8	0	16	8	8
所占比例（总人数40人）	20%	0	40%	20%	20%

（3）制订工作计划。从访谈及问卷中获得的信息来看，大多数中层管理者是以月或季度作为单位来制订计划的，很少制定长期规划。在制订具体计划的过程中，从与他们的访谈中得知，如何围绕总目标制订具体的可行性计划、如何确保计划的实现等问题还存在着诸多不足之处，但重要性程度综合平均得分为0.92分（满分为1分）。

（4）有效授权与激励。授权和激励是管理者的重要管理技能之一，从培训需求调查的结果来看，35人表示自己会给予下属一定的权限并激励员工，但在工作中具体如何操作，40%的人员表示希望得到此方面的培训。

（5）高效团队的建设。如何组建及带领一支高效的团队，60%的人员表示这方面的技巧尚欠缺。

（6）员工培训。所有参加此次培训的管理者都会选择对员工进行培训，但只有10%的人员制订了员工培训计划且认真执行，10%的人员制订了员工培训计划但没有落到实处，70%的人员对员工培训的随意性较大，10%的人员认为没有时间对下属进行培训。由此可以看出，他们都意识到对下属进行培训的重要性，但真正落实的比较少，且对于培训技巧的掌握还需要提升。

四、培训计划建议

1.时间安排

培训时间：××日—××日，共计3天。

2.课程设置安排，见表5-8。

表5-8 中层管理人员培训课程安排一览表

培训课程	培训课时
管理者的角色定位与主要工作职责	2
部门工作计划的制订与执行	4
有效的授权	4
员工激励	4
高校团队的建设	4
培训技巧	3
如何与上级领导进行有效的沟通	2
如何与下属员工进行有效的沟通	2

5.2.2 制订培训计划

培训计划应该对培训起指导作用，因此，对培训计划内容的界定十分关键。一份完整的培训计划应包括“6W1H”：Why（培训目标）；What（培训内容）；Whom（培训对象）；Who（培训者）；When（培训时间）；Where（培训地点及培训设备）；How（培训方式以及培训费用）。

微课：培训计划的制订

1）培训目标

培训目标主要解决要达到什么样的培训效果的问题。培训目标应当包括以下三个构成要素：

（1）内容要素，即企业期望员工做什么事情。内容要素主要可以分为三大类：一是知识的传授，通过培训要使员工具备完成职位工作所必需的基本业务知识，了解企业的基本情况，如公司的发展战略、经营方针和规章制度等；二是技能的培养，通过培训要使员工掌握完成职位工作所必备的技术和能力，如谈判技术、操作技术、应变能力、沟通能力和分析能力等；三是态度的转变，通过培训要使员工具备完成职位工作所要求的工作态度，如合作性、积极性、自律性和服务意识等。

（2）标准要素，即企业期望员工以什么样的标准来做这件事情。对于标准要素，一定要界定得具体、清楚，这样员工在接受培训时才会有明确的努力方向；另外，在培训结束后才能准确地对培训效果做出评估。例如，“在10分钟内准确地完成工作”的标准就比“迅速地完成工作”这一标准要清楚、具体。

（3）条件要素，即企业期望员工在什么条件下要达到这样的标准。例如，在对商店的售货员所进行的顾客服务培训中，培训目标就应当这样设置：“培训结束之后，员工应当能够在不求助他人或者不借助资料的情况下（条件要素），在半分钟到一分钟之内（标准要素），向顾客解释清楚产品的主要特点（内容要素）。”

2）培训内容和培训对象

培训内容是指应当进行什么样的培训；培训对象是解决对谁进行培训的问题。

需要强调的是，为了便于受训人员学习，一般都要将培训内容编制成相应的教材。不管培训教材的形式如何，都一定要紧紧围绕培训内容来编写。

准确地选择培训对象，不仅能降低培训费用，而且能大幅度提升培训效果。在选择培训对象时，应重点考虑以下人员：

（1）新进员工。对新进员工进行培训，可以使他们顺利地进入工作状态，有一个良好的工作开端，更好地为企业的发展做贡献。

（2）有能力且符合企业发展需要的人员。他们可能是企业的技术骨干，为更新知识或发展成为复合型人才而需要进行培训；或是由于转岗的需要，培训可以使他们担当或胜任新岗位的工作。

（3）有潜在能力的人员。有潜在能力的人员具有一定的创新能力和创造力。企业期望他们通过培训掌握各种不同的管理知识和岗位技能，让他们进入更重要或更高层次的工作岗位。

(4) 有特殊需要的人员。这类人员可分为两类：一类是能为企业各种突发状况提供应急处理服务的人员；另一类是对自己有特殊需求，有很强的培训参与欲望的人员。

以上是培训对象的重点来源。总之，确定培训对象一般应当依据三个原则：一是组织急需的原则，即组织迫切要求一部分员工改进目前的工作或掌握新的知识和技能，这部分员工的培训应优先考虑；二是关键性原则，即组织的关键技术人员和管理人员、组织关键性项目的参加人员，应首先予以培训；三是长远性原则，即基于组织长远利益的考虑和开发员工潜力的考虑，要求一部分员工先期掌握某些新技能、新知识，以使组织在将来的发展中拥有合适的人才。在培训过程中，应该根据具体的培训类型和培训内容，选择相应的培训对象。

【拓展实训5-1】

假设你是某公司的人力资源部负责人，公司最近招收了1名销售员，名字叫王晓，你觉得此人在销售方面很有潜力，可是一个月后，他却要辞职。你找他面谈，下面是谈话记录。

你：王晓，我想和你谈谈，希望你能改变主意。

王晓：我不这样认为。

你：那么请你告诉我，为什么想走，是别的企业给你的工资高吗？

王晓：不是，实际上我还没有其他工作。

你：你还没有新工作就提出辞职吗？

王晓：是的，我不想在这里了，我觉得这里不适合我。

你：能够告诉我为什么吗？

王晓：在我上班的第一天，别人告诉我，正式的产品培训要一个月后才进行，他们给我一本销售手册，让我在这一段时间里自学。第二天，有人告诉我在徐汇区有一个展览，要我去公关部帮忙一周。第三周，又让我整理公司的图书。在产品培训课程开始的前一天，有人通知我，由于某些原因课程推迟半个月，并安慰我不要着急，先安排公司的销售骨干胡刚给我做一些在职培训，并让我陪他一起访问客户。所以我觉得这里不适合我。

根据材料完成以下要求：

(1) 请分析王晓提出辞职的真正原因。

(2) 请思考并阐述：企业在录用新员工后应该如何让其快速进入工作状态、融入企业？

(3) 请详细设计你说服王晓留下来的措施。

3) 培训师

(1) 培训师的来源。一般来说，培训师的来源有两个渠道：一是外部渠道；二是内部渠道。从这两个渠道选择培训师各有利弊，表5-9就是对两者进行的一个简单比较。

表5-9　从外部渠道和内部渠道选择培训师的利弊比较

渠道	优点	缺点
外部渠道	•培训师比较专业，具有丰富的培训经验 •没有什么束缚，可以带来新的观点和理念 •与企业没有直接关系，员工比较容易接受	•费用比较高 •对企业不了解，培训的内容可能不实用，针对性不强 •责任心可能不强
内部渠道	•对企业的情况比较了解，培训更有针对性 •责任心比较强 •费用比较低 •可以和受训人员进行更好交流	•可能缺乏培训经验 •受企业现有状况的影响比较大，思路可能没有创新 •员工对培训师的接受程度可能比较低

由于依靠这两个渠道中的任何一个选择培训师都存在着一定的问题，因此企业应当根据培训内容、培训对象等具体情况，来选择恰当的培训师。一般来说，通用性的培训可以从外部选择培训师，专业性的培训则要从内部来选择培训师。当然，目前也有很多企业将这两种方法结合起来使用，具体的做法就是长期从外部聘请相对固定的培训师，这样就在一定程度上弱化了从单一渠道选择培训师的缺点。

（2）对培训师的基本要求。企业在选择培训师时，应当从以下几个方面来对培训师进行考查：

①良好的品质。作为一名优秀的培训师，应当具备三个优秀的品质，即“3C”：关心（care）、创造（creativity）和勇气（courage）。关心就是指培训师要善于从受训人员的角度出发思考问题，关心受训人员的感受，这样才有助于提高培训的效果；创造就是指培训师要具有创造性，善于尝试新的事物，能够给受训人员以启发；勇气就是指培训师要具有激情，能够感染受训人员，使他们保持高昂的学习热情。

②完备的知识。对于一个合格的培训师来说，这是最基本的要求，其中的道理非常简单，培训师要给受训人员传授知识和技能，如果培训师自己不具备相应的知识和技能，那又怎么能够传授给别人呢？

③丰富的经验。一名合格的培训师还应当具备丰富的培训经验，这也是影响培训效果的一个重要因素。培训师应当善于把握培训的进程，能够根据受训人员的反应及时调整自己的授课方式，要善于吸引受训人员的注意力，调动他们的积极性，从而提高培训的效果。

④有效的沟通。培训的过程就是一个信息传递的过程，因此具备良好的沟通能力也是对一名合格的培训师的基本要求。这里的沟通包括两个层次的含义：首先，培训师要具备良好的表达能力，要善于表达自己的思想，使受训人员能够理解自己所讲的内容；其次，培训师还要善于和受训人员进行沟通，了解他们的想法，掌握他们接受的程度，这也有利于提高培训的效果。

互动课堂5-2

在一家大型生产企业中，承担兼职培训工作的都是各部门的专业技术骨干或资深员工。他们在相关领域积累了丰富的经验，因此理所当然地承担起培训其他员工的任务。但是，他们中很多人虽然自己能把工作做得很好，但根本不能有效地将这些知识和技能传授给他人，除缺乏培训方面的专业训练之外，有相当一部分人根本不具备做培训师的素质。比如，有的人根本就不喜欢这个角色，总感到是被迫在做培训，所以每次都是敷衍了事；有的人性格过于内向或不善言辞，根本无法在台上清楚自如地表达。据员工反映，公司大部分内部培训的效果都很差。因此，人力资源部计划让这批内部培训师接受一次培训，希望提高他们的授课水平。

问题：你认为应如何训练培训师的培训技巧？

（分析提示）

4）培训时间

培训时间是指培训在什么时候进行。一般来说，培训时间的确定要考虑两个因素：一是培训需求；二是受训人员。培训时间确定得科学合理，一方面可以保证培训及时地满足组织的需求；另一方面也有助于受训人员安心地接受培训，从而保证培训的效果。例如，专题报告一般安排半天或一天的时间；培训内容较复杂的，一般要进行集中培训，时间比较长；以岗位技能为特点的培训常常要分阶段进行。再比如，企业准备引进新的设备，那么合理的培训时间应当确定在设备引进之前，这样员工就可以及时地使用新的设备；如果等引进之后再对员工进行培训，就会造成设备有一段时间闲置。

5）培训地点和设备

培训地点是指培训要在什么地方进行。培训地点一般包括工作现场或车间、培训机构的实验室、微机室、教室等。在培训计划中，还应当清楚地列出培训所需的设备，如桌椅、电脑、音响、投影仪、屏幕、白板以及文具等，准备好相应的设备也是培训顺利实施的一个重要保证。

6）培训方式

员工的培训方式，有在职培训与离职培训两大类。在每一类中，又有一些具体的培训方式。组织培训部门可以根据参训人员的数量和层次、培训项目情况和培训经费预算以及现有的培训资源，选择不同的培训方式。

(1) 在职培训。这类培训是指员工不脱离岗位，利用业余时间和部分工作时间参加的培训。最常见的在职培训有：

①技术短训班和管理知识技能短训班。这类短训班可以在企业中进行，也可以在学校、培训中心等地进行。短训班的学习时间视需要而定，一般不超过一个月，培训重点放在解决某一类问题上。这种短训比较灵活，效果也较好。

②带职学习。它一般指员工带职去大学学习某一类专业知识，包括攻读学位。通常利用晚上和周末的业余时间学习，时间比较长。

③企业轮训。它是指通过岗位轮换，使员工了解组织的整体活动和各部门的关系，掌握相关的知识和技能。企业轮训常与师徒帮带相结合，由老员工承担对新员工

的培训任务。

④项目培训。它是指企业为了某些专门技术以及开发或者管理某些项目而举行的专门培训。这类培训的目的性特别明确，培训也比较专业，对提高员工的专业技能很有帮助。如果企业的某项专门培训只适应本企业的需要，而不适应其他企业的需要，那么接受这种专门培训的员工就很难流失到其他企业，项目培训的投资风险也就很低。

（2）离职培训。这类培训是指员工离开工作岗位，在一段时间内专门从事某些知识和技能的学习。离职培训的形式主要有：

①攻读学位。它是指员工离职一段时间专门攻读学位的培训方式。

②出国培训。它是指员工离职一段时间去国外接受特定的培训。

③外单位培训。它是指员工去外地或外单位接受本企业尚没有条件开展的培训。

④本企业离职培训。它是指为了某种需要，将一些员工在企业内部集中一段时间进行的专门培训。

离职培训的时间长短不等，一般从几个月到几年；培训内容也很多，有技术培训、管理知识培训、人文知识培训、专门技能培训、外语培训等。

培训的方式很多，在选择的时候，应当重视将技术培训与管理培训相结合，将工作技能的培训与工作态度的培训相结合，将当前工作需要的培训与未来发展需要的培训相结合，将组织的目标与员工个人的目标相结合。

7）培训方法

在实践中，培训方法选择恰当与否对培训的实施及培训效果具有重要的影响。企业在进行员工培训时，应当根据培训的目的、培训的内容、培训的对象以及培训的费用等因素选择合适的培训方法。企业进行员工培训的方法有很多，每种方法都有其优缺点以及适用范围。我们可以按照培训内容的组织方式以及培训对象的参与程度，将常用的培训方法分为三大类：直接传授型培训方法、实践型培训方法、参与型培训方法。直接传授型培训方法包括：讲授法（或专题讲座法）、演示法、多媒体教学；实践型培训方法包括工作轮换法、工作指导法（或“师带徒”）；参与型培训方法包括案例研究法、角色扮演法、研讨法。各种培训方法的详细介绍参见“5.4 培训方法”。

8）培训费用

由于培训需要经费支持，因此在培训计划中还需要列明培训的预算。这里的培训费用一般仅指直接发生的费用。例如，培训地点的场租费、培训的教材费、培训者的授课费以及培训的设备费等。对培训费用做出预算，便于获取资金支持以保证培训的顺利实施，同时也是培训评估的一个依据。

【拓展阅读 5-1】

培训音乐的剖析及应用

在培训课中经常会使用音乐，音乐在培训中能够起到渲染气氛、引发生理及心理的“共鸣”、引发联想及增进彼此感情、陶冶情操、提升行动的欲望等作用。如果培训音乐使用得当，会起到事半功倍的培训效果。

（一）入场签到和中场休息音乐

在比较重要的培训活动开场之前，学员需要签到，同时学员在开场等待的时间会进行初步的交流。在长时间的培训活动中，通常会有若干次中场休息时间，这段时间学员可以吃点心、喝饮料、交流等。这时候的音乐应以欢快、舒缓、轻柔、亲切、温馨为主，如《春郊试马》《娱乐升平》或其他轻柔的小提琴曲、钢琴曲等。

（二）上下场音乐

有政府官员、企业高管参加的培训通常比较严肃、庄重一些，因此应尽可能使用进行曲之类的音乐；一般的例行实训，可以选择休闲、活泼的乐曲。

（三）培训中的背景音乐

培训中的背景音乐主要分为五大类：

1.激励型：培训过程中有高潮、转折、激励的内容，或者学员亲身参与、体验实训活动时，可配上一些富有节奏感和催人奋进的歌曲，如《我相信》《怒放的生命》《我要飞》《烈火青春》等。

2.团队型：如果进行的是一堂富有团队合作精神的实训课程，可穿插一些以团结互助、众志成城为主题的歌曲，如《朋友》《相亲相爱的一家人》《众人划桨开大船》等。

3.煽情型：通过设置一个感人的场景，配以煽情的音乐和适宜的灯光，培训师引导学员进入角色人物的心灵世界，让他们有所感悟。学员有时声泪俱下，达到良好的视听效果，如《感恩的心》《天亮了》等。

4.交流型：该类音乐是为了加深学员之间的感情，配合培训师的语言，使之声色圆润，并拉近培训师与学员之间的距离，如《秋日私语》等。

5.活动型：在培训游戏和团队活动中，通常会配以轻松、欢快、节奏感强的音乐，以期达到更好的效果，如《幸福拍手歌》等。

（四）颁证颁奖音乐

培训结束，会当场颁发培训证书或者奖状，这时音乐以喜庆、欢快为主。

互动课堂5-3

（分析提示）

王鹏是企业管理专业的硕士研究生，毕业后他进入了三瑞制造公司。这是一家大型国有企业，除了总公司以外，下属8家分厂分别从事各类制造和装配业务。王鹏进入三瑞制造公司以后，就在总公司人力资源部担任培训专员。恰在此时，总公司计划在9个月以内开设一家新的分厂。与其他8家分厂不同的是，这是一家与外资合营的企业，外方负责提供生产设备和技术人员，分厂的管理人员和操作工人则由中方配备。新的分厂大约需要800名工人，各类管理人员100名。总公司对于这次合资办厂寄予厚望，非常希望能借此机会为整个企业的发展注入新的活力。王鹏感到压力很大，同时也觉得这是一次非常好的锻炼机会。

问题：你认为王鹏在组织与实施培训前要做哪些准备工作？

5.2.3 培训实施

培训实施主要涉及以下几个方面：

1）确定培训师

培训师的选择是培训实施的一项重要内容，培训师选择恰当与否对整个培训活动的效果和培训质量有着直接的影响，优秀的培训师往往能够使培训工作更加富有成效。一位优秀的培训师既要有广博的理论知识，又要有丰富的实践经验，既要有扎实的培训技能，又要有吸引人的高尚品格。

2）确定教材

一般由培训师确定教材，教材来源主要有四种：公开出版的教材、企业内部的教材、培训公司开发的教材和培训师编写的教材。一套好的培训教材应该是围绕目标，简明扼要、图文并茂、引人入胜。

3）确定培训地点

选择培训地点时，应主要考虑这一地点是否有利于培训的有效实施。例如，岗位技能培训，一般安排在工作现场或车间；其余的培训既可以安排在工作现场，也可以安排在培训机构的实验室、微机室、教室等地进行。此外，培训地点的选择，还应当考虑培训的人数、培训的成本等因素。

4）准备好培训设备

例如，桌椅、电脑、音响、投影仪、屏幕、白板以及文具等。

5）确定培训时间

确定培训时间，在培训实施过程中也是非常重要的一点。要考虑是在白天，还是晚上，工作日还是周末，旺季还是淡季，何时开始，何时结束等。

6）发布通知

培训时间确定之后，要及时地发布通知，确保每一个受训人员知道在什么时间要进行培训，这样他们就可以提前做好准备，以免时间上发生冲突，影响培训的实施。

培训的具体实施过程是一个教与学的互动过程。针对不同的培训项目，有不同的具体实施步骤。一般而言，授课类的培训项目的实施步骤如下：第一步，接待培训师，不管企业内部培训师还是外部培训师，在授课当日最好提前做好准备，这样可以使授课过程更加从容。第二步，由工作人员准备签到表，请参加培训的学员签字，一方面可以更好地管理培训，另一方面也便于为培训效果评估收集信息。第三步，工作人员向学员介绍培训师和培训项目，帮助大家从整体上把握培训，有助于增强培训效果。第四步，发放相关资料，也可以让员工自行准备资料。第五步，培训师开始授课。第六步，在培训课程结束前，向学员发放并回收问卷，作为培训效果评估的依据。第七步，一系列收尾工作，主要包括向培训师支付培训费用，教室、设备清理，培训资料归类整理等。培训工作人员在培训过程中要随时准备处理各种应急突发状况，并且要做好课间服务工作等，耐心解答学员的各种疑问。

室外培训项目（例如拓展训练）的时间安排、实施步骤与室内培训有一定的差异。例如，首先要统一安排员工抵达拓展目的地，然后详细介绍拓展项目和活动的地区范围，特别是要详细告知员工安全注意事项，以防出现意外事故。在开始实施户外活动或比赛时，确保学员按要求进行；在活动实施过程中，要有工作人员随时对学员的行为进行监控和保护；活动结束后，由学员进行感受描述，总结启发和感悟，并与所有学员沟通交流。最后，安排学员安全返回。

5.2.4 培训成果的转化

培训开发的目的就是要改善员工的工作业绩并最终提高企业的整体绩效，因此，员工在培训中所学到的内容必须运用到实际的工作中去。只有这样，培训才具有现实意义，否则培训的投资对企业来说就是一种浪费。

微课：培训成果的转化

一般来说，培训成果的有效转化至少需要具备以下几个基本条件：

（1）良好的氛围。这是培训成果转化的环境因素，良好的外部氛围将有助于员工培训成果的转化。表5-10列举了一些有利于培训成果转化的环境特征。

表5-10 有利于培训成果转化的环境特征

特点	举例
任务提示：受训者所从事的工作的特点推动或者提醒受训者应用在培训中获得的新技能和行为	对受训者的工作进行重新设计，使他们能够将培训中所学到的技能运用到工作中去
惩罚限制：不能让受训者因为运用了在培训中所学到的新技能和行为受到公开打击	刚刚接受完培训的受训者在运用培训内容失败时，不要责备他们
外在强化结果：受训者因为运用了在培训中所学到的新技能和行为而得到外在奖励	刚刚接受完培训的受训者如果能够成功地将培训内容加以运用，会得到加薪奖励
内在强化结果：受训者因为运用了在培训中所学到的新技能和行为而得到内在奖励	对那些在工作中按照培训要求去做的受训者予以表扬

资料来源 诺伊，等. 人力资源管理：赢得竞争优势［M］. 刘昕，译. 3版. 北京：中国人民大学出版社，2001.

（2）上级的支持。这是影响培训成果转化的最重要的因素，一般来说，上级的支持力度越大，培训成果就越有可能得到转化。上级的支持表现在以下几个方面：鼓励受训者在工作中运用培训所学到的内容；在受训者没有意识到的时候，提醒他们在工作中运用培训所学到的内容；要给受训者提供机会，使他们能够在工作中运用培训所学到的内容；在受训者运用从培训中所学到的内容时，及时给予指导和反馈等。

（3）同事的支持。这里的同事不仅包括一起参加培训的同事，还包括那些没有参加此次培训的同事。这种支持主要表现为：在一起相互讨论培训成果转化的体验，分享成功的经验，吸取失败的教训，从而使培训成果的转化更有成效；在其他同事运用从培训中所学到的内容时，提供必要的帮助；鼓励其他同事在工作中运用从培训中所学到的内容等。

5.2.5 培训效果评估

互动课堂5-4

某公司是上海的一家股份制企业，按计划，该公司人力资源部3月份要派人去深圳某培训中心参加一次培训。但由于当时人力资源部特别忙，所以主管权衡再三，最后决定派手头工作比较少的小刘和小张去参加。人力资源部主管把培训时间、费用等事项跟小刘和小张作了简单交代。培训期间，小刘和小张听课很认真，对老师所讲内容做了认真记录和整理。但小刘和小张两人在课间和课后总在一起，很少跟其他学员交流，也没有和讲师交流。培训回来后，主管只是简单地询问了一些培训期间的情况，小刘和小张与同事也没有详细交流培训情况。过了一段时间，同事都觉得小刘和小张培训后没有明显变化，他们自己也觉得课程很精彩，但对实际工作没有什么帮助。

问题：

（1）该项培训的人员选派是否存在问题？

（2）试提出能够提升培训效果的有效措施。

分析提示：（1）受训人员的选派存在明显问题：①缺乏对受训者培训前的需求分析；②缺乏对受训者学习目标和效果的界定和要求；③缺乏规范的人员培训计划。

（2）具体措施：①重视培训前的需求分析；②重视培训中学员的信息沟通与交流；③强化培训后学员培训效果的评估与考核；④主管对受训者进行考核与评估。最后，通过对上述各种信息的采集与深入分析，提出系统全面的员工培训计划，并推行实施。

微课：培训效果的评估

培训活动的最后一个步骤就是要对培训进行评估和反馈，这不仅可以监控此次培训是否达到了预期的目的，更重要的是它还有助于对以后的培训进行改进和优化。培训评估包括两个方面的主要内容：一是培训评估的标准；二是培训评估的设计。

1）培训评估的标准

确定培训评估的标准，我们可以从两个方面进行考虑：一是培训的效果，也就是说培训是否实现了预定的目标，可以将培训结果和培训目标进行比较，从而得出结论。培训效果的评估是培训评估最基本的要求，如果培训没有达到效果，就说明此次培训是失败的。效果评估主要是针对受训人员来进行的。二是培训的效率，也就是说培训是否以最有效的方式实现了预期的目标，这不仅要评估费用成本，还要评估时间成本，在同样的培训效果下，费用最低、时间最短的培训是最有效率的。这里的费用成本既要包括培训的直接成本，还要包括培训的间接成本。通过对培训效率的评估，可以优化培训的方法。效率评估更多的是针对培训本身来进行的。

2）培训评估的设计

培训评估的设计是指应当如何进行培训的评估，包括确定评估内容、选择评估方法和设计评估方式。

（1）确定评估内容。最常用的培训课程评估模式是由柯克帕特里克教授提出来的，故被称为“柯氏模式”。柯克帕特里克教授认为，评估培训效果有以下四个不同层面：反应层评估、知识层评估、行为层评估和效果层评估。

①反应层评估，主要是考查学员对培训课程、培训师和培训组织的满意程度。在培训中可以通过观察学员的反应和/或与学员进行面谈了解学员的感受，倾听学员对培训工作的意见。这是培训效果评估的最低层次，由培训机构或培训管理者组织进行。

②知识层评估，主要是评估学员对培训内容及技巧的掌握程度。在培训后可以通过问卷调查法了解学员对此次培训的满意程度。这种评估除了可以了解学员是否喜欢一门课程外，还可以使学员对自己认为最有用的内容和技能加深理解。在培训开始之前测试学员对知识和技能的掌握情况，培训之后再采用笔试、口试、模拟练习等方法进行测试以了解学员的进步之处，并可以在学员之间进行横向比较。这种评估由培训管理者或培训师完成。

③行为层评估，主要聚焦学员培训后的行为。在测定学员的反应和学习成果时，培训效果的得分往往很高，但在实际工作中往往会发现，由于某些原因学员未能在工作中表现出行为的转变。这种评估不能在培训刚结束就进行，因为培训效果发生转化是需要一定时间的，应当在3个月或半年后，由学员的直接主管通过观察、绩效考核或由培训管理者对受训员工进行访谈或者进行360度绩效评估。

④效果层评估，主要衡量此次培训对公司业绩的影响，一般在半年或1年后进行。这是培训效果评估的最高层次，可以通过事故率、产品合格率、产量、销量、利润率、离职率等一系列指标进行测定，主要测定内容是个体、群体、组织的效率状况在受训后是否得到改善。

（2）选择评估方法。培训的评估方法有很多，在进行具体的评估时应当根据评估的内容来选择合适的方法，这样才能保证评估的效果。针对培训本身进行评估时，可以采取问卷调查法、面谈法等方式；针对培训内容的掌握情况进行评估时，可以采取考试法、演讲法、讨论法、角色扮演法和演示法等方式；针对培训的实际效果进行评估时，更多的是采取评价的方法。

（3）设计评估方式。一般来说，进行培训评估时，主要可以采取以下几种方式：

①培训后测试。它是指在培训结束后对受训人员的培训效果进行测试。例如，受训者在培训结束后参加国家和行业统一举办的资格考试，如证券从业人员资格考试等，这类考试成绩通常能客观反映培训的效果。如果不能参加这类考试，企业应该自己组织考试，以了解培训的直接效果。这种方式的优点是简单易行，但是得到的评估结果是一种绝对值，更多地反映了培训目标的达成程度，不容易看出培训的改进效

果。这种方式更多用在培训本身的评估上。

②受训者的行为评估。培训的目的之一是改变培训对象的工作行为，提高培训对象的实践能力。受训者在培训中获得的知识和能力能否应用于实际工作，能否实现由学习成果向工作能力的转化，是评价培训效果的重要指标。受训者的行为评估通常在其回到岗位1~3个月后进行。这种方式需要进行两次测试，在培训前要对受训者进行一次测试，培训结束后再进行一次测试，然后将两次测试的结果进行比较，从而对培训的效果做出评估。由于这种方式可以得出培训结果的相对值，因此能够看出培训的改进效果。但是这种方式的缺点是受训人员在行为或结果方面的变化可能受到了其他因素的影响，从而干扰了对培训效果的准确评估。例如，员工生产效率的提高不一定都是培训的结果，有可能是生产技术的改进、工资水平提高等原因造成的。因此这种方式多用于对培训内容掌握程度的评估。

③将受训人员与控制组进行培训前后的对比测试。这种方式比上一种方式更前进了一步。为了消除其他外界因素对培训效果评估的影响，在进行评估时，除了对受训人员进行对比测试外，还要选择一组没有经过培训的员工进行对比测试，这就是所谓的控制组。将受训人员测试的结果与控制组测试的结果进行对比，就能够反映出培训的真实效果。为了保证测试结果的有效性，受训组员工和控制组员工除了在培训方面有所不同外，其他的任何条件都要保持一致。这种方式主要用于评估培训的实际效果。

④培训工作的投入产出分析。培训效果评估的另一个重要内容，是评估培训费用的使用效果，即评估培训对实现企业目标的影响性质和影响程度，如对提高劳动生产率、改进产品质量、扩大产品销售量、降低成本、增加利润、提高服务质量等方面的影响。通过分析培训对企业的整体影响，进而进行企业培训的投入产出分析。其计算公式为：

投入回报率=（收益-成本）÷成本

A.培训成本。培训成本包括直接成本和间接成本。培训的直接成本一般包括以下内容：受训者的工资；培训教师的酬劳；培训教材、辅导资料的费用以及打印、复印、装订费用；培训场地的租赁费用；培训仪器、设备和设施的折旧费及日常维护和修理的费用；因培训发生的交通费用；因培训发生的食宿费及电话费等。培训的间接成本是培训的机会成本，即同样的资源和时间用于培训而未用于其他活动带来的损失。

B.培训收益。培训收益分为短期收益和长期收益。短期收益体现为通过培训提高的员工工作效率；长期收益体现为员工能力和素质的改善对企业发展的作用。收益的衡量可以通过受训人员与未受训人员的比较进行判断。

C.培训的投资收益率。培训的投资收益率是衡量培训效益的数量指标。其计算公式为：

培训的投资收益率=培训收益÷培训成本×100%

做好培训的投资收益分析，无论对于培训部门还是业务部门而言都有重要意义。

表5-11是学员满意度调查表。

表5-11　**学员满意度调查表**

培训课程		培训教师		培训时间	

说明：1.对刚才所培训的内容，请选出最接近您个人情况和看法的答案；

2.您的宝贵意见对于公司培训来说是非常重要的，因为它们将协助我们不断努力直到您完全满意。谢谢您的合作！

序号	内容	非常同意	同意	一般	不太同意	不同意
1	本课程所含信息有助于我们从事的工作					
2	本课程内容超过了我的期望值					
3	本课程所授内容正是我期望得到的					
4	课程内容的编排方式使课程内容易于理解					
5	本课程内容对我而言难易相当					
6	本课程讲授顺序安排合理					
7	教师具备足够的背景知识以有效执行本培训计划					
8	教师表达授课内容清晰明了					
9	教师能使学员始终对课程内容保持兴趣					
10	教师能激励学员把所学概念和技能运用到工作中					
11	我为这次培训所花的时间是值得的					
12	总体而言我对这次培训表示满意					
13	您认为本课程中哪些部分的内容特别实用					
14	您对改进本课程有什么建议					
15	通过这次培训，您认为最宝贵的三项收获是什么					
16	您对这次培训还有哪些补充意见					

【拓展阅读5-2】

培训协议书（示例）

甲方：________________________________

乙方：姓名：______年龄：______性别：________出生年月：________

学历：______专业：______身份证号码：______________

家庭住址：______________________________

为提高员工的基本素质及职业技能，公司鼓励并支持员工参加职业培训。为确保员工圆满完成培训学业，并按时返回公司工作，甲乙双方订立如下协议：

一、公司同意乙方赴________学习________专业，学习期自____年____月____日起至____年____月____日，共计为期____天。

二、乙方应在甲方指定或与甲方约定的学校及专业就学。如需要变更，应事先通知甲方，并得到甲方的批准，否则，以旷工论处。

三、乙方的学习时间，计入工作时间之内，按连续工龄累计。

四、学习培训期间的工资视情况按原工资的________支付。在晋级或工资修订时，乙方作为在编人员处理。社会保险原则上按有关规定作为在编人员处理。

五、乙方学习期间患有不能继续学业的疾病时，应接受甲方指令，终止学习，返回公司，并依有关规定处理。

六、乙方在学习期间，必须每隔____天向甲方书面报告一次学习情况，并附学校有关成绩等方面的记录。

七、乙方应自觉遵守培训校方的各项规定与要求。凡因违规违纪而受到校方处分的，甲方将追加惩处，视同在本公司内的违纪。

八、乙方在培训学习期间的学费、书费、调研费、实习费、上机费、住宿费、来回往返公司的交通费（需有事召回）由甲方全额承担。

九、乙方如在培训学习期间辞职，应向甲方交纳所负担的全部培训学习费用的2.5倍。

十、培训学习结束后，乙方应在甲方连续工作__五__年。如一年内辞职，应向甲方交纳公司负担培训费用的80%；如两年内辞职，应向甲方交纳公司负担培训费用的60%；如三年内辞职，应向甲方交纳公司负担培训费用的40%；如四年内辞职应向甲方交纳公司负担培训费用的20%；五年后辞职则可免交培训费用；因违纪被公司辞退的员工亦照此办理。

十一、在培训期间，甲方给乙方伙食费____元/月。若在培训学习期间，乙方接受甲方交付的调查或安排出差，差旅费按员工差旅费规则支付。

十二、培训学习结束后，乙方应及时返回，并向公司报到。

十三、乙方应找第三方做担保人。如乙方有逾期不归、学习期从事超越学习范围的业余活动或擅自更改培训学习方向与内容等行为，其乙方的担保人承担乙方全部培训学习费用。若乙方涉及法律责任，应由该员工自负，与本公司无关。

十四、乙方在学习期间成绩优异，有杰出表现，公司将视情况给予奖励。

十五、本协议一式两份，甲乙双方各执一份。

甲方签章：　　　　　　　　　　　　　　乙方签章：

法定代表人签名：

　　年　月　日　　　　　　　　　　　　　　年　月　日

5.3　某公司销售谈判课程设计案例

5.3.1　了解培训背景

某机械股份有限公司成立于1958年，历经半个多世纪的建设与发展，目前已成为所在地区最大的矿山机械制造企业和重型机械制造企业，并在全国具有较高的知名度。公司在1998年通过了ISO 9001质量体系认证、ISO 14001环境管理体系认证和GB/T 28001职业健康安全管理体系认证。公司主要产品有采掘机械、选煤机械、破碎与粉磨机械、水泥机械、冶金轧钢机械、环保机械、大型铸锻件等，可为矿山、建材、冶金、电力、化工、环保和其他工业领域提供成套重大技术装备。尽管公司产品的技术和质量均处于领先地位，但其国际影响力有限，国际市场占有率为零。公司决定在未来的2~3年内，在持续巩固国内市场的基础上，全力开拓国际市场，增强产品品牌在世界范围内的影响力。

要想开拓国际市场和巩固国内市场，一支优秀的营销队伍是必不可少的。2019—2022年，公司的销售额虽然继续增加，但是增长率却呈下降趋势；与此同时，营销支出增长率不但没有降低，相反却远远超过了销售额的增长率。这样的销售现状很难满足开拓国际市场的发展战略要求。公司高层要求人力资源部针对这种情况，提出对策，开展对营销人员的培训，协助组建一支过硬的营销团队。

5.3.2　分析培训需求

人力资源部接到这一任务后，首先对公司存在的问题及其背后的原因进行了深入的调查，从而为采取对策提供全面信息。

1）公司销售队伍现状

公司目前有销售人员156人，其中销售专员120人、销售主管25人、销售经理11人，其中有23人在未来2~3年内将到退休年龄。公司新招聘的销售人员绝大多数为公司所在地区职业技术学院的学生，而且公司的人力资源成本决定了在未来2~3年内，还将实施以招聘职业技术学院的应届毕业生为主的招聘策略。

2）需求调查和分析

为了把握销售队伍的现状，人力资源部综合运用了面谈法、问卷调查法和观察法等信息获取方式展开了调查。调查的内容包括公司目前销售人员的职务分析、销售人员动机分析以及营销环境和特点分析等。

需求调查和分析的内容、方法及信息来源见表5-12。

表5-12 需求调查和分析的内容、方法及信息来源一览表

分析内容	内容细化说明	分析方法	信息来源
职务分析	销售人员的工作事项 销售人员的工作责任 销售人员的奖惩措施 销售人员的晋升制度	资料分析法 面谈法	公司销售人员岗位说明书 公司销售人员工作制度 公司销售人员薪酬和绩效管理制度
动机分析	销售人员的工作态度 销售人员的工作积极性和责任心 销售人员对工作的满意度	问卷调查法 面谈法 观察法	销售人员面谈记录法 销售人员问卷调查分析报告
环境分析	机械行业的营销特点分析 机械行业竞争对手销售人员状况 公司销售战略和销售策略	问卷调查法 资料分析法 观察法	销售人员行业薪酬调查报告 公司战略发展规划

通过需求调查，得出的结论如下：

（1）公司销售人员工作态度端正、责任心总体评价较高，但是销售人员销售谈判的成功率较同行业而言比较低，销售人员对机械的标准和技术参数等在谈判中的表达比较到位，对谈判的技巧却知之甚少。

（2）机械行业的销售特点。

①用户数量较少，地理分布集中，消费者主要是企业或组织；多为专业性购买、理性购买；参与决策人数较多，集中决定是否购买；购买过程较为冗长，有时空、质量要求；购买程序复杂。

②需求特征。机械产品采购者对产品的需求受价格变动的影响不大，但是需求量波动较大。

③决策特征。采购的复杂性决定了采购商希望建立长期稳定的合作关系。

④交易特征。购买数量多，交易额度大，交易谈判次数少，每次谈判时间较长且均十分重要。

（3）公司的销售策略和销售计划符合公司销售战略规划的要求。

综上所述，人力资源部针对销售人员产品技术规范熟悉，但销售谈判技巧缺乏的特点，决定通过销售谈判技巧培训来改善目前销售人员谈判技巧技能有欠缺的现状，从而帮助销售人员认真对待谈判，把握每一次谈判机会，致力于同客户建立长期稳定的关系。

5.3.3 设计培训课程

1）编制培训大纲

公司的销售人员均为中专以上学历，掌握基本的营销知识和技能，因此在进行课程设计时，不必大费周章。针对销售人员对销售工作的开展都有切身的体会，他们对

于提高销售技巧的需求比较强烈的情况，人力资源部培训课程开发人员制定了课程培训大纲（见表5-13）。

表5-13 "销售谈判"课程培训大纲

一、课程名称

销售谈判。

二、参加对象

公司销售专员、销售主管和销售经理。

三、课时

16个学时。

四、课程学习目标

1.能够复述销售谈判过程的技巧。

2.能够列举销售谈判过程中的禁忌。

3.能够设计有效的销售谈判流程。

4.在销售工作开展过程中运用相关技巧，提高销售谈判成功率。

五、课程单元构成及时间分配

课程单元构成及时间分配表

单元构成	主要内容	分配时间	开课时间	培训地点	授课方法
第一单元	有效的销售谈判技巧	8课时	2022年10月18日	办公室二层会议室	以面授为主、结合案例、小组讨论等多种方式
第二单元	团队销售案例	8课时	2022年10月25日		

六、课程实施所需的文本和表单

1.讲师手册。

2.学员手册。

3.课程调查评估表。

4.课程培训评估报告

2）编制讲师手册

为了能够顺利、有效地完成课程的培训，达到预期的培训效果，培训师在讲授课程前应当对课程的讲授过程进行预先设计，这就需要编制讲师手册。针对"销售谈判"课程第一单元的内容编制的讲师手册见表5-14。

5.3.4 评估培训课程

公司人力资源部针对培训课程采用问卷调查的方式进行评估。调查问卷分为两种，一种是针对销售谈判技巧相关知识的调查问卷，另一种是对课程进行全面评估所设计的调查问卷。

表5-14 “销售谈判”课程第一单元讲师手册

一、开场导入 1.讲师进行自我介绍，并对本次课程实施的相关情况进行说明。 2.导言。各位学员都是在公司有着实际工作经验的销售人员，各位对公司产品的技术、性能等都十分熟悉；然而，懂得产品的技术、性能等就能做好销售、赢得客户吗？对于这个问题，在座的各位想必都有自己的看法。下面我们来看一个案例，现在，请学员用手中的笔记下案例介绍完毕后需要回答的问题： （1）这次谈判难以成功的原因包括哪些方面？ （2）假如是你，你会怎样改进？ 具体的案例介绍（案例的取材是公司人力资源部在开展培训需求调查过程中通过观察记录所描述的不懂销售技巧导致难以成功的例子） 通过提问分别邀请有代表性的学员（销售专员、销售主管和销售经理）谈谈自己对这一案例的认识。 培训师进行总结，总结一定要让学员认识到自身对销售谈判技巧的重视不够，而且销售谈判技巧亟待加强，从而激发学员学习的主动性	引入案例的目的是了解学员是否意识到了销售谈判技巧的重要性，引导学员将销售谈判技巧和谈判结果联系起来
二、认识销售谈判 1.谈判的种类。从介绍不同的谈判种类入手，明确谈判的特点，并明确提出销售谈判的最终目的是“双赢”。 2.销售谈判技巧的重要性。从介绍影响销售谈判的因素入手，分析销售谈判技巧对销售谈判成功的重要意义	
三、如何进行销售谈判准备 1.充分了解客户的信息（详细内容略）。 2.制定销售谈判的目标和策略（详细内容略）。 3.进行仪容仪表的准备（详细内容略）。 4.是否进行充分准备的检验方法（详细内容略）	在讲解第三部分的内容，即开展销售谈判准备时，可以运用著名销售专家乔·吉拉德关于销售谈判的案例和格言
四、掌握销售谈判实施技巧 1.引发客户对公司产品的兴趣，注意突出本公司产品的独特之处，并通过察言观色，判断对方的兴趣点和需求。 2.让对方先出价，开价高于实价，不要急于促成交易。 3.让客户围着自己转，掌握主动权。 4.不轻易让步和降低要求，避免客户小瞧自己。 5.恰当使用“黑脸白脸”和“反悔策略”	
五、有效摆脱销售谈判困境 1.巧妙解答自己并不了解的问题。 无论你准备得多么充分，你总有被问住的那一刻。 2.如何面对总是一副“冷面孔”的客户。 3.如何面对正忙于工作、无暇交谈的客户	在讲解第五部分的内容时，播放视频材料，让学员对销售中的困境有充分的认识，帮助学员牢记摆脱销售谈判困境的技巧
六、课程结尾 学员们，今天我们用了8个学时的时间共同学习了关于销售谈判技巧提升的课程。下面我请一位学员对今天的课程进行总结。（具体过程略） 这位学员介绍得比较全面，其他学员还有什么要补充的吗？ 大家回答得都十分正确，“酒香不怕巷子深”的时代已经过去了，优秀的销售人员应该善于从看似没有机会的谈判中发现问题，进而开发客户。 我相信，如果学员们在以后的销售工作实践中能够潜心体会并灵活运用今天我们所学的技巧，那么可以肯定，公司的销售额在未来几年内一定能够迅速提高，而各位也将成为优秀的销售专家，并同公司共享销售成果。 感谢学员们能以饱满的热情完成今天的学习，再见	

1）针对销售谈判技巧相关知识的调查问卷

（1）调查问卷的实施方法。

①问卷调查的对象。公司人力资源部设计了参照组和试验组进行问卷调查，试验组就是参加过培训的销售人员，参照组是暂时还未参加培训的销售人员。

②问卷调查的时间。公司在试验组培训开展前和培训完成后，分两次就同一内容向参照组和试验组发放问卷进行调查。

（2）问卷调查的内容。问卷调查的样例见表5-15。

表5-15　**问卷调查样例**

一、基本情况

参加工作时间________职务________

二、具体问题

1.你认为在开展销售工作时，影响客户决策的因素有哪些？

____

2.当你按照预先同客户商定的时间到达客户的办公室时，你听到里面有激烈争辩的声音，并有一些其他人站在办公室门口处。面对这种情况你的处理方式是：

____

3.在同客户进行销售谈判前，你会做哪些准备？

____

4.当客户的报价正是你所期望的情况时，你会怎么办？

A.马上答应　　B.半推半就　　C.假意拒绝，试图让对方再让步

D.其他，请说明______________________________

5.有人认为，“销售是否成功通常身不由己，不可控因素太多了，客户的想法又很难把握，所以运气很重要”。你认同这种说法吗？请说明原因。

____

2）培训过程调查问卷

（1）调查问卷的实施方法。公司人力资源部针对所有参加培训的销售人员，在培训结束后让其填写相关问卷。

（2）问卷调查的内容。问卷调查的内容见表5-16所示。

表5-16　**培训过程问卷调查样本**

尊敬的学员：

您好！请您花几分钟时间帮我完成此份培训效果评估问卷，请填写您的真实想法，衷心感谢您的合作！

一、您个人的基本情况

姓名__________部门__________职务__________

培训时间__________培训地点__________培训师__________

培训主题______________________________

二、具体问题

1.您对本次培训的内容满意吗？

A.非常满意　B.比较满意　C.满意　D.不满意　E.极不满意

2.您认为本次课程学习过程中存在的问题有哪些？

A.授课时间安排不合理　B.讲师表达欠佳　C.学习材料没有什么价值

D.培训服务质量差　E.其他

3.您是否愿意推荐这位培训师进行相关课程的培训活动？

A.是　B.否

4.如果还有相似的课程培训，您是否愿意参加？

A.是　B.否，请您列出您想参加的培训课程名称__________

5.您认为本课程的内容在您工作中的应用是否迫切？

A.非常迫切　B.比较迫切　C.一般　D.不是很迫切

5.4 培训方法

企业培训的效果在很大程度上取决于培训方法的选择。根据培训的项目、对象、内容不同，所采取的培训方法也有所区别。现代企业在进行员工培训时运用的方法很多，每种方法都有其优缺点以及适用范围。我们可以按照培训内容的组织方式以及培训对象的参与程度，将常用的培训方法分为三大类：直接传授型培训方法、实践型培训方法、参与型培训方法。

微课：培训方法介绍

5.4.1 直接传授型培训方法

1）讲授法/专题讲座法

讲授法是指培训师通过语言表达，系统地向培训对象传授知识的方法。讲授法一般涉及多个专题，适用于各类学员对学科知识、前沿理论的系统了解。专题讲座法在形式上与讲授法基本相同，一个专题一般只安排一次培训。

（1）讲授法/专题讲座法的优点。

①有利于学员系统地了解新知识。

②容易掌握和控制学习的进度。

③对于难度较大的内容，通过培训师的讲解，学员更容易理解。

④可以同时对多人进行培训，操作方便，经济高效。

（2）讲授法/专题讲座法的缺点。

①讲授内容具有强制性。

②学习效果的好坏很大程度上取决于培训师的水平。

③仅由培训师讲授，是一种单向信息传递，培训师和学员之间缺乏必要的交流及反馈。

④学员与学员之间无法进行讨论，不利于促进理解，学员始终处于被动的状态。

⑤学过的知识不易巩固，因此常用于进行一些理念性知识的培训。

2）演示法

演示法是运用一定的实物和教具，通过实地示范使学员明白某种工作是如何完成的方法。

（1）演示法的优点。

①有助于激发学员的学习兴趣。

②激发学员运用多种感官，做到看、听、想、问相结合。

③有利于获得感性知识，加深对所学内容的印象。

（2）演示法的缺点。

①使用范围比较窄，有些学习内容就无法通过演示来学习，例如我们对管理层进行培训，项目是“领导的行为与艺术”，这样的内容就无法通过演示法呈现。

②演示装置移动不方便，不利于培训场所的变更。

③如果采用演示法就必须有相关的实物和教具，需要一定的费用和精力来支持。

3）多媒体教学

多媒体教学在现代企业培训中是一种十分常用的方法，主要手段包括影片、幻灯片、自学教材以及参考资料等。现在的多媒体教学强调内容与网络技术相结合，使学员能够根据自身情况进行自学，它几乎可以涵盖任何专业主题，可满足标准化、长距离或学习地点分散的需求。

（1）多媒体教学的优点。

①使用灵活，适合重复与大量使用。

②电脑可以储存所有学员的学习记录，易于分析比较，评估学习成果。

（2）多媒体教学的缺点。

①这种方法与讲授法一样，学员与培训师之间及学员之间都缺少必要的互动。

②培训可能与实际工作脱节，学习效果没法保证。

③前期制作成本较高，投入较大。

5.4.2 实践型培训方法

实践型培训方法是通过让学员在实际工作岗位或真实的工作环境中，亲身操作、体验，掌握工作所需知识、技能的方法。

1）工作轮换法

这是一种在职培训的方法，指让学员通过岗位的变换，获得不同岗位的工作技能，一般用于培训新员工。

（1）工作轮换法的优点。

①工作轮换能丰富培训对象的工作经历。

②通过到不同的岗位实际体验，员工可以了解自己的兴趣爱好与专长。

③工作轮换能拓宽培训对象的知识面，为以后进行跨部门工作奠定基础。

（2）工作轮换法的缺点。

①培训对象在每个工作岗位上停留的时间太短，知识面广但是不够精。

②由于此方法鼓励“通才化”，因此对于直线管理人员的培训比较适合，不适用于职能管理人员的培训。

2）工作指导法（“师带徒”）

工作指导法，也叫“师带徒”，这种方法是由一位有经验的技术能手或直接主管人员在工作岗位上对培训对象进行培训。

（1）工作指导法的优点。

①通常能在培训师与培训对象之间形成良好的关系，有助于工作的开展。

②一旦师傅调动、提升或退休、辞职，企业能有训练有素的员工顶上。

（2）工作指导法的缺点。

①挑选好的教练或者师傅并不容易。

②很多师傅会存在“带会徒弟饿死师傅”的想法，而不愿意倾尽全力，因此要挑选那些技术好、沟通能力强并且心胸宽广的员工当教练。

5.4.3 参与型培训方法

参与型培训方法是充分调动培训对象的积极性，让其在与培训师的互动中学习的方法。

1）案例研究法

案例研究法是通过为受训学员提供案例，让学员进行分析、评价，提出解决问题的建议和方法，从而提高学员分析问题、解决问题能力的培训方法。案例研究法目前广泛应用于企业管理人员，特别是中层管理人员的培训中。

（1）案例研究法的优点。

①学员参与性强，可由被动学习变为主动学习。

②将学员解决问题的能力融入知识传授中，有利于学员参与企业实际问题的解决过程。

③教学方式生动具体，直观易学。

④容易使学员养成积极参与、肯向他人学习的习惯。

（2）案例研究法的缺点。

①案例研究法最难的地方就在于案例的选择，需要耗费较长的时间。

②所选案例虽然来自真实的企业管理中，但是与学员所在企业的情况还是有所不同，因此学员需要具备较强的知识迁移能力，对培训师与学员的要求都比较高。

2）角色扮演法

角色扮演法是指在一个模拟真实的工作环境中，让参加者扮演某种角色，感受所扮角色的心态和行为，模拟处理工作事务，从而提高参加者处理各种问题的能力。

（1）角色扮演法的优点。

①能够激发学员解决问题的热情。

②能够提高学习的多样性和趣味性。

③能够激发热烈的讨论，使学员各抒己见。

④能够提供在他人立场上设身处地思考问题的机会。

（2）角色扮演法的缺点。

①观众的数量不宜太多。

②角色扮演的效果可能受限于学员的过度羞怯或过深的自我意识。

（3）为了取得较好的培训效果，采用角色扮演法要注意以下几点：

①准备好场地与设施，使角色扮演学员与观众学员之间保持一段距离。

②谨慎挑选演出学员，做好角色分配。

③鼓励学员以轻松的心情演出。

④可安排不同文化背景的学员演出，以了解不同文化的影响。

⑤可由不同组的学员重现相同的情景。

【拓展实训5-2】

人力资源培训方法——角色扮演法

一、实训目的

通过本次实训，了解角色扮演法的实施步骤，掌握一定的培训技巧。

二、实训所需条件

实训时间为2课时；实训地点为教室。实训所需材料为A公司的销售难题，具体如下：

A公司是一家电信设备制造商，负责向电信运营商提供5G基站设备等。在运营之初，5G基站设备生产厂商少，产品销售比较容易，销售人员通常只需负责供货、回收货款即可。随着市场不断成熟，相关产品及设备的供应商越来越多，运营商进货渠道不断增多，在进货过程中，他们对A公司提出了一些不合理的要求，例如要求A公司为其提供一些免费旅游机会，帮其报销一些应酬费用等。针对该种情况，A公司派出销售经理与运营商的相关负责人进行沟通。

三、实训内容与要求

（一）实训内容

应用角色扮演法体验案例中各种人物的心理，找出问题的解决方案。

（二）实训要求

1.要求学生掌握角色扮演法的相关理论，做好实训前的知识储备。

2.要求学生运用所学知识，模拟案例中的角色，体验案例中涉及的各人物的心理，找出问题的解决方案。

3.要求充当观众的同学认真观察，做好记录。

4.要求教师在实训过程中做好组织工作，给予必要、合理的指导，使学生加深对理论知识的理解，提高分析问题的能力。

四、实训组织方法与步骤

第一步，教师向学生说明实训要求及实训步骤，确定演练的内容及角色。本案例中的角色设定为A公司的销售经理及运营商的相关负责人。

第二步，将学生分组，每组5~7人。每组选出两个角色扮演者，其他同学充当观察者。

第三步，将材料分发给所有参加者，向观察者发放观察表。学生热身3分钟，适应自己的角色。

第四步，演示者开始演示，各组摄像人员负责摄像。

第五步，演示结束后，演示者发表对自己和对方角色的看法，例如有何成功之处、失败之处及改进方法。

第六步，观察者对演示者的演示进行分析评价，包括优缺点及以后需要注意的问题。

第七步，教师播放录像，对角色扮演者的演示进行点评。

五、实训考核方法

实训结束，每个小组提交一份1 000字左右的实训报告，报告内容要求完整记录整个实训过程，考核结果由演示过程、观察者评价及报告质量组成，具体评分标准为：

1.演示者的自我评价，满分为20分；

2.观察者的评价，满分为20分；

3.报告的书写是否规范、认真、准确，满分为60分。

3）研讨法

研讨法是指在培训师的引导下，学员围绕某一个或几个主题进行交流，相互启发的培训方法。据研究，这种方法对于提高学员的责任感或改变工作态度特别有效，比较适合管理人员的培训。

（1）研讨法的优点。

①多向式信息交流。在讨论过程中，培训师与学员间及学员之间相互交流、启发和借鉴，及时反馈，有利于学员取长补短，开阔思路，促进能力的提高。

②要求学员积极参与，有利于培养学员的综合能力。

③加深学员对知识的理解。

④形式多样，适应性强，可针对不同的培训目的选择适当的方法。

（2）研讨法的缺点。

①运用时对培训师的要求较高。

②讨论主题选择的好坏将直接影响培训的效果。

③受训学员自身的水平也会影响培训的效果。

④不利于受训学员系统地掌握知识与技能。

为了提高员工培训效果，企业应该根据培训的目的、培训的内容、受训对象的特点、培训资源方面的限制（例如时间、场地、设备方面的限制等）来选择适合的培训方法。在实际的员工培训中，可能会综合采用几种不同的培训方法，在节省培训成本的同时，收到较好的培训效果。

5.5 员工发展培训

5.5.1 如何培训决策者

决策影响着企业发展的兴衰，决策恰当时，企业就能获得回报，得到发展；反之，决策失误就会导致企业亏本，甚至走向衰亡。因此，加强对决策者的培训，提高决策者的决策能力对企业有着重大影响。在对决策者进行培训的过程中，应该掌握以下内容：

1）分析决策者的个性

在决定培训项目之前，应准确地分析决策者的个性特点，以求有的放矢，使培训效果事半功倍。决策者大致可以分为以下几种类型：

（1）知识型。这类人往往学历很高，接受过高等教育，掌握各种新知识，思路开阔，善于接受新事物，但同时他可能经验不是很丰富，资历不够深，较容易轻视经验。因此，针对此类决策者要多组织员工与之交流，请一些心理学家或成功人士对其进行专门指导。

（2）人格型。这种人善于处理各种人际关系，能够充分激励下属努力工作，其成功登上决策者宝座的绝大部分原因在于其良好的人际关系。他们极具个人魅力，十分注意自己的形象，竭力维护本人的面子和企业的声誉，但可能其业务水平稍有欠缺，知识层次稍低些。培训可针对其弱势，有的放矢。

（3）特殊型。这种人有些特殊才能，如技术创造型、改革型、金融组织专家，他们往往是由于这一突出才能而被任用为决策者的。具备特殊才能者往往思维不够全面，或许要请一些专家帮助其进行思维方式的训练。

（4）综合型。这种人物显现出各个方面的才华，有学历，有能力，样样精通，能够比较全面地处理企业问题，往往是决策者位置的最佳人选，但由于其兴趣分散，因此显得在某一领域不够深入。而每个企业都有自己的特点和专业领域，要想成功，就必须深入某一领域，培训就是使其达到此目的的一个重要手段。

2）运用培训方法

决策者培训由于培训对象和培训过程的特殊性，因此决定了培训方式的特殊性。在实际工作中通常采取灵活简便的方式进行，如座谈、讨论和考察的方法。

（1）座谈法。座谈法是决策者与培训专家坐在一起交流，通过交谈，专家将相关信息传递给决策者，以达到培训的目的的方法。例如，为了进一步将决策者身上的潜能激发出来，确定对其进行情商教育。座谈法主要是听取参与座谈的专家的意见。

（2）讨论法。讨论法就是邀请一位或几位专家与决策者一起探讨某个或某种问题，从而在讨论中获得较高层次的认识的方法。在辩解、认同、反驳、总结的过程中，就获得了对未来趋势较清晰的预测，并将其用于企业经营管理过程中，拨正企业航向，因此这必定给企业带来革命性的影响。

（3）考察法。考察法是决策者参与各种社团、集会和经济论坛等组织，通过接触社会上的各种人才和专家，从中得到有用信息，获得知识的方法。培训方式应该灵活机动地选择，不要拘泥于以往的固定模式。

3）确定培训项目

（1）形象塑造。有意识地注意自己的举止与行为习惯，流露出自信。

（2）实际能力。把握住自己对事物的观点和态度，不让别人操纵自己的想法，也不要懒惰或疏于调整自己的态度。

（3）沟通能力。对他人的行为要宽宏大量，少一些指手画脚。

（4）社交能力。主动开始与他人交谈，不要指望别人先开口，不要等着被邀请，不要借口不适应新环境而躲在角落里。忘记自己所有的不适，集中精力从聚会中学有所得，并使他人也能得到收获。

（5）谈话技巧。在一系列的交谈中加入适当的幽默，可以改善沟通的质量，密切双方关系，降低对方的紧张程度，也可使自己紧绷的神经得到放松。讲述趣闻逸事或插入模仿演示，都可以确保沟通的内容既清晰又有趣。

（6）领导能力。要尽力维护自己在周围人心目中的地位，使他们肃然起敬。倾听他人对自己的意见，使他们感到自己是有价值的和必需的。

（7）完善人格。关心他人的情况，包括他们的兴趣、成功、挫折、梦想，仔细倾听并从他们的经历中总结经验。同时也和他人分享自己的情况，使自己和他人的关系更为密切。

总之，由于培训对象不同，在对决策者培训时要尽可能因人而异地开展培训，只有这样才能取得较好的培训效果。

5.5.2　如何培训管理人员

管理人员是企业的支柱，要让他们发挥出全方位的管理能力，就必须对管理人员进行科学的培训。对管理人员的培训由以下几个步骤组成：

1）调查培训需求

（1）了解受训管理人员的现状。在调查开始之前，要明确受训管理人员的工作情况。了解他们在组织中的位置，以及之前是否受过培训，受过什么样的培训，培训存在哪些问题。

（2）寻找受训管理人员存在的问题。管理人员在工作中存在的问题并不是每个管理人员都能自己发现的，这时培训者要帮助培训对象分析工作中存在问题的原因是什么，这样有利于管理人员采取更为合作的态度配合调查。

（3）了解受训管理人员的期望和“隐藏想法”。在调查中，应确定受训管理人员期望能够达到的培训结果。要让管理人员知道说出自己的培训期望可能对培训内容有所影响。如果不能满足其期望，应解释原因。

（4）总结调查结果。调查资料收集完成以后，要仔细分析这些调查资料，从中找出培训需求，但应注意个别需求和普遍需求之间的关系。当前要解决的主要是普遍性的需求，对于个别需求，可以等到以后这种个别需求成为普遍需求时再培训，或采用个别辅导的方法完成培训。

2）选择培训内容

（1）以管理岗位要求和管理人员工作能力之间的差别为依据，确定补差性的教学内容。

（2）介绍新的管理方法和技术。

（3）不能规定相同的学习内容。

3）确定培训时间

（1）在一定时期内举办一次短期培训。

（2）对管理者的培训应该定期地连续不断地进行，以便于提升培训效果。

4）实施培训

（1）避免经验式教学，以兴趣教学激发学习的兴趣。

（2）根据管理人员要求，可适当调整教学计划。

（3）形式新颖，改进一成不变的形式。

5）信息反馈

在一个培训期结束后，应请接受培训的管理人员对整个培训内容提出意见，但这些意见往往是不深刻的。经过一段时间后，应再次向他们征求意见，全面地评价这次培训的社会效益和经济效益，根据多次信息反馈做出绩效评估。

当然，这些步骤不是一成不变的，而要根据实际情况进行取舍，以提高培训质量。

实用案例 5-3

F公司的学习型组织管理模式

F公司是一家小型的软件开发公司，采用了学习型组织管理模式，具体做法如下：

1.通过各类培训为员工创造不断学习和交流的机会

公司每年定期举行两次全体员工的内训大会，内容包括公司的状况、项目知识、行业、专业知识层面的分析和共享。内训大会要求必须是热烈的、互动的、全面参与的。内训结束后要进行总结，新员工进入公司时，都会接受包括公司文化、经营理念、规章制度以及专业知识的培训。每次内训材料均会成为新版本的公司入职培训教材。

2.促进探讨和对话

对公司的一个专题项目组织专题研讨，研讨中没有上下级界限，所有与会人员畅所欲言。这种“头脑风暴”的结果会产生一个切实可行的“行动计划”。诸如此类的探讨和对话在各部门随处可见。

3.鼓励共同合作和团队学习，建立学习共享系统

管理团队成员除了定期参加各项会议外，还随时随地进行沟通与交流，团队中任何人在任何地点的任何感悟，均可在第一时间做到共享。

4.充分利用共享学习系统

公司鼓励不同部门人员在不太正式的场合经常交流，部门内部和部门之间在餐桌上、电话中、各类公司会议上、聚会上都可以交流。当然，最多的是用电子邮件的形式进行沟通，每天工作的第一件事情就是接收电子邮件。公司定期举行各部门的“新知、问题、方案”会议。只要没有重要任务，所有人均自觉参加，这是公司员工定期获取、传播、分析行业知识的途径。而在外地和出差的员工同样可以在第二天通过“知识邮件”得到分享。公司鼓励大家系统地进行学习，专门在公司的局域网上设立了“知识银行”的站点，每个人可以随时随地向“银行”支出和存入所需的各类知识。

5.促使成员迈向共同愿景

公司强调员工的发展与企业的发展愿景是一致的。员工为了适应公司的发展，应自觉加强自己各方面的学习，避免落伍。很多员工在工作之余主动通过各种渠道学习，以不断增强自身的核心竞争力。例如，周末到公司加班是正常的事情，而自费进修、培训更是蔚然成风。由此可见，共同愿景使公司成为一个不断进步的、持续发展的学习型团队。

6.提倡一专多能，考核学习能力

每位员工都是多项任务的执行者，要求员工在工作中不仅仅掌握本部门的工作知识和技能，而且要尽可能多地补充相关部门的工作知识和技能。公司自上而下均强调在掌握核心技能之外，尽量主动掌握“生存”的其他技能。

5.5.3 如何培训骨干员工

骨干员工是公司的核心力量，要提升公司的竞争力，就必须加强对骨干员工的培训。培训骨干员工应注意以下要点：

1）明确骨干员工的基本素质

（1）自我制约能力强。

（2）对公司和公司目标、原则有责任感。

（3）有勇气、诚实，并且可信赖。

2）骨干员工培训的主要内容

（1）重新定义执行者和管理者。

（2）培训执行者的技能。

（3）增强骨干员工独立思考的能力。

（4）提出可使骨干员工接受的不同意见。

（5）树立骨干员工的信誉。

（6）让骨干员工的个人目标和企业目标一致。

（7）明确管理者与执行者的相同点与不同点。

（8）对骨干员工的工作进行评价及反馈。

总之，骨干员工是公司的核心层，是员工培训的一个重点层面，必须加强对骨干员工的培训和管理。

互动课堂5-5

IBM会为员工提供许多技能培训，为员工在职业生涯中有更大的发展打下基础，员工表现出对更高管理水平的追求在IBM是受欢迎的。

IBM如果要让一位员工走上经理职位，会给他安排到一个培训计划中，这个培训过程有4个月，要对他进行多项技能的培训，IBM称之为领导才能训练营，相当于一个干部学习班。进入了领导才能训练营，你就有希望进入经理行列，培训中会有很多的程序来测试和提高经理的能力。

问题：IBM是如何培训企业骨干员工的？

分析提示：IBM通过建立领导才能训练营培训骨干员工。

5.5.4 如何培训专业技术人员

1）掌握对专业技术人员培训的特点

（1）从培训对象和培训目标来看，专业技术人员的培训具有高层次性。不仅其培训对象是具有较高科学文化素质的人员，一般都有大专以上学历或中级以上专业技术职称，而且培养的目标是使其成为高级专业人才。由此可见，专业技术人员的培训是一种高层次的职业教育。

（2）从培训的本质来看，专业技术人员的培训具有创新性。特别是在市场竞争激烈的条件下，专业技术人员如果没有创新精神，不能勤于探索，也就失去了其本身的价值。这就要求在培训中注意选择一些有启发性的教学内容，加强培养专业技术人员的创新性思维，激发其创新欲望，以推动专业技术人员进行尝试性的创新实践，为最终取得创新成果打下基础。

（3）从教学内容来看，对专业技术人员的培训具有超前性。专业技术人员要进行创新性的活动，就需要不断吸收、储备大量的知识。在教学设计上，不仅要选择有关专业技术的最新成果来充实专业技术人员，还要训练他们预测未来的能力，掌握未来发展的理论知识。

（4）从培训的内容来看，对专业人员的培训还具有极强的专业针对性和岗位适应性，因此他们的培训需求是多种多样的。这就决定了培训内容要根据不同专业技术人员的专业要求和岗位要求，以及科学技术发展的水平设计出有针对性的培训内容，并选择相应的培训途径。

2）区分培训类型

对专业技术人员的培训是一个多类型、多层次的复合结构。根据不同的培训对象和培训目的，一般可划分为四种类型。

（1）补充型培训。补充型培训就是通过培训，充实专业技术人员的新专业基础理论、专业理论知识，提高其专业技能，以适应岗位的要求。

（2）扩展型培训。扩展型培训就是通过培训来增加专业技术人员的新专业知识，以及相关的科学及基本知识，拓宽知识面，更新知识结构，以适应学科综合渗透、相互交叉的发展趋势和提高岗位能力的需要。

（3）更新型培训。更新型培训是指通过培训使专业技术人员了解和掌握有关学科专业和技术领域的最新理论、方法和技术知识，以适应科学技术的不断发展。

（4）转换型培训。转换型培训的目的在于培养复合型人才，或适应职业、岗位转换后的需要而组织的培训。

3）设计培训课程

对专业技术人员开展的培训课程，应根据培训的对象、发展的方向、岗位实际需要以及科学技术发展水平和发展趋势来确定。其重点应放在对科技发展中的有关新理论、新方法、新技术的了解和掌握上，使教学内容充分体现出新颖性、先进性。

从总体来看，对专业技术人员培训的内容包括以下两方面；

（1）有关知识，其中包括本专业的新理论、新方法、新技术、相关技术知识、必要的管理理论和方法，如系统论、控制论、统筹学、工程经济学、计量经济学、外语、计算机知识、政策法规知识等。

（2）基本技能的训练，包括市场预测技术、现代测试技术、计算机使用技术、情报检索技术及信息处理技术等。

【拓展阅读5-3】

逆向管理之“末日管理”

末日管理理论是由百事可乐公司的负责人韦瑟鲁普首先提出来的。百事可乐公司是在饮料行业中排名领先的跨国集团公司，与一般企业相比，人们很难设想百事可乐公司有什么危机。可是正因为如此，韦瑟鲁普先生才更让全体员工时时不忘危机，在可能的危机爆发之前，先彻底改造这家经营业绩优异的公司，以免骄傲自满与过分自信。

末日管理理论要求公司经常以大量令人信服的信息，向员工说明危机必然会来到，“末日”也将来临，而公司的危机也是员工的危机，因此必须未雨绸缪、居安思危。通过“自找缺点的居优思劣”“往坏处打算的居盈思亏”“眼光放远的居胜思败”来引导全体员工树立危机意识，在此基础上重新规定工作任务，要求公司的年利润增长率必须保持在15%以上，否则就是失败。要求大家经常“杞人忧天”“庸人自扰”，善于换位思考，不搞短期行为，多问一问“手上的几张牌打光了怎么办?”“情况变化了怎么办?”在市场竞争中则要寸土必争，因为放弃一份订单就等于培养了一个竞争对手，以此来提高企业的素质与管理水平。末日管理理论提倡与国内外先进水平做横向比较，越比越感到“末日将临”，越比越感到不可满足。末日管理意味着不能陶醉于今天，不能仅与自己做纵向比较。它要求以各种手段让每个员工都有压力，都去想办法，都去拼搏，从而实现居安思危。

在我国，首先接受百事可乐公司末日管理理论的是无锡小天鹅股份有限公司。小天鹅公司的全自动波轮洗衣机销售量已经多年高居国内市场第一，年利润早就超过亿元，但其还是清醒地提出“企业最好的时候，也就是最不好的开始，产品最走红的时候，也就是滞销的开端”。为了让全体员工感受市场的竞争，公司让全体白领员工都轮岗搞一段时间的销售，让蓝领员工也大部分轮岗搞三个月以上销售。采用这个措施，一方面可以从中选拔宝贵的销售人才，另一方面可以让员工亲身感受竞争的激烈程度，这对于提高每位员工的工作水平都大有好处。公司建立了全球性横向比较信息体系，可使员工随时认清差距。公司除了向全体员工集思广益，还经常邀请有关专家对企业发展战略进行研讨。在全国范围开展“千金求良言”活动，公司曾在全国25家晚报上同时刊发启事，提出“小天鹅60万元重金向全国人民买意见”，结果常常日进千封以上来信，大部分为“小天鹅”提出宝贵意见，更树立了“小天鹅”“全心全意”的企业形象。

【素质提升】

大学生就业要增强职业规划意识与能力

自由择业既是我国劳动法赋予包括高校毕业生在内的所有劳动者的法定权利，也是社会主义市场经济背景下劳动力市场的应有之义和内在要求。自由择业有助于鼓励大学生个性化发展，充分发挥大学生的聪明才智，实现“人尽其才，才尽其用”和“三百六十行，行行出状元”的美好愿景。

大学生应把家国情怀融入不懈奋斗中，将实现个人理想与国家社会发展需要紧密结合。大学生是青年群体中的佼佼者，在职业选择和就业价值取向上应坚持把工作岗位放到国家发展大局中进行思考和定位，将个人职业发展同社会发展紧密融合，实现个人价值与社会价值的协调统一。

作为自主择业的主体，大学毕业生应增强自身职业规划的意识和能力。大学毕业生既享有自主择业带来的福利，也面临着如何自主规划职业发展路径的新挑战。大学生应形成对自我、社会和职业的正确认知，在社会实践和专业学习过程中培养正确的就业价值观。在此基础上，大学生应树立远大志向、目光长远，规划和选择合适的职业发展路径，避免冲动就业或不理性就业。

资料来源　王晓芳. 大学生就业要增强职业规划意识与能力 [N]. 中国教育报，2021-07-15 (2). 节选。

[本章小结]

•本章介绍了员工培训的含义、种类、意义、原则及员工培训与人力资源管理其他职能的关系。

•本章介绍了员工培训的四大步骤：员工培训需求分析、培训计划制订、培训的实施、培训效果评估。

•本章介绍了某公司“销售谈判”课程设计案例以及培训课程设计方案应包含的项目。

•本章介绍了企业常用的培训方法，如讲演、示范、个案研究、角色扮演等。

•本章介绍了如何培训决策者、管理人员、骨干员工和专业技术人员。

[基础训练]

1.选择题

(1) 培训需求分析的方法很多，其中最为常见的方法有四种，即观察法、(　　)、(　　) 和资料查阅法。

A.任务分析法　　B.问卷调查法

C.访谈法　　D.个人面谈法

(2) (　　) 可以解决对谁进行培训的问题。

A.培训对象　　B.培训内容

C.培训设施　　D.培训目标

(3) 企业最常见的员工在职培训包括：技术短训班和管理知识技能短训班、(　　)、企业轮训、(　　)。

A.项目培训　　B.带职学习

C.出国培训　　D.攻读学位

(4) (　　) 是指由一位有经验的工人或直接主管人员在工作岗位上对受训者进行培训的方法。

A.讲座法　　B.工作轮换法

C.个别指导法　　D.工作指导法

(5) 为了完成培训效果的转化，需要获得管理者支持，这不包括以下 (　　)。

A.鼓励受训者在工作中运用培训所学到的内容

B.提醒他们在工作中运用培训所学到的知识

C.不给受训者提供机会，使他们能够在工作中运用培训所学到的内容

D.给受训者提供机会，使他们能够在工作中运用培训所学到的内容

(6) (　　) 考查学员对培训课程、培训师和培训组织的满意程度。

A.反应层评估　　B.知识层评估

C.行为层评估　　D.组织层评估

2.简答题

(1) 应当如何选择和组合不同类型的员工培训？

（2）培训课程设计方案包括哪几部分？

（3）企业常用的培训方法有哪些？

（4）如何培训管理人员？

（5）如何培训骨干员工？

[综合应用]

□ 案例分析

A企业的员工培训

A企业主要生产厨具和壁炉设备，有150名员工。近几个月来，因为产品质量问题，公司已经失去了3个主要客户。经调查发现，该公司产品的次品率为12%，是同行业平均水平的两倍。为此，人力资源部张主管制订了一个关于质量控制的培训计划，目的是使次品率降低到同行业平均水平以下。张主管向所有的一线主管发出通知，要求他们调查工作记录，确定哪些员工的操作存在质量方面的问题，以便派其参加项目培训。通知附有一份培训大纲，具体情况如下：

培训目标：在6个月内将次品率降低到行业平均水平以下。

培训地点：公司的餐厅。

培训时间：8个工时，分解为4个单元实施，每周实施一个单元，具体安排在早餐之后、午餐之前进行。

培训方式：教师讲课、学员讨论、案例研讨和电影演示。准备课程时，教师将讲义中的内容印发给每个学员，以便学员准备每一单元的内容。在培训过程中，学员花费了相当多的时间来讨论教材中每个单元后面的案例。

培训人数：本来应该有50名员工参加培训，但是平均下来每次培训只有30名左右。大部分一线主管向张主管强调生产的重要性，有些学员告诉张主管，那些真正需要培训的人已经到车间工作去了。张主管因工作太忙一直没有亲临培训现场。培训结束后，产品的次品率并没有发生明显的变化。公司领导对培训没有能够实现预定的目标感到非常失望。

（分析提示）

问题：导致A公司培训效果不明显的原因有哪些？

□ 实践训练

学生分组，利用课余时间调查学校周边一个中小企业中的员工培训状况。运用不同的培训需求调查方法收集信息，经小组讨论，最后编写一份企业员工培训需求分析报告。

要求：1.调查结束后，小组成员共同完成一份企业员工培训需求分析报告的编写。

2.制作PPT，在全班汇报交流。

3.小组互评，教师点评。

[课外拓展]

关注新媒体平台，获取人力资源管理领域最新的观点、方法、技巧，了解人力资源管理的前沿资讯。

中外管理传媒（简称：zwgl1991），专注管理传播31年，帮助HR们开阔视野，打造优质人脉资源，提供线上线下的学习分享、标杆交流、案例探讨等各类交流活动，致力于推动中国管理思想的繁荣，共同应对未来之变。在微信公众账号中搜索“zwgl1991”即可关注。

第6章 绩效考核

【学习目标】

通过本章学习，你应该达到以下目标：

知识目标：了解绩效、绩效考核及绩效管理的含义，掌握绩效管理的基本流程、绩效考核的基本方法，理解现代绩效考核的特点和绩效管理作用等基础知识。

能力目标：具备制订绩效计划、汇总分析绩效考核结果、配合开展反馈面谈及考核结果应用的能力。

素养目标：在学思践悟的基础上，深刻理解“企业绩效考核关键是公平、公正、公开”。培养成为一名企业HR应该树立动态、发展的绩效观，具备公道正派、诚信严谨、实事求是的职业素养。

【内容架构】

- 第6章　绩效考核
  - 6.1　绩效管理概述
    - 6.1.1　绩效、绩效考核及绩效管理的含义
    - 6.1.2　绩效管理与绩效考核的差异
    - 6.1.3　现代绩效考核的特点
    - 6.1.4　绩效管理与其他人力资源管理工作的关系
    - 6.1.5　绩效管理的基本流程
  - 6.2　实施绩效考核
    - 6.2.1　实施绩效考核概述
    - 6.2.2　绩效考核的准确性
  - 6.3　绩效考核的方法
    - 6.3.1　简单排序法
    - 6.3.2　配对比较法
    - 6.3.3　强制分布法
    - 6.3.4　因素考核法
    - 6.3.5　行为锚定等级考核法
    - 6.3.6　关键事件法
    - 6.3.7　不良事故考核法
  - 6.4　360度绩效考核法
    - 6.4.1　360度绩效考核法的产生与发展
    - 6.4.2　360度绩效考核法的内涵
    - 6.4.3　360度绩效考核法的优缺点
    - 6.4.4　360度绩效考核法的实施程序
    - 6.4.5　360度绩效考核法实施的注意事项

引例

阿里30 000人，仅1人管理绩效

阿里巴巴共有近30 000名员工，需要多少人进行绩效管理？答案是1人。真是万万没想到……从员工考核到企业文化，阿里巴巴的管理哲学究竟是什么，又是如何影响企业发展的？

阿里巴巴从不认为自己是一家科技公司，一直认为自己是一家服务型的企业。在阿里巴巴的实时成交显示屏上，马云口中的电商生态系统一目了然。在电商交易平台之下，阿里巴巴还搭建了电子商务交易最重要的前端和后端，即支付环节和物流系统。基于这三个平台所产生的轨迹，又衍生出对大数据的应用。

阿里巴巴绩效考核负责人贾老师分享了如何对30 000名员工进行绩效考核的方法论。他的思路是：绩效管理很简单，就是日常管理。

新员工进入阿里巴巴之后，都会经历三个时期的培训。首先是入职后27天的专职培训，在这27天之内，新员工将接触到三大类培训，即文化制度类、产品知识类、技能心态类，这三者的课程比例分别是42%、28%、30%。上岗后，新员工还将接受3～6个月的融入项目培训。一般而言，上岗第一天，新员工将会被介绍给团队成员，在1个月之内，还将被安排参加团队聚餐。接下来，在1年之后、3年之后和5年之后都分别有不一样的培训内容。

阿里巴巴的人才观念坚信，很多小白兔其实是放错了位置的明星，因此在其人才培养中，最重要的一环便是轮岗。

阿里巴巴在企业文化的打造上，主要运用五大工具。

第一，文化道具。阿里巴巴会借助一些“物语”来与员工的心连接，通过借物管心。比如，淘宝的所有员工都要学会倒立，淘宝希望员工能够在工作中换个角度看问题。

第二，传承布道。阿里认为，价值观的宣导和传递需要在企业内部形成一定的传播机制，员工不应是卫道士，而应该成为布道者。比如对老员工的管理，一个值得注意的细节是，只有5年工龄以上的老员工才能佩戴橙色的工牌，这个工牌只针对工龄，跟职位并无关系，这是阿里巴巴给老员工的一种荣誉和尊敬，它激励着老员工主动去传播企业文化。

第三，制度与文化的协同。阿里巴巴认为，缺乏制度保障的文化是空洞的，缺乏文化支持的制度是乏力的。例如，当严重违规的人员被开除之后，阿里巴巴通常的做法是，在一定范围内为员工还原事情本来的真相，而不是让谣言继续传播。

第四，固定仪式。每年的5月10日是阿里巴巴集体婚礼的日期，无论多忙，马云都会亲自来主持婚礼。事实上，5月10日对阿里巴巴有着重大意义，这一天是它战胜“非典”的日子。除了集体婚礼之外，这一天还是开放日，员工可以带家属一起上班，也可以带上自己的宠物一起到公司。

第五，故事传播。阿里巴巴的每一个管理者都要成为故事的发现者、收集者和传播者。新员工入职之后，一般都会听到几个故事，有的是关于当年创业艰辛的，有的是关于努力工作的。除了讲述之外，阿里巴巴还会将自己员工的故事拍成视频，分享给其他员工。

在阿里巴巴的管理体系中，对人才是特别敏感的。阿里巴巴有一套自己的人才盘点体系，即30%是最有潜力的，60%是潜力一般的，10%是没有潜力的。每位主管都要给自己的下属打分，并根据这个原则对员工素质进行强制排序，这是阿里巴巴绩效管理中特别重要的一点，强调的是管理者的责任，就是让主管不断地关注下属。据贾老师介绍，这样的方法能够让主管对下属的关注度提高60%。

阿里巴巴人才管理中最为外界所称道的一点是鼓励轮岗，这就意味着一名员工的能力如何并不是一位主管说了算，而是多位主管共同评价的结果，这就让员工得到了相对公平的评价。对员工的评价是随时进行的，主管可以每天对其下属员工进行评价，甚至可以记录下具体事件，而且每换一次主管就会获得一次评价。

每年阿里巴巴都会有20%的人被评为优秀员工，这个比例是有严格讲究的。贾老师坦言，一个企业评选优秀员工，20%的比例是最适合的。这20%的员工将成为公司的正能量，这部分正能量又会影响60%的人跟随过来。

在阿里巴巴的管理文化中，很重要的一条是相信员工。公司对员工迟到并不敏感，包括简短的审核流程，背后就是对员工的信任。

更具体的做法是，阿里巴巴对加班的员工提供免费晚餐，但是享受免费晚餐并不需要上级的审核。当然，不需要审核的免费晚餐自然会有人蹭吃，但阿里巴巴的管理哲学是选择相信员工，“天天蹭吃又不加班，自然会有人说你”。另外一个不需要审核的福利是，只要怀孕的员工，每人可以领两件孕妇装。“企业文化落到实处就是相信员工，相信员工是很重要的企业文化。”

资料来源　佚名. 阿里30 000人，仅1人管理绩效［EB/OL］.［2022-11-21］. https：//www.sohu.com/a/121694595_465346. 引文经过节选、压缩和改编。

6.1　绩效管理概述

6.1.1　绩效、绩效考核及绩效管理的含义

1）绩效

绩效也称为业绩、效绩、成效等，反映的是人们从事某一种活动所产生的成绩和成果。绩效分为组织绩效和个人绩效两类。组织绩效，是组织最终运营管理的成果；个人绩效，是个人是否按照规则去做事，多指员工在工作岗位上的工作行为表现与工作结果，它体现了员工对组织的贡献大小以及价值大小。

2）绩效考核

绩效考核又称绩效考评、绩效评价，是指考核主体对照工作目标或绩效标准，采用科学的考核方法，评定员工的工作任务完成情况、员工的工作职责履行程度和员工的发展情况，并且将评定结果反馈给员工的过程。

3）绩效管理

绩效管理即首先明确企业要做什么，然后找到衡量工作做得好坏的标准进行监

测，发现做得好的，进行奖励，使其继续保持，或者做得更好，能够完成更高的目标。更为重要的是，发现不好的地方，通过分析找到问题所在，进行改正，使工作做得更好。这个过程就是绩效管理过程。企业为了完成这个管理过程所构建起来的管理体系，就是绩效管理体系。

微课：绩效管理概述

6.1.2 绩效管理与绩效考核的差异

绩效考核是人力资源管理中越来越被人们熟悉的一个概念，许多人甚至只知道有绩效考核而不知道有绩效管理。现在，提起绩效考核，人们就会想起年终时所需填写的一堆各种各样的表格。在混乱、焦虑与不安中，员工揣摩着领导者的心思，填完各种表格，然后主管和每个员工谈上10多分钟，签上名，问题就解决了。纸面上的工作准时完成，人事部门也很满意，每个人又回到现实工作中去，而表格则被存放于人事部门的档案柜里，最终的遭遇可能是被遗弃。即使想要依据这些表格做出一些人事决策，也会发现难以操作，因为表中所提供的信息往往很模糊或不准确，这样做出的人事决策也不可靠。于是，绩效考核往往与“浪费时间”“流于形式”等评价联系在一起。其实，出现这样结果的一个根本原因就是过于孤立地看待绩效考核这一行为。

绩效考核只是完整的绩效管理过程中的一个环节，不能以绩效考核来代替绩效管理。绩效管理是依据员工和他们的直接主管之间达成的协议，来实施一个双向式互动的沟通过程。该协议对员工的工作职责、工作绩效如何衡量，员工和主管之间应如何共同努力以维持、完善和提高员工的工作绩效，员工的工作对公司目标实现的影响，找出影响绩效的障碍并排除等问题做出了明确的要求和规定。绩效管理与绩效考核是不同的，绩效考核是事后考核工作的结果，而绩效管理是事前计划、事中管理和事后考核所形成的三位一体的系统。由此可见，绩效考核只是绩效管理过程中的一个重要环节。

绩效考核与绩效管理并不是等价的，绩效管理是人力资源管理体系中的核心内容，而绩效考核只是绩效管理中的关键环节，企业在实际运用时往往容易忽视绩效管理的系统过程。绩效管理是一个完整的管理过程，它侧重于信息沟通与绩效提高，强调事先沟通与承诺，伴随着管理活动的全过程；而绩效考核则是管理过程中的局部环节和手段，侧重于判断和评估，强调事后的评价，而且仅在特定时期内出现。绩效管理与绩效考核的主要区别如下：

（1）绩效管理是一个完整的系统，绩效考核只是这个系统中的一部分。

（2）绩效管理是一个过程，注重过程的管理，而绩效考核是一个阶段性的总结。

（3）绩效管理具有前瞻性，能帮助企业和经理前瞻性地看待问题，有效规划企业和员工的未来发展，而绩效考核是回顾过去一个阶段的成果，不具备前瞻性。

（4）绩效管理有着完善的计划、监督和控制的手段和方法，而绩效考核只是提取绩效信息的一个手段。

（5）绩效管理注重能力的培养，而绩效考核只注重成绩的大小。

（6）绩效管理能建立经理与员工之间的绩效合作伙伴的关系，而绩效考核使经理与员工站在对立的两面，距离越来越远，甚至会制造紧张的气氛和关系。

绩效管理与绩效考核无论从基本的概念上，还是从具体的实际操作上，都存在较大的差异。但是，绩效管理与绩效考核又是一脉相承、密切相关的。绩效考核是绩效管理不可或缺的组成部分，通过绩效考核可以为企业绩效管理的改善提供资料，帮助企业不断提高绩效管理的水平和有效性，使绩效管理真正帮助管理者改善管理水平，帮助员工提高绩效能力，帮助企业获得理想的绩效水平。

6.1.3 现代绩效考核的特点

现代人力资源管理中的绩效考核，与传统意义上对员工进行的行政人事考核有着本质上的差别，其区别见表6-1。

表6-1 传统人事考核和现代绩效考核的比较

比较内容	传统人事考核	现代绩效考核
目的	1.总结过去的经验教训，不重视未来的改进 2.考核是为了对上级有所交代，注重形式 3.完成人事工作	1.总结过去的经验教训，重点在于提出未来的改进思路和方法 2.考核是为了完善组织的人力资源管理，注重内容 3.形成员工对组织的归属感，提高员工的满意度
方法	1.主观描述 2.单向评定 3.独立的考核	1.制定绩效标准，记录评估绩效 2.双向沟通 3.作为人力资源管理系统中的连续性的考核
员工的权利	1.员工不能了解考核结果 2.员工不能提出要求 3.员工没有提出问题、解释问题的机会	1.员工有权了解考核结果 2.要求员工提出建议，充分了解员工的要求 3.让员工提出问题，并允许充分解释
上级主管的地位	1.居高临下，一言堂 2.主管掌握整个考核过程	1.平等沟通，互相交流 2.员工参与整个考核活动
结果	1.不了解员工的想法和要求 2.没有获得建议 3.下达未来的工作任务 4.员工无收获 5.组织无实质性改进	1.了解员工的想法和要求 2.获得员工对组织发展的意见、建议及创新观念 3.共同制定未来的工作目标 4.员工增强自信心和满意度，获得发展的机会 5.组织增强了凝聚力，提高了效率

表6-1说明，传统的人事考核无论是在目的、方法上，还是在员工权利等方面，都不能适应现代企业竞争和市场变化的需要，其结果当然对组织没有实质性的帮助和支持。将传统的人事考核制度转变为现代的企业绩效考核制度，是当前人力资源管理的一项基本工作。

6.1.4 绩效管理与其他人力资源管理工作的关系

1）工作分析是设定员工绩效指标的基础

运用工作分析，可以使组织各个职位的职责更加明确，员工之间不会互相推卸责任，在此基础上，可以根据明确的工作职责对任职者的绩效进行评估。根据工作分析产生与工作相关的信息，一方面可以分析出任职者的一些主要任职资格，另一方面可以将工作目的、职责、任务等转化为岗位关键绩效指标。

2）绩效管理为员工培训提供依据

员工培训需求的来源大致有两个：工作分析和绩效管理。工作分析提供了员工胜任工作的标准能力水平，而绩效考核的结果反映了员工的现有水平，两者的差距就产生了培训需求。

3）绩效管理为人员配置提供依据

对于员工的岗位胜任状况，可以运用两种测量评定方法：一是人员素质测评技术，直接对员工的素质和能力进行考查；二是绩效考评技术，对员工的工作行为、工作过程及工作成果进行考查。通过绩效管理活动，企业可以掌握员工各种相关的工作信息，如劳动态度、工作成就、知识和技能的运用程度等，绩效考评的结果在一定程度上反映了员工对工作岗位的胜任程度。

4）绩效管理是薪酬调查的依据

组织应该尽可能使绩效考评的结果与报酬升降之间有比较直接的关系，即按照考评结果决定工资报酬的升降幅度，从而充分调动员工改进绩效的积极性。在实际工作中，往往从以下两个方面运用考评手段：

（1）在全面调整工资时，由人力资源部门根据员工的绩效考评结果，结合薪资调整的政策与其他具体要求（如工龄、职务等），确定其应调整的幅度和工资量。

（2）在日常工作中，定期进行考评与评定，以确定奖金的额度。

实用案例 6-1

摩托罗拉的绩效管理

关于管理与绩效管理，摩托罗拉公司有一个观点，就是“企业=产品+服务”“企业管理=人力资源管理”“人力资源管理=绩效管理”。可见，绩效管理在摩托罗拉公司的地位是多么重要。正是因为重视，绩效管理才开展得好；正是因为定位准确，摩托罗拉公司的业绩才会越来越好，员工才会越来越有干劲儿，企业的发展才会越来越有希望。摩托罗拉公司将绩效管理上升到了战略管理的层面，并给予了高度的重视，这给我们许多企业做出了榜样，树立了学习的典范。企业的发展就是要走出去、引进来，不断学习先进的管理经验并应用于本企业，这样企业才会兴旺发达，员工才会努力工作，与企业共兴亡。

摩托罗拉公司给绩效管理下的定义是：绩效管理是一个不断进行的沟通过程，在这个过程中员工和主管以合作伙伴的形式就下列问题达成一致：（1）员工应该完成的工作；（2）员工所做的工作如何为组织目标的实现做出贡献；（3）用具体的内容描述怎样才算把工作做好；（4）员工和主管怎样才能共同努力帮助员工改进绩效；（5）如何衡量绩效；（6）确定影响绩效的障碍并将其克服。

摩托罗拉公司认为绩效管理有如下五个组成部分：

一、绩效计划

在这个部分里，主管与员工就下列问题达成一致：(1) 员工应该做什么；(2) 工作应该做多好；(3) 为什么要做该项工作；(4) 什么时候要做该项工作；(5) 其他相关的问题，如环境、能力、职业前途、培训等。在这个过程中，主管和员工就上述问题进行充分的沟通，最终形成签字的记录即员工的绩效目标，它是整个绩效管理循环的依据和绩效考评的依据，其作用非常重要，需要花费一定的时间和精力来完成。摩托罗拉公司的第一个日历季度就是绩效目标制定季度。摩托罗拉公司的绩效目标由两部分组成，一部分是业务目标，另一部分是行为标准，这两部分组成了员工的全年绩效目标，它们相辅相成，互为补充，共同为员工绩效的提高和组织绩效目标的实现服务。

二、持续不断的绩效沟通

沟通应该贯穿于绩效管理的整个过程，不仅仅是年终的考核沟通，仅仅一次两次的沟通也是远远不够的，也是违背绩效管理原则的，因此，摩托罗拉公司强调全年的沟通和全通道的沟通，这一点在摩托罗拉手机的广告词中也有体现——沟通无极限。它主要包括如下三个方面：(1) 沟通是一个双向的过程，目的是追踪绩效的进展，确定障碍，为双方提供所需信息；(2) 防止问题的出现或及时解决问题（前瞻性）；(3) 定期或非定期、正式或非正式，就某一问题专门对话。在这个过程中也要形成必要的文字记录，必要时经主管和员工双方签字认可。

三、事实的收集、观察和记录

为年终考核做准备，主管需要在平时注意收集事实，注意观察和记录必要的信息。它包括以下两点：(1) 收集与绩效有关的信息；(2) 记录好的以及不好的行为。收集信息应该全面，好的不好的都要记录，而且要形成书面文件，必要时需经主管与员工签字认可。以上两个过程一般在第二、三季度完成。进入第四季度，也就进入了绩效管理的收官阶段，到了检验一年绩效的时候了。

四、绩效评估会议

摩托罗拉公司的绩效评估会议是非常讲求效率的，一般集中一个时间，所有的主管集中在一起进行全年的绩效评估。它主要包括以下四个方面：(1) 做好准备工作（员工自我评估）；(2) 对员工的绩效达成共识，根据事实而不是印象；(3) 评出绩效的级别；(4) 不仅是评估员工，而且是解决问题的机会。最终形成书面的讨论结果，并以面谈沟通的形式将结果告知员工。

考核结束，不是说绩效管理就到此为止，还有一个非常重要的诊断过程。

五、绩效诊断和提高

这个过程可以诊断绩效管理系统的有效性，改进和提高员工绩效，它主要包括以下四个方面：(1) 确定绩效缺陷及原因；(2) 通过指导解决问题；(3) 绩效不只是员工的责任；(4) 应该不断进行。关于这一点，摩托罗拉也有一个非常实际有效的衡量工具，包括以下十个方面：(1) 我有针对工作的具体、明确的目标；(2) 这些目标具有挑战性，但合理（不太难，也不太容易）；(3) 我认为这些目标对我有意义；(4) 我明白我的绩效（达到目标是如何评估的）；(5) 我觉得那些绩效标准是恰当的，因为它们测量的是我应该做的事情；（6）在达到目标方面我做得如何，我能得到及时的反馈；（7）我觉得我得到足够的培训，使我能得到及时准确的建议；（8）公司给我提供了足够的资源（如资金、仪器、助手等），使我达到目标成为可能；（9）当我达到目标时，我得到赞赏和认可；（10）奖励体系是公平的，我因为自己的成功而得到奖励。以上所列的10项，每一项都有5个评分标准，这样通过打分可以得知一年以来绩效管理的水平如何，差距在哪里，从而做到查缺补漏，改进和提高绩效管理的水平。

此外，摩托罗拉公司的绩效考核表里没有分数，而是运用等级法，实行强制分布，这样既能分出员工绩效的差别，又尽可能地避免了在几分之差上的无休止的争论。在与薪酬管理挂钩上，摩托罗拉公司也采取了简单的强制分布，而不是绞尽脑汁地去精确计算，因为那样既耗费时间，也偏离了绩效管理的方向，绩效管理致力于员工绩效的提高，而不仅仅是为薪酬管理服务的。

6.1.5 绩效管理的基本流程

绩效管理的基本流程如图6-1所示。

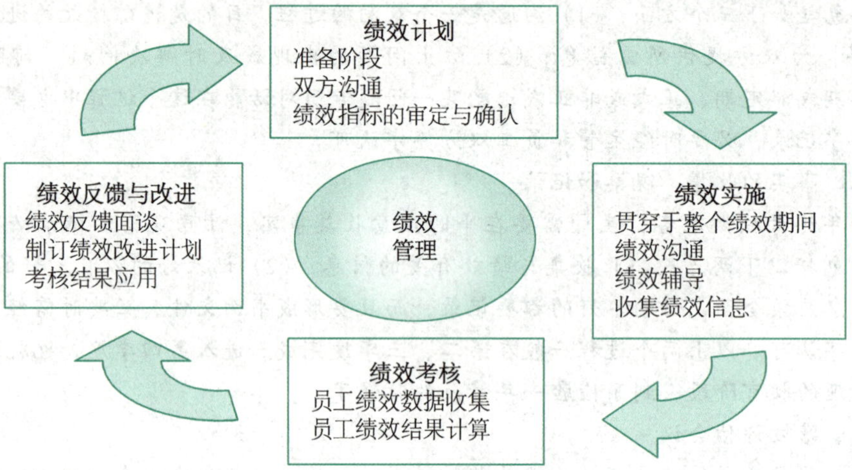

图6-1 绩效管理的基本流程

1）绩效计划

绩效计划是一个确定组织对员工的绩效期望并得到员工认可的过程。绩效计划必须清楚地说明期望员工达到的结果以及为达到该结果期望员工表现出来的行为和技能。绩效计划的内容包括：

（1）员工在本次绩效周期内所要达到的量化和非量化的工作目标是什么？如果一切顺利的话，员工应该何时完成这些职责？

（2）我们如何判别员工是否取得了成功？这些结果可以从哪些方面去衡量，评判的标准是什么？

（3）工作目标和结果的重要性如何？

（4）从何处获得关于员工工作结果的信息？

（5）员工的各项工作目标的权重如何？

（6）员工在完成工作时可以拥有哪些权利？可以得到哪些资源？

(7) 员工在达到目标的过程中可能遇到哪些困难和障碍？

(8) 经理人员会为员工提供哪些支持和帮助？

(9) 绩效周期内，经理人员将如何与员工进行沟通？

(10) 员工工作的好坏对部门和公司有什么影响？

(11) 员工是否需要学习新技能以确保完成任务？

绩效计划制订可参考的格式见表6-2。

表6-2　**绩效计划制订表**

姓名：　　部门：　　岗位：　　考核期间：　　年　　月　　日至　　年　　月　　日

重点工作项目	目标衡量标准	关键策略（把重点工作按照时间和关键节点展开）	权重（%）	资源支持承诺	自评得分	上级评分
合计	评价得分=$\sum$评分 × 权重		100			

计划确认：本人：　　　　年　　月　　日

　　　　　直接上级：　　年　　月　　日

制订计划填写说明	1.“重点工作项目”一般不超过6项，不能确定的用“上级临时交办的任务”表示，但权重不能超过10% 2.“目标衡量标准”要具体并能够衡量，一般从数量、质量、时效性、所节约的资源和客户（含上级）的评价等方面确定 3.“关键策略”要求把重点工作按照重点和工作点展开，以制定具体的阶段性子目标，便于落实 4.“资源支持承诺 ”是指为达成目标所需要的资源和上级的支持，经双方确认后填写 特别强调：若考核期间内出现重大计划调整（权重大于20%的工作任务取消或新增；现有任务权重增减超过20%），必须重新填写本表
考核评分说明	评分标准：100分——创造性地、完全超乎预期地达成目标；90分——明显超越目标；80分——达成目标并有所超越；70分——基本达成目标但有所不足；50分——与目标存在明显差异；0分——未进行此项工作 评分工作：评价最小单位是5分（即90分、85分、80分等，相差5分），单项评分超过90分和低于50分时，要在述职报告和上级评定中进行文字说明

2）绩效实施

绩效实施过程主要包括两方面的内容：一方面是绩效沟通；另一方面是员工数据、资料、信息的收集与分析。

持续的绩效沟通就是管理者和员工共同工作，以分享有关信息的过程。这些信息包括工作进展情况、潜在的障碍和问题、可能的解决措施以及管理者如何才能帮助员工等。它是连接绩效计划和绩效考核的中间环节。持续的绩效沟通内容包括：以前工作开展的情况怎样；哪些地方做得很好；哪些地方需要纠正或改善；员工是否在努力实现工作目标；员工如果偏离目标的话，管理者该采取哪些纠正措施；管理者能为员工提供何种帮助；是否因外界发生的变化影响了工作目标；如果目标需要改变，如何进行调整。

收集绩效信息的内容包括：目标和标准达到（或未达到）的情况；员工因工作或其他行为受到表扬或批评的情况；证明工作绩效突出或低下所需要的具体证据；对你和员工找到问题（或成绩）原因有帮助的其他数据；你同员工就绩效问题进行谈话的记录，问题严重时还应让员工签字。

3）绩效考核

绩效考核的主要目的是给予员工公正的绩效反馈。这样，可以不必使员工依靠观察上级的“态度”来“猜测”自己的表现是否达到要求。因此，上级必须通过绩效考核来客观、准确地表达自己的判断，传递明确的信息；同时，上下级之间通过积极、良性的互动来帮助员工清醒地认识到自己的成绩和不足，努力提高工作绩效。总之，真正有意义的绩效考核建立在持续有效的沟通基础之上。

绩效考核阶段首先要确定考核者，按考核者的不同，考核一般分为：直接上级考核、自我考核、同事考核、下属考核、小组考核、顾客考核以及全方位考核（360度绩效考核）。其次，明确各级部门主管和人力资源部门的职责。各级部门主管在绩效考核中的作用包括：填写评分、设定绩效目标、提供绩效反馈。人力资源部门在绩效考核中的作用包括：设计绩效考核体系；为参与绩效考核的考核者提供培训，例如，如何设定绩效标准、如何提供绩效反馈、如何避免考核中容易出现的问题；监督和评价绩效考核体系的实施。

4）绩效反馈与改进

绩效管理的过程并不是为绩效考核打出一个分数就结束了，主管人员还需要与员工进行一次甚至多次面对面的交谈。通过绩效反馈面谈，员工可以了解主管对自己的期望，了解自己的绩效，认识自己有待改进的方面；同时，员工也可以提出自己在完成绩效目标中遇到的困难，请求上级的指导。上级主管与员工共同制订绩效改进计划，从而达到提高员工绩效，最终提高企业绩效的目的。

在一个绩效周期的循环中所得到的绩效考核结果具有多种用途。首先，绩效考核结果可用于指导员工工作业绩和工作技能的提高，通过发现员工在完成工作过程中遇到的困难和工作技能上的差距，制订有针对性的员工发展培训计划。其次，绩效考核结果可以比较公平地显示员工对公司做出的贡献大小，据此可以决定对员工的奖惩和报酬的调整方案。此外，分析员工的绩效状况，也可以发现员工对现有职位是否适应，根据员工绩效高于或低于绩效标准的程度，决定相应的人事变动，使员工能够从事更适合自己的工作。

【拓展阅读6-1】

绩效管理方案的设计过程

通常，一份操作性强的绩效管理方案的设计过程如下：

一、全面盘点绩效管理所涉及的要素

在设计方案之前，HR经理应对涉及绩效管理的诸多要素进行全面的盘点，争取把所有的关键要素都考虑到方案中。以下要素应作为关键要素进行考虑：

1.人的要素

通常，一个企业员工有4个层面的分工，即企业老总、HR经理、直线经理、员工。在绩效管理中，他们的责任分工如下：

（1）企业老总的主要责任是为绩效管理体系的建设和发展提供支持，推动绩效管理深入开展。

（2）HR经理的主要责任是设计绩效管理方案，组织各直线经理有效执行方案，并作为绩效管理专家，为直线经理提供实时咨询，帮助他们不断提高，成为主管领域的绩效管理专家。

（3）直线经理是企业绩效管理的中间力量，起桥梁作用，上对企业的战略负责，下对员工的发展负责，其重要性非同一般。

（4）员工是自己绩效的主人，拥有并产生绩效，在直线经理的指导和帮助下不断成长和进步。

2.产品要素

实际上，绩效管理方案就是HR经理制造的一个产品，产品的性能是否优良，是否实用，效果如何，都将成为直线经理是否接受方案的检验标准。所以，考虑人的要素之后，HR经理还应着手考虑产品要素。

产品要素主要解决为什么、是什么、做什么用、怎么用这几个问题。

（1）为了使绩效管理方案具有说服力，HR经理必须对企业的绩效管理现状进行深入的调查研究，向管理层提供有说服力的报告，指出当前的不足，然后有针对性地提出解决方案。

（2）绩效管理与绩效考核无论在理念、方法还是工具上都有着很大的区别，如果HR经理不能清楚地描述绩效管理是什么，那么方案就有可能被拒绝，甚至被彻底否定。所以，HR经理必须思路清晰地把绩效管理是什么的问题向企业经理和直线经理解释清楚，而且用语要简洁，太复杂的东西很难被他们理解。

（3）解决绩效管理“是什么”的问题之后，就要解决绩效管理“做什么用”的问题。与绩效考核的用途相比，绩效管理的用途更加广泛，也正因为如此，绩效管理更难被管理层接受，他们认为绩效管理华而不实，不如绩效考核直接、实在，所以，这也是HR经理必须费一番脑筋考虑的问题。

（4）“怎么用”的问题，是流程的问题。对绩效管理来说，流程设计是否妥当，将在很大程度上影响其实施。通常，一个完善的绩效管理体系的建立应遵循以下流程：

①涉及关键绩效指标。指标是绩效管理的基础，没有指标就谈不上管理，更无从考核，所以，绩效管理方案必须对关键绩效指标的设计做出说明，引导直线经理走到指标管理的正确轨道上，逐渐抛弃先前的任务管理、惯性管理等不良的管理习惯。

②给予业绩辅导，建立业绩档案。在关键绩效指标设计完成以后，直线经理应就关键绩效指标的内容，与员工保持适时的沟通，辅导、帮助他们不断提高能力，提升业绩。同时，为使绩效管理更加科学合理，直线经理应为员工建立业绩档案，便于今后的绩效考核。

③绩效考核。绩效管理被很多管理者视为圣经，很多管理者总是在员工表现不佳的时候大谈考核，大有不把员工考“糊”誓不罢休的架势。也有很多业界人士认为，绩效考核是绩效管理中最为关键的一环，事实上并非如此，HR经理在设计绩效管理方案的时候应该注意这一点。

④绩效反馈。绩效反馈是绩效管理中至关重要的一个环节，其重要程度甚至超过了绩效考核。毕竟，绩效考核的结果是拿来用的，而没有反馈就谈不上使用，没有反馈的绩效考核则起不到任何作用。没有绩效反馈，员工就无法知道自己的工作是否得到了经理的认可，就会乱加猜疑，影响工作心情；没有绩效反馈，经理也无法知道绩效考核是否真正起到了作用，也就对继续进行考核缺少信心；没有绩效反馈，经理就不能有的放矢地指出员工的不足，更无法给员工提出建设性的改进意见，最终将导致员工的进步受到限制，管理水平也将无法得到有效的提高。

二、与企业老总保持积极沟通

HR经理在盘点完这些要素之后，应就每一要素的内容与总经理保持沟通，沟通应分多次进行，而且应在方案成型之前进行。

三、撰写方案

在和总经理就细节问题达成共识后，HR经理就可以着手撰写方案了。

四、向直线经理推销方案

在方案定稿以后，HR经理应组织相关的培训和研讨工作，向直线经理逐项讲解方案的详细内容，把方案“卖”给他们，获得他们的支持，从而使方案有效推行。

微课：如何制订绩效计划

6.2 实施绩效考核

6.2.1 实施绩效考核概述

微课：如何组织绩效反馈面谈

1）绩效考核的准备

绩效考核的准备工作包括：

（1）制订绩效考核的计划。它包括在什么时候进行绩效考核，绩效考核的参与者和范围，绩效考核的目的和期望达到的结果，绩效考核所需要的各种资源，绩效考核打算采取的方法等。

（2）确定绩效考核人员。它包括确定负责绩效考核的班子及其成员，聘请绩效考核专家，或者委托有关咨询服务机构从事员工绩效考核工作等。

（3）准备绩效考核的条件。它包括准备绩效考核所需的工具，如软件、表格、文件等，也包括准备绩效考核所需的其他条件，如面谈的场所、陈设物、开会的场所等。

（4）公布绩效考核的信息。它让企业与员工就绩效考核问题在思想上达成共识，使被考核者有充分的思想准备，积极参与绩效考核。

【拓展阅读6-2】

绩效计划的沟通过程

绩效计划不仅是纸面上的契约，如何达成这个契约的过程也非常重要，制订绩效计划的过程是一个双向沟通的过程。在绩效计划制订过程中，直线领导和下属对绩效计划的制订都负有责任，任何一方都应主动、积极地表明自己的真实想法。绩效计划的沟通阶段也是整个绩效计划的核心阶段。

1.充分交流，达成共识

在这个阶段，管理人员与被管理者必须经过充分的交流，对绩效考核期间内的工作目标和计划达成共识。因此，在制订绩效计划时一定要让被管理者充分发表自己的意见，参与整个绩效计划制订，从而使绩效计划更加符合实际。同时，被管理者应该对自己参与制订的绩效计划表明态度，承诺完成当期的绩效计划。

2.召开绩效计划会议

召开绩效计划会议是绩效计划制订过程中进行有效沟通的一种普遍方式。绩效计划的沟通过程并不是千篇一律的，在召开绩效计划会议时，要根据具体情况修改绩效计划，把重点放在沟通上面。

管理人员和被管理者都应该确定一个专门的时间用于沟通绩效计划，并且要保证在沟通的时候最好不受打扰，营造轻松的氛围，不要给被管理者太大的压力，把焦点集中在开会的原因和应该取得的成果上。

3.直线领导应该向下属解释和说明的事项

（1）公司的远期目标和近期目标是什么？目前公司面临何种机遇和挑战？

（2）为了完成公司的整体目标，所在部门的目标是什么？

（3）为了达到这样的目标，被管理者的工作重点是什么？

（4）对被管理者进行考核的指标是什么？

（5）绩效目标和绩效标准是什么？对于定量指标，要确定绩效目标的具体数值；对于定性指标，应明确工作应该达到的标准。无论是定量指标还是定性指标，都应该明确完成工作的期限。

（6）各个考核指标的权重是多少，哪些指标是必须达到的，应明确告诉被管理者。如果这些指标没有达到标准，其他的工作将失去意义。

2）确定绩效标准

绩效标准就是对每一位员工所从事工作的基本要求。它用来衡量员工在某一时期内绩效的好坏，并且用来引导和提高员工的工作积极性。一般来说，绩效标准在上一轮绩效考核后就已制定出来，通常是员工的工作计划、工作目标或工作任务书等。在期末绩效考核中，必须将员工初期所制订的工作计划、目标等作为绩效标准，并参照这些标准对员工进行考核。确定绩效标准对绩效考核来说具有重要的意义。首先，没有客观的绩效标准，考核者就无法客观地对被考核者进行正确的考核；其次，如果绩效标准不适当，员工的工作表现和执行任务的情况就无法予以准确的衡量和评价；最后，适当的绩效标准将有助于对员工的工作绩效情况进行监督和控制。因此，在下达工作任务时，必须让员工明确管理者对他们的要求、期望和标准。

为使绩效标准科学、有效、适当，在制定员工绩效标准时应当考虑以下几个方面：

（1）具体性。具体性即绩效标准制定得清楚、明确，描述具体、简练。

（2）可测量性。可测量性即绩效标准应当是能够测量的。

（3）可达性。可达性即绩效标准的设定要在员工经过一定的努力可达到的范围内。如果绩效标准定得太高，无人可以达到，这个标准就失去了意义；如果绩效标准定得太低，这个标准就毫无激励作用。

（4）目的性。目的性即绩效标准必须符合企业或部门的整体发展目标。

（5）时间性。时间性即绩效标准的完成应当在规定的时间范围之内。

互动课堂6-1

A公司是一家民营高新技术企业，2013年以前未对员工实施绩效管理，薪酬中的绩效工资只与公司的经营效益挂钩，而与员工的个人工作绩效无关。为了完成公司经营目标，提高公司的市场竞争力，A公司希望通过建立绩效管理体系将组织和个人的目标联系起来。为此，公司安排人力资源部用2个月的时间制订了一个绩效管理方案，并自2013年1月开始在公司内部实施。

在实施绩效管理初期，员工绩效确实有了一定程度的提高，但随着绩效管理工作的深入实施，员工的工作绩效开始变得不稳定，甚至有些岗位的员工的绩效出现了明显的下滑。与此同时，员工的主动离职率也有较大幅度的提高，从中层管理人员到基层员工，大家对绩效管理的负面反馈不断增多，多次出现员工对管理人员的投诉。至2013年底，公司的年度经营目标未能达成。

资料来源 谢伟宁，龙敏，李建春.员工绩效管理：知识与技能训练［M］.大连：东北财经大学出版社，2013.

问题：A公司的绩效管理出了什么问题？

分析提示：一方面，短暂的准备时间使得公司无法在实施前对相应的管理人员提供充分的管理培训，各级管理人员因未能熟练掌握、运用绩效管理的基本技能而直接影响了绩效管理的效果。另一方面，A公司现有的培训资源无法为员工提供相应的有效培训，使得部分能力不足的员工难以达到预期绩效目标。

3）绩效考核

由于现代企业中岗位的复杂性，仅仅凭借一个人的观察和评价很难对员工进行全面的绩效考核。参与考核的人员除了被考核人本身，可能还包括直接上级、同事、小组、下属和顾客。

（1）直接上级考核。由直接上级进行考核是考核员工绩效的传统方法，这也是一种常用的管理者引导和监督员工行为的方法。在绝大多数情况下，直接上级是执行这项任务的最佳人选，虽然通常他们做不到这一点，因为他们往往没有足够的时间去全面观察员工的工作情况。因此，直接上级在对员工进行绩效考核时，必须依靠工作记录来进行。如果缺少可靠和正确的衡量方法，考核往往会缺乏准确性。此外，对于上级主管而言，考核是管理的手段，如果他们不被允许对下属进行考核，则他们对其下属的职权或控制就会被削弱。

（2）自我考核。由员工对自己的绩效所进行的考核，一般形式是员工在综合绩效考核以前就自己的绩效水平填写一份考核表。当管理者想要提高员工在绩效考核中的参与程度时，自我考核方法是非常有效的。自我考核体系要求员工在参加考核面谈之前先完成自己的考核表格。员工在自我评定时往往会对自己更为宽容，并倾向于夸大自己的优点。基于这个原因，自我考核更适合于发展的用途，而不适合于管理控制的用途。

（3）同事考核。共同工作的同级别员工参与员工绩效考核的场合正日益增多。使用同事考核来对上级考核进行补充，可以帮助形成关于个人绩效的一致性意见。同事在考核一个员工的优缺点的同时，能够很容易地观察到员工的领导能力和人际交往能力。当员工处于相互竞争的状态时，用同事考核的方法来做出类似薪酬或奖金的管理决策是不恰当的。企业在使用同事考核方法时必须注意，在对考核进行复核时要保持机密性。

（4）小组考核。小组考核是同事考核的延伸。在某些情况下，个人考核会造成考核体系的混乱，因为个人考核所关注的重点可能并不是小组的工作重点。小组考核即将小组所有成员的工作看成一个整体来考核，以小组考核的结果部分代替对员工考核的结果。因此，小组考核对难以确切区分个人业绩的团队进行考评是有价值的。

（5）下属考核。这种方法能够使上级主管了解到下属员工是如何评价他们的。因为下属考核给了员工高出上司的权力，因此，它应该采用匿名提交的形式，并将许多人的考核结果综合考虑。

（6）顾客考核。出于全面质量管理的考虑，越来越多的企业开始同时使用内部考核和外部顾客考核方法来获取员工绩效考核的信息，其目的是想取得更客观的考核结果，确定更高效的员工，使顾客更满意，并将工作做得更好。

（7）全方位考核（360度绩效考核，也称360度反馈）。工作往往具有多面性，而不同的人观察到的方面也是不同的。“360度反馈”为给出一个最正确的员工考核结果而尽可能地结合所有方面的信息，这些方面包括上司、同事、下属、客户等。最近的一项调查显示，入选《财富》的1 000家企业中90%的企业已经将“360度反馈”系统的某些功能运用于职业发展和绩效考核中。

【职业道德测一测6-1】

办事公道指我们在处理问题时，要站在公正的立场上，对当事双方公平合理、不偏不倚，不论对谁都是按照一个标准办事。办事公道的具体要求为：坚持真理；公私分明；公平公正；光明磊落。

1.办事公道是指职业人员在进行职业活动时要做到（　　）。

A.原则至上，不徇私情，举贤任能，不避亲疏

B.奉献社会，襟怀坦荡，待人热情，勤俭持家

C.坚持真理，公私分明，公平公正，光明磊落

D.牺牲自我，助人为乐，邻里和睦，正大光明

2.小王是你所在单位的好朋友，如果你发现他利用工作时间干了私活，你通常会采取哪一种处理方法？(　　)

A.反正与自己的利益无关，就当没看见

B.提醒他注意，如果他不改正，再向领导反映

C.直接向领导反映这一有损单位利益的行为

D.提醒他注意，如果他不改正，则保持沉默

4）绩效考核的反馈

绩效考核的目的，是改进被考核者的行为方式，提高被考核者的业绩水平，因此，只进行考核而不将结果反馈给被考核者，考核就失去了一部分很重要的价值。如何进行合理的反馈呢？这里要特别注意两个环节：一是反馈的方式，特别是面谈的反馈方式；二是反馈的目的，即通过反馈有效地改进被考核者的工作。

（1）绩效考核中的面谈技巧。进行反馈的最有效方式，是考核者与被考核者之间进行面对面的沟通。在现代人力资源管理中，考核的面谈工作占有重要的地位。因为绩效考核结果往往与员工的报酬、晋升、惩罚等直接相关，所以必须认真对待面谈。在进行面谈之前，考核者要对接受面谈的员工的现状、历史等方面有充分的了解，并且要求对方也做好面谈的必要准备。一般来说，考核中的面谈工作需要注意如下几个方面的问题：

①谈话要围绕主题进行。进行面谈时，应当根据面谈目的确定重点，控制进程，防止过于纠缠细节或者偏离主题。比如，若是一个员工绩效考核很好，是提拔对象，则可以更多地谈论其职业发展规划及个人的意向。

②要以事实和数据来证明。谈话时不应过于抽象，更不应动辄上升到原则高度；要摆事实、列数据，用客观事实说明问题；多谈具体的任务和行为，不谈大而不当的原则。

③对事不对人。考核者不能因为绩效的结果而对员工产生偏见；不要轻易指责员工的个人素质；尽量不要用其他员工与之对比，而应当对具体事件进行分析，就事论事。

④保持双向交流。考核者不能只是自己谈，要让员工发表意见，鼓励员工将自己的看法充分表达出来，以消除双方可能因为信息不对称而产生的误解和偏见。

⑤进行原因分析。面谈不能仅仅满足于指出问题，更应当找出问题产生的原因和症结所在，找出处理问题和解决问题的办法，特别是要从机制上找出防范问题再度发生的办法。否则，解决了一个问题，不久可能又会出现同样的问题。

（2）通过绩效考核对员工施加影响的方式。在绩效考核中，仅仅明确员工的绩效还不够，还应当进一步解决如何提高绩效的问题，使企业的目标得以更好实现，在反馈中可以采取以下措施：

①正强化。正强化指员工在完成绩效目标时，及时给予奖励和鼓励，满足其需

求。这可以参考马斯洛的需要层次理论，针对员工不同层次的需要进行不同方式的激励。

②惩罚。惩罚即当员工绩效达不到要求时，采取批评、警告、降职、罚款等方式进行惩罚，使之出于对不良后果的规避而改进绩效。

③团体学习。团体学习是通过在员工队伍中加强互助和合作气氛的培养，减少组织内部的摩擦和损耗，使大家的目标与企业目标更加一致，从而提高员工、部门、企业的绩效。

实用案例 6-2

成功的绩效考核反馈面谈

郭总：小郑，这两天我想就你的绩效考核结果和你聊一聊，你什么时间方便？

郑火：郭总，我下周三准备到外地出差，下周三之前事不多，您定吧。

郭总：我下周二也没有其他重要安排，那就下周二上午9：00怎么样？

郑火：没问题。

周二之前，郭总认真准备了面谈可能用到的资料，他事先分析了郑火的个性，并对面谈中可能遇到的情况做了准备。在此期间，郑火也将自己一年的工作情况对照考核结果进行了反思，并草拟了一份工作总结和未来发展计划。

（周二上午9：00，公司小会议室，宽敞明亮，郭总顺手关上了房门，在会议桌一端坐下，郑火则坐在郭总右侧）

郭总：小郑，今天我打算用大约一个到一个半小时的时间对你在过去一年中的工作情况做一个回顾。在开始之前，我想还是先请你谈一谈你认为我们做绩效考核的目的是什么。

郑火：我觉得绩效考核有利于对优秀员工进行奖励，特别是在年底可以将此作为发放奖金的依据。不知我的理解对不对，郭总？

郭总：你的理解与我们做绩效考核的真正目的有些偏差，这可能是因为我们给大家解释得不够清楚。事实上，我们实行绩效考核，最终是希望在绩效考核后，能通过绩效面谈，将员工的绩效表现——优点和差距反馈给员工，使员工了解在过去一年中工作上的得与失，以明确下一步改进的方向；同时也提供一个沟通的机会，使领导了解下属工作的实际情况或困难，以确定彼此的看法是否一致。

郑火：（不好意思地）郭总，看来我理解得有些狭隘了。

郭总：（宽容地笑笑）我们现在不又取得一致了吗？我们现在逐项讨论一下，你先做一下自我评价，看看我们的观点是否一致。

郑火：去年我的主要工作是研发团队建设，这是我在这一段时间花费精力比较多的一件事情，我觉得通过我的调整和组织，研发效率有所提高，但是还不是很令人满意。这一项我给自己“中”。

郭总：事实上我觉得你们的这项举措是很值得鼓励的，虽然结果不是很理想，但想法和方向都没问题。我们可以逐步完善，这一项我给你“良”。

郑火：谢谢郭总鼓励，我一定努力。

郭总：下一个。

郑火：在为领导和相关人员提供数据方面，我觉得自己做得还是不错的。我们从未提供不正确的数据，别的部门想得到的数据我们都会送到。这项我给自己“优”。

郭总：你们提供的数据准确性较高，这一点是值得肯定的。但我觉得还有一些有待改善的地方，比如你们的信息有时滞后。我认为还达不到“优秀”的等级，可以给“良”。你认为呢？

郑火：谢谢，我一定会更加努力的。

郭总：下面我们来讨论你今后需要改进的地方，对此你有什么看法？

郑火：我觉得我的主要优点是做事情比较认真、负责任。对待同事、下属都比较热情，跟人合作的能力比较强。我的弱势就是有时候做事计划性不够好，对他人的要求比较严格。我今后的发展方向是做一名优秀的部门经理，培养一个坚强有力的团队，为公司创造更好的业绩。

郭总：我觉得你还有一个长处，就是懂得如何有效授权，知人善任，但有待改进的是你在授权后缺乏有力和有效的控制。我相信，你是一个有领导潜力的年轻人，你今后一定会成为公司的中坚力量。

郑火：谢谢郭总。

资料来源 谢伟宁，龙敏，李建春. 员工绩效管理：知识与技能训练［M］. 大连：东北财经大学出版社，2013.

6.2.2 绩效考核的准确性

要客观、公正地考核员工的工作绩效，必须注重绩效的测量因素，这些因素会不同程度地影响考核者对被考核者的看法。

1）效度和信度

绩效考核的效度，是指考核测量的准确程度。绩效考核的效度体现在正确的绩效标准，合理的绩效考核项目或考核因素，适当的等级、分数或权重上。人力资源管理部门一方面要依据工作计划、工作目标或工作说明书中规定的内容来设置考核项目，给出评分的权重或等级设定的级差数等；另一方面也要平衡不同工作岗位或不同考核项目之间的等级设置或分数的设置等，使绩效考核的测量合理、可靠。

绩效考核的信度，是指考核测量的稳定程度和一致程度。绩效考核的信度体现为对同一岗位的绩效标准在一定时期内应该保持一致。例如，对同一个被考核者在一定时期内进行两次以上的考核，其标准应当前后一致。这种一致性表明了考核结果的稳定性和可靠性。同时，不同的考核者对同一被考核者的绩效标准也应保持一致。如果两个不同的考核者对同一被考核者的考核意见相差很大甚至截然相反，就说明绩效考核的信度不高，结果不可靠，需要重新进行考核。

2）绩效考核结果的影响因素

据调查，有30%~50%的员工认为，企业的绩效考核是无效的。追根溯源，往往是由于企业在设计、实施人力资源绩效考核时出现的各种问题所致，具体可以将诸多影响绩效考核结果的原因归纳如下：

（1）不知道为什么要考核。考核目的不明确，有时甚至是为了考核而考核，企业考核方和被考核方都未能充分清楚地了解绩效考核只是一种管理手段，本身并不是管理的目的。同时，绩效考核体系的非科学性还表现为考核原则的混乱和自相矛盾，在考核内容、项目设定以及权重设置等方面表现出无相关性和随意性突出，常常仅体现长官意志和个人好恶，且绩效考核体系缺乏严肃性，任意更改，难以保证政策上的连续一致性。

（2）考核缺乏标准。目前有些企业的绩效考核标准过于模糊，表现在标准欠缺、走样、难以准确量化等方面。以欠缺的标准或不相关的标准来对被考核者进行绩效考评，极易导致不全面、非客观公正的判断，模糊的绩效考核标准很难使被考核者对考核结果感到信服。

（3）考核方式单一。在人力资源绩效考核的实践中，往往是上级对下属绩效进行审查式考核。考核者作为被考核者的直接上司，他和被考核者的私人友情或冲突、个人的偏见或喜好等非客观因素在很大程度上会影响绩效考核的结果，考核者的一家之言有时候由于相关信息的欠缺而难以给出令人信服的考核意见，甚至会引发上下级关系的紧张。

（4）员工对绩效考核体系缺乏理解。有的企业在制定和实施一套新的绩效考核体系时，不重视和员工实际绩效进行及时、细致、有效的沟通，员工对绩效考核体系的管理思想和行为导向不明晰，常常产生各种曲解和敌意，并对所实施的绩效体系的科学性、实用性、有效性和公平性表现出强烈的质疑，对体系的认识产生心理上和操作上的扭曲。

（5）考核过程迅速化。很多企业已经制定和实施了完备的绩效考核，但是每位员工内心都认为绩效考核只是一种形式而已，企业没有真正利用绩效考核过程和考核结果来帮助员工在绩效、行为、能力、责任等多方面得到切实提高。

（6）考核结果无反馈。考核结果无反馈的表现形式一般分为两种：一种是考核者主观上和客观上不愿将考核结果及其对考核结果的解释反馈给被考核者，被考核者无法知道考核者对自己哪些方面感到满意、自己哪些方面需要改进；另一种是考核者无意识或无能力将考核结果反馈给被考核者。

（7）考核方法选择不当。绩效考核方法有很多，如员工比较评价法、行为对照表法、关键事件法、等级鉴定法、目标管理评价法、行为锚定评价法等。这些方法各有千秋，有的方法适合将绩效考核结果用于职工奖金的分配，但可能难以改善被考核者识别能力上的欠缺；而有的方法可能非常适合利用绩效考核结果来指导企业制订培训计划，却不适合平衡各方利益相关者。

（8）考核者心理、行为上的错误。考核者在对被考核者的绩效进行考核时，会不自觉地出现各种心理上和行为上的错误举动，如光环效应和隐含人格假设。光环效应，就是考核者对被考核者的总体印象是以该被考核者某项具体的特点（如相貌或某个事件）作为判断基础，得出的结论往往是一叶障目；隐含人格假设，就是考核者在进行绩效考核之前，就对被考核者的人格类型进行了分类（如一位敬业者、一个偷懒的家伙），在绩效考核中，就会“戴着墨镜看人”。另外，近因性错误的出现是因为人类正常的记忆衰退，人类总是对最近发生的事情和行为记忆犹新，而对远期行为逐渐淡忘，在经过一段较长时间后再进行绩效考核时，被考核者的考核结果就更多地受到近期表现的影响。带有偏见的考核可能会使员工滋生对考核者和组织的有害情感。一个组织在进行绩效考核时必须采取相应措施，以保证考核过程是公平的。

①高层管理机构评审。为保证公平，大多数组织要求对已完成的考核进行高层管理机构评审。典型的情况是由负责绩效考核的最高主管来检查考核错误。例如，高层经理能准确地指出一些考核者是否比其他人更宽厚或更严厉，他们还能确定是否有光环效应或趋中性错误发生。

②建立上诉系统。如果一个被考核者对给予他的考核结果感到不满意，上诉系统为被考核者提供了一种获得公正待遇的方法和途径。

【拓展实训6-1】

绩效考核方案的制订

一、实训目的

通过本次实训，了解绩效考核方案的制订流程，能够制定年终奖学金的具体考核评定方法。

二、实训所需条件

实训时间为2课时；实训地点为教室；实训所需材料为收集已有的奖学金评定方案。

三、实训内容与要求

（一）实训内容

拟订一份班级年终奖学金考核评定方案。

（二）实训要求

1.收集已有的奖学金评定方案。

2.对收集的考核方案进行分析，找出其优势及不足。

3.选择几种考核方法，分析、确定适合奖学金评定的考核方法。

4.确定考核指标，并为各指标分配权重。

四、实训组织方法与步骤

第一步，教师向学生说明实训内容及考核方案的设计方法。

第二步，将学生分组，每组5~7人。

第三步，确定考核指标。指标可以涉及学习方面、体育方面、社会方面及团队合作方面等。

第四步，对每种指标进行成绩评定说明。例如，社会活动方面可以分为5个等级：90分以上，积极组织各项班级活动；80~90分，积极参加各种班级活动；70~80分，经常参加各种班级活动；60~70分，偶尔参加班级活动；60分及以下，从不参加班级活动。

第五步，为每一项指标分配权重：学习方面占30%；体育方面占30%；社会活动方面占20%；团队合作方面占20%。

第六步，教师与学生一起讨论每组设定的指标及分配权重的合理性。

第七步，指出各等级奖学金的获得人数及应达到的总分数。

第八步，将讨论结果整理成书面文件，作为年终奖学金考核评定方案。

五、实训考核方法

实训结束后，每个小组提交一份1 000字左右的实训报告，要求完整记录整个实训过程，考核结果由考核内容、考核指标、考核权重、考核方案，以及实训报告综合确定。具体评分标准为：

1.考核内容是否全面，满分20分。

2.考核指标是否可行，满分20分。

3.指标权重是否合理，满分20分。

4.考核方案是否完整，满分20分。

5.报告书写是否规范、认真、准确，满分20分。

6.3　绩效考核的方法

6.3.1　简单排序法

在使用简单排序法进行绩效考核时，考核者只需要简单地把一组中的所有员工按照总业绩的顺序排列起来即可。例如，部门中业绩最好的员工被排列在最前面，业绩最差的排列在最后面。这种方法的主要问题是，当员工的业绩水平相近时难以进行准确排列。

作为简单排序法的一种演变，平均比较法将每个员工的工作业绩进行简单比较，将获得有利的对比结果最多的员工排列在最前面。但有些人力资源管理者对这样一种考核方法持有异议，他们的观点是员工所要达到的是他们的任务目标，而不是他们取得的目标要比工作小组中其他人更好。这种考核方法的使用，事实上已超出个人绩效领域，因此应在一个广泛的基础上进行考虑。

微课：绩效考核方法的介绍

通常来说，根据某些工作绩效考核要素将员工按照从绩效最好的人到绩效最差的人进行排序，要比对他们的绩效进行绝对性考核容易得多，因此，交替排序法也是一种运用得非常普遍的工作绩效考核方法。其操作步骤如下：

（1）将需要进行考核的所有下属人员名单列举出来，然后将不是很熟悉因而无法对其进行考核的人的名字划去。

（2）用表格来显示在被考核的某一特点上，哪位员工的表现是最好的，哪位员工的表现是最差的（见表6-3）。

（3）在剩下的员工中挑出最好的和最差的。依此类推，直到所有必须被考核的员工姓名都被排列到表格中为止。

很显然，运用简单排序法进行绩效考核的最大优点就是简单实用，其考核结果也一目了然，但这种方法容易对员工造成心理压力，在情感上也不易被接受。

表6-3　　　　运用交替排序法进行员工绩效考核

考核所依据的要素：__________________ 针对你所要考核的每一种要素，将员工的姓名都列举出来。将工作绩效考核最好的员工姓名列在第1行的位置上；将考核最差的员工姓名列在第10行的位置上；将考核次最好的员工姓名列在第2行的位置上；将考核次最差的员工姓名列在第9行的位置上。将这一交替排序继续下去，直到所有员工都排列出来。	
考核等级最高的员工	
1.	6.
2.	7.
3.	8.
4.	9.
5.	10.

6.3.2　配对比较法

配对比较法使得排序型的工作绩效法变得更为有效。其基本做法是：将每一位员工按照所有的考核要素（工作数量、工作质量等）与其他员工进行比较，根据配对比较的结果，排列出他们的绩效名次，而不是把各被考核者笼统地排队。假定需要对5位员工进行工作绩效考核，那么运用配对比较法时，首先应当列出一张表6-4那样的表格来，其中标明所有需要被考核的员工姓名以及所有需要考核的工作要素。然后，将所有员工根据某一类要素进行配对比较，用"+"（好）标明谁好一些，用"−"（差）标明谁差一些。最后将每一位员工得到的"好"的次数相加。在表6-4中，员工玛丽的工作质量是最高的，而阿特的创造性是最强的。

表6-4　　　　运用配对比较法对员工进行绩效考核

就"工作质量"要素所做的考核						就"创造性"要素所做的考核					
被考核员工姓名						被考核员工姓名					
比较	A	B	C	D	E	比较	A	B	C	D	E
对象	阿特	玛丽	曲克	蒂恩	琼斯	对象	阿特	玛丽	曲克	蒂恩	琼斯
A阿特		+	+	−	−	A阿特		−	−	−	−
B玛丽	−		−	−	−	B玛丽	+		−	+	+
C曲克	−	+		+	−	C曲克	+	+		−	+
D蒂恩	+	+	−		+	D蒂恩	+	−	+	−	
E琼斯	+	+	+	−		E琼斯	+	−	−	+	
	2+	4+	2+	1+	1+		4+	1+	1+	2+	2+

配对比较法的缺点是：一旦下级人数过多（大于5人），操作就比较麻烦，因为配对的次数将是按［N（N-1）］/2（其中N为人数）公式增长的。5个下级的配比需要10次；10个下级就要配比45次；如果50个下级就要配比1 225次。而且这种方法只能评比出下级人员的名次，不能反映出他们之间的差距有多大，也不能反映出他们工作能力和品质的特点。

6.3.3 强制分布法

强制分布法需要考核者将被考核者按照绩效考核结果分配到一种类似于正态分布的标准中去。这种方法是基于这样一个有争议的假设：所有小组中都有同样优秀、一般、较差表现的员工分布。可以想象，如果一个部门全部是优秀员工，则部门经理可能难以决定把谁放在较低绩效区间的小组中。

强制分布法与“按照一条曲线进行等级评定”的意思基本相同。使用这种方法，就意味着提前确定准备按照一种什么样的比例将被考核者分别分布到每一个工作绩效等级中去。比如，我们可能会按照下述比例原则来确定员工的工作绩效分布情况：

绩效最高的，占15%；绩效较高的，占20%；绩效一般的，占30%；绩效低于要求水平的，占20%；绩效很低的，占15%。

这种方法的优点是有利于管理控制，特别是在引入淘汰机制的公司中，它能明确筛选出淘汰对象，由于员工担心因多次落入绩效最低区间而遭解雇，因而具有强制激励和鞭策功能。当然，它的缺点也同样明显，如果一个部门的员工的确十分优秀，强制进行正态分布划分等级，可能会带来多方面的弊端。

6.3.4 因素考核法

因素考核法是将一定的分数按权重分配给各项考核指标，使每一项考核指标都有一个考核尺度，然后根据被考核者的实际表现在各考核因素上评分，最后汇总得出的总分就是被考核者的考核结果。此法简单易行而且比排序法更为科学。

比如，我们可以为被考核者设定以下4个绩效考核指标，运用因素考核法划分权重并制定标准，以此为基础对员工绩效进行考核。

（1）出勤，占总分的30%，分为上、中、下3个等级。出勤率100%为满分，病事假1天扣1分，旷工1天扣20分，迟到或早退扣15分，旷工1天以上或缺勤30天以上者不得分。

（2）能力，占总分的20%，分为上、中、下3个等级。技术高、能独立工作、完成任务好、胜任本职工作的被评为上等，低于这个技术水平的为中等或下等。在考核阶段内有1个月未完成下达任务的扣10分。

（3）成绩，占总分的30%，分为上、中、下3个等级。协调性好、积极主动工作、安全生产、完成任务好的被评为上等，较差的被评为中等，再差的被评为下等。在工作、生产中出现1次差错造成损失的，或安全、质量方面发生事故经公司研究做出处理的1次扣10分，情况严重者不得分；如有1个月未完成下达任务的扣

15分。

（4）组织纪律，占总分的20%，分为上、中、下3个等级。工作服从分配、遵守规章制度、讲究文明礼貌、能团结互助的被评为上等，否则被评为中等或下等。违反公司规章制度或因工作失职经公司处理的1次扣10分。各考核因素的上、中、下等级的比例均分别控制在25%、60%、15%。

6.3.5 行为锚定等级考核法

行为锚定等级考核法是传统业绩评定表和关键事件法的结合。使用这种方法，可以对源于关键事件中有效的和非有效的工作行为进行更有效、客观的描述。熟悉一种特定工作的人，能够识别这种工作的主要内容，然后对每项内容的特定行为进行排列和证实。因为此种方法的特点是需要有大量员工的参与，所以它会被部门主管和下属更快地接受。

在行为锚定等级考核法中，不同的业绩水平会通过一张等级表进行反映，并且根据一名员工的特定工作行为被描述出来。例如，假设进行员工绩效考核所选择的一个考核要素是“吸收和解释政策的能力”，那么对于这个考核要素中最积极的考核结果，可能是“可以期望该员工成为组织中其他新政策和政策变化的信息来源”；而针对这个考核要素最消极的考核结果，可能是“即使对员工重复解释后，该人也不可能学会什么新东西”。最消极和最积极的层次之间可能存在着几种层次。行为锚定等级考核法对各种行为进行了举例，因为特定的行为可以被指出来，所以这种方法更便于在考核中进行讨论。这种方法可以克服其他考核方法的弱点。对行为锚定等级考核法的有效性人们褒贬不一，并无法完全确认它在克服考核者误差或取得心理测验有效性方面比其他方法更优越。这种方法的一个特定缺陷是，使用的行为定位于结果上。这就对部门经理提出了一个潜在的问题，即他们不是对必须实现期望目标的员工，而是对正在执行作业的员工进行考核。

行为锚定等级考核法的目的在于：通过表6-5所示的那样一种等级考核表，将关于特别优良或特别劣等绩效的叙述加以等级性量化，从而将描述性关键事件考核法和量化等级考核法的优点结合起来。因此，其倡导者宣称，它比我们所讨论过的所有其他种类的工作绩效考核工具都具有更好和更公平的考核结果。

表6-5 客户服务行为锚定等级考核表

7	•把握长远盈利观点，与客户达成伙伴关系
6	•关注客户潜在需求，起到专业参谋作用
5	•为顾客而行动，提供超常服务
4	•个人承担责任，能够亲自负责
3	•与客户保持紧密而清晰的沟通
2	•能够跟进客户回应，有问必答
1	•被动地跟进客户回应，拖延和含糊回答

开发一项行为锚定式考核量表的过程是相当复杂的，对此我们可以简要概括如下：行为锚定式考核量表开始于工作分析，使用关键事件技术；然后，事件或行为依据维度加以分类；最后，为每一个维度开发出一个考核量表，用这些行为作为“锚”来定义量表上的评分。运用行为锚定等级考核法进行员工绩效考核时，通常要求按照以下几个步骤来进行行为锚定式考核量表的设计：

（1）用工作分析的关键事件技术来得出一系列有效和无效的工作行为。

（2）工作分析人员将这些行为划分为个人行为大致能表征的工作维度或工作者特征，然后根据这些特征将被分析者归类和加以定义。

（3）在不知道所分配的维度的情况下，与同主题有关的专家们评论行为清单。换言之，把每一维度的名称和定义告诉这些人，要求他们将所有的行为按正确的维度加以分类，如果大部分专家（通常为80%或更多）分配给同一行为的维度与工作分析者分配给它的维度相同，则该行为被保留下来。

（4）保留下来的行为由第二组与主题有关的专家们加以评审。这些人依照一项工作绩效去评定每种行为的有效性。例如，如果使用一个7级量表，“7”将标志着该行为代表一个极其有效的绩效水平（“1”标志着极其无效的绩效）。

（5）工作分析人员计算出被给予每一行为的有效性评分的标准偏差，如果该标准偏差反映评分有较大的可变性（专家们在该行为有效性上的意见不一），那么该行为就会被舍弃，然后为剩下的每一行为计算出评定的平均有效性。

（6）建立最终的员工绩效体系。分析者为每个特征构建一个评定量表，量表中列出该特征的名称和定义。对行为的描述被放置在量表上一个与它们的平均有效性评分相对应的位置上。

行为锚定等级考核法的优点很多。尽管使用行为锚定等级考核法要比使用其他的工作绩效考核法（如尺度考核法）花费更多的时间，但是许多人认为，行为锚定等级考核法有以下一些十分突出的优点：

（1）工作绩效的计量更为精确。由于是由那些对工作及其要求最为熟悉的人来编制行为锚定等级体系，因此行为锚定等级考核法能够比其他考核法更准确地对工作绩效进行考核。

（2）工作绩效考核标准更为明确。等级尺度上所附带的关键事件有利于考核者更清楚地理解“非常好”和“一般”等各种绩效等级上的工作绩效到底有什么差别。

（3）具有良好的反馈功能。关键事件可以使考核者更为有效地向被考核者提供反馈。

（4）各种工作绩效考核要素之间有着较强的相互独立性。将众多的关键事件归纳为5~6种绩效要素（如知识和判断力等），使得各种绩效要素之间的相互独立性增强。比如，在这种考核方法下，一位考核者很少会仅仅因为某人的“知觉能力”所得到的考核等级高，就将此人的其他所有绩效要素等级都评定为高级。

（5）具有较好的连贯性。相对来说，行为锚定等级考核法具有较好的连贯性和较高的信度，这是因为，不同考核者对同一个人进行考核时，得到的结果基本上都是类似的。

从行为锚定式与图解式评定的比较上看，行为锚定等级考核法和图解式评定量表法一样，都要求考核者根据个人特征评定员工。典型的行为锚定等级考核量表包括7个或8个个人特征，被称作“维度”，每一个维度都被一个7级或9级的量表加以锚定。

但是，行为锚定等级考核法中所使用的考核量表与图解式评定量表法中所使用的考核量表在结构上并不相同。行为锚定式考核量表是用反映不同绩效水平的具体工作行为的例子来锚定各个特征。表6-6所示的就是一个企业内训师授课行为锚定考核的例子。

表6-6　企业内训师授课行为锚定考核

维度：课堂培训教学技能	
优秀：7	•内训师能促使学员主动发现并解决问题
6	•内训师能清楚、简明、准确地回答学员的问题
5	•内训师授课内容主次分明，使用多媒体等丰富的教学手段授课
中等：4	•当试图强调某一点时，内训师使用例子
3	•内训师用清楚、明白的方式授课
2	•讲课时内训师表现出许多令人厌烦的习惯
极差：1	•内训师在班上给学员们不合理的批评

行为锚定等级考核法最大的优点在于它的指导和监控行为的能力。行为锚定使员工知道他们被期望表现哪些类型的行为，从而给考核者提供以行为为基础的反馈机会。在最初被提出时，行为锚定等级考核法被预测将大大优于图解式评定量表法。人力资源管理专家认为，行为锚定能得到更准确的评分，因为它能使考核者更好地诠释定义量表上不同评分的含义。然而，正如我们看到的，这种期望并未实现。

实际上，相对于图解式评定量表法，行为锚定等级考核法的优势远未被研究证实。绝大部分研究都没能提供直接证据证明，建立和使用行为锚定式考核量表所花费的大量时间和精力从结果上看是值得的。

行为锚定等级考核法的失败之处可能在于考核者在尝试从量表中选择一种员工绩效的行为时所遇到的困难。有时一个员工会表现出在量表两端的行为，因此，评定者不知应为其分配哪种评分。例如，在表6-5所介绍的行为锚定式考核量表中，被评定的内训师可能清楚地回答了问题但同时又不合理地评价了学员。

6.3.6　关键事件法

某些现代绩效考核应用了关键事件法，以便考核更具有针对性。关键事件法利用一些从一线管理者或员工那里收集到的有关工作表现的特殊事例进行考核。通常，在这种方法中，几个员工和一线管理者汇集了一系列与特别好的或差的员工表现有关的实际工作经验，而平常的或一般的工作表现均不予以考虑。特别好的或特别差的工作表现可以把最好的员工从一般员工中挑出来，因此，这种方法强调的是最好或最差表现事例所代表的活动。一旦考核的关键事件选定了，所应用的特别方法也就确定下来了。关键事件法一般有如下几种：

（1）年度报告法。这种方法的一种形式是一线监督者对考核期内员工关键事件进行连续记载。监督者每年报告决定员工表现的每一个员工记录，其中特别好的或特别差的事例就代表了员工在考核期内的绩效。在考核期中没有或很少记录的员工所做的工作是基本令人满意的，一般的绩效既不高于也不低于预期的绩效水平（标准或平均绩效水平）。

年度报告法的优点是它特别针对工作，与工作的联系性强，而且由于考核是在特定日期就特定事件进行的，因此，考核者很少会受偏见的影响。年度报告法的主要缺点是很难保证对员工的表现进行精确记载。由于监督者更优先考虑其他事情，因此常常不给记录员工表现以充足的时间。年度报告法的另一个缺陷是缺乏关于员工的比较数据，很难用关键事件的记录来比较不同员工的绩效。

（2）关键事件清单法。根据关键事件法也可以开发一个与员工绩效相联系的关键行为清单来进行绩效考核。这种考核方法对每一项工作给出20个或30个关键项目，考核者只简单地检查员工在某一项上是否表现出众。出色的员工将得到很多检查记号，这表明他们考核期表现很好；一般员工将只得到很少的检查记号，因为他们仅在很少的情况下表现出众。

关键事件清单法常常给不同的项目以不同的权重，以表示某些项目比其他项目重要。通常，权重不让被考核者得知。基本岗位员工关键事件清单上的检查记号汇总以后，就可以得到这些员工的数量型的考核结果。由于这种方法产生的结果是员工绩效的数字型总分，因此必须为组织内每一个岗位制定一个考核清单，这种方法很浪费时间，而且费用很高。

（3）行为定位评级表。这种量表把行为考核与评级量表结合在一起，用量表对绩效进行评级，并根据量表值对关键行为进行定位。由于考核性目标明确，它可以很容易获得与绩效增长和提升可能性相联系的数字型考核结果。这种方法也能用于开发性目标，因为它是与工作紧密联系的，而且是用代表好的工作成绩的关键事项作为考核事项。

6.3.7　不良事故考核法

在对员工绩效进行考核时，我们往往会发现对于某些例行的工作会存在这样一种现象，那就是即使这些工作被很好地完成，也不会被列为重要的绩效考核指标，而一旦这些例行的工作出了差错，又会给整个组织带来巨大的损失。如何对以这些常规性的、例行性的工作为主要工作内容的员工进行绩效考核？我们可以使用不良事故考核法来进行，即通过预先设计的不良事故清单对员工行为进行考核，以确定员工的绩效水平。表6-7给出的案例详细说明了如何设计不良事故清单以及运用不良事故考核法的操作流程。

表6-7　××公司财务部不良事故管理办法

一、目的

为规范公司会计行为，保证会计资料真实、完整，加强经营和财务管理，提高经济效益，特制定本办法。

二、定义

会计核算与财务管理的不良事故，是指由于个人原因违反会计法和国家统一制定的会计制度以及公司规定的会计行为而引起的后果。根据其影响面的大小分为A级（重大事故）和B级（一般事故）。

三、不良事故的监督与预防

1.公司员工对违反本办法和国家统一的会计制度规定的会计事项、会计行为，有权拒绝办理或予以解决。

2.无权处理的应以书面的形式向单位负责人或上一级领导报告，请求查明原因，做出处理。

3.各级领导必须随时对公司的各项经济业务进行监督、控制和防范，对已发生的事故应及时提交报告，并设法控制予以解决。

4.每位员工在提交的工作报告中应如实地反映问题，对造成事故的当事人要提出相应的处罚意见。

5.公司总经理及各相关部门应按照《公司法》《会计法》及公司的有关规定进行定期检查。

四、不良事故的查处程序及处罚规定

1.举报或巡查得知有不良事故→由人事部门记录并转相关部门查实→查实后填表上报（包含处罚意见）→由部门主管审核认定→转人事部根据处罚规定进行绩效考评。

2.季度内A级事故发生1次或B级事故发生3次以上，扣除当事人当季绩效奖金；若及时查办上报并采取了补救措施，则记录在册并在季度绩效考评时对当事人适当扣分；若没有及时上报造成事态严重的，则当事人当季业务管理评分记为零。

五、不良事故的名称与判定

1.伪造原始凭证、账簿、会计资料：不依法索取原始凭证或设置会计账簿，致使财务数据失真，不良事故级别为A级。

2.随意变更会计处理方法：会计处理方法不确定，违反会计法造成损失的，不良事故级别为A级。

3.提供虚假的会计信息：向不同的会计资料使用者提供的财务会计报告不一致的，由于个人原因造成的不良事故级别为A级。

4.预算不准确：预算额与实际差异在30%以上的，不良事故级别为A级；在10%~30%的，不良事故级别为B级。

5.丢失（被盗）现金、支票和印章：因故丢失（被盗）现金、支票和印章，造成影响或损失的，不良事故级别为A级。

6.挪用公款：未按规定，挪作其他用途1万元以下的，不良事故级别为B级；1万元以上的，不良事故级别为A级。

……

其他：不按公司规定和会计法要求执行，给公司造成严重影响和重大损失的，按照会计法规定，应适当给予经济处罚或行政处分等

6.4　360度绩效考核法

6.4.1　360度绩效考核法的产生与发展

360度绩效考核法产生于20世纪40年代，最初被运用于英国军方所设立的评价中心，在评价部队战斗能力以及选拔士兵等活动中发挥了重要作用。从20世纪50年代起，360度绩效考核法被推广到工商企业，主要用于工作岗位分析，以及管理人员的能力评价、筛选与安置。到了20世纪80年代，360度绩效考核法日趋完善，成为跨国公司人力资源管理与开发的重要工具之一。

微课：360度绩效考核法

360度绩效考核法的产生与发展适应了现代经济、科技飞速发展带来的客观要求。随着知识经济时代的到来，企业管理环境发生了巨大的变化：外部市场变化越来越快；企业内部结构扁平化，管理者职权范围扩大化；参与式管理、团队协作、矩阵式管理模式出现等。这些变化要求企业采用参与式管理和更多的授权，更加关注客户服务质量，加快建立职业经理人队伍，以及采用更加科学的绩效考核方法。

360度绩效考核法主要强调全方位客观地对员工进行绩效考核，它既注重绩效考核员工的最终成果，又将员工的行为、过程和个人努力的程度纳入绩效考核的内容，使得绩效考核更能客观全面地反映员工的表现和业绩。因此越来越多的国际知名企业开始使用它，并将之与员工的开发、晋升等相联系。据调查，在《财富》杂志排名前100位的企业中，已有90%的企业将不同形式的360度绩效考核方法用于人力资源管理和开发等方面。

6.4.2　360度绩效考核法的内涵

360度绩效考核法又称全视角绩效考核方法，它是指由被考核者的上级、同级、下级和客户以及被考核者本人担任绩效考核者，从多角度对被考核者进行360度的全方位评价，再通过反馈程序，达到改变行为、提高绩效等目的的绩效考核方法。其具体内容如图6-2所示。

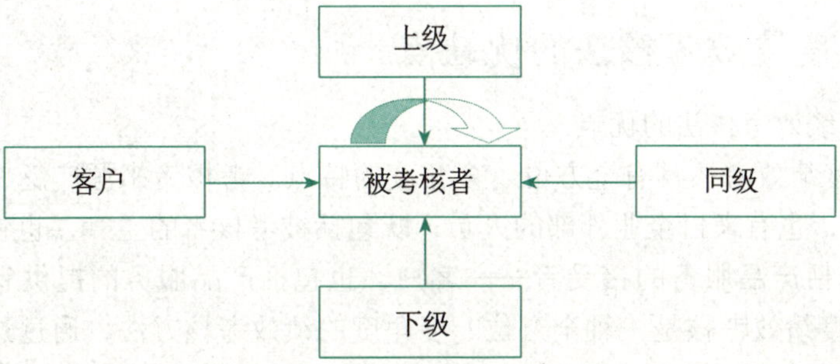

图6-2　360度绩效考核示意图

1）上级考核

上级考核又称主管考核，即由各级主管对直接下属进行绩效考核。这是绩效考核中最常采用的方式，因此主管人员必须熟悉考核方法，并善用绩效考核的结果对下属进行指导，开发下属的潜能。

有些公司存在一些跨部门的合作方案，因此某些员工可能同时会在很多主管领导下工作，在这种情况下，可以采用矩阵式的上级考核方式，即每位主管都可以对自己曾经指导过的下属员工进行考核。绩效考核负责人在汇总绩效考核结果时，应将所有主管对某一被考核者的考核结果汇总，并按照预定方法，核算出上级对该员工考核的最终结果。

2）同级考核

同级考核又称同事考核，它是指通过同事之间互评绩效的方式，来达到绩效考核目的的方法。同事之间一起工作的时间较长，相互间了解较多，让他们互评可能比较客观。而且，同事之间的互评可以让员工知道自己在人际互动方面的能力，知道在同事的眼中自己的团队合作、人际关系能力如何。如果要将绩效考核结果用于选拔人才，同事考核这种方式往往较能使众人信服。

3）下级考核

下级考核又称下属考核，即由下属来考核主管。通过下级的考核，主管可以清楚地知道自己需要加强哪些方面的管理能力，知道自己目前与下属期望之间的落差，有助于对主管的潜能进行开发。

4）客户考核

客户考核，即让客户对员工的服务态度和服务质量进行考核。这种考核方式对从事服务业、销售业的人员特别重要。因为顾客是产品和服务的直接接受者，他们最清楚员工的服务质量和服务态度，以及营销技巧等方面的表现。

5）自我考核

员工的自我考核是指让员工根据自己在工作期间的绩效表现考核自己的能力和潜能，并据此设定未来的目标。这种方式有利于员工了解自己的优势，做好职业生涯规划，了解自己的不足，做好自我完善与开发。

一般而言，员工自评具有较强的主观性，他们常会给予自己较高的分数。因此，使用自我考核时应该特别小心，尽量降低其主观性。

6.4.3 360度绩效考核法的优缺点

1）360度绩效考核法的优点

（1）360度绩效考核具有全方位、多角度的特点。考核者来源广泛，既有来自企业内部的人员，也有来自企业外部的人员；既包括被考核者的主管，也包括被考核者的下属；既包括产品服务的接受者——客户，也包括产品服务的提供者——员工自己。因此360度绩效考核是一种全方位、多角度的绩效考核方法，通过这种方法收集到的考核信息较全面，得到的考核结果较科学、客观，误差较小。

（2）360度绩效考核考虑的不仅仅是工作产出，还考虑深层次的胜任特征。胜任特征是指能将绩效优秀者与绩效一般者区分开来的个体潜在的深层次特征。360度绩效考核是基于胜任特征的一种绩效考核方法，通过这种方法得出的绩效考核结果更加全面、深刻。

（3）360度绩效考核有助于强化企业的核心价值观，增强企业的竞争优势，建立更为和谐的工作关系，这样一方面能够帮助管理者发现并解决问题，从总体上提高组织绩效；另一方面能够防止被考核者只追求某项业务指标完成的短期行为，使其着眼于公司或部门的长远发展，全面提高自己的绩效水平。

（4）360度绩效考核采用匿名评价方式，消除了考核者的顾虑，使其能够客观地进行考核，保证了考核结果的有效性。

（5）360度绩效考核充分尊重组织成员的意见，这有助于组织创造更好的工作气氛，从而激发组织成员的创新性。而创新性又恰恰是现代企业，尤其是高新技术企业的生命线。

（6）360度绩效考核加强了管理者与组织员工的双向交流，提高了组织成员的参与性。根据组织公平理论，组织成员的充分参与可以提高组织成员的组织公平感（包括制度公平、结果或分配公平、程序公平和人际关系公平），进而提高组织成员的工作满意度，降低员工流失率。同时，员工参与企业管理，能增强员工的归属感和自信心，增进员工之间的相互了解，加深工作的默契程度，从而促进企业的团队建设，增强团队的凝聚力，促进企业的变革与发展。

（7）促进员工个人发展。360度绩效考核的反馈结果，通常包括专门的职业生涯规划指导建议，这些咨询意见和建议一旦被考核人员接受，就能够改善个人的职业生涯规划，促进员工的个人发展。

2）360度绩效考核法的缺点

（1）360度绩效考核侧重于综合考核，定性考核比重较大，定量的业绩考核比重较少，因此其经常与KPI关键绩效考核相结合，使考核更全面。

（2）360度绩效考核的信息来源渠道广，但是从不同渠道得来的信息并非总是一致的。例如，对某个员工的沟通能力的考核结果是：上级评为优，下级评为中，而客户评为差，这就给对这个员工的整体评价带来了困扰。

（3）360度绩效考核收集到的信息比单渠道考核方法要多得多，这虽然使绩效考核更加全面，但同时增加了收集和处理数据的成本。而且需要汇总的信息量很大，360度绩效考核法有可能趋向于机械化或追逐文字材料，即从两人的直接沟通演变成表格和印刷材料的沟通。

（4）在实施360度绩效考核的过程中，如果处理不当，可能会在组织内造成紧张气氛，影响组织成员的工作积极性，甚至出现企业文化震荡、组织成员忠诚度下降等现象。

6.4.4　360度绩效考核法的实施程序

1）考核项目设计

（1）进行需求分析和可行性分析，决定是否采用360度绩效考核法。

（2）编制基于岗位胜任特征模型的考核问卷。问卷的来源主要有两种：企业针对自身特点和具体要求进行设计；向咨询公司购买问卷。相关工作人员应事先做一些需求调查，考虑周全，再决定采用什么考核问卷，若采用后者，应注意不能简单地照抄基于外国文化、不同行业的问卷。

2）培训绩效考核者

（1）组建360度绩效考核者队伍。考核者的来源有两种：由被考核者自己选择；由上级指定。无论是哪一种，都应该得到被考核者的同意，这样才能保证被考核者认同和接受考核结果。

（2）对选拔出的考核者进行培训，如沟通技巧、绩效考核实施技巧、总结考核结果的方法、反馈考核结果的方法等。

3）实施360度绩效考核

（1）监控绩效考核过程。对具体实施过程进行监控和质量管理。例如，对问卷开封、发放、宣读指导语、疑问解答、收卷和加封保密等一系列过程实施标准化管理。如果没有控制好绩效考核实施的过程，可能导致整个绩效考核结果无效。

（2）统计考核信息并报告结果。现已有专门的软件用于对360度绩效考核信息进行统计评分，并报告结果，包括对多种统计图表的绘制和及时呈现，使用起来相当方便。

（3）对被考核人员进行如何接受他人的评价信息的培训，让他们体会到360度绩效考核最主要的目的是改进员工的工作绩效，为员工的职业生涯规划提供咨询建议，从而提高被考核人员对考核目的和方法可靠性的认同度。具体可以采用讲座和个别辅导等培训方法。

（4）企业管理部门应针对绩效考核的结果所反映出来的问题，制订改善绩效的行动计划。这一环节也可以由咨询公司协助实施，由他们独立进行信息处理和结果报告。这样做的优越性在于，报告的结果比较客观，并能提供通用的解决方案和发展计划指南。但是，咨询公司毕竟只是一个旁观者，他们对企业存在的问题没有切身的体会，由他们独立给出报告结果很可能针对性不足。因此，企业的人力资源管理部门应当尽可能地在考核实施过程中起主导作用，配合咨询公司，尽量使考核效果达到最佳。

4）反馈面谈

（1）确定进行面谈的成员和对象。

（2）有效进行反馈面谈，及时反馈绩效考核的结果，帮助被考核人员改进自己的工作，不断提高工作绩效，完善个人的职业生涯规划。

5）效果评价

（1）确认执行过程的安全性。360度绩效考核中包括上级、下级、同事及其他人员的考核，要检查信息收集的过程是否符合考核的要求，并验证各种考核结果的准确性。

（2）评价应用效果。

（3）总结绩效考核过程中的经验和不足，找出存在的问题，不断完善整个绩效考核系统。

实用案例6-3

M公司的360度绩效考核

M公司是一家跨国广告公关公司，它成立于20世纪中期，目前在100个国家有300多个办事处，以创意见长，并为客户制作具有销售力的广告。M公司笃信品牌能对销售产生强大的影响力，为了帮助客户建立一个让消费者信赖的品牌，它有一套独特的思维方式和工作风格。“尊重每一个人”是M公司对待员工的基本态度，因此M公司采用360度绩效考核方法，其主要目的是了解和保障员工个人的职业生涯发展。

员工进入公司，试用期过后可以参加正式绩效考核，绩效考核活动一年举行两次。每次绩效考核前都要对员工进行绩效考核培训，由人力资源部人员给员工讲解绩效考核目的以及评价表的填写方法。之后，选择相应的绩效考核者与被考核者，进行360度绩效考核。

绩效考核时，绩效考核者评价被考核者的绩效，而被考核者除了自评以外还要对绩效考核者进行反评。在自评时，从能否高效地完成工作、能否说服他人接纳建议、团队合作、创新能力、对企业文化的理解，以及学习能力几个维度进行评估，之后还需填写成就、个人成长、改善空间等以明确自己对职业生涯发展的规划。

在对绩效考核者进行反馈时，主要是从上级的管理技巧、同事的工作技能、下级的发展潜力出发进行评估，并提出改进工作的建议。回收评价意见，进行汇总及分析。以绩效考核者、被考核者，以及人力资源部门人员为主，召开绩效考核会议。在会议上，主要是针对事业发展计划进行讨论，由绩效考核者查阅被考核者的规划，给予建议或承诺。

6.4.5　360度绩效考核法实施的注意事项

（1）确定并培训公司内部专门从事360度绩效考核的管理人员。如果本公司内部没有专门从事360度绩效考核的部门或人员，可以聘请专门从事这一业务的机构来帮助完成这个过程，除非管理者在这方面是个专家，否则不应在没有助手的情况下使用这一评价工具。

（2）实施360度绩效考核方法，应选择最佳的时机，在组织面临士气问题、处于过渡时期，或走下坡路时，不宜采用360度绩效考核的方法。

（3）上级主管应与每位考核者进行沟通，要求考核者对其意见承担责任，确保考核者的意见真实可靠。

（4）使用客观的统计程序。如使用加权平均方法或其他量化方法，整理汇总核算多位考核者的考核结果，需要注意的是：对不同的被考核者，应使用相同的权重，以确保使用者无法操纵考核结果。

（5）防止绩效考核过程中出现作弊、合谋等违规行为。

（6）准确识别和估计偏见、偏好等对业绩评价结果的影响，如考核者对年龄、性别、教育水平、个性等的个人偏见对考核结果的主观影响。

（7）对考核者的个别意见实施保密，确保每位接受考核的员工无法获知任一考核者的考核意见（上级考核除外）。

（8）不同的绩效考核目的决定了绩效考核内容的不同，所应注意的事项也有所不同。如果360度绩效考核的方法是用于管理人员能力提高、员工个人培养、同伴指导和团队建设，则应把360度绩效考核贯彻到企业员工整体发展计划的实施过程中，帮助每一个员工，促使他们的全面发展，并在指导计划完成后，把所有考核结果反馈给员工本人，作为员工完善职业生涯规划的重要依据。

【素质提升】

自身硬首先要自身廉

打铁必须自身硬。习近平总书记在党的二十届一中全会上强调："对领导干部来讲，自身硬首先要自身廉。廉，重在自觉，贵在持久，难在彻底。"语重心长的话语，提醒领导干部知敬畏、存戒惧、守底线。公道正派才能树清风正气，廉洁自律才能塑良好形象，清正廉洁是共产党人必须保持的政治本色。正所谓："其身正，不令而行；其身不正，虽令不从。"惟有首先做到自身廉，才能始终做到自身硬。领导干部必须发扬彻底的自我革命精神，以自身清正廉洁练就能挑重担的"铁肩膀"，挺起对一切不正之风敢于亮剑的"硬脊梁"。

资料来源 魏本貌. 自身硬首先要自身廉［N］. 人民日报，2023-02-07（4）. 节选。

［本章小结］

•本章介绍了绩效管理的基本知识，如绩效、绩效考核及绩效管理的含义，绩效管理与绩效考核的差异，现代绩效考核的特点，绩效管理的基本流程等。

•本章介绍了绩效考核的实施，包括绩效考核的准备、确定绩效标准、实施绩效考核和绩效考核的反馈。

•本章介绍了企业常用的多种绩效考核方法，包括简单排序法、配对比较法、强制分布法等。

•本章介绍了360度绩效考核法的含义、优缺点、实施程序及实施过程中应注意的问题。

［基础训练］

1.选择题

（1）绩效也称（　　），反映的是人们从事某一种活动所产生的成绩和成果。

A.业绩　　B.效绩　　C.成效　　D.效度

（2）绩效管理的基本流程包括制订绩效计划、（　　）、（　　）和（　　）。

A.绩效实施　　B.绩效考核

C.绩效反馈与改进　　D.绩效沟通

（3）关键事件法一般包括（　　）。

A.年度报告法　　B.关键事件清单法
C.不良事故法　　D.行为定位评级表
(4) 强制分布法的优点是（　）。
A.经济实用　　B.有利于管理控制
C.简单明了　　D.指导和监控员工行为
(5)（　）对从事服务业、销售业的人员特别重要。
A.客户考核　　B.上级考核　　C.下级考核　　D.同级考核
(6)（　）是绩效考核中最常采用的方式。
A.上级考核　　B.客户考核　　C.下级考核　　D.同级考核
2.简答题
(1) 绩效管理与绩效考核有何区别?
(2) 绩效考核的实施有哪些步骤?
(3) 你认为最适合企业使用的绩效考核方法主要有哪些?
(4) 360度绩效考核法的优缺点有哪些?

[综合应用]

□ 案例分析

360度绩效考核，想说爱你不容易!

张纯在广州某互联网公司主管公司的行政与人事工作。2006年公司成立了人力资源部，总经理让张纯负责建立公司的绩效考核及以此为基础的薪酬体系。张纯非常高兴，在查阅了大量人力资源管理书籍的基础上，借鉴一些成功企业的先进做法，他决定实施360度绩效考核方法，将考核结果与员工的薪酬挂钩。张纯的思路得到了总经理的大力支持，总经理责成他在3个月内完成考核方案的落实。张纯即刻着手编制了一份360度绩效考核制度及推行方案。

按照这份考核制度，被考核人的上级、同级、下级和服务的客户都对他进行打分，通过这种多方评价的方式让被考核员工了解各方对自己工作的满意度。一方面，被考核人更为清楚自己的优点与不足，更好地提高自己。另一方面，公司及上级主管也能够更准确地把握员工真实情况。经验丰富的张纯明白，制定考核制度容易，难在执行，所以他对考核方案的实施做了非常周密的准备。在每周一的例行会议上，人力资源部提出准备实施360度绩效考核方案时，总经理马上表态认同了这个方案，各部门经理也都表示有必要进行绩效考核。看到中高层都如此支持，张纯对顺利实施360度绩效考核方案充满了信心，马上建议召集部门经理开专题会议，着手实施考核方案。这个建议也得到了总经理的赞同。

张纯的思路是，由人力资源部针对中层管理人员进行培训，再由各部门经理将360度绩效考核的制度与思想对本部门员工进行讲解。这样就可以避免将制度仅仅停留在各部门主管层面，从而让基层员工都明白为什么要进行考核，360度绩效考核方案会有什么样的特点与优势，对员工会有哪些方面的影响。于是，张纯召集公司的7个部门经理开会，并请总经理出席。张纯首先对360度绩效考核方法作了介绍和说明。他花了整整2个小时的时间，尽管讲得口干舌燥，但让他感到开心的是，各个部门经理都非常认真，把执行新方法的流程记了下来。接着，张纯把自己讲解时演示用的PPT发给了各部门经理，要求他们在一周内完成对本部门员工的培训，同时提醒人力资源部列席，以便提供必要的解释说明。

从开始的实施情况来看，是非常顺利的。张纯也出席了一些部门的内部培训，从表面上看，基层员工也理解和接受了考核方案的变革。一切似乎都在向张纯所设想的方向发展。然而，张纯很快就发现，他过于乐观了。在实施的准备会上，总经理因外出开会未能参加。张纯又进行了一次讲解和演示，把操作步骤非常细致地进行了分解。这次让他失望的是，各部门经理似听非听、似懂非懂地看着他。技术部经理一边听，一边与身边的财务经理讨论服务器的购置问题。待到张纯讲解完毕，希望各部门经理提出疑问或建议时，大家的回答都很含糊，有的说："行，就这样吧，我们知道了！"有的则说："差不多了，我们知道了就行了。"会议就这样结束了。

按计划，张纯向各部门收取要求填写的最新的岗位说明书时，新的问题出现了。拿技术部提交的岗位说明书来说吧，填写的内容和以前一模一样，几乎就找不到任何变化。张纯一再强调的是这些岗位的职责必须重新细化。市场部经理则推说自己这两天一直在做一个市场方案，实在太忙，还来不及完成，但答应会尽快提交过来。非常无奈的张纯只好要求技术部重新填写，市场部尽早完成。在整个过程中，他安排了人力资源部的员工持续加班，协助各个部门经理完成。好不容易完成了新的岗位说明书，在总经理的主导下，开始进行目标分解。由于涉及各部门的利益，各部门经理非常积极，很顺利就完成了从公司目标到部门目标的分解。然后，张纯交代各部门尽快将目标落实到个人。

到了月初，张纯督促各部门完成对本部门员工的考核。但让张纯失望的是，回收的绩效考核结果非常不理想。各个部门之间的打分都非常中庸，市场部对技术部的工作配合程度打分是80分，技术部也是打80分，双方好像事前有约定。而员工的同级打分、上下级的彼此打分也有此痕迹。这意味着，360度绩效考核没有落到实处。更让张纯泄气的是，部门经理普遍抱怨360度绩效考核增加了他们的管理工作量，从目标分解到进行考核打分，耗费的时间非常多，给他们原本就近于超负荷的工作增加了不必要的负担。张纯感到非常困惑，一直在想，问题到底出在什么地方？

问题：请你帮张纯分析一下，此次360度绩效考核失败的原因是什么。

□ 实践训练

A企业是一家小型的日用化工营销公司，市场部有5名营销人员，对市场人员的考核主要想从销售业绩和工作态度入手，考核期为半年，并且要求每次考核都有不适合岗位的员工被淘汰。请你帮市场部的负责人选择一种适合的或组合使用的考核方法，并为其设计较为详细的考核方案。

要求：1.小组成员共同完成考核方法的选择，并设计较为详细的考核方案。

2.制作PPT，在全班汇报交流。

3.小组互评，教师点评。

[课外拓展]

关注新媒体平台，获取人力资源管理领域最新的观点、方法、技巧，了解人力资源管理的前沿资讯。

环球人力资源智库作为专业的HR新媒体，致力于全球人力资源智慧共享及商业实战咨询、企业培训、管理咨询、人力资源服务一站式采购与服务平台，全平台已有超过200万人关注，订阅量遥遥领先。作为组织学习与人才培养专家，致力于推动中国企业HR效能提升和变革转型，提供公开课、采购培训、HR的必备工具等服务。在微信公众账号中搜索“ghrlib”即可关注。

第7章 薪酬管理

【学习目标】

通过本章学习，你应该达到以下目标：

知识目标：了解薪酬与福利的含义、作用、原则和薪酬管理的基本形式，熟悉影响薪酬的因素。

能力目标：能够应用薪酬与福利方法，具备开展岗位评价和协助中小型企业设计薪酬体系的能力。

素养目标：在学思践悟的基础上，理解“薪酬管理最重要的就是注重内部公平和外部公平”。培养成为一名企业HR应该树立有效统筹效率和公平的管理意识以及保密意识，具备严谨认真的职业素养。

【内容架构】

第7章 薪酬管理

- 7.1 薪酬与福利概述
  - 7.1.1 薪酬与福利的含义和内容
  - 7.1.2 薪酬管理的原则
  - 7.1.3 薪酬与福利的影响因素
- 7.2 薪酬管理的内容和形式
  - 7.2.1 薪酬管理的内容
  - 7.2.2 薪酬制度的设计
  - 7.2.3 薪酬管理的形式
- 7.3 薪酬调整
  - 7.3.1 薪酬管理的有效性
  - 7.3.2 薪酬激励新方式——股票期权

引例

年终奖如何缴税更合算

临近岁末，又到了各个单位给员工派发年终奖的时候。虽然大家不时会对媒体曝出的“别人家的年终奖”无比眼红，但真正需要操心的，其实是自己的年终奖到底要缴多少个税？到手后真正能拿到多少钱？

根据财政部、国家税务总局《关于个人所得税法修改后有关优惠政策衔接问题的通知》(财税〔2018〕164号)，2021年12月31日之前，居民个人取得的全年一次性奖金，既可以选择与工资薪金合并计税，也可以选择单独计税。

年终奖缴纳个税有新旧两种算法：第一种是单独计算，不并入全年综合所得；第二种是按照新个税规定，将年终奖并入全年所得综合计税。

先来看看算法一。如果不并入当年综合所得，单独计算个税，以全年一次性奖金收入除以12个月得到的数额，对应按月换算后的综合所得税率表，可以确定年终奖适用税率和速算扣除数，以此单独计算应纳税额。

也就是这个公式：应纳税额=全年一次性奖金收入×适用税率-速算扣除数。

假设A先生年薪为5万元（扣除“三险一金”后），没有专项附加扣除项目，他的年终奖为1万元，由此年终奖个税的算法是：10 000÷12≈833（元），适用现行税率表中3%的税率，由此A先生的年终奖应缴税是：10 000×3%-0=300（元）。

如果不用算法一而选用算法二，即年终奖并入当年综合所得，那么A先生全年收入为6万元，按照年综合所得税率适用表，他的全年收入达到但未超过6万元的起征点，因此无须缴纳个税。

假设A先生的年终奖不足1万元，那么又该如何计算个税呢？按照上述算法一的公式，年终奖不超过1万元，适用税率均为3%——比如5 000元年终奖，单独计算其个税为150元；8 000元年终奖个税为240元，依此类推。

由此看来，对于绝大多数每月应纳税所得额便已达到或超过5 000元的工薪收入群体而言，年末再获得全年一次性奖金收入，那么选用算法一，即年终奖单独计算应纳税额，是更合理的一种方式。

值得关注的是，由于年终奖缴纳个税存在多个临界点，一旦超过这些临界点，会造成税额大大增加的情况，也就是人们通常所说的“年终奖多发一元，到手收入少千元”的现象。

当缴税税率从10%跳至20%时，15万元的年终奖比14万元要多缴纳14 800元个税，以至于到手的年终奖数额反而比14万元年终奖更少。

与此同理，企业分别向两名员工发年终奖96万元、97万元，年终奖97万元的员工实际反而比年终奖96万元的员工少拿8万多元。

资料来源 张钟尹. 年终奖如何缴税更合算？这个“节点”多发1万元到手少8万元［EB/OL］.［2020-06-03］. http://www.nbd.com.cn/articles/2020-01-12/1400013.html. 引文经过节选、压缩和改编。

在市场经济中，员工是企业最重要的资源，在求人、用人、激人、育人、开发人的策略中，薪酬与福利是企业管理中相当重要的环节，它们都是激励员工的重要手段。合理而具有吸引力的薪酬与福利制度，不但能有效地修正员工的工作行为，激发员工的工作积极性，提高组织绩效，而且能在日益激烈的人才竞争环境中吸引和保留一支素质良好的员工队伍。

7.1　薪酬与福利概述

7.1.1　薪酬与福利的含义和内容

薪酬是指员工为企业提供劳动而得到的货币报酬与实物报酬的总和。它主要包括工资、奖金、津贴、股权、各种福利等。其中，福利属于间接薪酬，其他都属于直接薪酬。

1）工资

工资是指根据劳动者所提供的劳动数量和质量，按照事先规定的标准付给劳动者的劳动报酬，也就是劳动的价格。它是员工收入中比较稳定的部分，是企业人工费用中的成本性支出。

从事管理工作和负责日常经营工作的人员按年或按月领取的固定工资一般称为“salary（白领工资）”；从事生产操作的人员按件、小时、日、周或月领取的工资一般称为“wages（蓝领工资）”。在经济学中，“salary”和各种形式的薪酬均称为“wages”。

工资的构成主要包括：

（1）基本工资。它是指员工只要在企业中劳动，就能定期拿到的一个固定数额的劳动报酬。基本工资多数以小时工资、月薪、年薪等形式（计时的形式）出现。它又分为基础工资、岗位工资、技能工资、工龄工资等。其中，基础工资是为了保证员工维持最低生活水平的费用。岗位工资、技能工资是根据员工的岗位和技能情况发放的工资，是对员工劳动力价值的认可，是劳动力商品的交易结果。工龄工资在许多企业中十分盛行，它以员工在企业中工作时间的长短为依据。一方面，工龄长意味着员工积累了较多的企业工作经验，从而有着更高的劳动力价值；另一方面，工龄工资是对员工过去同岗位低工资的一种补偿，同时它也是企业为留住员工而使用的一种特别手段。

（2）激励工资。它是指工资中随着员工工作努力的程度和劳动业绩的变化而变化的部分。激励工资有类似奖金的性质，它有投入激励工资和产出激励工资两种形式。投入激励工资，即随着员工工作努力程度的变化而变化的工资；产出激励工资，即随着员工劳动产出成果的变化而变化的工资。

（3）成就工资。它是指当员工工作卓有成效，为企业做出突出贡献后，企业以提高基本工资的形式付给员工的报酬。成就工资是对员工在过去较长一段时间内所取得成就的补偿，而激励工资是与员工现在的表现和成就挂钩的。成就工资是提高了的基本工资，属于工资的永久性增加，而激励工资是一次性的，与基本工资无关。

2）奖金

奖金是指企业对员工的超额劳动或绩效的提高所支付的报酬，它是一种补偿报酬。常用的奖金形式包括：按时间发放的，如月度奖、季度奖、半年奖、年终奖等；按业绩指标发放的，如超额奖、效益奖等。在具体实施过程中，有三种针对不同对象的奖励：一是基于企业整体绩效的提高而对所有员工的奖励，是企业投资者与劳动者之间的利益分配；二是基于企业中某一工作团队（部门）的突出绩效对该团队的集体激励，以此促进员工的合作努力；三是基于一些员工突出的个人绩效，对其进行的激励，目的是表彰先进、树立榜样。奖金具有很强的激励性。

3）津贴

津贴是对员工在特殊劳动条件和工作环境中的额外劳动消耗进行的补偿。它往往与工作相联系。常见的津贴有岗位津贴、加班津贴、通信津贴等。

4）股权

股权就是把企业的资产份额用等价或不等价方式来替代薪酬发放，以此作为对员工劳动的回报。它作为一种长期激励员工的手段，能够让员工为企业的长期利润最大化而努力，使员工成为真正意义上的企业主人，为自己工作。

5）福利

福利是一种劳动的补充性报酬，是劳动的间接回报。它往往不以货币形式直接支付，而是采取实物的或有形的方式发放。例如，企业为了减轻员工负担，丰富员工的业余文化生活，以及为了提供生活方便而兴建的生活与文化设施、建立的员工各类待遇项目等，都属于福利。企业福利对于提高员工对企业的认同感，增强企业的凝聚力有重要的促进作用。更为重要的一点是，政府对于某些福利项目是免税的，这样就使员工切实享受到了企业对于员工劳动的回报。以下是几种具有代表性的福利：

(1)“自助餐式”福利计划。它又称为弹性福利计划或选择性福利计划，是指员工可以根据自己的情况按照企业给予的福利额度选择符合个人需要的福利项目。现在许多大企业逐渐推行“自助餐式”福利计划，其本质就在于改变企业给予员工福利项目的管理方式。

对企业而言，在工资总额不变的情况下，所提供的福利项目选择可以适当增多，从而提高企业形象来吸引优秀人才，并且可作为奖励制度，按个人或部门的不同工作表现给予不同福利预算额，使福利与员工个人工作绩效有机结合，将福利与整体薪酬制度一起进行规划设计，提高薪酬的激励性。

对员工而言，可以针对自己不同的情况，自行规划各项福利的选择。这提高了员工对自己福利项目选择的自主性，使员工认识到劳动回报不仅有货币的，还有非货币的，从而使有限的福利资源可以用在对自己最有用的地方，不需要再面对勉强接受或自愿放弃不合适的福利项目的困扰，从而达到以人为本的目的，提高了福利的激励性。

“自助餐式”福利计划在管理上虽较复杂，但随着办公自动化在企业内的实施以及人力资源管理软件在企业内的应用，它将为企业在管理上提供非常便利的条件。员工甚至可在网络上选择自己的福利事项，查询个人的福利情况，使企业的有关福利成本均能物超所值，对员工的服务质量也会大幅度提高。

（2）保险类福利。它主要指属于劳动法律责任要求的劳工保险，以保障员工因工伤亡能得到一定的赔偿。有的企业会另外为员工购买团体人寿及意外保险；有的企业还会特别为一些高层员工、股东和核心员工购买保险，对于要出差的员工也会代购旅游保险等。保险类福利有的属于政府的强制保险福利，有的属于企业自有的保险福利。它一般包括养老保险、失业保险、工伤保险、交通保险等。

（3）医疗福利。它主要是指按照企业规章为员工病情支付全部的或部分的医疗费用。现在许多企业都会通过医疗保险提供有关福利，这类保险一般按级别高低或工龄长短给予不同的保险利益，包含了寿险、意外险、住院医疗险、危疾险、心理咨询、法律咨询等。有些企业的福利计划还可使员工的父母、配偶、配偶父母、子女等也能够获得保障。

（4）教育资助。它一般包括三种形式：

①提供培训与开发机会。在市场经济环境下，员工及其知识、技能就是企业的资产，而企业给予员工的培训与开发机会可以说是最大的福利。现在的员工非常注重自己的技能水平和能力的提高，在培训与开发机会有限的情况下，员工总是期望企业尽可能地为他们提供持续发展及学习的福利，提供各种类型的培训及开发项目。培训与开发内容除了专业知识和专业技能外，还包括能够辐射所有岗位的能力、观念等，这就使员工可以有更多的空间发挥优势，大显身手。

②支付全部或部分学习费用。为了鼓励员工学习的积极性，如果员工考取了相关的专业资格证书或毕业证书，企业便会支付全部或部分学习费用。有些企业还设有奖学金、助学金鼓励员工努力学习。

③提供员工子女教育费用。这项福利一般根据企业的实际情况施于不同的对象，这也是“投资小人才，留住大人才”计划中非常重要的一项措施。

（5）有薪假期。它主要包括疗养、病假、考试及女性的分娩假期等，一般分为法律规定的有薪假期和企业自有的有薪假期。

（6）文化娱乐。它包括企业的周年庆典、各种体育运动会、为员工举办的生日宴会、益智类活动等。这些项目主要是为了增加与员工沟通的机会，分享企业发展成果，营造融洽愉快的人际氛围。有的企业甚至还设有员工俱乐部，使员工及其亲友可以共同享用会所设施，调剂身心，增强员工的归属感。

（7）其他福利。它包括弹性上班时间、整洁舒适的现代化办公环境等，让员工在轻松的工作环境中全身心投入，提高业绩。有些企业也利用本身的优势和声誉，为员工争取更为有利的消费条件，如优惠房屋、汽车贷款、购物折扣和特价机票等。

互动课堂 7-1

C集团由国家投资发起，成立于20世纪70年代末，主要为国内家电企业提供中间产品。经过20多年的发展，企业年销售总额已达50亿元，其产品一直供不应求。1996年后，家电市场供求关系发生逆转，集团公司的各项经济指标开始恶化，经济效益下降，利税总额从1996年的10亿元跌至2000年的3亿元左右，公司的日子开始不好过。公司高层管理者认识到，外部环境变了，可公司却保持着惯性，在原来的轨道上行进。如何恢复公司过去的生机和活力？公司领导认为，薪酬制度的改造是C集团管理制度改造的一个关键突破点。

问题：就C集团的状况而言，应从什么角度进行薪酬制度的改造？

分析提示：确定岗位职责；制定岗位业绩指标；建立新的考核方法；完善岗位设置及岗位职能；调整工资级别；调整管理人员工资水平；调整不同类别员工的工资结构。

7.1.2 薪酬管理的原则

薪酬管理与企业发展是相辅相成的。一方面，薪酬管理的目的是在保障员工基本生活的同时，充分激励、发挥员工的能力，实现企业发展战略目标，提高企业的核心竞争力；另一方面，企业核心竞争力的提高将促进企业发展，为薪酬管理提供有力的支持。

不同的薪酬管理方式适合于不同企业的需要，即使是同一个企业，在不同发展阶段、不同工作部门、不同生产环节，往往也需要不同的薪酬管理方式。作为一个整体的经济组织，企业的薪酬管理必须具有统一性，这样才能使其成为一个有机的整体。薪酬体系是否合理，不仅关系到企业能否招聘到合适的人员，能否调动劳动者的积极性，而且关系到企业的经营机制和整体形象，对企业的生存与发展具有十分重要的意义。一般来讲，企业的薪酬管理应遵循以下五个原则：

1）合法原则

为了维护社会的持续稳定发展，保护员工的利益，各国政府都制定了一系列法规，如《最低工资法》《反歧视法》等直接或间接地控制员工的薪酬。在我国，有关薪酬福利的法律法规，是劳动法体系的重要组成部分。企业人力资源管理部门的一个重要职能就是运用法律规范协调企业运作过程中的薪酬关系，保护企业和员工的合法权益。我国的《宪法》，对劳动者享有的劳动权、物质帮助权、接受教育权等都做了规定，并提出了与劳动工资有关的法律制度改革问题。1993年，国家制定并颁布了《企业最低工资规定》《企业技能鉴定规定》《女员工保健工作规定》《企业职工养老保险基金管理规定》等一系列法律规范；1994年，《中华人民共和国劳动法》正式颁布实施。其他有关法律法规有《保障农民工工资支付条例》《企业职工生育保险试行办法》《企业职工患病或非因工负伤医疗期规定》《工伤保险条例》等。这些法律规定是企业薪酬管理中必须遵循的原则。

2）公平原则

在一个企业中，薪酬分配是否合理的一个重要标准，就是看其是否公平。企业薪酬管理的公平原则，一般包括内部公平和外部公平两个方面。

（1）所谓内部公平，是指同一企业中每人所得的工资与其他人所得的工资相比，在岗位要求上应该公平合理，即支付相当于员工岗位工作价值的薪酬。也就是说，企业根据员工的不同岗位、不同绩效，支付不同的薪酬，其实就是坚持按劳分配原则。员工的薪酬差异主要根据岗位劳动的复杂程度、技能水平、责任大小、贡献多少等进行确定，通过这种差异体现多劳多得的原则。

（2）所谓外部公平，是指企业的岗位薪酬水平与劳动力市场中的薪酬水平相当。在自由竞争的劳动力市场中，员工的薪酬水平是由劳动力市场的供求状况决定的，薪酬水平的高低是人力资源流动的首要因素，而市场正是通过薪酬的上下浮动，把人力资源合理地配置于各行业和各企业之中的。企业如不根据劳动力市场的薪酬水平进行薪酬管理，就很难吸引和留住自己所需要的人才。重视外部公平，是企业薪酬管理的一个重要方面。

3）效益原则

追求利润最大化是每个企业的本质要求，而个人向企业提供劳动，也必然要追求满意的收入和待遇。企业在追求利润最大化的同时，一定要进行劳动力的成本控制，力图用较少的投入获得较大的产出。劳动力成本是一种特殊的成本，仅仅依靠减少人工费用是不够的，关键在于通过人工费用的合理使用，提高企业经营的整体效益，使企业和员工同时受益、共同发展、共担风险，形成利益共同体，这就是薪酬管理的效益原则。

4）激励原则

在市场竞争日趋白热化的今天，企业薪酬管理的目的，已不再局限于通过合理的劳动交易维持企业的正常运转，它更重要、更经常的管理工作是调动员工的工作积极性，提高劳动生产率，促进企业的发展。从本质上说，企业劳动关系稳定的基础，就是合理的薪酬分配关系。企业必须根据这一特点制订员工激励计划，特别是薪酬激励计划。

5）竞争性原则

一家企业的薪酬水平在市场中应该处于什么样的水平，要根据该企业的支付能力、所需人才的可获得性等具体条件而定。据一些企业薪酬设计的经验，在一般情况下，企业员工的薪酬水平应该比行业的平均水平高15%，这样既不会使企业的负担过重，又可以达到吸引、激励和保留员工的目的。

【职业道德测一测7-1】

遵纪守法指的是每个从业人员都要遵守法律和纪律，尤其要遵守职业纪律和与职业活动有关的法律法规。

1.要做到遵纪守法，对每个职工来说，必须做到（　　）。

A.有法可依　　B.反对“管”“卡”“压”

C.反对自由主义　　D.努力学法，知法、守法、用法

2. 小刘以假文凭应聘到某公司上班，很快就成为技术骨干。假如你是该公司经理，当发现小刘的真实情况后，你会对小刘采取的做法是（　　）。

A. 解聘　　B. 通报批评

C. 降职使用　　D. 委婉批评，继续留用

7.1.3　薪酬与福利的影响因素

1）影响薪酬的因素

影响薪酬的因素有很多方面，企业在制定薪酬制度和进行薪酬分配的时候，应该根据实际情况的需要，进行全方位综合的考虑，并做出合理的选择。

从企业内部来看，影响薪酬的因素主要包括：

（1）岗位的相对价值。岗位的责任大小、工作的复杂程度、任职资格要求的高低、工作环境的优劣、心理素质的要求等，都是衡量岗位价值的重要因素，也是制定基本工资的基础（这部分内容将在后面讲到）。

（2）员工的技能水平。员工在岗位上工作经验的多少、知识和技能水平的高低，直接影响其工作业绩和效率。

（3）企业效益和支付能力。工资增长速度应低于企业效益增长速度，应该形成企业和员工共同享受利益与承担风险的机制。

（4）部门绩效。确定工资时加入部门绩效考核系数，能够鼓励团队成员形成良好的工作氛围。

（5）劳资谈判结果。谈判中既要考虑通货膨胀率（物价指数）和宏观经济状况，也要顾及企业和员工的承受力，这些因素都决定了工资的变动幅度。

从企业外部来看，影响薪酬的因素主要有：

（1）法律的规定。各国都制定了适合本国国情的最低工资标准，我国以各省、自治区、直辖市制定的标准为主，这在一定程度上影响了企业整体的薪酬水平。

（2）岗位的市场水平。人才（劳动力）市场的供需关系决定了企业的薪酬水平应该大于或等于市场的平均水平。

（3）企业所属行业和产品特点。企业所属行业是朝阳行业还是夕阳行业，以及产品的消费群体构成及弹性，都在一定程度上影响着企业的薪酬水平。

2）影响福利的因素

影响企业员工福利的因素也有很多，主要有以下几种：

（1）高层管理者的经营理念。有的管理者认为员工福利必须体现有用性；有的管理者认为员工福利必须体现激励性；有的管理者认为员工福利应该体现合法性；还有的管理者认为员工福利既然不能与工作业绩相联系，就能省则省。种种情形都反映了管理者的经营理念，这在一定程度上影响着企业的福利水平。

（2）政府的政策法规。许多国家和地区的政府都明文规定，企业中的员工应该享受哪些福利。如果企业不为员工提供相应种类的福利就属于违法，这也是政府为了保障员工切身利益而对企业进行的一种强制约束。

（3）工资的控制。由于所得税等原因，一些企业为了控制成本，让员工得到更多

实惠，不提供很高的工资，却提供良好的福利，这也是政府所提倡的措施。

(4) 医疗费用的急剧增加。由于众多原因，近年来医疗费用大幅度增加，给员工造成了很大的压力。员工一旦没有相应的医疗福利支持，如果患病，尤其是重大疾病，往往会陷入非常困难的境地。

(5) 竞争性。由于同行业的类似企业都提供了某种福利，迫于竞争的压力，企业不得不为员工提供该种福利，否则会影响员工的积极性。

(6) 工会的压力。工会经常会为员工的薪酬福利问题与企业谈判，有时企业为了缓解与劳方的冲突，不得不提供某些福利。

实用案例 7-1

星巴克公司的薪酬战略

在北京的大街小巷都可以看到星巴克的招牌，当你有机会到星巴克的店堂内走一走，逛一逛，再喝上一口星巴克咖啡，你就能亲身体验到该公司的文化和竞争力。星巴克公司最初是位于西雅图的一个咖啡豆销售店，经过一系列战略性薪酬决策后，它迅速从咖啡豆进口商转型为咖啡屋，并发展了1 000多家连锁店。

在运用薪酬分析模型对星巴克公司战略性薪酬决策进行研究时，可以分别从薪酬目标、内部一致性、外部竞争力、员工贡献率和薪酬管理体系五个方面进行剖析。

1. 薪酬目标。分析的要点是：企业薪酬体系应该怎样支持企业的经营战略，又该如何适应企业内外部环境中的社会、政治、经济、法律、企业文化和价值观等因素的制约和影响。

星巴克公司的薪酬目标：要让所有员工体验自己的价值，并使员工意识到企业的每一分钱都是由员工自己辛苦挣来的，以此来取得企业的发展。在支付薪酬的同时，星巴克也给员工提供福利，使他们忠于企业，并且让竞争对手难以模仿。

2. 内部一致性。分析的要点是：同一企业内部工作岗位的性质、员工技能水平的差别如何在薪酬体系上得到体现。

星巴克公司的做法：忽视岗位与技能的差别，把员工当成公司最忠实的合作伙伴，采用平等的薪酬政策。

3. 外部竞争力。分析的重点是：企业员工的整体薪酬应定位在什么样的水平上，才能保持员工队伍的稳定性，提高人才的吸引力和竞争力。

星巴克公司的做法：比其他快餐店支付的薪酬稍高一点。

4. 员工贡献率。分析的重点是：员工加薪的根据是什么。是个人或团队的业绩，还是员工不断丰富的经验、不断增长的知识、不断进步的技能；是生活费用的上涨，个人需求的增加，如住房补贴、交通补贴、医疗保险等，还是企业的经济效益。

星巴克公司的做法：向员工灌输什么是最好的表现，什么是符合标准的服务，什么是最佳的业绩，给所有员工，包括兼职员工提供医疗保险和股票期权，也叫“咖啡豆股份”。不过这些员工大多数很年轻、很健康，因此很少有人获得期权。

5. 薪酬管理体系。分析的重点是：薪酬决策应在多大程度上向所有员工公开化、透明化，谁负责设计、管理和实施薪酬制度。

星巴克公司的做法：作为大家庭的一员，公司鼓励员工积极参与管理，并赋予他们必要的薪酬决策权。

星巴克公司做出的五项决策，相互影响、相互作用、相互促进，共同形成了一个完整的企业薪酬战略的支持与运行系统。

资料来源　中国就业培训技术指导中心．企业人力资源管理师（一级）[M]．北京：中国劳动社会保障出版社，2010.

7.2　薪酬管理的内容和形式

7.2.1　薪酬管理的内容

薪酬对企业和员工的重要性决定了薪酬管理的重要性。所谓薪酬管理，是指一个企业通过所有员工所提供的服务来确定他们得到的报酬总额以及报酬结构和报酬形式的过程。

在这一管理过程中，企业必须就薪酬等级、薪酬水平、薪酬结构、薪酬形式等做出决策。作为一个持续的过程，企业要不断地制订薪酬计划、进行薪酬预算、与员工进行沟通，同时对薪酬系统本身的有效性做出评价，并且要不断地予以完善。薪酬管理系统一般要求同时达到公平性、有效性和合法性，这对于任何企业来说都是一个棘手的问题。

薪酬管理的内容一般包括岗位评价与薪酬等级、薪酬水平、薪酬结构、其他有关项目。

微课：岗位评价

1）岗位评价与薪酬等级

所谓岗位评价，就是指系统地确定岗位之间的相对价值，从而为企业建立一个岗位结构的过程。它是以工作内容、技能要求、任职资格、贡献大小等要素为综合依据进行衡量的。有了岗位评价及岗位结构就有了薪酬等级的划分，它是制定薪酬制度的基础性工作和依据。

（1）岗位评价的基本工作程序。它主要包括：进行岗位分析；成立岗位评价组织；选择岗位评价的方法。

（2）岗位评价组织的基本任务。它主要包括：确定组织成员，组织成员一般由企业相关部门人员组成；确定10~15个关键性岗位作为基准岗位，进行岗位评价；确定非关键性岗位相对于基准岗位的价值；确定与薪酬相关的要素；选择岗位评价的方法并对岗位进行评价。

（3）岗位评价的方法。岗位评价的方法主要有四种，即岗位排列法、岗位分类法、要素比较法和要素计点法。

①岗位排列法。它是一种比较简单的评价方法，适用于一般的小型企业。因为小型企业的工作岗位不多，运用这种方法比较有效，但该方法精确度比较差。岗位排列法主要有以下两种应用方法：

一是定限排列法。其评价程序是：将企业中相对价值最高与最低的岗位选出来，作为岗位评价高低界限的标准，然后在此范围内将所有的岗位按其性质与难易程度逐一比较排列，最终形成岗位之间的高低价值差异。

二是成对排列法。其评价程序是：将企业中所有的工作岗位成对加以比较其价值，然后汇总其得分进行排列。此方法类似于体育比赛中的捉对儿厮杀。表7-1是成对排列法的价值对比示例，表中的工作岗位价值从高到低排列为A、B、C、D。

表7-1　**成对排列法——工作岗位价值对比表**

工作岗位价值	A	B	C	D	总分	名次
A	×	1	1	1	3	1
B	0	×	0	0	0	4
C	0	1	×	0	1	3
D	0	1	1	×	2	2

注：表中的0或1只表示价值的大小，也可以用其他数字或符号表示。

②岗位分类法。它是按事先设计的一个标准量表，把工作岗位划分成若干类别，每个类别和级别都有明确的标准界限，有时也可举例加以说明。根据所评价岗位的整个价值与几种分类描述的关系紧密程度，分别把评价岗位划入特定类别。此方法需要有工作说明书和岗位等级的说明。其评价程序是：

第一步，确定岗位类别的数目。

第二步，对各岗位类别的各个级别进行明确定义。

第三步，将被评价岗位与所设定的等级标准进行比较，将它们定位在合适的岗位类别中的合适级别上。

第四步，当岗位评价完成以后，就可以以此为基础设定薪酬等级了。

岗位分类法看起来较为简单，但等级说明的确定较难，如果定义界限模糊或不准确，容易引起被评价岗位上的员工与岗位评价者的争论。

③要素比较法。它是通过不同的薪酬要素多次对岗位排序，然后综合考虑每一个岗位的序位等级，得出一个加权的序列值，最终确定岗位序列。它是比较精确但也比较复杂的岗位评价方法之一。其工作程序如下：

第一步，获取岗位相关信息，确定薪酬要素。根据工作说明书收集岗位评价的相关信息，确定岗位上的薪酬要素。一般来讲，企业通常使用以下薪酬要素：心理要求、身体要求、技术要求、职责要求、工作条件。

心理要求主要包括心理特征、基础教育和专业知识。身体要求主要包括身体素质和身体状况。技术要求主要包括身体协调能力和工作经验积累。职责要求主要包括：对原材料、加工材料、工具、设备和财产所担负的责任；对资金或流通票据所担负的责任；对盈利或亏损、储蓄或投资等所担负的责任；对公共合同所担负的责任；对记录或监督所担负的责任等。工作条件主要包括环境影响，如温度、湿度、光线、拥挤度、工作同事等，还有来自工作场所或环境的职业伤害和工时的长短等。

第二步，选择关键岗位。由评价小组挑选出15~25个在所评价的岗位等级中具有代表性的典型岗位作为关键岗位。

第三步，根据所选薪酬要素将关键岗位排序。排序过程以工作说明书中的岗位描述为基准。首先由评价小组的每个成员分别按不同要素进行逐个岗位排序，然后集中评议出每个岗位的序列值。例如，某企业四个岗位的评价结果见表7-2，该表表明了如何分别依据五个薪酬要素对关键岗位进行排序。

表7-2　按不同薪酬要素对关键岗位进行排序的结果

岗位名称	薪酬要素				
	心理要求	身体要求	技术要求	职责要求	工作条件
电焊工	1	4	1	1	2
吊车司机	3	1	3	4	4
机床工	2	3	2	2	3
保安员	4	2	4	3	1

注：数字1~4表示重要程度由高到低。

第四步，根据薪酬要素确定各岗位的项目工资率。评价小组根据五个薪酬要素确定每个关键岗位的工资水平，即赋予每个要素在确定岗位工资水平中的权重。例如，如果某普通岗位的现行工资是500元，评价小组可能会这样确定岗位的工资水平：心理要求60元、身体要求220元、技术要求70元、职责要求50元、工作条件100元。按照这个步骤，就可以确定每个关键岗位的工资率。

第五步，根据工资率将关键岗位排序。依据各薪酬要素对每个岗位进行排序，排序的标准是每个要素在工资决定中的权重。比如，在表7-3中，根据“心理要求”要素的工资权重排序，电焊工排在第一位，保安员排在最后一位。

表7-3　根据工资率关键岗位排序　金额单位:元

岗位名称	薪酬要素					
	小时工资	心理要求	身体要求	技术要求	职责要求	工作条件
电焊工	30	11（1）	2（4）	9（1）	5（1）	3（2）
吊车司机	18	5（3）	6（1）	5（3）	1（4）	1（4）
机床工	20	6（2）	3（3）	6（2）	3（2）	2（3）
保安员	17	3（4）	5（2）	3（4）	2（3）	4（1）

评价小组的成员可以先分别据此将岗位进行排序，再评议每个要素在各关键岗位对应的工资权重。

第六步，根据两种排序结果选出不具有代表性的关键岗位。现在，对每个关键岗位都有两种排序结果：

第一种是根据第三步得出的最初的排序，它是依据五个薪酬要素将各岗位排序的。

第二种是根据第四步和第五步得出的排序，它反映了各薪酬要素在各岗位的工资权重，据此可以得到相应的结果（见表7-4）。

表7-4 薪酬要素与工资权重

岗位名称	薪酬要素									
	心理要求		身体要求		技术要求		职责要求		工作条件	
	①	②	①	②	①	②	①	②	①	②
电焊工	1	1	4	4	1	1	1	1	2	2
吊车司机	3	3	1	1	3	3	4	4	4	4
机床工	2	2	3	3	2	2	2	2	3	3
保安员	4	4	2	2	4	4	3	3	1	1

在表7-4中，“①”为根据第三步得出的每个要素的值，“②”为根据第四步和第五步对每个要素的工资分配做出的排序。这样一来，每个要素都对应着每个关键岗位的两种排序结果。每个要素所对应的两种排序结果应该是一样的，如果这两种结果不一致，而且差异太大，就表明这个关键岗位代表性差，说明该岗位不能作为关键岗位使用。

第七步，确立岗位薪酬等级。根据第五步得出的工资分配表，我们对所有关键岗位依据每个人的薪酬要素分别确定其大致的工资水平。例如，根据“心理要求”要素，电焊工应为11元/小时，因此，在岗位（要素）比较等级表中，“心理要求”列和“11元/小时”行对应位置为“电焊工”。所有关键岗位的薪酬要素都可以照此操作，见表7-5。

表7-5 岗位(要素)比较等级表

工资水平（元/小时）	心理要求	身体要求	技术要求	职责要求	工作条件
1				吊车司机	吊车司机
2		电焊工		保安员	机床工
3	保安员	机床工	保安员	机床工	电焊工
4					保安员
5	吊车司机	保安员	吊车司机	电焊工	
6	机床工	吊车司机	机床工		
7					
8					

续表

工资水平（元/小时）	心理要求	身体要求	技术要求	职责要求	工作条件
9			电焊工		
10					
11	电焊工				
12					
13					
14					
15					
16					
17					
18					

第八步，利用基准岗位比较其他岗位的等级。按照各薪酬要素，将要评价的其他岗位同相应的基准岗位进行比较。

④要素计点法。它的工作思路是：首先，确定出薪酬要素，并且将每个要素划分等级；其次，各岗位中每个要素的等级都能够反映目前岗位的现实情况。一般每个要素的各项都要被赋予不同的点值，因此一旦确定了岗位中各要素的等级，只需要把岗位中各要素对应的点值加总，就可以得出该岗位的总点值，自然就形成了序列等级。其具体的操作步骤是：

第一步，确定要评价的岗位系列。系列划分可以根据企业的具体情况进行，如技术系列或生产系列、中层管理者系列或科员系列等。由于不同部门的岗位差别很大，因此通常使用不同的点值评定方案来评价组织中所有的岗位。

第二步，收集岗位相关信息。它包括岗位分析、岗位描述和岗位说明书等文件。

第三步，选择薪酬要素。不同的岗位系列有不同的薪酬要素。

第四步，界定。详细界定每个薪酬要素的边界，以确保评价人员在应用这些要素时能够保持一定的公平性，这些通常由人力资源专家来做。表7-6给出了一些定义的示例。

第五步，确定要素等级。只有确定了每个薪酬要素的等级后，评估者才可以评定每个岗位的要素等级。一般每个要素包括的等级不超过6个，等级太多容易造成评估比较困难，等级太少容易造成界限不清，实际等级数主要取决于评价者的评价需要（见表7-6）。每个要素的等级数目可以不同，但等级数应限制在可以清楚区分岗位的水平上。

表7-6 要素计点法等级划分示例

级数	点值	对岗位薪酬要素的说明和测量
0	0	很少要处理例行工作或组织政策之外的问题，几乎不需要分析数据
1	40	基准岗位：普通文秘人员、接线员或接待员 遵从定义清楚的标准行事，直接在工作中应用已理解的规则和程序，根据常规方法分析不复杂的数据
2	80	基准岗位：单据填写人员 经常处理超出例行工作范围的问题。根据限制条件或建立的政策标准，独立做出一些小的决策。分析标准信息数据或使用经过他人分析的数据
3	120	基准岗位：社会工作者、行政秘书 根据上级的指导对非例行工作进行独立决策。分析和评价非例行工作的情况，以便同他人一起得出解决办法
4	160	基准岗位：护士、会计、班组长 独立解决工作最后阶段才出现的问题。分析和解决非常规问题，工作中要经常分析大量数据，对操作程序等许多方面做出独立决定
5	200	基准岗位：营业经理 做出决定时要有独立判断，要经常制定新的政策或开发新的办法

要素计点法的要素定义及分等示例（复杂度/解决问题）说明：该岗位要求的心理能力表现为在处理不熟悉的问题、解释数据、创意、分析数据、创造性及开拓性工作等方面表现出来的随机应变的能力

第六步，确定要素的相对价值，即确定每个要素的权重。对于不同的岗位系列，各要素的重要性是不同的，通常由评价小组来仔细研究要素及其等级定义，然后决定每个岗位系列中各要素的权重。

下面介绍确定权重的一种常用处理方法。比如，某工作计划岗位的薪酬要素有三个，分别是决策、解决问题和专业知识，如何确定其各自所占的比例呢？

首先，对权重最高的要素赋值100%，然后将第一个要素重要性的百分比作为参照，确定其他要素的赋值。例如：

决策：100%；解决问题：85%；专业知识：60%。

然后，将各赋值加总（在此例中为：100%+85%+60%=245%），然后按照下列方法将其转化为100%之内的值：

决策：100÷245=0.4082×100%≈40.8%

解决问题：85÷245=0.3469×100%≈34.7%

专业知识：60÷245=0.2449×100%≈24.5%

总值：100%

第七步，确定各要素及其等级的点值。例如，假设工作计划的总点值为500，而“决策”要素的权重为40.8%，因此它的点值为：500×40.8%=204。

接下来是把点值204在“决策”要素内部进行分配。这意味着最高层次的决策能力的点值为204，然后以等差的形式确定最高要素等级的点值和最低要素等级的点值。例如，“决策”要素分为5个等级，则用等级数5除204，公差是40.8。为了方便，可以取整数值。于是最低等级的点值为41，第二等是82，第三等是123，第四等是164，最后一等即最高等级的点值是204。对每个要素都可以做这种类似处理，见表7-7。

表7-7　**根据报酬要素和等级确定评价点值**

要素	级别				
	第一等级点值	第二等级点值	第三等级点值	第四等级点值	第五等级点值
决策	41	82	123	164	204
解决问题	35	70	105	140	174
专业知识	24	48	72	96	123

第八步，编写岗位评价指导手册。制订岗位点值方案的最后一步是编写点值指南或岗位评价指导手册。这一步只是把各要素及其等级的定义、点值汇编成一本便于使用的指导手册。

2）薪酬水平

薪酬水平是指企业一定时期内所有员工的平均薪酬，它是由企业的薪酬总额与员工的总人数决定的，其计算公式是：

薪酬水平=薪酬总额÷企业总人数

薪酬水平是一个相对概念，薪酬管理者可以计算出企业之间的薪酬水平，也可以计算出企业各个部门之间的薪酬水平，甚至是企业内某一工作岗位的薪酬水平，从而可以在不同的企业间、不同的层次上比较薪酬水平。

薪酬水平的影响因素包括企业外部影响因素和内部影响因素。

企业外部影响因素包括以下几点：

（1）市场因素。它又包括以下两点：

①商品市场。企业想要生存、发展，就必须在市场上进行有效的竞争。市场上的竞争包括很多方面，比如产品的质量、产品的售后服务等。产品或服务的价格，是其中最主要的竞争领域之一。对价格产生影响的一个重要因素就是生产成本，而生产成本的一个重要组成部分就是劳动力成本。劳动力成本由两部分组成：一是员工的平均人工成本，它包括企业的直接支付（基本薪酬、奖金等）和间接支付（劳动保障、各种福利等）两部分；二是企业人员的使用水平，主要表现在工作时间的长短上。因此，如果企业想在市场上采取价格方面的竞争策略，就会以压低劳动力成本的方式进行生产经营，具体做法是降低员工的薪酬水平或者裁员。所以，企业在商品市场上采取的竞争策略会影响企业的薪酬水平。另外，企业处于经济困难时期，也会采取类似的措施。

②劳动力市场。企业在确定薪酬水平时，必须考虑劳动力市场的因素，这主要包

括两个方面：劳动力市场的平均薪酬水平和竞争对手的薪酬水平。前者主要帮助企业确定其薪酬水平的下限。企业设计薪酬制度时，一般要让其薪酬水平高于或者略高于市场平均薪酬水平以吸引潜在的求职者。后者主要帮助企业在与竞争对手竞争的过程中取得人才优势，即以高于竞争对手的薪酬吸引高素质的人才。这里要注意的是，一个企业在劳动力市场上的竞争对手，不仅包括那些提供类似服务或产品的企业，还包括那些虽然在商品市场上不是本行业竞争对手却雇用同类员工（比如财会人员、计算机专业人员等）的企业。

(2) 生活费用和物价水平。保证员工及其家庭获得维持生活的费用是企业确定薪酬水平时应考虑的问题。生活费用一般是指衣、食、住、行等家庭基本经济活动所需的费用。对生活费用影响最大的是物价水平，物价上涨时，若不增加薪酬，原来的生活水平便不能维持。所以，企业在确定薪酬水平时，必须考虑员工当时的生活水平，并且在以后年份要根据政府公布的物价指数资料及时调整，以维持员工生活的稳定。

(3) 地域的影响。企业所在的地区对企业的薪酬水平有相当大的影响，只有顺应这种大环境的要求才不会引起员工的异议。因此一般企业在确定其薪酬水平时，都应该对本地区的薪酬水平进行调查，以便对相关的薪酬环境有一个大概的了解。比如，我国东部地区的平均薪酬水平要高于西部地区，若一家公司在东部地区和西部地区各有一家分公司，在确定两家分公司的薪酬水平时就必须参考各分公司所在地区的平均薪酬水平。

(4) 政府的法律、法规。企业在制定薪酬政策、设计薪酬制度时，必须在政府法律、法规的框架内进行，比如遵守国家、地方政府对最低薪酬的规定、对加班加点的付薪规定等。

企业内部影响因素包括以下两点：

第一，企业自身特征对薪酬水平的影响。企业自身的特征主要包括企业所属的行业、企业的规模、企业所处的发展阶段等。行业是指经营方式以及产品和服务性质相同或类似的企业群体，不同行业之间不仅薪酬水平不同，而且薪酬内部的各个组成部分（比如基薪、奖金）的水平也不同。比如，在制造业工作的员工，其基本薪酬可能占很大比重，奖金的比重较小；但是在销售部门从业的人员，他们的基本薪酬是很低的，奖金却非常高。企业的规模可以通过企业的员工总人数、客户数、销售额以及资产规模等指标来衡量。薪酬水平之所以受企业规模的影响，是因为企业规模反映了企业内部结构的复杂程度。企业的发展阶段主要分为：起步期、成长期、成熟期、衰退期。研究表明，处于起步期和成长期的企业更愿意以较高的薪酬来吸引高素质的人才，其薪酬水平在同行业中一般要高于处于其他发展阶段的企业。

第二，企业决策层的薪酬态度。企业薪酬水平在很大程度上是由董事会或领导班子决定的。因此，他们对整个市场形势、企业整体情况的判断和理解以及对薪酬问题的重视程度，都会影响企业的薪酬水平。

3）薪酬结构

薪酬结构是指同一组织内部的不同岗位所得到的薪酬之间的相互关系，它涉及的是薪酬的内部一致性问题。在企业总体薪酬水平一定的情况下，员工对企业内部的薪酬结构是极为关注的，这是因为企业内部的薪酬结构实际上反映了企业对岗位重要性以及岗位价值的看法。如果说企业的薪酬水平会对员工的吸引和保留产生重大影响，那么薪酬结构的合理与否往往就会对员工的流动率和工作积极性产生重大影响。一般来说，企业往往通过正式或非正式的岗位评价来确保薪酬结构的公平性和合理性。

（1）薪酬结构的内容。一个完整的薪酬结构内容主要有：薪酬的等级数量；同一薪酬等级内部的薪酬变动范围（最高值、中间值以及最低值）；相邻两个薪酬等级之间交叉与重叠的程度以及相互关系。

（2）薪酬结构的设计步骤。实际上，薪酬结构就是在薪酬的外部竞争性和内部一致性之间进行平衡的一种结果。但是，即使是在同一企业内部，岗位等级不同，对该岗位所得薪酬的内部一致性和外部竞争性的认识也会出现不同的侧重。一般情况下，岗位等级越高，岗位的价值相对越大，对外部竞争性的重视程度可能就越高。薪酬结构的设计步骤主要有：

①根据岗位评价的点数对岗位进行排序；

②按照岗位点数对岗位进行初步分组；

③根据岗位评价的点数确定岗位等级的数量和点数变动的范围；

④将岗位等级划分、岗位评价的点数与市场薪酬调查数据结合；

⑤对比薪酬区间中值与市场水平，进行调整；

⑥ 根据确定的各岗位等级或薪酬等级的区间中值建立薪酬结构。

（3）宽带式薪酬结构。

①宽带式薪酬结构的内涵。宽带式薪酬，又称薪酬宽带，它是对传统的垂直型薪酬结构的改进，本质上也是一种薪酬结构。通过比较两种薪酬结构的薪酬等级（如图7–1和图7–2所示），可以看出宽带式薪酬结构是将企业传统的10个、20个甚至30个薪酬等级及其变动范围进行重新组合，压缩原有薪酬等级的数目，扩大各个薪酬等级覆盖的岗位范围，拉宽各个薪酬等级的浮动范围，从而形成一种新的薪酬管理系统。一般来说，每个薪酬等级的最高值与最低值之间的区间变动比率，即同一薪酬等级内部最高值与最低值之差与最低值之间的比率要达到1倍以上。典型的宽带薪酬结构设计，一般只有4个薪酬等级，每个薪酬等级最高值与最低值之间的区间变动比率可能超过200%，而在传统的薪酬结构设计中，薪酬区间的变动比率通常只有40%~50%。

企业可以将传统的多等级薪酬结构加以适当合并，形成宽带式薪酬，也可以根据岗位类别（如管理类、技术类以及事务类等）来划分薪酬等级，形成宽带式薪酬，举例如图7–3所示。在这种薪酬体系设计中，员工在自己职业生涯的大部分或者所有时间里可能都只处于同一个薪酬宽带之中，他们在企业中的流动是横向的。随着能力的提高，他们将承担新的责任，只要在原有岗位上不断改善自己的绩效，就能获得更高的薪酬，即使是被安排到低层次的岗位上工作，也一样有机会获得较高的报酬。

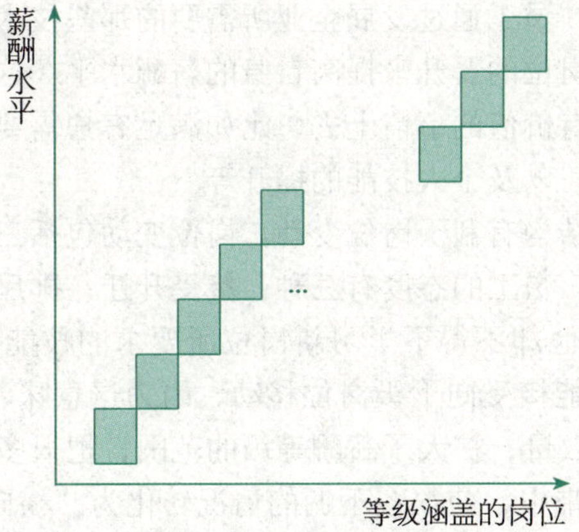

图7-1　传统薪酬结构图

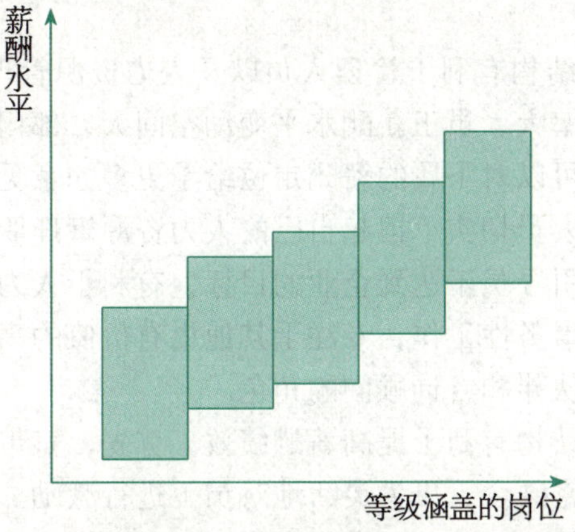

图7-2　宽带式薪酬结构图

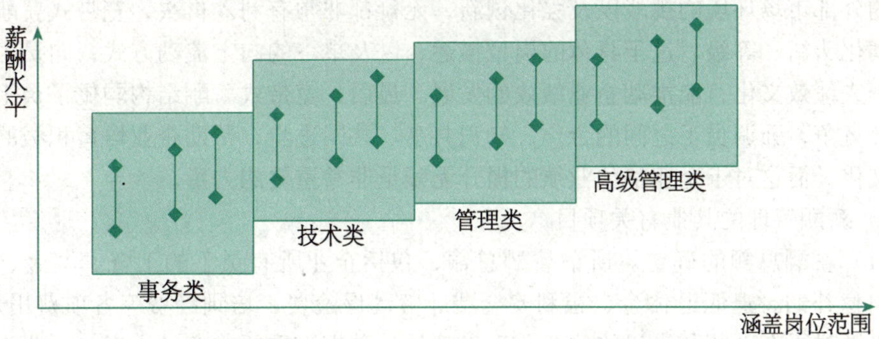

图7-3　某企业宽带式薪酬结构图

②宽带式薪酬结构的作用。与企业传统的薪酬结构相比，宽带式薪酬结构具有以下几个方面的作用：

第一，宽带式薪酬结构支持扁平型组织结构，打破了传统薪酬结构所维护和强化的那种严格的等级制，有利于企业提高效率以及创造参与型和学习型的企业文化，同时对于企业保持自身组织结构的灵活性以及迎接外部竞争都有着积极的意义。

第二，宽带式薪酬结构能引导员工自我提高。在宽带式薪酬结构下，每一个薪酬宽带的变动范围都很大，员工通过发展企业所需要的那些技术和能力，就能提高薪酬水平，而不一定要通过岗位的晋升来提高自身的薪酬水平。这能将员工的注意力引导到公司着重强调的那些有价值的事情上去，比如满足客户需要、重视成本有效性、以市场为导向、注重效率，以及个人技能的提升等。

第三，宽带式薪酬结构有利于岗位变动。岗位变动包括三个方向：升迁、横向移动、下调。通常情况下，员工的态度有三种：接受升迁；排斥横向移动，因为这样员工的薪酬水平不变，但他却不得不学习新岗位所要求的技能，从而使工作的难度增加，辛苦程度更高；不能接受向下级岗位移动，因为这意味着“被贬”。宽带式薪酬结构减少了薪酬等级的数量，扩大了薪酬等级的范围，把很多原来属于上下级关系的员工放到同一个薪酬宽带中，使很多下调的情况转化为“横向移动”，并且把员工薪酬与岗位薪酬能力联系在一起，使员工接受并且积极争取横向移动的机会，这大大减少了员工调动的阻力。

第四，宽带式薪酬结构有利于管理人员以及人力资源管理专业人员的角色转变。宽带式薪酬结构变动比率大，员工薪酬水平变动空间大，部门经理在薪酬决策方面拥有更多的权力和责任，可以对下属的薪酬定位给予更多的意见和建议。这种做法有利于促使直线部门的经理人员切实承担起自己的人力资源管理职责，有利于管理人员充分利用薪酬这一杠杆来引导员工达到企业的目标，有利于人力资源管理专业人员脱身于一些附加价值不高的事务性工作，专注于其他更有价值的高级管理活动，以及充分扮演好直线部门的战略伙伴和咨询顾问的角色。

第五，宽带式薪酬结构有利于提高薪酬绩效。首先，宽带式薪酬结构将薪酬与员工的能力和绩效表现紧密结合，更为灵活地对员工进行激励。其次，宽带式薪酬设计会鼓励员工去进行跨职能的流动，从而增强组织的灵活性和创新性，这对于企业迎接多变的外部市场环境的挑战以及强化创新，无疑都非常有利。再次，宽带式薪酬结构通过弱化头衔、等级、过于具体的岗位描述，以及单一的向上流动方式，向员工传递一种个人绩效文化，能推动企业绩效的发展。最后，宽带式薪酬结构弱化了员工之间的晋升竞争，强调员工之间的合作、知识共享、共同进步，帮助企业培育积极的团队绩效文化，而这对于企业整体业绩的提升无疑是非常重要的力量。

4）薪酬管理的其他有关项目

（1）薪酬总额的确定。所谓薪酬总额，包括企业所有员工的工资、奖金、加班费、岗位补贴、退职退休金、福利安全费、劳动保险费、培训经费等各项费用开支。薪酬总额对所有以营利为目的的企业来说都是一种相当重要的变动成本；企业为了健康、持续、稳定地发展，就必须很好地控制自身的薪酬总额，力争少投入、多产出，提高经营效率。

一般来说，企业的薪酬总额有两种计算方法：

①根据薪酬比率确定薪酬总额，这是最简单、最基本的分析方法，计算公式为：

薪酬总额=销售额（或利润）×薪酬比率

其中的薪酬比率，可使用企业过去的实际薪酬总额费用率，也可参考本行业一般水平确定。按这种计算方式，企业的薪酬总额主要随企业销售额（或利润）的变化而变化。

②根据盈亏平衡点推算薪酬总额费用率。所谓盈亏平衡点，是指企业的销售额正好与企业的总成本相等，属于盈亏的边界，也就是说，企业处于既不盈利又不亏损的状态。通过盈亏平衡点计算的薪酬总额，一般是企业所允许的最高薪酬成本。

（2）薪酬差异的确定。薪酬总额确定之后，必须以一定的薪酬分配方式或分配制度把它分解到不同员工身上。由于员工之间存在劳动差异，因而各个员工的薪酬也会有所不同。如何确定不同员工之间的薪酬差异，是企业薪酬管理的一个基本问题。在现代企业中，通常从员工劳动能力、劳动强度、劳动效果、劳动条件等方面，确定员工之间的薪酬差异。其中员工所在岗位的价值差异和员工与岗位相关的技能差异，是两个最基本的决定因素。

①岗位价值差异。随着科技的发展，人们的劳动越来越复杂，很难对具体岗位（如管理人员、科研人员）的个别劳动成果进行测量，只能从该岗位的重要性及其任职资格等方面想办法，以确定员工的薪酬水平。这就要求必须对企业中所有岗位的价值进行区分，根据岗位价值的区别，确定每一岗位在企业薪酬体系中的地位。利用这种方法确定工资，就要使用岗位评价。值得注意的是，岗位评价的目的是追求企业的内部公平，即担任同样岗位工作的员工领取同样的薪酬。岗位评价只与工作岗位有关，与该岗位上的员工个人特点无关。因此，详细、完整的工作说明书是确定岗位价值差异的必要前提。

②员工技能差异。处于不同岗位的员工，由于岗位价值不同，因此会出现薪酬上的差异。处于同一岗位的员工也会出现薪酬差异，这种差异的原因不在于岗位价值的区分，而在于任职者本人的技能区分。在同一岗位上工作的员工，由于学历、经验、职称、任职时间等原因，会表现出不同的工作能力，产生不同的工作效果。这种差异必须在工资中体现，这样才有利于鼓励员工在同一岗位上不断提高技能，进而提高工作业绩和效率。因此，岗位技能的认定标准是确定员工技能差异的必要前提。所以，岗位价值差异和技能差异是确定员工薪酬差异的两个基本点。

（3）确定绩效奖酬的方式。奖金作为现代企业薪酬管理的主要激励方式之一，有着不可替代的作用。它通过将员工的收入和业绩挂钩，对工作优秀的员工从物质报酬上加以肯定和激励，以此调动员工的工作积极性。企业在制定绩效奖酬办法时，通常要注意以下几个问题：

①制定合理的绩效考核标准。制定绩效工资的目的，是激励员工按照组织目标前进，奖优罚劣。因此，考核标准必须合理、公平、公正。现在很多企业的绩效考核标准，都建立在上层主管和下级员工共同讨论的基础上。只有让员工有70%以上的完成目标的概率，才能调动员工的积极性。

②绩效考核标准要易于理解。既然是标准，就要使企业和员工双方都有统一的认识，这样才不会出现扯皮现象，否则，即使下级勉强同意或接受了绩效考核标准，也会在实际中产生很多意想不到的问题。

③确定业绩同工资的内在联系。企业的激励计划，应把员工的报酬同其工作绩效

直接挂钩，这样考核才会有效。企业必须有一套完整的考核制度和方法，不能仅凭主管部门和个别主管的个人看法。

④确保基本工资。这一点对员工是非常重要的。只有确保基本工资，员工才能感到工作可靠，对企业有信任感。也就是说，在实行不同工资制时，不能“上不封顶，下不保底”，而是必须确保员工的基本生活费用，把它作为基本工资处理。

7.2.2 薪酬制度的设计

微课：企业战略与薪酬管理

制定健全、合理的薪酬制度是人力资源管理中的一项重大任务，因此，需要有一套完整、正规的程序（如图7-4所示）。

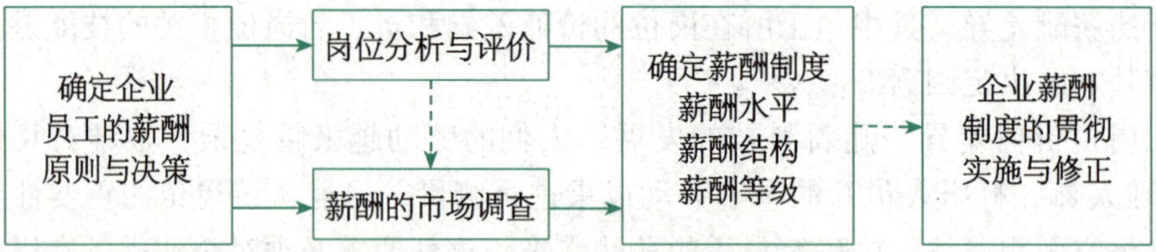

图7-4 企业薪酬制度设计程序

1）确定薪酬策略

薪酬策略的制定实际上是薪酬结构的选择，它与企业发展战略的关系密切（见表7-8）。尽管薪酬结构的类型有很多种，但从性质角度可以分为三类：

表7-8 企业薪酬策略与企业发展战略的关系

发展战略	企业发展阶段	薪酬策略	薪酬水平	薪酬结构类型	
				性质	薪酬结构
以投资促进发展	合并或迅速发展阶段	以业绩为主	高于平均水平的薪酬与高、中等个人绩效奖相结合	高弹性	以绩效为导向
保持利润与保护市场	正常发展至成熟阶段	注重薪酬管理技巧	平均水平的薪酬与中等个人、班组或企业绩效奖相结合	高弹性	以绩效为导向
				高稳定	年功薪酬
				折中	以技能为导向、以工作为导向、组合薪酬
收获利润并向别处投资	无发展或衰退阶段	着重成本控制	低于平均水平的薪酬与刺激成本控制的适当奖励相结合	高弹性	以绩效为导向
				折中	以能力为导向、以工作为导向、组合薪酬

（1）高弹性类。该类薪酬结构的特点：员工的薪酬在不同时期起伏较大，绩效薪酬与奖金占的比重较大。以绩效为导向的薪酬结构属于这种类型。

（2）高稳定类。该类薪酬结构的特点：员工的薪酬与实际绩效关系不太大，其主要取决于年功及企业整体经营状况，员工薪酬相对稳定，给人一种安全感。采用这类薪酬结构的企业，员工薪酬中基本薪酬所占的比重相当大，奖金则根据公司整体经营状况，按照个人基本薪酬的一定比例发放，如日本的年功序列薪酬制度。

（3）折中类。该类薪酬结构既有高弹性成分，以激励员工提高绩效，又有高稳定成分，以促使员工注意长远目标，如以能力为导向的薪酬结构、以岗位为导向的薪酬结构及组合薪酬结构。采用该类薪酬结构的企业较多，通常根据薪酬策略选择适合的薪酬结构和薪酬水平。

现在有越来越多的企业为了更好地激励高级管理人员和企业骨干人员，建立了将短期激励与长期激励相结合的薪酬结构，即在薪酬结构中除了有固定薪酬部分和效益薪酬、业绩薪酬、奖金等短期激励薪酬部分外，还有股票期权、员工持股计划等长期激励薪酬部分。一般来说，高级管理人员的薪酬结构中长期激励部分比重较大，中级管理人员的薪酬结构中长期激励部分比重较小。

2）岗位评价与分类

岗位评价的目的在于通过量度企业内部各个岗位的价值并建立起岗位间的相对价值关系，来保证薪酬制度的内部公平性。其主要内容包括岗位分析、岗位评价以及分类分级。

3）薪酬市场调查

薪酬市场调查旨在考察某一行业或地区中，某一岗位在其他企业中的薪酬水平，即考察该岗位的市场环境。实际上，在有些情况下，薪酬市场调查比企业内部的岗位评价更为有效。比如，在各企业对信息技术人才需求很大时，该岗位的薪酬水平就更多地取决于市场，与其平常的岗位评价水平的关系不是很大。

4）薪酬水平的确定

关于薪酬水平的确定，不同的企业有不同的方法，一般而言，常用的方法有两种：一是将薪酬水平完全建立在市场薪酬调查数据的基础上；二是根据薪酬曲线确定薪酬水平。

5）薪酬结构的确定

确定企业薪酬结构，即确定不同员工的薪酬构成项目及其所占的比例。

（1）薪酬构成项目的确定。同一企业内从事不同性质工作的员工薪酬构成项目可以有所不同。如对研发人员可以实行能力薪酬制，薪酬构成项目主要是能力薪酬；对销售人员可以实行绩效薪酬制，薪酬构成项目主要是提成薪酬；生产工人的薪酬构成中可能主要是计件薪酬。同一企业内不同薪酬水平的员工薪酬构成项目也可以有所不同，如高级管理人员和企业骨干人员可能除了有基本薪酬、岗位薪酬、奖金等薪酬项目以外，还有职务津贴、股票期权等项目，普通的员工可能就没有这些项目。

（2）薪酬构成项目所占比例的确定。薪酬构成项目的比例应视从事不同性质工作的员工比例而不同。如销售人员应重激励，浮动薪酬（或奖金）应占较大比重；管理部门的人员由于其劳动不直接影响企业的经济效益，所以应重保障，浮动薪酬（或奖金）占的比重应小一些。

不同薪酬水平的员工薪酬结构比例也应有所不同。如高级管理人员由于其工作的成果对企业影响较大，劳动绩效基本可以自己控制，所以在其薪酬结构中浮动薪酬应占较大比重；而位于企业执行层的员工（除了实行计件薪酬或提成薪酬的员工）由于工作的成果对企业影响较小，自己无法控制劳动绩效，并不能通过努力就能提高，所以在其薪酬结构中浮动薪酬应占较小比重。

各种薪酬制度的结构比较参见表7-9。

表7-9　　各种薪酬制度的结构比较表

绩效薪酬制	年龄与工龄	基本薪酬（20%）
	技术与培训水平	
	职务（岗位）价值	
	绩效（生产量、销售量）	绩效薪酬（80%）
岗位薪酬制	年龄与工龄	工龄薪酬及其他（11.1%）
	技术与培训水平	岗位薪酬（86.9%）
	职务（岗位）价值	
	绩效（生产量、销售量）	能力薪酬（2%）
技能薪酬制	年龄与工龄	技术等级薪酬（90%）
	技术与培训水平	
	职务（岗位）价值	职务津贴（5%）
	绩效（生产量、销售量）	生产津贴（5%）
组合薪酬制	年龄与工龄	工龄薪酬（14%）
	技术与培训水平	基础薪酬（33%）
	职务（岗位）价值	岗位薪酬（24%）
	绩效（生产量、销售量）	奖金（29%）

6）薪酬等级的确定

（1）薪酬等级类型的选择。不同的企业有不同的岗位，因此薪酬等级也不同，但一般有两种类型：

①分层式薪酬等级类型。企业的薪酬等级比较多，呈金字塔形排列，员工薪酬是随着个人岗位级别的发展而提高的。这种等级类型在成熟的、等级型的企业中较常见。

②宽泛式即宽带式薪酬等级类型。企业的薪酬等级少，呈扁平状，员工薪酬既可以是因为个人岗位级别向上发展而提高的，也可以是因横向工作调整而提高的。这种等级类型在不成熟的、业务灵活性强的企业中常见。它体现了一种新的薪酬策略，即让员工明白：借助各种不同的岗位去发展自己比岗位升迁更重要，企业是对人而不是对岗位提供薪酬。

（2）薪酬档次的划分。在确定了员工所在岗位对应的薪酬等级后，企业可以根据员工个人能力水平的高低确定该薪酬等级的不同档次，并可以根据绩效考核结果逐年调整。但员工薪酬的变动范围一般不超过该薪酬等级的上、下限，除非员工的岗位发生变动。

由于企业的岗位等级一般都是金字塔形，岗位级别越高，可提供的岗位越少，员工的升迁机会越少。为了弥补由于岗位数量少而给员工薪酬带来的损失，薪酬等级之间的薪酬标准可以重叠，如图7-5所示。

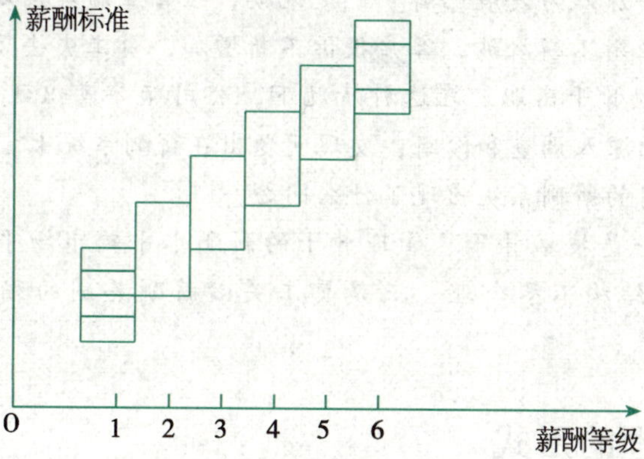

图7-5　薪酬等级与薪酬标准的关系

（3）浮动薪酬（奖金或绩效薪酬）的设计。员工的浮动薪酬（奖金或绩效薪酬）不仅要与企业经济效益、部门业绩考核结果挂钩，还必须与个人业绩考核结果挂钩。浮动薪酬分配的合理性取决于绩效考核系统的科学性和与员工考核结果挂钩的程度。在计算员工浮动薪酬时一般以员工的薪酬等级对应的固定薪酬水平为基数，即两个不同薪酬等级的员工（如部门经理与部门副经理）同在一个部门，考核结果相同，但二人的浮动薪酬会有差别。浮动薪酬的设计方法如下：

①确定浮动薪酬总额。其方法是先以薪酬计划已经确定的薪酬总额除以销售收入的比值，乘以实际销售收入得出薪酬总额，再测算一下采用该薪酬总额是否会影响企业预计利润的实现。如果影响，则适当减少薪酬总额；如果不影响，则采用该薪酬总额。将此薪酬总额减去所有员工全年固定薪酬部分和福利部分，剩下的就是浮动薪酬总额。

②确定个人浮动薪酬份额。

7）企业薪酬制度的实施与修正

薪酬制度一经建立，就必须严格执行，发挥其保障、激励功能。在保持薪酬制度相对稳定的前提下，企业还应随着经营状况和市场薪酬水平的变化对薪酬制度做出相应的调整。在确定薪酬调整的比例时，企业要对总体薪酬水平做出准确的预算。目前，大多数企业都是由财务部门在做此预算，为准确起见，最好同时由人力资源部门做此预算，因为财务部门并不清楚具体薪酬数据和人员的变动情况。人力资源部门要建好薪酬账目，并设计出一套比较合理的预算方法。在制定和实施薪酬制度的过程中，及时的沟通、必要的宣传或者培训是保证薪酬制度顺利实施的因素之一。

互动课堂7-2

某房地产集团下属的一家物业管理公司在成立初期，非常注重管理的规范化和充分调动员工的积极性，制定了一套比较科学完善的薪酬管理制度，公司得到了较快的发展。短短两年多时间，公司的业务快速增长，人员增加很多。但是，公司的薪酬管理制度没有随着业务的发展和人才市场的变化适时调整，还是沿用以前的。公司领导原以为发展已有了一定规模，经营业绩理应超过以前，但事实上，整个公司的业绩不断滑坡，客户投诉不断增加，员工失去了往日的热情，部分技术骨干、管理骨干离职。在这种情况下，公司领导意识到了问题的严重性，经过对内部管理的深入调查和诊断，发现问题出在薪酬系统上。

问题：该公司的薪酬系统出现了什么问题？

分析提示：一是技术骨干、管理骨干的薪酬水平较市场平均水平可能明显偏低；二是薪酬结构不尽合理；三是员工关心薪酬差别的程度高于关心薪酬水平。

7.2.3 薪酬管理的形式

1）技术等级薪酬制

技术等级薪酬制是指根据劳动的复杂程度、繁重程度、精确程度和工作责任大小等因素划分技术等级，按等级来规定薪酬标准的一种制度。其主要特点是：以劳动质量来区分劳动差别，进而依此规定薪酬差别。这种薪酬制度适用于技术比较复杂的岗位和工种。技术等级薪酬制由薪酬等级表、技术等级标准和薪酬标准三方面组成。

（1）薪酬等级表。它是确定各级别员工的薪酬标准和员工之间薪酬比例关系的一览表，包括：

①薪酬等级。薪酬等级的数量有7级、8级、10级，甚至更多。我国过去主要使用的是8级薪酬等级表。

②岗位等级线。它是用来确定各岗位的起点等级和最高等级的幅度的。岗位等级线的起点、终点以及幅度，取决于技术、责任、劳动强度等因素，如图7-6所示。

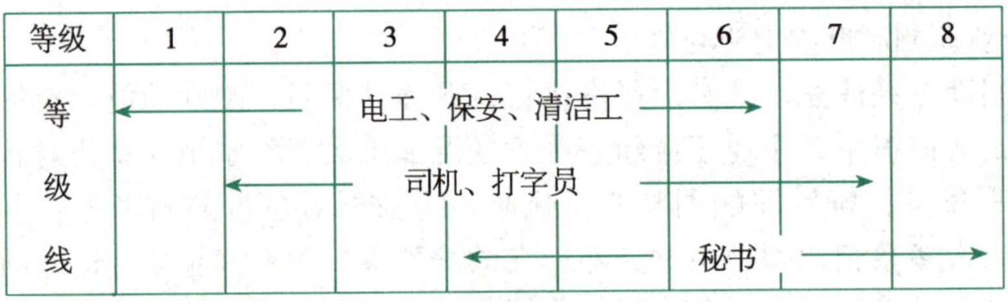

图7-6　技术薪酬等级线

③薪酬级差。它是指等级之间的薪酬差别。

制定薪酬等级表的通常步骤是：分析岗位劳动差别；确定等级级数；划分岗位等级线；规定最高等级与最低等级薪酬的倍数；确定各等级之间的薪酬级差。

（2）技术等级标准。它是不同岗位、不同级别应该达到的技术水平和劳动技能的标准，包括：

①应知，规定该等级员工应该具备的文化、技术、理论知识。

②应会，规定该等级员工应该具备的技术、操作能力和实际经验。

③工作实例，规定该等级员工应该能够完成的典型工作实例。

（3）薪酬标准。它又称薪酬率，是指对不同等级、不同岗位员工实际支付的薪酬数额。标准薪酬与薪酬标准不同，二者的关系可用下式表达：

薪酬标准（月、年）=出勤天数（月、年）×标准薪酬（日）

2）岗位（职务）等级薪酬制

岗位（职务）等级薪酬制是针对政府机关、企事业单位的行政人员和技术人员普遍实行的按岗位（职务）等级规定薪酬的制度。

这种制度是根据各种岗位（职务）的重要性、责任大小、技术复杂程度等因素，按照岗位（职务）高低规定统一的薪酬标准。在同一岗位（职务）内，又划分为若干等级。各岗位（职务）之间用上下交叉的等级来区别薪酬差别，呈现一职数级、上下交叉的“一条龙”式的薪酬制度。过去全国采用同一个薪酬等级表，行政人员分30级，技术人员分18级，并根据各地物价和生活费用水平划分11类薪酬区，技术人员除按地区分类外，根据产业不同又规定五类薪酬标准。

岗位（职务）等级薪酬制由岗位名称表、岗位薪酬标准表、业务标准、职责条件等构成。

互动课堂7-3

某公司管理部门实行岗位等级工资制，由年龄工资、岗位工资、效益工资和特殊工资四个单元组成。其中，岗位工资是岗位等级工资制的主体，是员工的直接劳动报酬。效益工资是直接与公司经营成果挂钩，随公司经济效益计发的劳动报酬。这种工资制度实行后，结果出现了问题：一是效益工资与企业当年经营成果脱钩，存在严重的滞后性，无法体现其激励作用；二是效益工资无法体现员工的个人贡献；三是无法体现企业、部门、个人业绩的有机结合，不能保证企业战略目标的实现；四是对应岗位系数的调整缺乏科学依据；五是出现工资总额支出的僵化现象。

问题：上述问题的出现说明了什么？

分析提示：该公司岗位等级工资制只是人为地拉开了工资差距，等级观念依旧森严；不能充分体现岗位价值的重要作用；对岗位员工没有给予充分的激励；更没有考虑企业人工成本的支出和企业战略目标的实现。

3）结构薪酬制

结构薪酬也被称为分解薪酬、组合薪酬或多元化薪酬。它根据决定薪酬的不同因素和薪酬的不同作用，将薪酬划分为几个部分，通过对各部分薪酬数额的合理确定，构成劳动者的全部报酬。

一般情况下，结构薪酬由四部分组成：

（1）基础薪酬。它是保障劳动者基本生活的部分，是维持劳动者人工再生产所必需的。对于基础薪酬的发放，目前各企业所执行的标准并不统一。

（2）岗位（职务）薪酬。它按照各个不同岗位（职务）的业务技术要求、劳动条件、责任等因素来确定，即担任什么岗位（职务）确定什么薪酬标准。如果工作发生变动，岗位（职务）薪酬也随着变动，一般是“一职一薪”。

（3）年功薪酬。它以工龄为主，结合考勤和工作业绩来确定，也叫工龄薪酬。它在薪酬构成中所占比例一般较小，各个企业可以按照自身状况进行年功薪酬标准的制定。

（4）浮动薪酬（奖励薪酬）。它也叫业绩薪酬，根据企业经营效益的好坏、部门完成目标任务的情况、个人业绩的优劣来确定。这部分薪酬在薪酬构成中所占比例有日益增长之势，已接近50%。浮动薪酬比例越高，激励性越强，但给员工造成的工作压力也越大，员工的流失率也越高；反之亦然。

结构薪酬制是一种应用比较普遍的薪酬制度，考虑因素较全面，主要有以下几个优点：

①较好地体现了薪酬的几种不同功能。劳动有潜在、流动、凝固三种形态。工龄、学历、岗位主要反映劳动的潜在形态；劳动态度、劳动条件主要反映劳动的流动形态；劳动成果和工龄主要反映劳动的凝固形态。而员工的最低薪酬则保障劳动者的基本生活需要。结构薪酬全面地反映了这些因素，关键在于如何选取较为合理的、实际的比例。

②有利于实行薪酬的分级管理，克服“一刀切”的弊病，为企业薪酬分配制度调整和修订准备了必要的条件。

③能够适应不同行业、不同类型的企业，从一定意义上讲，其应用范围比较广，适应性比较强。

4）岗位技能薪酬制

岗位技能薪酬制就是指按照员工实际所在岗位及技术水平来规定薪酬标准。它适用于专业化程度较高、分工较细、岗位技术比较单一、工作对象和工作物等级比较固定的企业。岗位技能薪酬将薪酬、技术和工作绩效三者密切结合起来，能够更好地体现多劳多得、同工同酬的原则，特别是有利于调动多数员工的积极性。

岗位技能薪酬制将员工薪酬分解为技能薪酬和岗位薪酬，是分别依据劳动技能水平和岗位要求确定薪酬率的薪酬制度。它把对员工的各类具体要求和影响归纳为劳动技能、劳动责任、劳动强度、劳动条件、劳动心理和劳动生理六个要素，并采用科学测定和民主评价相结合的方法对各项要素进行评价，从而确定岗位之间的薪酬差别。

从本质上讲，岗位技能薪酬的设计目的就是把岗位薪酬体系所强调的工作任务转化为能够被认证、培训以及对之付酬的各种技能，或者说，岗位技能薪酬设计流程的重点在于开发出一个能够使技能和基本薪酬联系在一起的薪酬计划。因此，岗位技能薪酬所要遵循的大体流程和步骤如下：建立岗位技能薪酬设计小组；进行工作任务分析；确定技能等级并为之定价；进行技能的分析、培训与认定。

从企业的角度来说，岗位技能薪酬的优点主要包括：

第一，岗位技能薪酬向员工传递的是关注自身发展和不断提高技能的信息，能够激励员工不断开发新的知识和技能，使员工在完成同一水平层次以及垂直层次的工作任务方面具有更大的灵活性和多功能性，从而有利于员工和企业适应市场上快速的技术变革。岗位技能薪酬制中的报酬实际上是按组织要求所掌握的工作技能，而不是按某一特定岗位所要求的技能来提供的。

第二，岗位技能薪酬在一定程度上有利于优秀专业人才安心工作，而不是去谋求尽管报酬很高但是自己并不擅长的管理岗位。岗位技能薪酬还有利于防止企业出现两个方面的损失：一是可以避免因为失去优秀技术专家所导致的损失；二是可以避免由于提拔了不良的管理者而受到的损失。事实上，在我国企业中，过去长期存在"官本位"思想，大批优秀的工程技术人员最后都将"当官"作为自己事业成功的主要标志，而不是技术水平的持续领先，结果导致企业在技术和管理方面遭受双重损失。这种情况在相当大的程度上就是由于企业的薪酬体系设计是以岗位等级或行政级别为导向的，而不是以技能为导向的。

第三，岗位技能薪酬在员工配置方面为组织提供了更大的灵活性。这是因为员工的技能区域扩大使得他们能够适应多种不同的工作，成为拥有各种技能的多面手。同时，由于岗位技能薪酬根据员工所获得的新的知识和技能支付报酬，这对于新技术的引进非常有利。此外，在实行工作分享和自我指导工作的组织中，员工的这种灵活性和理解力更是至关重要。

第四，岗位技能薪酬有助于高度参与型管理风格的形成。由于薪酬是与员工对企业的价值而不是与所完成的任务联系在一起，因此员工的关注点是个人以及团队技能的提高，而不是具体的岗位，并且岗位技能薪酬的设计本身需要员工的高度参与，因此，这种薪酬体系有助于强化高度参与型的组织设计，提高员工的工作满意度和企业承诺度，从而在生产率提高、成本降低、质量改善的同时，降低员工的缺勤率以及离职率。

岗位技能薪酬的不足之处有：

第一，由于企业往往要在培训以及工作重新设计方面进行投资，因此很有可能会出现薪酬在短期内上涨的状况。如果员工生产率的提高不能抵消因此额外增加的人工成本，则企业的薪酬成本可能会出现超额增长。

第二，如果企业在培训方面付出较多的投资，却不能使人力资本投资转化为实际的生产力，则企业可能会因此而无法获得必要的利润。

第三，岗位技能薪酬的设计和管理都要比岗位薪酬体系更为复杂，因此它会要求企业有一个更为复杂的管理结构，至少需要对每一位员工在技能的不同层级上所取得的进步加以记录，这增加了管理的难度。

当然，岗位技能薪酬所带来的上述所有问题都取决于企业设计这种薪酬制度的目的——是仅仅提高组织的灵活性，还是确实要针对员工学习新技能的行为提供报酬，从而为某种重大的工作设计变革提供便利和支持。如果目的是后者，则上述几个方面的问题会得到很好的解决。尽管技能薪酬计划能够有效地对现在这种角色多元化和技能推动型的工作进行排序和提供报酬，最终帮助组织改变员工的行为和改善绩效，但是它本身却并非在现有薪酬战略基础上的一种飞跃。员工在一开始时可能看不到自己的薪酬出现任何变化，薪酬体系的运作方式与传统薪酬体系几乎是一样的，技能薪酬计划也不要求组织一定创建新的管理过程。事实上，技能薪酬的许多要素在传统薪酬体系中就已经存在了。它仍然需要利用对岗位或工作的衡量来评价技能，为技能阶梯上的每一个台阶定价以及确定薪酬的范围。

在进行岗位技能薪酬的设计时，企业必须注意以下几个方面的问题：

一是技能的范围。准备实行岗位技能薪酬的企业必须清楚，自己准备为之支付报酬的那些技能到底是哪些技能，并且还要将这种信息传达给每一位员工。这是因为员工有可能会出现忽视本职工作或好高骛远的情况。企业当然不能无限制地对员工所获得的任何技能都给予报酬，而应对扮演某些特定的角色或者从事某些特定的工作所需要的技能提供报酬。此外，企业还必须确保这些技能的总价值与市场薪酬水平之间存在紧密的联系。比如，如果某一岗位需要承担者具备六种技能，那么组织必须要确保员工在全部具备这六种技能以后才能获得市场薪酬水平。

二是技能的广度和深度。企业还必须确定自己所要提供报酬的那些技能开发的范围，企业到底是鼓励员工成为通才，还是鼓励他们仅仅去不断提高具有很高价值的那些特定技能。此外，在处理技能广度、深度与薪酬之间的关系时，企业需要遵守的一条规则是，员工向上一级或同级技能的扩展是应当得到报酬的，如果仅仅是低一级技能的强化，则不应当给予报酬。比如，教会专业技术人员掌握文字处理能力有助于减少秘书的工作，但是这些技术人员却不应当为此而获得报酬；若秘书学会了专业技术人员的某些工作，则应当得到报酬。

三是单一岗位族/跨岗位族。企业必须清楚地界定好岗位技能薪酬计划到底是严格限定在某一个单一岗位族之内，还是设计成一个鼓励真正的跨职能培训的计划。显然，前者鼓励员工沿着某一特定的职业通道跨越多级台阶来获得报酬，后者则鼓励员工打破传统的职能通道，形成新的职业发展通道。

四是培训体系与资格认证问题。实行岗位技能薪酬的企业必须建立一套培训体系来对员工进行技能培训，同时帮助他们开发组织所要求具备的那些新技能。此外，企业还必须有一个技能资格认证过程，以确保员工确实掌握了这些技能。不仅如此，还需要有一个阶段性的资格再认证过程，因为企业必须确保员工能够将这些技能保持在某种水平上。当然，怎样取消那些不再具备特定技能者的原有资格的过程有时也非常重要。

五是学习的倾向性。企业还必须决定是应当由员工自己来掌握下一步应当学习何种技能，还是要由企业、工作流程的流动方向或者客户的需求来决定员工应当学习的技能类型；员工是应当按照自己的速度来学习这些技能，还是应当按照企业确定下来的速度来学习这些技能。

六是管理方面的问题。技能薪酬的管理重点不再是限制任务安排，确保工作任务的安排与岗位等级保持一致，而是如何最大限度地利用员工已有的技能。一旦员工在工作多年之后发现自己已经达到了最高的技能等级，无级可升，那么其继续学习新技能的动机就很有可能会被削弱，这时企业可能需要考虑利用利润分享等其他刺激手段。

5）提成薪酬制

提成薪酬制是指企业实际销售收入减去成本开支和应缴纳的各种税费以后，剩余部分在企业和员工之间按不同比例分成。它包括创值提成、除本分成、“保本开支，见利分成”等形式。实行此制度的三要素是：确定适当的提成指标；确定恰当的提成方式，主要有全额提成和超额提成两种形式；确定合理的提成比例，有固定提成比例和分档累进或累退的提成率两种方式。

6）保密薪酬制

保密薪酬制是一种灵活地反映企业经营状况和劳务市场供求状况，并对员工的薪酬收入实行保密的薪酬制度。

员工的薪酬额由企业根据操作的技术复杂、熟练程度与员工当面协商确定，其高低取决于劳务市场的供求状况和企业经营状况。当某一岗位人员紧缺，或企业经营状况较好时，薪酬额就上升，反之就下降。企业对生产需要的专业技术水平高的员工愿意支付较高的报酬，如果企业不需要该等级的专业技术员工，就可能降级使用或支付较低的报酬。如果员工对所得的薪酬不满，则可以与企业协商调整。如果双方都同意，则可以履行新的薪酬额。员工可以因薪酬额不符合本人要求而另谋职业，企业也可以因无法满足员工的愿望而另行录用其他员工。企业和员工都必须对薪酬收入严格保密，不得向他人泄露。

保密薪酬制的优点：有利于员工之间不在薪酬上互相攀比，减少工作摩擦和人际矛盾；薪酬是由企业和员工共同商定的，双方都可以接受，一般都比较满意，有利于调动员工的积极性；薪酬水平随着企业经营状况和劳务市场供求状况而升降，促使员工转向紧缺的岗位，保持各类人员之间合理的比例关系，有利于员工在最佳年龄期间取得最佳报酬。

保密薪酬制的弊端：容易出现同工不同酬情况；在管理制度不健全、监督机构不健全的情况下，容易出现以权谋私或舞弊情况；管理的随意性比较大，不利于管理水平的提高。

7.3　薪酬调整

7.3.1　薪酬管理的有效性

微课：薪酬调查

1）薪酬调查

薪酬调查，是指企业通过了解企业内外薪酬分配的有关状况，找出差距和问题，为改进薪酬管理提供信息支持。薪酬调查对确定企业不同岗位的薪酬起着关键作用，能够向企业提供市场上的各类相关企业（特别是竞争对手）向员工支付的薪酬水平和薪酬结构等方面的信息。这样，企业就可以根据调查结果来确定自己当前的薪酬水平相对于竞争对手在既定劳动力市场上的位置，进而根据自己的战略定位来调整自己的薪酬水平甚至薪酬结构，确保竞争优势。

（1）薪酬调查的种类。一般来说，薪酬调查的主体有很多，如政府、行业和专业协会、咨询企业、企业家联合会以及企业自己等。从调查方式上来看，薪酬调查又可以被分为正式薪酬调查和非正式薪酬调查两种。从调查的组织者来看，正式调查又分为商业性薪酬调查、专业性薪酬调查和政府薪酬调查。商业性薪酬调查一般是由咨询企业完成的，其中有的是应客户需要对某一行业进行调查，有的是咨询企业为获利而主动进行的调查。专业性薪酬调查是由专业协会针对薪酬状况所进行的调查。

国外一些知名企业十分注重薪酬调查工作，每年都要进行较详尽的薪酬调查，作为本企业制订薪酬管理计划的参照。目前我国一些大企业也逐渐开始重视薪酬调查，它们为了吸引和留住优秀人才，为了制定有竞争力的薪酬标准，往往为此投入很大的人力、物力。

（2）薪酬调查的目的。对大多数企业来说，特定岗位的薪酬水平都是在直接或间接进行薪酬调查的基础上确定的。薪酬调查旨在确定基准岗位的薪酬水平，其他岗位的薪酬水平可以根据其相对价值和基准薪酬水平进一步确定；薪酬调查还可以增强企业对竞争对手的了解，有助于企业及时调整自己的薪酬战略乃至整个企业的战略导向。当然，薪酬调查的结果会对企业实现薪酬方面的效率、公平、合理的目标产生重要影响，特定企业的人工成本及其产品的竞争性在很大程度上也会受到其所获得的薪酬调查数据的影响。

具体来说，企业一般希望通过薪酬调查实现以下目的：

①调整薪酬水平。大多数企业都会定期调整自己的薪酬水平，而调整的依据一般包括生活成本变动、员工的绩效、企业的经营状况与支付能力等，当然也有可能仅仅是因为感觉到竞争对手的薪酬水平有所变化而需要调整本企业的薪酬水平。在后一种情况下，企业尤其需要通过薪酬调查来了解竞争对手的薪酬变化情况，并有针对性地制定自己的薪酬调查对策，以避免在劳动力市场的竞争中处于不利地位。

②调整薪酬结构。企业根据内部岗位评价得到的岗位薪酬结构与从外部市场得到的不同岗位的薪酬结构之间可能存在不一致的情况，而如何在这两种薪酬结构之间进行平衡就是一个很重要的问题。这要求企业必须根据自己的经营环境和战略目标做出明智的判断和选择。由于市场竞争环境的变化，越来越多的企业已经从对内部一致性的强调转移到对外部竞争性的重视。过去企业更为重视的是内部岗位评价，主要是通过内部岗位评价来确定不同岗位之间的薪酬差距，外部薪酬调查的主要作用在于为企业总体薪酬水平的确定提供参考依据，它对企业内部不同岗位之间的薪酬差距并无太大的影响。而现在，许多企业利用薪酬调查来评价自身所做的岗位评价的有效性。假如企业根据岗位评价的结果将某两种岗位归入同一薪酬等级，但是市场调查的结果却显示这两种岗位之间存在较明显的薪酬差距，那么企业就会对自己的岗位评价过程进行重新检查，找出问题所在；或者是单独设立一个新的薪酬等级，以区别这两种岗位。此外，随着一些企业逐渐从以岗位为基础的薪酬体系向以人为基础的薪酬体系转移，企业就更加依赖市场薪酬调查来确定其薪酬水平以及确保其外部竞争性了。

③估计竞争对手的人工成本。对于许多在产品市场上竞争压力比较大的企业（比如零售企业、汽车或特殊钢产品制造企业等）来说，人工成本是决定企业竞争优势的一个重要因素，因此，这些企业都会非常关注竞争对手的人工成本开支状况，既不能

因为薪酬太低而失去优秀的员工，也不能因为薪酬水平过高而影响企业产品的竞争性。所以，它们非常注意利用薪酬调查数据来对竞争对手的定价进行财务分析，使企业可以与本行业中的多数企业或特定企业进行对比。

④了解其他企业薪酬管理实践的最新发展和变化趋势。由于薪酬调查中所要了解的数据并不仅仅限于基本薪酬这样一种简单的信息，它通常还包括奖金、福利、休假、加班时间、长短期激励计划、员工流动率、加薪频率、各种薪酬计划等方面的信息，可以说非常全面，企业可以借此了解某些新型的薪酬管理实践在企业界的施行情况，这有助于判断自己是否有必要顺应潮流来实施某种新的薪酬管理实践。比如，某项薪酬设计是一种比较新的薪酬管理实践，企业可以通过薪酬调查了解到底有多大比例的企业以及什么样的企业采用了这种新的做法，它们的实施效果如何，自己是不是也应该采用这种薪酬设计方式等。

（3）薪酬调查的实施步骤。在通常情况下，薪酬调查的过程分为准备阶段、实施阶段和结果分析阶段。

第一阶段：薪酬调查的准备阶段。薪酬调查的准备阶段是指在具体设计薪酬调查方式并实施调查之前所要做的工作，这些工作包括：

①根据需要审查已有薪酬调查数据，确定调查的必要性及实施方式。对任何企业来说，如果现有的薪酬调查数据足以提供企业所要求的所有信息或者大部分信息，那么，显然就没有必要再自己去做市场薪酬调查了。企业应该考虑到，并非所有的理想调查对象都会对调查者所进行的调查感兴趣，因为薪酬问题本身既是个人隐私，也是很多企业的机密之一。所以，如果能够合理利用已经存在的相关调查数据，不仅能够规避这种尴尬的处境，同时也能够节省企业的时间和精力，降低调查成本。但是，在使用已有数据时，企业必须搞清楚这些数据是否准确、取样是否足够、是季度数据还是年度数据等。要对已有的薪酬调查数据进行筛选，一定要使用那些与自身薪酬决策相匹配的数据。

如果没有可用的薪酬调查结果或现有的数据不能满足自己的需要，则企业需要考虑的问题是：到底是自己来做薪酬调查，还是雇用一个第三方或与第三方配合来完成薪酬调查的工作。在现实中，很多企业都是利用第三方来完成薪酬调查的工作，其原因在于：

首先，企业自己进行的调查往往容易引起其他企业尤其是竞争对手的警觉和不合作，而中立的第三方调查则比较容易说服被调查企业合作和参与。当然，这是建立在被调查企业对于第三方的专业性及保密性有基本的信任基础上的。

其次，薪酬调查工作费时费力，企业自身往往没有足够的人手和时间来从事许多事务性的工作。所以，借助专业性很强的外部薪酬调查机构进行薪酬调查已经成为许多企业人力资源管理工作的一种常见形式。

最后，对薪酬调查的结果进行分析也有许多技术和技巧，因为最终的分析往往要用到一些数据分析软件和一些统计学的指标，而企业自身往往没有能力或时间去做数据的处理工作。

②选择准备调查的岗位及其层次。这要求企业要做到以下几点：

首先，企业要确定到底调查哪些岗位，是某些类型的岗位，还是所有类型的岗位。在选择被调查岗位时，企业必须提供最新的总体岗位描述，这样才能确保被调查企业将本企业的岗位与调查者所提供的岗位匹配起来。因为不同的企业即使采用同一种岗位名称，它们的组织结构和工作安排也是有差异的。名称相同的岗位在不同的企业中可能是在从事内容不同的工作，有时候甚至是从事几乎截然相反的工作，这种差异在大企业和中小企业之间存在的可能性是最大的。

其次，在岗位调查中所使用的岗位说明书必须采用比较常见的或者是被普遍使用的岗位名称，可以用简明扼要、通俗易懂的语句描述某一岗位的主要职责或目标，列举出该岗位最为重要的一些职能。对岗位的描述应当具有一定的普遍适用性。

最后，为了提高调查的精确性，调查者还可以在调查中附上一张与调查岗位相关的简要组织结构图，这样有助于被调查者做好基准岗位与本企业岗位之间的匹配。

下面，我们列举一个在薪酬调查中所使用的岗位描述的范例（见表7-10）。

表7-10 **岗位：人力资源总监**

职责描述：
●对整个企业总体人力资源活动的有效性负全部责任。工作活动包括为实现企业的目标所进行的人力资源管理与开发等各项监管工作
●对企业人力资源管理活动的运行、费用支出、计划实施、修改与完善等负有责任，以确保企业各项人力资源管理活动的有效落实
●建议并参与各项人力资源管理与开发活动，确保以最低的成本达到最高的效率，同时负责协调与处理部门之间的关系，满足企业人力资源管理方面的要求
任职资格：
●人力资源管理或相关专业大学本科学历，10~12年的人力资源管理与开发的高层管理经验

③界定劳动力市场的范围，明确作为调查对象的企业及其数量。薪酬调查主要是了解与自己在同一劳动力市场上争夺劳动力的其他企业的薪酬状况。因此，企业首先需要确定自己所在的劳动力市场的范围到底有多大。从覆盖范围来看，劳动力市场可以划分为地方性劳动力市场、地区性劳动力市场、全国性劳动力市场以及国际性劳动力市场。这种劳动力市场的划分并不是以企业的规模或者地理分布为依据，而是以企业在一个多大范围内的市场中与其他企业展开竞争为依据。因此，对不同类型岗位上的员工而言，企业可能在某些岗位方面处于地方性劳动力市场，而在另外一些岗位方面则处于全国性劳动力市场。根据不同需要，相关劳动力市场上涵盖的可能是为同一种岗位或同种技能展开竞争的企业，或者是为同一地理区域内的劳动者展开竞争的企业，也有可能是在同类产品和服务方面展开竞争的企业。

一般来讲，高级专业技术人员的招聘通常是全国性的，具有一定专业程度要求的职能管理人员的招聘通常是地区性的，一般办公室事务性人员的招聘则是地方性的。因此，在考虑应当将一些什么样的企业纳入薪酬调查范围的时候，企业最好是问自己这样几个问题："我们企业的员工都流失到哪里去了？""我们主要是从哪些企业招聘员工的？"

考虑到调查数据分析的需要，参与调查的企业数量越多，做回归分析或者是对数据进行分类分析的效果就会越好，但同时调查时间就会越长，调查预算就越多。调查所需要的最低样本规模在很大程度上要取决于调查本身的详细程度。比如，如果所要调查的是管理类岗位，那么调查所需的样本数量可能是普通岗位调查时所需样本数量的两倍左右，这是因为很少有企业的组织方式是完全相同的，因此企业之间的岗位匹配就可能会出现差异，这样其他企业的薪酬数据对本企业来说作用就不是很大了。

④选择要收集的薪酬信息内容。一般来说，同样的岗位在不同的组织中所获得的价值评价是不同的，报酬的结构也是不同的。比如，有些企业给予某个岗位的基本薪酬可能不是很高，但是奖励性的浮动薪酬很高或者福利很好，因此，薪酬调查中如果只包括基本薪酬，那么调查所获得的薪酬数据最后实际上是无法反映市场一般状况的。所以，在选定了调查对象和岗位之后，调查者还必须将所有薪酬组成部分纳入调查范围。在通常情况下，薪酬调查所涉及的薪酬项目包括：

一是基本薪酬及其结构。为了降低薪酬调查数据处理的难度，应当要求被调查者注明填写的基本薪酬水平到底是年薪、月薪还是小时工资。在通常情况下，企业不可能对在同一岗位上工作的所有员工都支付同一种工资率，也就是说，即使大家处在相同的岗位上，但是由于工作绩效、工作技能、工作经验等方面的差异，不同的在职者所获得的基本薪酬也是有差异的。只获得一个平均的基本薪酬数据是不足以搞清楚其他企业是如何做好企业内部薪酬结构工作的。因此，为了全面掌握目标企业的基本薪酬支付情况，可以考虑要求被调查者填写被调查岗位的薪酬浮动范围，即薪酬跨度的最低值、最高值以及中间值。这样有助于确认被调查企业所提供的基本薪酬数据是否准确，但这是有一定困难的，因为被调查者有时并不完全清楚这些数据及其结构。

二是奖金支付。许多企业都向员工提供月奖、季度奖、年终奖等，这种奖项通常是与企业的经营业绩挂钩的，但是有时也会以年底双薪或者是相当于几个月薪酬的方式发放。在薪酬调查中，首先，调查者必须要向被调查企业询问它们在过去的财务年度中对某一岗位上的人所支出的实际奖金数量。其次，要强调所要填写的必须是年度的平均数值，以避免将一些在年终才调入或新进入的员工的奖金作为年度奖金数据来提供。再次，还要确保将所有可能出现的年度中的现金支付形式都涵盖进来，否则就可能会低估一些企业某些岗位的薪酬水平。最后，除了具体的奖金数量之外，最好再询问对被调查者所支付的奖金占该岗位基本薪酬的百分比或者是否为中间值。这些信息都有利于调查者做更为详细的验证和分析工作。

三是股票期权等长期激励计划。随着股票市场的发展以及企业管理实践的变化，股票期权等长期激励手段得到了迅速的发展，尤其是在企业高级管理人员和高级技术人员当中，长期激励计划已经成为一种越来越重要的报酬方式，股票期权已经逐渐取得了与基本薪酬和短期绩效奖励同等重要的地位。另外，很多企业还实行了员工持股计划，员工所持有的股份数量在很多时候与员工所承担的岗位责任是有一定关系的。因此，即使是对一些普通的岗位，可能也需要询问对被调查者是否实施了股票所有权计划。

四是各种补充福利计划。在福利方面，许多企业在国家法定的福利项目之外为员工提供各种补充福利，比如补充养老保险、健康保险、人寿保险、伤残保险以及休假福利等。这些福利支出对员工来说也是一种收入形式，尽管不是现金收入，但是对企业来说却是具体的现金金额。在福利较为优厚的企业中和福利较少的企业中，员工的基本薪酬很可能会有一定的差异。所以，收集福利方面的信息对于完整理解企业的薪酬水平是很重要的。另外，如果调查的岗位属于高级经营管理岗位，像乘坐头等舱旅行、使用企业的专车、企业提供的家庭保安服务、企业提供的俱乐部成员资格以及家庭理财咨询等特权或者福利也要包括在内，虽然这些福利在收入中所占的比重不会很大，但是必须要被看成是非常重要的薪酬项目。

五是薪酬政策等方面的信息。除了直接薪酬和间接薪酬信息之外，调查者还可以考虑是否应当询问一些关于薪酬政策和管理实践方面的信息，其中包括被调查企业的加薪时间以及加薪百分比的信息。比如，企业的加班政策、轮班政策、试用期长短、新毕业学生的起薪、薪酬水平的地理差异、员工异地调配时的薪酬处理以及兼职员工的薪酬管理等，这些都是与薪酬有关的信息。

最后，在薪酬调查中，如果所调查的岗位属于高层、中层管理岗位或者是监督类的岗位，那么询问被调查者关于某一岗位的权限范围的信息，如管辖的人员数量、质量、结构以及所支配的费用金额等，也是非常重要的。由于这些信息有助于判断某一岗位在企业中的地位，因此在大多数情况下，被调查者愿意提供某一岗位所管辖的员工数量的数据，至于一些财务方面的信息，比如某一岗位所负责的资产规模或者是负责完成的销售额大小等方面的信息，被调查者通常是不愿意提供的。因此，调查者需要避开比较敏感的信息，让被调查者提供一些有助于数据分析但是又不太敏感的信息，比如在房地产行业中询问某岗位所负责管理的平方米数，在医疗行业中询问某一岗位所负责的病床床位数量等。

第二阶段：薪酬调查的实施阶段。在这一阶段，企业主要是进行薪酬调查问卷的设计和调查的实施。

①设计调查问卷。调查问卷的内容通常包括企业本身的一些信息，例如企业规模、所属行业、销售额或者销售收入，各种薪酬构成方面的信息，岗位范围方面的信息，任职者的一些信息等。作为一种薪酬调查数据收集的载体，无论最终实施的调查是以书面问卷的形式还是以电子邮件（E-mail）的形式进行，薪酬调查问卷的设计都必须尽可能地让被调查者使用方便。当然，为了确保所有的调查参与者都能够以相同的方式回答问题，最好是准备一份详细的问卷填写说明，这非常有利于调查数据的统计和处理。当调查者采用邮寄调查方式来完成问卷的收集工作时，这种标准化的操作流程尤为重要。另外，如果调查者准备直接将书面问卷上的数据录入计算机，还应当考虑问卷格式的设计，以尽量避免数据录入的错误，或者影响录入的速度。

设计薪酬调查问卷的有关技巧包括：确保调查问卷易读、易懂、易回答；将调查问题和每一页纸都标上页码，以利于数据分析和数据整理；要给被调查者回答主观问题留出充足的书写空间；在关键字句下加横线或者是加黑，以引起被调查者的注意；提供调查者的联系方式以利于被调查者有问题的时候进行联系；如果调查可能再次重复进行，则可以请求被调查者对调查的内容和方式等提出意见和建议，以便下次调查时进一步改善。下面是一个薪酬调查问卷的示例（见表7-11）。

表7-11　**薪酬调查问卷示例**

年　月　日

所属行业		企业性质		工作地点	
所属部门		岗位名称		年龄	
工作年限		岗位代码		联系方式	

工作情况

岗位任职资格		本人学历	
每月工作时间（天）		每天工作时间（小时）	
最近的提薪时间		所在企业的薪酬水平	

享受的福利

每月总收入

基础工资　　　/月　奖金　　　/年　加班费　　　/月

住房津贴　　　/月　其他津贴　　　/月　股份收入　　　/年

每年总收入

②调查的实施。从调查的实施程序上看，首先，在问卷设计完成之后，最好是先做一次内部测试，调查者可以将自己的数据试着填写一遍，或者请不参与调查的其他企业试着填写一遍，以发现需要改进的问题。其次，调查者一般应在与调查参与者初次接触之后的2~4周内将调查问卷交给被调查者。作为一种实践规则，如果调查的岗位在10个左右，那么应当给被调查者提供2~3周的时间来填写问卷，如果调查的岗位涉及35个左右，就要给被调查者留出4~6周的时间来填写问卷。如果调查的时间恰逢被调查者休假或者是其他假期比较集中的时间，还应该留出更多的宽松时间。最后，在实施调查的过程中，调查者还需要与被调查者始终保持联系，以确保有足够的问卷能够被回收，提高调查问卷的回收率。

在薪酬调查的过程中，调查者还可以采取问卷调查之外的其他方式来收集信息，其中包括电话访谈、派出调查人员实地访谈、集体访谈等。

在通常情况下，当企业的目的主要是获取有关薪酬政策、薪酬管理实践方面的信息时，采用电话调查的方法比较理想，因为当通话双方都是专业的薪酬管理人员时，他们也有可能就部分岗位的具体薪酬信息进行交流。在那些运营规范、岗位具有很强可比性的行业里，这种做法比较常见，但在这种行业之外，采取电话访谈的形式往往不会有太好的效果。

当企业进行的调查涉及很多不同的行业和领域时，一般都会采取邮寄调查问卷的方法。尽管这是一种常见的方法，但在确保岗位的可比性和薪酬数据的质量方面也存在着很大的问题，它要求调查者在设计问卷和定义问题的时候格外慎重。如果问卷调查再配以专业人员面谈，则效果会更好。这是因为，在薪酬调查中，确保岗位的可比性往往是数据收集时最重要的一个问题，而专业调查人员与企业中的薪酬管理专业人员的直接面谈无疑有助于提高数据的质量和有效性。在双方面谈的情况下，被调查方比较容易对不同企业间的相应岗位进行比较，调查者能够就一些特殊问题直接征求被调查方的看法。

一些小规模薪酬调查也可以采用群体访谈的形式。这种做法看上去比邮件法更为直接，成本也较个人访谈法低，但它同时也存在一些较大的问题。例如，即使是很熟悉情况的专业人员也无法就各岗位的可比性做出令人满意的回答，更不用说岗位上的普通员工了。

一般来说，企业管理人员可以获得薪酬信息的渠道有以下几种：首先是企业人力资源部门直接进行的正式调查或非正式调查，这是很多中小企业主要的薪酬调查方式。根据英国的一项研究，为了了解其他企业类似岗位的薪酬水平，在被调查的企业中，约71%的雇主依赖于同其他雇主进行非正式交流，20%~25%的雇主通过正式问卷调查收集信息。其次是依靠商业机构、专业协会或政府部门的调查报告。这些机构都会定期进行薪酬调查并为社会提供调查报告。再次是到招聘会中，利用招聘的机会进行薪酬的调查。最后是利用一些企业在各种媒体广告中刊登的有关岗位薪酬的信息。

薪酬调查的结果会直接影响企业薪酬管理工作。其影响方式大致有三方面：一是根据调查收集的有关保障、休假等员工福利信息，制订基本的员工福利方案；二是根据调查结果，对本企业中类似或相同岗位的薪酬进行比较分析，以符合市场价格；三是参考调查得出的基准岗位工资水平，并根据不同岗位在企业中的相对价值，建立本企业的薪酬标准体系。

第三阶段：薪酬调查结果分析阶段。调查问卷被回收上来以后，调查者首先要做的是对每一份调查问卷的内容进行逐项的分析，识别并判断每一个数据是否存在可疑之处，这一阶段实际上是对数据进行去粗取精、去伪存真的过程。同时，还应该根据实际岗位与基准工作岗位之间的匹配程度来调整薪酬调查数据，确保数据的有效性。比如，调查者需要检查被调查企业或被调查者所提供的薪酬浮动范围与其报告的岗位实际薪酬水平之间是否存在不一致的现象。对于发现的一些疑点或疑问，调查者应该及时向接受调查的企业打电话询问和核对数据，并且了解某一岗位的薪酬为什么会高或者低得不正常。

我们不能完全期望通过调查所得到的某一岗位的多个薪酬数据是高度集中的或者是正确无误的。因为，即使是工作内容基本相同的同种岗位，在不同的企业中所获得的报酬也有可能会出现很大的差距。这主要与以下几个方面的因素有关：岗位在不同的企业中对企业的价值或贡献大小不同；特定企业的薪酬哲学、文化不同；任职者在该岗位上工作的时间长短不同；任职者在该岗位浮动范围之中的某一个点上有时是不确定的；不同的行业有不同的惯例；不同企业所处的地理位置和劳动力市场存在差异等。

在数据核查完成之后，最后一道工作程序就是对数据进行分析了。薪酬数据的分析方法一般包括：频度分析、趋中趋势分析、离散分析以及回归分析等。

①频度分析。所谓频度分析，是指先将所有得到的薪酬调查数据分割成等值薪酬段，再将与每一岗位相对应的所有薪酬调查数据从低到高或从高到低排列，然后观察落入每一薪酬范围之内的企业的数目。这是一种最简单也是最直观的分析方法，一般使用直方图来显示结果（比如说企业数量用纵轴表示，薪酬浮动范围用横轴表示）。下面举例说明，假定人力资源部经理岗位的薪酬调查数据经过频度分析之后，我们得到表7-12所示的结果。从表中我们很容易看出，大部分企业为之支付的薪酬介于4 000元到6 500元之间，并且以支付5 501元到5 750元之间薪酬的企业最多。

表7-12 **薪酬数据的频度分析：人力资源部经理**

薪酬浮动范围（元）	企业数量（个）
4 000~4 250	0
4 251~4 500	1
4 501~4 750	2
4 751~5 000	4
5 001~5 250	5
5 251~5 500	6
5 501~5 750	7
5 751~6 000	2
6 001~6 250	1
6 251~6 500	1

②趋中趋势分析。具体说来，趋中趋势分析又可以进一步划分为简单平均数、加权平均数、中值等几种数据分析方法。

A.简单平均数或算术平均数。这是一种最为常见的分析方法。它不考虑在不同的企业中从事某种岗位工作的员工人数之间的差异，而是对所有企业的薪酬数据均赋予相同的权重；在操作层面上，它通常是将与特定岗位对应的所有数据简单相加，再除以参与调查企业的数目，从而求出平均值。这种方法使用起来比较简单，但是最高值和最低值有可能会破坏结果的准确性，所以有些企业会首先用频率分布将最高值和最低值剔除掉。当调查者所获得的数据不能完全代表行业或者竞争对手的情况，或者因为一些重要的目标企业拒绝参与调查而导致数据不完整时，采用简单平均数的分析方法是效果最好的。

B.加权平均数。在这种分析方法中，不同企业的薪酬数据将会被赋予不同的权重，而权重的大小则取决于每一企业中在同种岗位上工作的员工人数。也就是说，某企业中从事某种岗位工作的人员数量越多，则该企业提供的该岗位的薪酬数据对其最终平均薪酬数据的影响也就越大。在这种情况下，规模不同的企业实际支付的薪酬状况会对最终的调查结果产生不同的影响，因此采用这种方式求得的最终结果比求简单平均数更为精确和科学一些，或者说更具有代表性。在调查结果基本上能够代表行业总体状况的情况下，加权平均数的分析效果是最好的，因为经过加权的平均数比较接近劳动力市场的真实状况。

C.中值。这种分析方法实际上是将收集到的薪酬数据进行降幂或升幂排列，然后取恰好位于中间的岗位上的那个薪酬水平数值。这样分析的最大好处是可以排除掉非常高或非常低的薪酬值数据对平均数据的影响。不过，这种对数据的分析方法也是相当粗略的，只能显示出当前市场平均薪酬水平的一般情况。

③离散分析。在一般情况下，离散分析的方法有三种：标准差分析、四分位分析和百分位分析。利用标准差分析可以检验各种数据值与平均值之间的差距大小，但是在薪酬调查数据分析中并不常用。与它相比，四分位分析和百分位分析在薪酬调查数据分析中则是更为常见的衡量离散程度的分析方法，它们具有较强的说明能力。

A.百分位分析。百分位所代表的是有百分之多少的企业的薪酬水平是低于该百分位的企业薪酬水平的。比如说，假设某企业在薪酬水平方面处于市场的第75个百分位上，这就意味着有75%的企业的薪酬水平都比该企业低，只有25%的企业比它高。在百分位分析方法中，第50个百分位是中间值。这种百分位分析在企业的薪酬水平战略定位中是最常用的，因为它直接揭示了本企业的薪酬水平在劳动力市场上的地位。例如，有些企业将自己的现金薪酬总额定位在市场上的第60个、第75个甚至第90个百分位上；有些企业则将基本薪酬定位在平均水平上，而将全部现金薪酬（基本薪酬加奖金或奖励）定位在第75个百分位上。

B.四分位分析。四分位分析与百分位分析的方法是类似的。四分位分析是先将某种岗位的所有薪酬调查数据（从高到低）进行排列，划分为四组（百分位中是划分为10组），每组中所包括的数量分别为企业调查总数的1/4（百分位中是10%）；处在第二小组（在百分位中是第5个小组）中的最后一个数据必须是所有数据的中值，可以用它来近似地代表当前市场上的平均薪酬水平。

④回归分析。利用回归分析可以测试两个或者多个变量之间的相关关系，然后用得到的其中一个变量的值（比如销售额）来预测另外一个变量的值（比如销售经理的薪酬），实际上就是一个函数模型。变量之间的相关关系数越接近于1.0，则变量之间的相关性就越强。

我们举例说明这些数据分析方法。假定经过对某行业的102家企业进行调查之后发现，人力资源主管的薪酬水平分布状况见表7-13，则该岗位薪酬水平的简单平均数为3 732.1元/月，加权平均数为3 628.9元/月，中值为3 740元/月，第25个百分位上的薪酬水平为3 247.5元/月，第75个百分位上的薪酬水平为4 234.1元/月。

2）薪酬调整

企业的薪酬调整包括薪酬水平调整和结构调整两方面内容，每个方面又可分为员工个人薪酬调整和企业内不同岗位之间薪酬调整两个层次。

表7-13　　薪酬数据分析：人力资源主管

薪酬（元）	企业数量（个）
4 500	5
4 482	2
4 151.5	1
3 786.9	10
3 780	50
3 700	4
3 670.5	2
3 330	8
3 000	6
2 920	14

（1）薪酬水平调整。所谓薪酬水平调整，是指由于劳动力市场的变化，或者企业政策变化，而对企业一般薪酬水平进行的主动调整。其中一个不可忽视的因素就是物价指数的上涨。根据西方国家20世纪80年代以来企业员工薪酬变动趋势的分析，造成员工薪酬水平上涨的一个重要因素，是通货膨胀的拉动。这主要是因为员工薪酬一般呈刚性上升，薪酬水平会随着经济发展和物价水平上涨而不断提高，如果经济不发展且物价下降，薪酬则不会下降。所以，现在很多企业都实行薪酬指数化，即把员工的薪酬与物价指数挂钩，以消除物价波动对员工薪酬水平的影响。

（2）薪酬结构调整。薪酬结构调整是薪酬调整的主要内容。由于劳动力市场供求关系的不断变化，企业需要定期对内部员工的薪酬进行结构性调整，主要是对薪酬标准和薪酬等级进行调整。调整一般从两个方面开展：一是对某一等级的人员进行薪酬调整；二是对整个薪酬关系进行调整，即对薪酬等级线、薪酬级差进行调整。现代企业常用的薪酬结构调整方法主要有以下两种：

①调整薪酬标准和薪酬率。目前，西方发达国家的一些企业正在逐渐采用宽带型的薪酬结构。随着知识经济的发展，企业采用这种薪酬调整方式，对员工的激励作用更大，因为员工薪酬既可以随着等级的提高而提高，也可以在同等级内提高，所以比较适合实行弹性薪酬制和绩效薪酬制。

②降低或提升高薪员工的地位。在企业的经营过程中，由于企业政策的转变，往往要对高薪员工的薪酬进行调整。比如，企业如果想降低薪酬成本，往往需要调整高薪人员的比例，因为一个高级管理人员的薪酬，往往是普通员工的十倍、数十倍，甚至上百倍。所以，在20世纪80年代，当美国民航业和钢铁业面临严峻挑战时，很多企业都采取了减少高级经理数量并降低其薪酬和福利待遇的做法。另外，由于高级人才对企业的稳定和发展有举足轻重的作用，吸引和留住高级人才对企业十分重要，因

此，也有很多企业不断提高高级人才的待遇，以增强企业的人才竞争力。

3）改进企业薪酬体系

在传统的薪酬体系中，员工的薪酬水平主要取决于学历、工龄、岗位等因素，这是一种片面的做法，难以全方位满足薪酬管理的要求。在实际工作中，企业既要考虑岗位与工作者的性质，又要考虑人力资源投入方式，更要考虑薪酬分配如何与员工的业绩挂钩。衡量一个企业的薪酬管理体系是否完整，可以从以下几个方面入手：

（1）薪酬管理的系统性。

①是否设有薪酬管理的专门人员？

②是否每年都进行薪酬调查？

③是否定期听取员工对薪酬问题的意见和建议？

④薪酬管理是否与绩效考核紧密联系？

（2）薪酬管理的规范性。

①是否有明确的薪酬管理原则？薪酬评定与晋级方面的办法、计算和支付奖金的细则以及相关方面的规章制度是否完备？

②是否制订了长期薪酬计划和薪酬分配整体方案？

③是否具有明确的、具体的薪酬等级表？

④在进行薪酬提升和奖金发放时是否进行工作考核？

（3）薪酬管理的具体性。

①是否进行岗位分析和评价？

②是否实行员工岗位薪酬和技能薪酬？

③是否通过技能测验、资格考试调整员工的职级？

④是否设定各级别的最高任职年限？

⑤是否设置岗位评价委员会等专门的薪酬管理机构？

（4）薪酬管理的激励性。

①是否根据管理目标确定员工的绩效薪酬和奖金？

②奖金是否采用利润分享方式？

③对领取奖金的人数是否有限制？

④是否设立个人特殊能力薪酬和团队工作奖励？

（5）薪酬管理的安全性。

①现行的薪酬水平能否满足员工的基本要求？

②现行的薪酬标准是否达到了市场一般水平？

③企业的薪酬率上升速度是否高于劳动生产率的增长速度？

④企业基础薪酬增加的比率是否与相关企业相近？

由于不同特色的薪酬体系有不同的管理重点和倾向，适合不同的企业和工作岗位，因此，各企业在设计薪酬体系时，必须根据自身的类型和特点，灵活地加以确定，其中特别要注意以下几个方面的问题：

①企业所处行业的特点。显然，不同行业的企业有不同的特点。企业的经营范围和组织结构不同，就会有不同的薪酬体系；企业的工作环境和工作要求不同，也会有

不同的薪酬体系；此外还有企业规模的大小和员工人数的多少等一系列的差异，都会对企业的薪酬体系和薪酬管理产生重要影响。例如，初级加工业通常采用计件薪酬制，而高科技行业多采用岗位技能薪酬制。

②企业的管理特色。不同的企业有不同的管理特色，其中薪酬分配方式占有重要地位。企业管理特色不是开一次会进行宣传就能形成的，要通过相应的制度体系和行为习惯来体现。由于薪酬分配对企业利益的影响非常重要，因此其也是企业管理特色赖以形成的一个基本支柱。例如，技能薪酬体系会引导人们不断学习和进步，有利于企业形成学习型组织。

③员工的素质水平。人的需要是有层次区别的。高素质的人自我实现的需要比较强烈，而一个还没有完全解决温饱问题的人，则难以对他进行有效的精神激励。因此，企业对不同岗位、不同素质的员工，必须实行不同的薪酬分配方式。例如，在大规模自动化生产企业，普通员工工作比较简单，工作成果主要由机器的性能决定，其薪酬分配方式一般以岗位薪酬为主；而管理人员和技术人员，由于需要较强的独立工作能力和创新能力，则常常采用技能薪酬。

互动课堂 7-4

B公司是一家合资企业，始建于1998年，是我国重要的中央空调和机房空调产品生产销售企业之一。目前有员工3 000多人，16个办事处。随着销售额的不断上升和人员规模的扩大，企业整体管理水平也需要提升。公司在人力资源管理方面起步较晚，尤其是薪酬福利方面的问题比较突出。在早期，单凭领导一双眼、一支笔倒还可以分清楚给谁多少工资，但企业的发展只靠过去的老办法显然不灵。公司在薪酬管理方面存在着许多问题：一是内部薪酬分配制度不公平；二是薪酬水平未考虑本地区和同行业的水平，具有明显的外在不公。所以，必须进行薪酬体系的调整。

问题：针对上述材料，如何进行薪酬的有效调整？

分析提示：具体考虑的方面有：企业战略；企业价值观；岗位分析和评价；薪酬调查；劳动力需求；薪酬结构和等级；薪酬评估和控制。

7.3.2　薪酬激励新方式——股票期权

在市场经济中，每一个企业都非常强调远景、长远目标等发展策略，为了达到目的，在高层岗位的薪酬中，股票期权有时甚至占整个薪酬的80%以上。在人力资源管理上，如果设定股票期权于薪酬中，要怎样才能发挥激励的作用呢？对企业是否一定有百利而无一害呢？下面我们探讨一下有关这些方面的问题。

1）什么是股票期权

股票期权就是指让持有人在约定的期限内，以某一预先确定的价格认购一定数量的某企业股票。股票期权起源于美国，简单地说，股票期权是一种权利。其中的期限一般为3~5年，甚至还可以更长些。如果某企业的股价在期限内上升了，持有人可在他认为合适的价位上卖出股票，而赚取买进股票与卖出股票之间的差价。在企业上市前，员工虽分到一笔股票期权，但这批期权暂时是没有多大价值的，它涉及的企业成本也很少。但是，企业一旦上市，许多员工可能都会因为这一笔股票期权而一夜之间成为百万富翁，这就是股票期权可以发挥激励作用的真正原因。

在上市企业的薪酬设计中，股票期权应用于高级管理者和高级技术人才的薪酬中属于一种长期激励的制度。其主要目的就是使股东利益与员工利益保持一致。为了保证企业的价值实现可持续增长，股东会利用股票期权中的长期潜在收益作为激励管理层的一种工具，促使管理层的目标与股东的目标在最大程度上长期保持一致。而管理层的目标就是通过努力工作，使企业业绩增长，继而使股价增长，最终使自己在行使有关的股票期权时也可获得丰厚收益。但是，管理层要行使有关股票期权而获得丰厚收益，也有一些条件限制，即必须符合一些条款的规定，如工作满3年才可行使，否则将会失效等，这被称为“金手铐”。

股票期权制度一方面可以减少企业的现金流出，使企业可以不用支付高昂的薪酬，以降低人力成本；另一方面有激励员工的作用，使他们愿意长期留在企业中一起努力，促进企业的成长。这些优点尤其显见于一个可能仍在投资期、正在亏损中或未上市但具有相当发展潜力的科技型中小企业身上。不过到了后期，如果企业的有关业务仍没有突破，员工预期上市遥遥无期、股票期权无法兑现的局面出现，或者即使上市也表现得很差的话，持有股票期权的高层管理人员或专才员工也会对企业不满，会毫不留恋而离去。

2）股票期权的优点与缺点

股票期权在激励员工方面虽然有不少优点，但也有其缺点。表7-14列示了它的一些优点与缺点。

表7-14　**用股票期权激励员工的优点和缺点**

优点	缺点
•能够使员工与股东的长期利益相一致，并兼有奖惩效果。只要员工长期任职、努力工作，使企业业绩持续增长、股价上涨，在未来行使选择权时，将可取得较大的差价利润并分期取得所有的股票。反之，员工将丧失获利的机会	•不适用于非上市企业。即使是上市企业，也会因为股票市场不完善，股价往往不能反映实际的经营业绩，或即使企业业绩好，股价也不一定高，员工不能获得回报
•运用的时机非常有弹性，随时都可以给予员工股票期权，甚至企业在严重亏损、毫无盈利的状况下，也能发放给员工，减少了现金支出	•对股东而言，股票期权的发行除了必须符合国家有关法律的规定和有可能会增加股东的所得税外，也会造成股权稀释
•以股票期权的形式激励员工，可避免员工出现急功近利的侥幸心理，有助于加强正面鼓励，促使员工产生与企业同甘共苦的认同感	•有可能促使管理者倾向选择能够使其股票期权出现最大个人收益的管理方案，而这个方案可能不是股东的最佳选择，管理者甚至可能会利用内幕消息或各种手段操纵股价
•在员工行使股票期权时，由于分成数年后兑现，所以只会对股价造成轻微的影响	•股价波动大、风险高，市场价格低于执行价格时就变得没有意义了

续表

优点	缺点
•当员工行使股票期权时，可以增加企业资本，同时也可以吸引外界投资	•由于员工并不一定终身任职于一家企业，他们会认为没有必要把期权时间拉得那么长，还是现金比较实际，所以不欢迎股票期权，并拒绝进入这种类型的企业，企业因此会失去部分人才
•以股票期权作为薪酬，不仅可以节省现金支出，降低了管理的成本，降低了在激励员工方面的信息成本和影响力成本，而且提高了效率	•员工持有企业大量的股票期权，并在行使期权后离职时，都会因其持有大量股份而拥有要求企业披露重要财务资料的权利，这对企业极为不利

3）设计股票期权的考虑

股票期权虽然有许多好处，但也存在不少问题。人力资源管理者在进行股票期权设计时，必须对其有一个整体的设计理念。股票期权有关的项目如下：

（1）顾问。应该首先成立一个专门的薪酬委员会，并与专业顾问一起全面负责有关股票期权的安排及设计方案。

（2）股票期权的来源。确认股票期权的来源，是发行新股还是从公开市场买回自己的股份。由于员工的股票期权将影响股东权益，因此发行、变更及撤销前应由股东大会决议通过。

（3）受益人的范围。确定股票期权实施的对象，是只限于高级管理层，还是包括所有员工。

（4）授予的数量。企业进行股票期权的授予时，一定要考虑到股票期权发行总额过高就会影响股东权益，而过低则不会对员工起激励作用。一般来说，授予数量都不会超过企业已发行股份的10%~15%。新上市的企业一般留有较多的股票备用，因而可授予的数量也较多；反之，上市时间较长的企业则只能授予较少的股票期权。

（5）分配的依据。分配一般会按照岗位、学历、业绩及年资等方面对每名员工进行评分，并按照其得分数在全体受益人总分中的比例进行。岗位越高，期权分配就会越多。

（6）授予的时机。授予时机的选择，可以根据每年的业绩考核或整体业绩来决定，是一次性全部授予还是附有条件的授予。

（7）价格的设定。价格的设定非常重要和敏感，必须要考虑其合理性。比如，企业与员工在签订股票期权合约时，是以当天的前一个交易日的股票平均市价设定，还是以前5天的交易日平均市价设定，一般的做法是以两者比较后较低的价格为基准。如果是新上市的企业，由于没有市场价格可以参考，所以一般是以发行价为其价格。

（8）有关时限的设定。时限的设定是看在该时限内有没有取得长期的激励效果，是否达到预期的目的。假如设定股票期权的有效期是10年，在上市前不允许行使，一旦股票上市，行使的数量亦需采取匀速时间表（每年可以行使10%），或采取加速时间表，逐年增加。股票期权的兑现时间和方式是在任期届满时一次性兑现，还是需经考核合格后，每年以一定的比例兑现等，都必须设定清楚。

（9）“金手铐”的设定。“金手铐”的设定就是指有没有设定结束条件。发行期权时，企业会采用“掉期期权”制，即如果股票市价下跌，企业就收回所发行的旧期权，并以新期权代替，新期权的授予价会以较低金额做定价。在这种制度下，股票持有人仍可得到获利的保障，但必须附加限制条件，如规定在期权授予后1年之内不得行使该期权，在第2年到第4年则可以部分行使。若员工在上述限制期内离职，则会丧失剩余的期权。

（10）税务问题。税务问题就是指在授予股票期权时要考虑国家的有关税务法规。比如，实施股票期权计划的企业和个人，可否享受到税收优惠；股票期权的价值会不会被视为持有股票期权员工的薪酬而被征所得税。例如，在美国的两种股票选择权中，未受限选择权计划一般是纳税人在购买股票及卖出股票时均需付税（即被扣税两次）。受限制选择权计划则不被扣税两次，但纳税人在卖出股票时缴税，在行使受限制选择权计划的那一年，纳税人可能需要付替代性最低税额。创办人和风险投资企业却不受最低税额影响，因为他们是直接获得股票，而不是通过股票选择权。

（11）同行业间的参考。不同类型的企业有不同的商业模式和策略，预期股价的波幅也各不相同，因此并没有一套通行的方案。在一些大型的科技企业里，如苹果、惠普、思科、英特尔等，企业高层主管的全年收入中，底薪虽高但如果近年营运状况不佳，股票期权售出的金额也不会高，有时甚至是零。然而有些规模较小、灵活性高、成长迅速的企业，其主管的底薪金额或许不高，但是往往因营运表现较大型科技企业好，高层经理人售出股票期权所获得的金额，可能要比声誉佳的企业经理人的待遇还要好得多。企业对同行业的人才竞争情况必须要做出多方面的考虑，否则出手太低或过高都会对企业产生不良影响。

以上只是些常见的问题，详细的调整必须因各企业的不同情况来设定。概括来说，股票期权作为一种激励性的制度能否成功，关键就是管理层认为在可预期的未来，行使该股票期权时会不会有利可图。如果管理层认为风险过大，这个高风险的未来收入很难兑现或收益太少，他们就不会对股票期权有兴趣，这种激励方式也因此失去了意义。此外，假如受到全球性股市低迷以及上市资本市场不明朗、前景未卜的影响，无论是普通员工还是中高层管理者，对股票期权的分配都会较冷静，并失去以往的信心。

人力资源管理者必须注意，在吸引人才、激励人才、保留人才的过程中，股票期权是一种风险投入，主要是一种激励方式而不单纯是一种薪酬，所以对员工的焦点与预期必须掌握和沟通好，只有这样才可能发挥股票期权的应有功能。此外，还要在股票期权失效时，及时做弹性调整或尝试各种其他措施，如转职补偿、期权再定价、限制性股票、根据许诺期权支付利息和延长行权期等以挽留人才。

企业股票期权的设计方案及运用得好坏直接影响激励的效果，一旦设计不当就会适得其反。如果激励程度过大，股票期权可能令企业的成本过高，反之会使企业高层管理人员失去兴趣和动力。如果企业的CEO和管理层把企业的前景描绘得如何美好，也不能使员工相信股票期权的效果，管理者就必须重新建立和加强可能被忽略的员工成就感、团队乐趣及认同感等激励员工的因素。

【拓展阅读7-1】

解读高大上的职场福利：股权、期权激励

谈起职场福利，恐怕大多数人心中最实在的期望还是“涨工资”。不过有一种福利却能带给你比“涨工资”更具张力的收益，让你立刻“翻身做主人”。下面为你解读职场最高大上的福利：股权、期权激励。

股权与期权的区别：

广义的股权，泛指股东得以向公司主张的各种权利；狭义的股权，则仅指股东基于股东资格而享有的、参与公司经营管理的权利。

期权又称为选择权，是在期货的基础上产生的一种衍生性金融工具。从本质上讲，期权是在金融领域中将权利和义务分开进行定价，使得权利的受让人在规定时间内对于是否进行交易行使其权利，而义务方必须履行。

股权激励是指公司授予激励对象的一种权利，激励对象可以在规定的时期内以事先确定的价格购买一定数量的本公司流通股票，也可以放弃这种权利。股票期权的行权也有时间和数量限制，且需激励对象自行为行权支出现金。目前在我国有些上市公司中应用的虚拟股票期权是虚拟股票和股票期权的结合，即公司授予激励对象的是一种虚拟的股票认购权，激励对象行权后获得的是虚拟股票。

期权激励是股权激励的一种典型模式，是指针对公司高层管理人员报酬偏低、激励不足的现象，在公司中进行的有关股票期权计划的尝试，以期能够更好地激励经营者、降低代理成本、改善治理结构。

期权激励的授予对象主要是公司的高级管理人员，这些员工在公司中的作用是举足轻重的，他们掌握着公司的日常决策和经营，因此是激励的重点；另外，技术骨干也是激励的主要对象。

通俗来说，职员从期权激励中获取利润的方式就是：当公司股票价格高于授予期权所指定的价格时，职员的期权可以让他以事先约定的价格购买一定数量的股票，然后以市场价格卖出，从而获利（低价买，高价卖）。这种激励模式能在一定程度上刺激职员努力提高公司内在价值，从而提高公司股价，从中获得收益。

【素质提升】

市场有效 政府有为 扎实推进共同富裕

习近平总书记主持召开中央财经委员会第十次会议时强调，“共同富裕是社会主义的本质要求，是中国式现代化的重要特征，要坚持以人民为中心的发展思想，在高质量发展中促进共同富裕”。共同富裕是一个动态的长期发展过程，需要一系列政策和一揽子举措来促进形成和加以实现。在这个过程中，要协同和统筹好政府功能和市场机制，实现市场有效、政府有为，推进高质量发展，为共同富裕创造良好条件、奠定坚实基础。

公平和效率关系的权衡在不同阶段具有不同特征。在经济发展的初级阶段，为了能够提高总产出以满足人民基本需求，在维护公平的基础上更加重视效率，随着经济的深入发展和物质财富的不断积累，公平和效率的均衡度逐步提升。党的十四届三中全会提出“效率优先、兼顾公平”的收入分配政策，党的十六大提出“初次分配注重效率，再分配注重公平”，党的十七大提出“初次分配和再分配都要处理好效率和公平的关系，再分配更加注重公平”，党的十八大提出“初次分配和再分配都要兼顾效率和公平，再分配更加注重公平”，党的十九大提出“努力实现更高质量、更有效率、更加公平、更可持续的发展”。可以看出，我国经济发展已经从“效率优先、兼顾公平”转向“有效统筹效率和公平”，目的是让发展成果更多更公平地惠及全体人民。

资料来源　曾铮. 市场有效 政府有为 扎实推进共同富裕［N］. 光明日报，2021-08-24（11）. 节选。

[本章小结]

•本章介绍了薪酬与福利的含义、内容、影响因素以及薪酬管理的基本原则，这对掌握薪酬与福利的内容、进行薪酬设计与管理具有非常重要的意义。

•本章主要介绍了薪酬管理的内容和形式。掌握薪酬管理的内容和形式是使薪酬管理系统达到公平性、有效性和合法性的重要步骤和条件。

•本章介绍了薪酬管理的调整，它是决定企业能否健康发展、是否具有竞争力的关键性工作，同时介绍了薪酬激励新方式——股票期权。

[基础训练]

1.选择题

（1）薪酬的外部公平性是指企业的岗位薪酬水平与劳动力市场中的薪酬水平相比，支付（　　）劳动力市场一般薪酬水平的薪酬。

A.相当于　　B.低于　　C.等于　　D.高于

（2）企业选择薪酬水平的高低主要取决于组织所面临的特定的竞争环境。薪酬水平决策的类型主要有（　　）。

A.薪酬领袖决策　　B.混合型决策

C.市场追随决策　　D.拖后型决策

（3）影响薪酬水平的外部因素包括市场因素、地域影响和（　　）。

A.生活费用和物价水平　　B.企业自身特征

C.政府的法律、法规　　D.企业决策层的薪酬态度

(4) 岗位排列法是一种简单的岗位评价方法。它比较适用于( ) 企业。

A.大型 B.小型 C.中型 D.任何

(5) 结构薪酬主要由四部分组成:基础薪酬、( )、年功薪酬和( )。

A.浮动薪酬 B.岗位薪酬 C.绩效薪酬 D.奖励薪酬

(6) 在宽带薪酬结构设计中,( ) 是为了补偿和鼓励员工在恶劣的工作环境下工作而支付的薪酬。

A.基本薪酬 B.绩效薪酬 C.津贴 D.福利保险

2.简答题

(1) 薪酬调查的目的是什么?

(2) 要素计点法的操作步骤包括哪些?

(3) 薪酬制度设计的程序包括哪几个步骤?

(4) 宽带式薪酬结构有哪几个方面的作用?

(5) 股票期权的优缺点各是什么?

[综合应用]

□ 案例分析

长新皮鞋厂的改革

长新皮鞋厂是一家民营企业,成立于1995年。企业创立之初规模并不大,从组织结构上看是典型的直线制企业。总经理聘请了自己的几个亲友负责管理生产、销售、技术及后勤业务,这几名管理人员的分工并不明确,但都非常敬业,忠诚度很高,在企业的发展初期起到了很大的作用。目前生产线的员工实行的是计件工资制,销售人员只有提成工资,其他员工实行的是固定底薪,到年底按企业当年的效益发奖金,奖金的多少由总经理决定。企业的经济实力和业务规模近几年有了很大的提高,但发展中也遇到了很多问题。这些问题包括:企业的管理工作日趋繁重,员工反映管理人员方法生硬;产品缺乏创新,导致一部分固定客户流失;有些生产和销售骨干被同行高薪挖走;人才的引进工作也不顺利,好不容易招聘到的几个技术人员不到半年就都离开了。

为了改变当前的困境,企业进行了一系列改革,如将企业的组织结构调整为直线职能制,明确了各部门的职责;在原有基础上对所有岗位的薪资按比例进行了调整;为了避嫌,免除了原有管理人员的职位,对这些人员在工作安排和薪酬发放上与一般员工一视同仁;为了提高管理水平,面向社会进行了招聘,并规定应聘人员的学历一律不能低于大学本科。

问题:

1.长新皮鞋厂改革之前存在哪些问题?

2.请对长新皮鞋厂采取的改革措施做出评价。

3.请对长新皮鞋厂的薪酬制度提出改革建议。

□ 实践训练

某企业对人力资源管理主管的岗位进行了薪酬市场调查,其调查数据见表7-15。

表7-15　　**人力资源管理主管薪酬调查数据表**　　单位:元

企业名称	平均月工资
A	3 000
B	1 800
C	2 000
D	2 000
E	1 200
F	1 800
G	1 800
H	1 500
I	2 500
J	2 500
K	2 200

从目前来看，该企业正处于初创期，企业管理工作的基础十分薄弱，而且财力也不足。那么，人力资源管理主管的岗位工资水平应该如何定位？其月工资水平定为多少合适呢？

[课外拓展]

关注新媒体平台，获取人力资源管理领域最新的观点、方法、技巧，了解人力资源管理的前沿资讯。

微信公众号“人大人力资源”由中国人民大学劳动人事学院人力资源与领导力开发中心打造，致力于推动中国企业人力资源管理的转型和升级，重塑中国企业新经济时代的核心竞争力，分享最新管理文章，剖析最佳管理实践，整合人力资源管理顶级专家团队，打造最具价值培训课程。在微信公众账号中搜索“ruchrmldc”即可关注。

主要参考文献

［1］刘葵. 招聘与录用实务［M］. 2版. 大连：东北财经大学出版社，2016.

［2］萧鸣政. 人力资源开发的理论与方法［M］. 3版. 北京：高等教育出版社，2016.

［3］董克用，叶向峰. 人力资源管理概论［M］. 4版. 北京：中国人民大学出版社，2015.

［4］顾全根，刘轩. 人力资源评价实务［M］. 北京：高等教育出版社，2015.

［5］廖泉文. 招聘与录用［M］. 3版. 北京：中国人民大学出版社，2015.

［6］李文静. 绩效管理［M］. 3版. 大连：东北财经大学出版社，2015.

［7］刘昕. 人力资源管理［M］. 2版. 北京：中国人民大学出版社，2015.

［8］陈维政，余凯成，程文文. 人力资源管理［M］. 4版. 北京：高等教育出版社，2014.

［9］付亚和，许玉林. 绩效管理［M］. 3版. 上海：复旦大学出版社，2014.

［10］彭剑锋. 战略人力资源管理：理论、实践与前沿［M］. 北京：中国人民大学出版社，2014.

［11］秦志华. 人力资源管理［M］. 4版. 北京：中国人民大学出版社，2014.

［12］姚裕群，杨俊青. 人力资源管理［M］. 5版. 北京：中国人民大学出版社，2014.

［13］姚月娟. 工作分析与应用［M］. 6版. 大连：东北财经大学出版社，2023.

［14］赵曙明. 薪酬管理——理论、方法、工具、实务［M］. 北京：人民邮电出版社，2014.

［15］中国就业培训技术指导中心. 企业人力资源管理师（三级）［M］. 3版. 北京：中国劳动社会保障出版社，2014.

［16］鲍立刚. 人力资源管理综合实训演练［M］. 4版. 大连：东北财经大学出版社，2021.

［17］谢伟宁，龙敏，李建春. 员工绩效管理：知识与技能训练［M］. 大连：东北财经大学出版社，2013.

［18］赵曙明. 国际人力资源管理［M］. 5版. 北京：中国人民大学出版社，2012.

［19］罗辉，张俊娟. 培训课程开发实务手册［M］. 北京：人民邮电出版社，2009.

［20］孙宗虎，姚小风. 员工培训管理实务手册［M］. 2版. 北京：人民邮电出版社，2009.

［21］贺秋硕，王凯. 人力资源管理实务［M］. 沈阳：辽宁大学出版社，2019.

附录一 岗课赛证融合测试题

一、单项选择题

1.（　　）是组织对它的员工为组织所做的工作或贡献，所付给的相应的回报。

A.更高的岗位级别　B.表扬及鼓励　C.离岗培训　D.薪酬

2.下列（　　）是给予劳动者付出超额劳动的奖励。

A.奖金　B.工资　C.股权　D.津贴

3.以下（　　）不属于进行外部薪酬调研的作用。

A.确定基准职位的薪酬水平　B.增强企业对竞争对手的了解

C.提升员工薪酬满意度　D.掌握全社会的劳动力价格和趋势

4.薪酬是员工最关心的事宜，下列不属于员工薪酬咨询范围的是（　　）。

A.个人所得税扣缴数额　B.保险基数

C.薪酬扣发规则　D.其他人薪酬情况

5.以下（　　）不属于薪酬报表分析的关键指标。

A.薪酬业绩占比　B.薪酬利润占比

C.人工成本占比　D.部门间薪酬水平的对比

6.养老保险是国家依照相关法律和法规，为解决劳动者在达到国家规定的解除劳动义务的劳动年龄界限，或因年老退出劳动岗位后的基本生活而成立的一种社会保险制度。故养老保险具有（　　）。

A.强制性　B.福利性　C.特殊性　D.公平性

7.在校园招聘宣讲会的准备工作中，（　　）是企业的首要工作。

A.与目标院校联系　B.宣讲方案的确认

C.确定招聘方式　D.准备宣讲物料

8.一般来说，校园招聘宣讲会至少（　　）前开始各种宣传。

A.1天　B.1周　C.1个月　D.半年

9.面试按照不同的分类标准有不同的形式。以下（　　）不是按面试途径分类。

A.电话面试　B.视频面试　C.现场面试　D.AI面试

10.人工筛选简历不足的地方是（　　）。

A.筛选方式刻板，容易遗漏　B.对信息的判断容易带有主观倾向

C.审阅过程更细致灵活　D.筛选效率更高

11.通过校园招聘引进的新员工，毁约情况时有发生。因此，可在签订就业协议时，在附加条款中增加适度的（　　）。

A.保密条款　　B.附加协议　　C.竞业限制　　D.违约金条款

12.以下不属于人力资源运作能力层面指标的是（　）。

A.人力资源数量　　B.招聘与配置　　C.培训与开发　　D.劳动关系

二、多项选择题

1.薪酬调研的渠道有（　　）。

A.企业内部调研　　B.企业之间的相互调研

C.委托专业机构进行调研　　D.从公开的信息中了解

2.C水果厂2021年给职工缴纳了40万元的商业保险费，在节假日给员工发放了共计8万元的米、面、油福利以及2万元的红包福利，给临时工发放了4万元工资。以上需列入应付职工薪酬中核算的有（　　）。

A.商业保险费　　B.红包福利　　C.米、面、油福利　　D.临时工工资

3.影响薪酬的因素主要包括（ ）。

A.企业因素　　B.职位因素　　C.员工因素　　D.环境因素

4.招聘企业和院校之间可以开展多元化的合作，以增进彼此的了解和感情。以下（　　）合作方式可以选择。

A.组建企业订单班或现代学徒制班

B.校企合作开发教材，制订人才培养方案

C.企业利用自身资源帮助院校学生就业

D.企业人员到学校授课

E.共建实训基地

5.面试组织是指在招聘过程中，对应聘者实施面试的相关支持性工作，常见的工作内容包括（　）。

A.面试邀约准备

B.面试评价与沟通

C.拟定并发送面试题目给面试者

D.面试场地布置、面试实施辅助

E.电话邀约

6.背景调查通常是通过访谈第三方对求职者的情况进行了解和验证，方法包括（　　）。

A.发函　　B.电话　　C.面谈　　D.网络

7.通过校园招聘引进的新员工，由于学生在校期间从业选择的盲目性及从众心理等，我们应当（　　）。

A.加强交流互动　　B.宣传企业文化

C.共同探讨职业规划　　D.增强归属感

8.根据报告对象和时间的不同，人力资源管理分析报告一般分为（　　）。

A.月报　　B.财报　　C.季报　　D.年报

三、判断题

1.职称不同的员工，他们通常有一样的工资待遇。（　）

2.薪酬体系设计是对于薪酬核算及发放的复核及管理相关的工作，以确保工资发放的准确性。（　）

3.薪酬调研工作一般在每年的第四个季度末开展。（　）

4.背景调查属于公司招聘流程，因此做背景调查不需征得求职者的同意。（　）

5.激励因素是属于工作环境或工作关系方面的，保健因素多为工作内容或工作本身方面的因素。（　）

四、案例分析

招聘专员“自作主张”开展背景调查

2021年3月，北京某信息技术有限公司面试了4名候选人，其中2名候选人非常符合Java开发工程师的岗位要求。因此，技术部希望尽快让这2名候选人入职，他们给共享服务中心的招聘专员打来电话，希望与候选人进行沟通，确保他们能够接受offer……

共享服务中心的招聘专员沟通后得知，候选人A明确表示要接受offer，另一名候选人B则处于考虑当中。候选人B表示，公司提供的薪资水平不及原公司，且对上班通勤时间也有顾虑。共享服务中心还需对候选人进行背景调查，规避用工风险。招聘专员根据候选人A的原公司名称，找到了原公司HR部门的联系方式，沟通后竟意外地发现候选人A还未与原公司提及离职事宜，且其工作岗位为项目经理助理。

根据以上案例背景完成以下题目：

（分析提示）

1.你作为该公司共享服务中心的招聘专员，现在要对候选人B的情况进行沟通和谈判，请说明你的沟通思路和谈判要点。

2.在本案例中，公司可能面临怎样的法律风险？

附录二 数字资源索引

章	数字资源	页码
第1章 人力资源管理概述	微课：人力资源管理概述 微课：人力资源管理的功能 微课：人力资源管理的职能	3 7 9
第2章 人力资源规划	微课：人力资源规划概述 微课：人力资源需求预测 微课：人力资源供给预测	21 25 29
第3章 工作分析	微课：工作分析概述 微课：工作分析前准备 微课：运用不同方法收集岗位信息 微课：编写岗位说明书（上） 微课：编写岗位说明书（下） 微课：岗位说明书的应用	59 66 68 82 82 90
第4章 员工招聘与录用	微课：招聘渠道 微课：简历筛选 微课：面试实施 微课：无领导小组讨论 微课：员工录用管理	102 108 117 127 138
第5章 培训与发展	微课：如何进行培训需求分析 微课：培训计划的制订 微课：培训成果的转化 微课：培训效果的评估 微课：培训方法介绍	162 168 175 176 186
第6章 绩效考核	微课：绩效管理概述 微课：如何制订绩效计划 微课：如何组织绩效反馈面谈 微课：绩效考核方法的介绍 微课：360度绩效考核法	204 212 212 221 229
第7章 薪酬管理	微课：岗位评价 微课：企业战略与薪酬管理 微课：薪酬调查	248 260 269